Theodor Freiherr von der Goltz

Festschrift zur Feier des fünfzigjährigen Bestehens

der königlich-preußischen landwirtschaftlichen Akademie Poppelsdorf

Theodor Freiherr von der Goltz

Festschrift zur Feier des fünfzigjährigen Bestehens
der königlich-preußischen landwirtschaftlichen Akademie Poppelsdorf

ISBN/EAN: 9783743637498

Hergestellt in Europa, USA, Kanada, Australien, Japan

Cover: Foto ©ninafisch / pixelio.de

Weitere Bücher finden Sie auf **www.hansebooks.com**

Festschrift
zur Feier des fünfzigjährigen Bestehens der Königlich Preussischen landwirthschaftlichen Akademie Poppelsdorf

Im Auftrage des Lehrer-Collegiums

verfasst von

Dr. Theod. Freiherr von der Goltz,
Geh. Regierungsrath, Director der Akademie, und o. Professor an der Universität Bonn

Otto Koll, Franz Künzel,
Professor der Geodäsie   Meliorationsbauinspector und Docent der Culturtechnik

ORA ET LABORA

Bonn 1897

VORWORT.

Die landwirthschaftliche Akademie Poppelsdorf blickt in diesem Sommersemester auf fünfzig Jahre ihres Bestehens und Wirkens zurück. Als kleine zarte Pflanze hat sie ihr Leben begonnen und ist im Laufe der Jahre zu einem mächtigen Baume emporgewachsen, dessen Früchte schon Tausenden von strebsamen wissbegierigen Jünglingen willkommene geistige Nahrung gespendet haben. Ebenbürtig steht die Akademie Poppelsdorf neben ihren Schwesteranstalten im Deutschen Reiche, mit denen sie durch das Streben nach dem gleichen hohen Ziele sich verbunden weiss. Wie jede von diesen, so ist auch sie ihre eigenen Wege gegangen und hat in besonderer Weise ihre Aufgabe zu lösen gesucht. Ob und in welchem Maasse ihr solches gelungen, mögen Andere beurtheilen. Wissenswerth und lehrreich bleibt es aber für Alle, die ein Interesse an dem höheren landwirthschaftlichen Unterricht nehmen, aus zuverlässiger Quelle zu erfahren, welchen Entwickelungsgang unsere Akademie genommen hat, wie ihre Organisation von Anfang gewesen ist und wie dieselbe, den zeitlich wechselnden Umständen und Bedürfnissen entsprechend, sich allmählich ausgestaltet hat. Ein möglichst objectives und anschauliches, dabei, soweit es der Zweck einer Festschrift zuliess, auch vollständiges Bild dieser Entwickelung darzubieten, haben sich die folgenden Blätter zum Ziele gesetzt.

Bei den mannigfaltigen Aufgaben, die der Akademie Poppelsdorf zu lösen obliegen, schien es deren Lehrer-Collegium angemessen, die Abfassung der Festschrift verschiedenen Kräften anzuvertrauen. Demgemäss bringt der erste Abschnitt ein von dem Director entworfenes gedrängtes Bild von der geschichtlichen Entwickelung der Anstalt im Ganzen. Der zweite Abschnitt schildert speciell den culturtechnischen und geodätischen Unterricht an der Akademie und giebt gleichzeitig eine Darstellung von der Entwickelung des Vermessungs- und des Landesmeliorationswesens in Preussen. In seine Abfassung haben sich der erste Lehrer für Geodäsie, Professor Koll und der Lehrer für specielle Culturtechnik, Meliorationsbauinspector Künzel, getheilt. Der dritte und letzte Abschnitt, wieder aus der Feder des Directors stammend, liefert ein Bild über die Entwickelung des höheren landwirthschaftlichen Unterrichtswesens in Deutschland im Allgemeinen und über die Stellung der Akademie Poppelsdorf innerhalb desselben.

Um den Werdegang und den jetzigen Zustand der Akademie besser zu veranschaulichen, sind zahlreiche Abbildungen der dazu gehörigen Gebäude, auch Karten und tabellarische Nachweisungen in die Festschrift aufgenommen worden. Dieselben beziehen sich auf die ganze Periode von den ersten, in die Jahre 1819–1826 zurückreichenden Anfängen der Poppelsdorfer Lehranstalt an bis auf die Gegenwart.

Die Festschrift soll ein äusseres Zeichen des Dankes an alle diejenigen darstellen, welche an dem Aufbau und der Förderung der Akademie Poppelsdorf mitgewirkt haben. Zunächst und vor Allem an die erhabenen Herrscher des Landes, die von Friedrich Wilhelm III. bis auf Seine Kaiserliche und Königliche Majestät Wilhelm II. unserer Akademie ununterbrochen und in mannigfaltigster Weise Ihre Allerhöchste Unterstützung haben zu Theil werden lassen. Die Munificenz unseres jetzigen Allergnädigsten Herrn hat es auch erst ermöglicht, dass wir eine Feier des fünfzigjährigen Bestehens der Akademie in Aussicht nehmen und die vorliegende Festgabe veröffentlichen konnten. In zweiter Linie gebührt unser Dank den Königlichen Ministerien des Innern und des Cultus und, seit dessen Errichtung, vor Allem dem Ministerium für Landwirthschaft, welches nun fast 40 Jahre hindurch mit ebenso viel Wohlwollen wie Sachkenntniss und Thatkraft den inneren und äusseren Ausbau der Akademie gefördert hat.

Unser warmer Dank gilt auch der Rheinischen Friedrich Wilhelms-Universität, mit der die Poppelsdorfer Lehranstalt durch so viele Fäden verknüpft ist. Aus der Initiative der Universität sind die ersten Anfänge unserer Anstalt im Jahre 1819 hervorgegangen. Nach ihrer Neuorganisation (1847) haben der Curator und Rector der Universität längere Zeit an der Spitze des Curatoriums der Akademie gestanden. Aber auch als dies Verhältniss sich gelöst hatte, durfte die Akademie sich stets der ihr so werthvollen freundnachbarlichen Unterstützung der Universität rühmen.

Nicht minderen Dank schulden wir dem Landwirthschaftlichen Verein für Rheinpreussen, dessen wirksamer Anregung es vorzugsweise zuzuschreiben ist, dass die Poppelsdorfer Anstalt, nachdem sie 20 Jahre hindurch im Schlummer gelegen hatte, 1847 wieder in's Leben gerufen und in einer ihrer Bestimmung würdigen Weise ausgestattet wurde. Wie in der Vergangenheit so legt besonders auch in der Gegenwart der Lehrkörper der Akademie das grösste Gewicht darauf, mit den berufenen Vertretern der Landwirthschaft Hand in Hand zu gehen und mit ihnen zu wetteifern in der Förderung der Landwirthschaft in Praxis und Wissenschaft.

Allen Collegen, die vor uns an dieser Akademie als Lehrer gewirkt, und allen Studirenden, die hier ihre Ausbildung genossen haben, möge diese Festschrift eine nicht unwillkommene Erinnerung an vergangene Tage freudigen Schaffens und Strebens sein! Sie möge ihnen gleichzeitig als ein Beweis dafür dienen, dass die geistigen Mächte, durch welche die Akademie Poppelsdorf gross geworden ist, auch in der Gegenwart noch an ihr wirksam sind!

Poppelsdorf, den 10. Juli 1897.

Das Lehrer-Collegium der landwirthschaftlichen Akademie Poppelsdorf

I. A.

Dr. THEODOR Freiherr VON DER GOLTZ.

INHALT.

	Seite
Vorwort und Inhaltsverzeichniss	I—VI

I. Geschichtliche Entwickelung (von Dr. Frhr. VON DER GOLTZ).
    1. Vorgeschichte und Periode von 1847–1872 . . . . . 1—17
    2. Die Zeit von 1872–1897 . . . . 18—29

II. Die Entwickelung des Vermessungs- und Meliorationswesens sowie des geodätischen und culturtechnischen Unterrichtes in Preussen.
    1. Die Entwickelung des Vermessungswesens und der Ausbildung der Landmesser vor der Einrichtung des akademischen Studiums (von Prof. OTTO KOLL) . . . . 30—48
    2. Die Entwickelung des Landesmeliorationswesens in Preussen (von Meliorationsbauinspector FRANZ KÜNZEL) . . 48—59
    3. Die Einrichtung und Entwickelung des culturtechnischen und geodätischen Unterrichts an der Akademie Poppelsdorf (von Prof. OTTO KOLL) . . . . 59—82

III. Die Entwickelung des höheren landwirthschaftlichen Unterrichtswesens in Deutschland und die Stellung der Akademie Poppelsdorf innerhalb desselben (von Dr. Frhr. VON DER GOLTZ) 83—106

In den Text aufgenommene Abbildungen und Figuren.

1. Die Wirthschaftsgebäude und das Lehrgebäude des landwirthschaftlichen Instituts der Universität Bonn im Jahre 1823. . . . . 2 u. 3
2. Das Schloss und die landwirthschaftliche Akademie Poppelsdorf bei Bonn vor etwa 45 Jahren. 7
3. Die Königliche landwirthschaftliche Akademie Poppelsdorf im Jahre 1872. 8
Die Königliche landwirthschaftliche Akademie Poppelsdorf im Jahre 1897, und zwar:
4. Das Directoratsgebäude 9
5. Naturwissenschaftliche Laboratorien und Versuchsstation 11
6. Hauptlehrgebäude 26
7. Nivellementsnetz der Akademie Poppelsdorf 76
8. Trigonometrisches Hauptnetz der Akademie Poppelsdorf 77
9. Trigonometrisches Netz der Übungsplätze der Akademie Poppelsdorf . . 78

Anlagen zu dem Text.

	Seite
1. Verzeichniss der Docenten und Beamten	107—119
2. Summarische Frequenz	120
3. Graphische Darstellung der Frequenz	121
4. Heimathsverhältnisse der Studirenden	122 u. 123
5. Alphabetisches Namensverzeichniss der Studirenden	124—201
6. Übersicht über die Einnahmen und Ausgaben	202 u. 203

Beigefügte Karte.

Anlage A. Lageplan der Akademie und ihrer Grundstücke.

I. Geschichtliche Entwickelung.

1. Vorgeschichte und Periode von 1847—1872.

Durch Cabinetsordre vom 26. Mai 1818 hatte König FRIEDRICH WILHELM III. die Errichtung einer Universität in Bonn angeordnet. Er überwies derselben ausser dem ehemaligen kurfürstlichen Schloss in der Stadt Bonn auch noch das Schloss Clemensruhe in Poppelsdorf, zu welchem eine Schweizerei mit einigen Grundstücken gehörte. Unter dem 19. Februar 1819 überreichte der Professor NEES VON ESENBECK dem damaligen Oberpräsidenten der Rheinprovinz und Regierungs-Bevollmächtigten für die Universität, Grafen zu SOLMS-LAUBACH, eine Denkschrift über »Die praktische Darstellung der Naturwissenschaften an der Rheinischen Universität«, worin er die Errichtung von wissenschaftlichen Instituten für Bergbau sowie für Land- und Forstwissenschaft empfahl. Er wies als Unterrichtsmittel für die Landwirthschaft auf die zu der Schweizerei gehörenden Grundstücke sowie auf die noch unverkauften, 50—60 Morgen umfassenden Ländereien des im angrenzenden Dorf Endenich gelegenen Frohnhofes hin. Der Oberpräsident wie der Minister VON ALTENSTEIN gingen auf diesen Vorschlag ein, und letzterer ordnete schon unter dem 2. Juli 1819 die Errichtung eines landwirthschaftlichen Instituts an der Universität Bonn an. In dem nämlichen Jahre noch wurde der damals an der Universität Jena als ordentlicher Professor der Landwirthschaft und Cameralwissenschaften angestellte KARL CHRISTOPH GOTTLIEB STURM in gleicher Eigenschaft nach Bonn berufen[1].

---

[1] STURM wurde geboren im Jahre 1781 zu Hohenleuben im Voigtlande, studirte von 1798 ab in Jena Cameralwissenschaften, besuchte 1800 die Bauakademie in Berlin, machte dann Reisen, habilitirte sich 1805 als Privatdocent in Jena, wurde dort 1807 ausserordentlicher, 1809 ordentlicher Professor für Cameralwissenschaften. In den Sommersemestern verweilte er mit seinen Schülern auf dem bei Weimar gelegenen Grossherzoglich Sächsischen Kammergut Tiefurt, dessen Bewirthschaftung ihm der Grossherzog KARL AUGUST zur praktischen Ausbildung von jungen Landwirthen übergeben hatte. Sein hervorragendster Schüler in Jena und Tiefurt war FRIEDRICH GOTTLOB SCHULZE, der auch sein Nachfolger in der Jenaer Professur wurde und der auf die Entwickelung des höheren landwirthschaftlichen Unterrichtswesens einen maassgebenden Einfluss ausgeübt hat. Hierüber wird noch im III. Abschnitt dieser Schrift zu handeln sein.

Sturm überreichte unter dem 18. November 1819 dem Curator der Bonner Universität, von Rehfues, einen Plan über die Organisation des zu errichtenden landwirthschaftlichen Institutes, der auch im Allgemeinen die Billigung sowohl des Curators wie die des Ministers von Altenstein

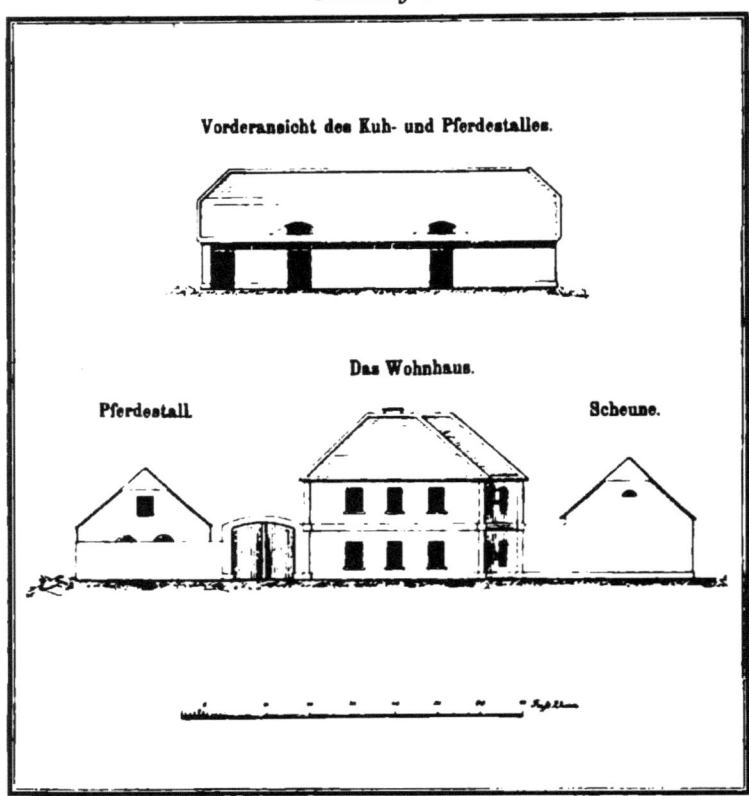

Die Wirthschaftsgebäude und das Lehrgebäude des landwirthschaftlichen Instituts der Universität Bonn im Jahre 1823.

fand. In demselben war auch die Einrichtung einer etwa 100 Morgen grossen Musterwirthschaft vorgesehen, deren Areal durch die ehemalige Schweizerei und durch den Ankauf des Frohnhofes gebildet werden sollte. Zunächst nahm Sturm, um die Sache zu beschleunigen, den Frohnhof selbst in Pacht und begann die neue Wirthschaft mit Hülfe von Staatsvorschüssen einzurichten. Im October 1822 wurde dann der Frolmhof für die Universität zum Preise von 6300 Thalern angekauft, und der mit Staatsmitteln unterdessen erbaute neue Wirthschaftshof[1] konnte 1823 bezogen werden. Mit aller Energie und mit

Abbildung 1.

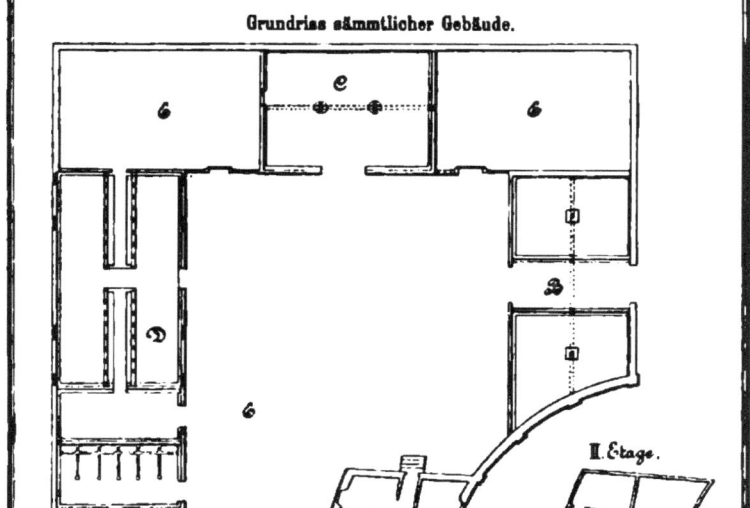

Die Wirthschaftsgebäude und das Lehrgebäude des landwirthschaftlichen Instituts der Universität Bonn im Jahre 1823.

Aufwendung von persönlichen Opfern, die vielleicht seine Kräfte und Mittel überstiegen, richtete Sturm die Wirthschaft nach rationellen Grundsätzen ein und begann seine Thätigkeit als Universitätslehrer. Leider

---

[1] Der Wirthschaftshof, zu dem auch bereits vorhandene ältere Gebäude zugezogen wurden, ist in Abbildung 1 wiedergegeben.

wurde er schon am 18. Mai 1826 seiner erfolgreichen Wirksamkeit durch den Tod entrissen.

Die Behörde verzichtete zunächst auf die Fortführung des Sturm-schen Werkes, hob das landwirthschaftliche Institut auf und verpachtete das Gut. Erst im Jahre 1836 wurde der Beschluss gefasst, das landwirthschaftliche Institut wieder in's Leben zu rufen. Dem ausserordentlichen Professor der Cameralwissenschaft KAUFMANN wurde dessen Leitung übertragen, gleichzeitig auch das Poppelsdorfer Gut auf 6 Jahre pachtweise überlassen. KAUFMANN hatte sich durch Gründung des Niederrheinischen Vereins für Landwirthschaft und durch anderweitige Thätigkeit grosse Verdienste um die rheinische Landwirthschaft erworben; aber zum Betriebe der Gutswirthschaft fehlte es ihm an praktischer Erfahrung und an den durchaus erforderlichen materiellen Mitteln.

Auf Anregung des Präsidenten des landwirthschaftlichen Vereins für Rheinpreussen, Freiherrn VON CARNAP-BORNHEIM, fasste der Rheinische Provinzial-Landtag im Juli 1843 den Beschluss, den König zu bitten »die Gründung einer landwirthschaftlichen Lehranstalt für Rheinpreussen, ähnlich jener in Hohenheim, Allergnädigst zu befehlen«. Nach Anhörung des Landes-Ökonomie-Collegiums erklärte sich der König grundsätzlich hiermit einverstanden und befahl, ihm weitere Vorschläge zu machen. In Folge eines vom Vorstande des landwirthschaftlichen Vereins für Rheinpreussen im Jahre 1844 abgestatteten Gutachtens wurde dann beschlossen, das zu errichtende landwirthschaftliche Institut mit der Universität Bonn in Verbindung zu bringen. Unter dem 12. August 1846 verfügte der Minister EICHHORN, dass vom 1. October 1847 ab das Universitätsgut Poppelsdorf für den Pachtpreis von 800 Thalern jährlich dem neuen Institut überwiesen werde. Ferner wurde durch Allerhöchste Cabinetsordre vom 4. Februar 1848 bestimmt, dass das Institut zwar in engster Verbindung mit der Universität stehen, die Studirenden auch bei der Universität immatriculirt und der akademischen Disciplin unterworfen sein sollen, dass im Übrigen aber das Institut unter der Bezeichnung »Königliche höhere landwirthschaftliche Lehranstalt« ein von der Universität abgesondertes selbständiges Lehr- und Übungsinstitut zu bilden habe. Zur Oberleitung der Anstalt wurde ein besonderes Curatorium, unter dem Vorsitz des jedesmaligen Universitäts-Curators, bestellt. Diese und andere organisatorische Einrichtungen wurden unter Zustimmung und thätiger Mitwirkung des damaligen Universitäts-Curators VON BETHMANN-HOLLWEG getroffen. Unter dem 11. April 1847 erliessen die Minister des Unterrichts und des Innern, EICHHORN und VON BODELSCHWINGH, ein Statut unter der Aufschrift »Plan zur Errichtung einer landwirthschaftlichen Lehranstalt in Poppelsdorf bei Bonn«, worin der Zweck des Institutes näher bestimmt, sein Verhältniss zur Universität geregelt und die Aufnahmebedingungen angegeben waren[1].

Zum Verwalter des Poppelsdorfer Gutes wurde EDUARD HARTSTEIN vom 1. October 1846 ab bestellt, nachdem dasselbe bis dahin noch in der Benutzung des Professors KAUFMANN geblieben war. Als Director der Lehranstalt und zugleich als ordentlicher Professor der Ökonomie an der Universität Bonn wurde Professor Dr. A. G. SCHWEITZER aus Tharand berufen, der am 1. April 1847 sein Amt antrat. Neben ihm wirkte als zweiter Lehrer der Landwirthschaft HARTSTEIN. Die Vertretung der Grund- und Hülfswissenschaften wurde theils Universitätslehrern, theils anderen dazu geeignet scheinenden Männern im Nebenamt übertragen. So wurde Mathematik und Physik von Dr. RADICKE und Dr. VON FEILITZSCH, die letztere später von Professor PLÜCKER, Chemie von Professor BERGEMANN, Zoologie von Professor BUDGE, Geologie von dem Geh. Ober-Bergrath NÖGGERATH, Botanik zuerst von Dr. MARQUARDT, später von dem Garteninspector SINNING, Thierheilkunde von dem Kreisthierarzt PETERS vertreten. An Stelle des Letztgenannten wurde 1850 der noch bis zur Gegenwart an der Akademie wirkende Departementsthierarzt ARNOLD SCHELL berufen.

SCHWEITZER eröffnete im Sommersemester 1847 das Institut mit 6 studirenden Landwirthen; nach 3 Semestern war die Zahl auf 30 gestiegen. Leider wurde SCHWEITZER aus Gesundheitsrücksichten genöthigt, bereits im Jahre 1851 den Abschied zu nehmen. An seine Stelle trat als Director der Landesökonomierath WEYHE, der vorher Domänenpächter in der Provinz Sachsen gewesen war. Unter seiner Leitung schwankte die Zahl der in Poppelsdorf studirenden Landwirthe im Durchschnitt der Semester zwischen 30 und 40. Auch WEYHE war nur eine kurze Wirksamkeit beschieden. Im Jahre 1856 beantragte er seine Pensionirung und die Direction der Lehranstalt wurde am 1. April desselben Jahres HARTSTEIN[2] übertragen, der bereits in December 1847 zum etatsmässigen Administrator und zweiten Lehrer der Landwirthschaft, im April 1854 zum Professor ernannt worden war. Seit dem Abgange SCHWEITZER's bekleideten die Directoren nicht mehr gleichzeitig die Stellung eines Universitätslehrers; erst im Jahre 1896 wurde diese Personalunion wieder hergestellt.

---

[1] Über den Inhalt dieses Statutes wird noch in Abschnitt III Näheres angegeben werden.
[2] EDUARD HARTSTEIN, geb. 29. Juli 1821, gest. 14. December 1869.

Unter HARTSTEIN (1856–1869) bewegte sich die Frequenz der Akademie zwischen 50 und 90 studirenden Landwirthen und betrug durchschnittlich pro Semester 70–80.

In den ersten 25 Jahren hat die Akademie sowohl in ihrer äusseren Ausstattung wie in ihrer inneren Einrichtung manche Wandelungen durchlebt und grosse Fortschritte gemacht.

1851 wurde ein besonderes, zugleich die Wohnung des Directors enthaltendes Institutsgebäude[1] errichtet, während bis dahin der Hörsaal und die anderen, zu Lehrzwecken dienenden Räume in den Wirthschaftsgebäuden sich befunden hatten.

Mit dem Beginn des Jahres 1861 wurde der landwirthschaftlichen Lehranstalt von dem Ressortminister die Bezeichnung »Landwirthschaftliche Akademie« beigelegt.

Das Curatorium der Lehranstalt, dessen Vorsitz zuletzt der damalige Oberpräsident der Rheinprovinz, VON KLEIST-RETZOW, inne hatte, wurde 1858 aufgelöst, und das Institut direct dem Ministerium für landwirthschaftliche Angelegenheiten unterstellt.

Die Übernahme des Directorats durch HARTSTEIN fiel gerade in die Periode, in welcher, unter Führung von LIEBIG, die Naturwissenschaft besonders mächtig und erfolgreich auf die landwirthschaftliche Theorie wie Praxis einzuwirken begann. Die weitaus wichtigste Aufgabe der landwirthschaftlichen Hochschulen bestand damals darin, die neuen Entdeckungen auf dem Gebiete der Chemie und Physiologie sich zu eigen, durch Vorlesungen und praktische Übungen die Studirenden damit bekannt zu machen, dieselben auch durch eigene Versuche und Forschungen zu erweitern und bezüglich ihrer Anwendbarkeit auf die landwirthschaftliche Praxis zu prüfen. Um diesen Zwecken zu genügen, reichten aber die ursprünglichen Lehrmittel und Lehrkräfte der Akademie bei Weitem nicht aus. Auf ihre Erweiterung und Vervollständigung musste Bedacht genommen werden und dies ist gerade unter HARTSTEIN, der seitens des landwirthschaftlichen Ministers in bereitwilligster Weise Unterstützung fand, in ausgiebiger Weise geschehen.

Es hatte sich vor Allem als Nothwendigkeit herausgestellt, dass die für die Landwirthe wichtigsten naturwissenschaftlichen Fächer durch eigens hierfür angestellte Docenten vorgetragen und diesen besondere Räume für ihre Lehr- und Forschungszwecke überwiesen werden müssten. Diesem Bedürfniss entsprechend wurde 1856 Dr. EICHHORN, vormals Docent an der landwirthschaftlichen Akademie zu Möglin, als Lehrer für Chemie, Physik und Technologie nach Poppelsdorf berufen

---

[1] Das ehemalige Institutsgebäude enthält jetzt lediglich die Wohnungen des Directors, des Administrators sowie die Bureau- und Cassenräume; es führt den Namen Directorialgebäude und ist in den Abbildungen 2 und 4 wiedergegeben.

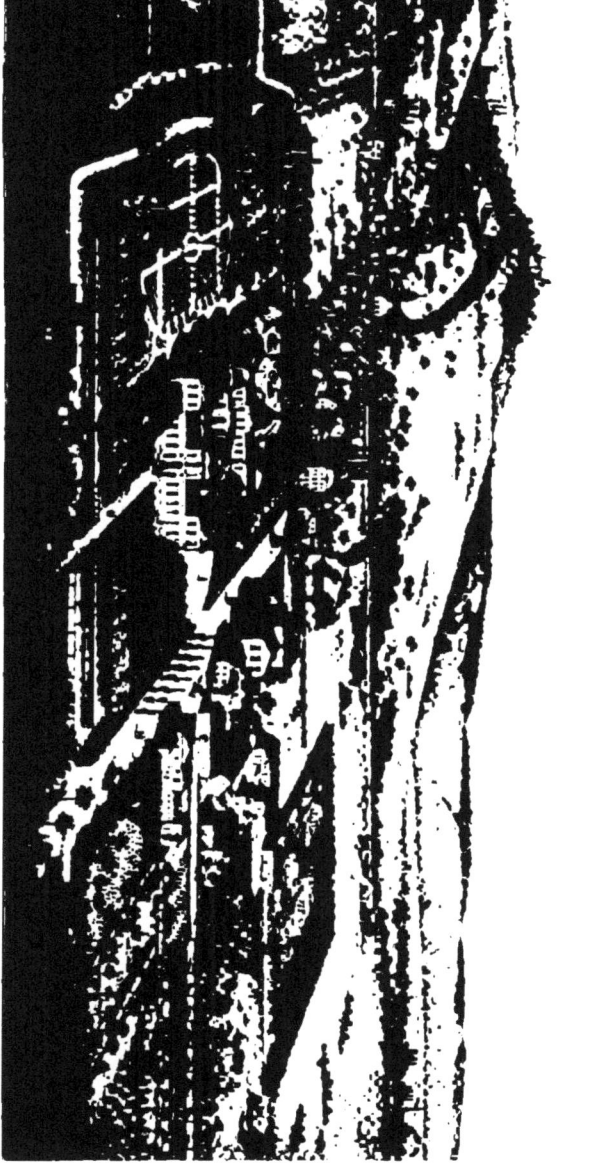

Abbildung 2.

Das Schloss und die landwirthschaftliche Akademie Poppelsdorf bei Bonn vor etwa 45 Jahren.

Abbildung 3.

Die Königliche landwirthschaftliche Akademie Poppelsdorf im Jahre 1872.

Abbildung 1.

Das Directorialgebäude.
Die Königliche landwirthschaftliche Akademie Poppelsdorf im Jahre 1847.

und es wurde ihm ein Laboratorium und Hörsaal in einem bereits vorhandenen älteren Gebäude eingerichtet.

Auch für die beschreibenden Naturwissenschaften, Zoologie, Botanik und Mineralogie, wurde 1857 ein besonderer Docent in Dr. LACHMANN, einem Schüler des Physiologen JOHANNES MÜLLER, berufen. Leider starb Dr. LACHMANN schon 1860. Ihm folgte nach kurzer interimistischer Besetzung der Stelle im Jahre 1861 der aus Tharand berufene Dr. SACHS, dem 1862 der Professortitel verliehen wurde.

Indessen zeigte sich bald, dass zwei Docenten für die Naturwissenschaften nicht genügten. Es wurde daher für Physik Dr. WÜLLNER aus Aachen berufen, die Zoologie übernahm der ordentliche Universitätsprofessor Dr. TROSCHEL, die Mineralogie und Geologie der Privatdocent Dr. ANDRAE. Chemie und Technologie blieben in den Händen des im Jahre 1864 an Stelle EICHHORN's nach Poppelsdorf berufenen Professors Dr. M. FREYTAG. Nachdem Professor SACHS 1867 einem Rufe an die Universität Freiburg gefolgt war, trat an seine Stelle der noch jetzt an der hiesigen Akademie wirkende Professor Dr. KÖRNICKE für das Fach der Botanik.

Auf Anregung HARTSTEIN's verfügte der Herr Minister unter dem 14. April 1857 die Errichtung einer mit der Akademie in Verbindung stehenden landwirthschaftlichen Versuchsstation, der die Aufgabe zugewiesen wurde, »dass sie die Lösungen derjenigen wissenschaftlichen und praktischen Fragen anzustreben habe, welche sich für die Beantwortung durch das Experiment eignen«. An den Arbeiten der Versuchsstation waren bestimmungsmässig die Docenten für die naturwissenschaftlichen Fächer, ferner der Gutsadministrator und der Lehrer für Thierheilkunde betheiligt. Die Stelle des Vorstandes der chemischen Abtheilung der Versuchsstation wurde 1868 dem aus Waldau berufenen Professor Dr. HEINRICH RITTHAUSEN übertragen, während Professor MORITZ FREYTAG die Vorlesungen über Chemie und Technologie sowie das chemische Unterrichts-Laboratorium beibehielt.

Die Ausdehnung des naturwissenschaftlichen Unterrichtes machte eine Erweiterung der dafür verfügbaren Räume zur dringenden Nothwendigkeit. Schon 1863 wurde dieselbe von HARTSTEIN angeregt und fand bei dem damaligen Minister für Landwirthschaft, VON SELCHOW, bereitwilliges Entgegenkommen. In Folge dessen wurde im Laufe der nächsten Jahre ein umfangreiches neues Gebäude aufgeführt[1], welches für die Zwecke des physikalischen, chemischen und physiologischen Unterrichtes bestimmt war und im Herbst 1867 in Benutzung genommen wurde. Fast um die gleiche Zeit erfuhren auch das Versuchs-

---

[1] In Abbildung 5 dargestellt; rechts im Hintergrunde befindet sich das 1876 errichtete Gebäude für die Versuchsstation.

Naturwissenschaftliche Laboratorien und Versuchsstation.
Die Königliche landwirthschaftliche Akademie Poppelsdorf im Jahre 1897.

Abbildung 5.

feld sowie der ökonomisch-botanische Garten eine erhebliche räumliche Erweiterung. Für die wissenschaftliche Nutzbarmachung des ersteren wurde ein besonderer Versuchsfelddirigent in der Person des damaligen Privatdocenten an der Universität, Dr. Hugo Thiel[1], angestellt, der an der Poppelsdorfer Akademie bereits Vorlesungen über landwirthschaftliche Litteratur, Thierproduction und Handelsgewächsbau gehalten, auch als Erster ein landwirthschaftliches Seminar an der Akademie eingerichtet hatte. Thiel folgte 1869 einem Ruf als Professor der Landwirthschaft an das Polytechnikum in Darmstadt; an seine Stelle trat als Versuchsfelddirigent Dr. Wilhelm Schumacher, der aber schon 1870 seine Stelle niederlegte und durch Dr. Oehmichen ersetzt wurde.

Das Augenmerk der vorgesetzten Behörden und der Akademiedirectoren war weiter darauf gerichtet, eine ausreichende Vertretung derjenigen wissenschaftlichen Disciplinen zu beschaffen, deren Kenntniss neben der Naturwissenschaft für eine vollkommene Durchbildung der studirenden Landwirthe nothwendig schien.

Im Jahre 1849 wurde Professor Kaufmann mit dem Abhalten von Vorlesungen über Encyklopädie der Cameralwissenschaften, 1853 mit solchen über Nationalökonomie beauftragt. An seine Stelle trat für das Sommersemester 1867 interimistisch Professor Dr. Schaarschmidt. Von dem Wintersemester 1867/68 ab übernahm Professor Dr. Held die Vertretung der Nationalökonomie.

Weiter wurden im Jahre 1853 Landwirthschaftsrecht und Landesculturgesetzgebung dem Lehrplan der Akademie einverleibt. Diese Disciplinen lagen zunächst in der Hand des Privatdocenten Dr. Anschütz und gingen in Folge von dessen Berufung an die Universität Greifswald 1859 auf den Privatdocenten Dr. Achenbach[2] über.

Nachdem Letzterer 1866 als vortragender Rath in das preussische Handelsministerium eingetreten war, fungirte als Docent für Landwirthschaftsrecht und Landesculturgesetzgebung bis 1870 der Privatdocent Dr. Richard Schroeder und von da ab der Oberbergrath Dr. Klostermann.

Für landwirthschaftliche Baukunde wurde 1853 Baumeister Maertens angestellt, dem 1856 Baumeister Schubert folgte.

Die Vorträge über Forstwissenschaft hatte zunächst Oberförster Schirmer aus Brühl interimistisch übernommen. Im Jahre 1851 wurde hierfür ein besonderer Docent in der Person des Dr. Vonhausen angestellt, der ausserdem Vorlesungen über Klimatologie und Fischzucht hielt.

An Stelle Vonhausen's trat 1866 der Oberförster-Candidat Bernhard Borggreve, der aber schon 1868 einem Rufe an die Forstakademie

---

[1] Der jetzige Ministerialdirector im Ministerium für Landwirthschaft, Domänen und Forsten.
[2] Der jetzige Oberpräsident der Provinz Brandenburg.

in Münden Folge leistete und bis 1869 durch den Oberförster-Candidaten WISSMANN, später durch den Oberförster HEINRICH HERF ersetzt wurde.

Auch Garten-, Obst- und Gemüsebau wurden 1852 in den Lehrplan aufgenommen und die Vertretung dieser Fächer dem Inspector des botanischen Gartens der Universität, SINNING, anvertraut.

Regelmässige Vorlesungen und Demonstrationen über Bienenzucht hielt von dem Sommersemester 1868 ab Dr. AUGUST POLLMANN.

Die durch die Berufung HARTSTEIN's zum Director 1856 vacant gewordene Stelle des Administrators und zweiten Lehrers der Landwirthschaft übernahm der von der Ackerbauschule Badersleben herberufene C. J. EISBEIN. Dieser folgte aber schon 1857 einem anderweitig an ihn ergangenen Rufe und er wurde durch CARL GUSTAV WENTZ ersetzt. In Folge seiner Ernennung zum Director der landwirthschaftlichen Lehranstalt Weyhenstephan in Bayern schied WENTZ 1863 aus, und an seine Stelle trat bis 1865 Dr. ADOLPH KRÄMER, der dann eine Professur an dem Polytechnikum in Darmstadt übernahm. Von 1865 ab fungirte als Administrator und zweiter Lehrer der Landwirth Dr. KARL FREYTAG, der 1871 einem Rufe an das landwirthschaftliche Institut der Universität Halle Folge leistete. Er wurde durch den aus Proskau berufenen Dr. HUGO WERNER ersetzt.

Auch die Verwaltung der Bureau- und Cassengeschäfte unterlag, wie es bei der Fortentwickelung der Akademie nicht anders möglich war, mancherlei Wandlungen. Von 1847 bis 1853 lag die Cassenführung in den Händen des Universitäts-Rendanten, Hofrath SPITZ; die Secretariatsgeschäfte wurden von den Beamten des Curatoriums besorgt. Im März 1853 wurde für die Akademie ein besonderer Rendant und Secretär in der Person des bisherigen Bürgermeisters von Gummersbach, WILHELM DÜMPELMANN, angestellt. Mit der Revision der Akademie-Cassenrechnung und mit der Calculatur wurde 1853 der Universitäts-Cassenrendant, Rechnungsrath THIEL, betraut.

Bereits bei den im Schoosse des Rheinpreussischen landwirthschaftlichen Vereins bezüglich Errichtung einer höheren landwirthschaftlichen Lehranstalt gepflogenen Verhandlungen war der Wunsch ausgesprochen worden, es möchte mit der Anstalt ein grösserer Gutsbetrieb verbunden werden. Zu diesem Zwecke war die Rodung einer Waldfläche von etwa 1000 Morgen in dem benachbarten, dem Fiscus gehörenden Kottenforst in Vorschlag gebracht worden. Die Verwirklichung desselben stiess aber zunächst auf finanzielle Schwierigkeiten und wurde einer späteren Zeit vorbehalten. In Anknüpfung hieran unterbreitete Director Hartstein am 9. October 1859 einen Plan, dahin gehend, das etwa 1¼ Stunden von Poppelsdorf entfernt gelegene, 300 Morgen umfassende Gut Annaberg anzukaufen und dasselbe durch Rodungen in dem angrenzenden Kottenforst allmählich noch um 1000 Morgen zu vergrössern. Schon am 25. Januar 1860 erfolgte die Genehmigung zum Ankauf von Annaberg durch den Landwirthschaftsminister Grafen Pückler. Bald darauf gab auch der Finanzminister von Patow die Zustimmung, dass 270 Morgen fiscalischen Waldes zum Zwecke der Rodung und späteren Cultivirung gegen einen jährlichen Pachtpreis von zwei Thalern pro Morgen der Akademie überlassen würden. Später erfolgte die Hinzufügung von noch weiteren 200 Morgen Wald, so dass das ganze akademische Gut Annaberg eine Fläche von rund 800 Morgen umfasste.

Mit allen Hülfsmitteln, die Wissenschaft und Erfahrung damals darboten, wurde an die Urbarmachung des Waldes und an die Organisation der neuen Gutswirthschaft herangegangen. Ein grosser Theil wurde drainirt, der Untergrund wurde mit Dampfpflügen gelockert, aus der Stadt Bonn wurden massenhaft Abfallstoffe zur Verwendung als Dünger herbeigeschafft u. s. w. Dabei musste man freilich die Erfahrung machen, dass es auch bei der intensivsten und rationellsten Behandlung nicht möglich ist, binnen weniger Jahre einen bisher uncultivirten Boden, der gleichzeitig eine ungünstige physikalische Beschaffenheit besitzt, in ertragreiches Ackerland zu verwandeln. Die Kosten waren erheblich grösser, die Erträge ebenso geringer, als man Anfangs erwartet hatte. Im Jahre 1872 wurde die Cultivirung des letzten Waldgrundstückes durchgeführt.

Mit der Gutswirthschaft Annaberg wurde einem Antrage Hartstein's zufolge eine Ackerbauschule verbunden, zu deren Errichtung der Minister Graf Pückler am 1. Februar 1861 seine Genehmigung gegeben hatte. Sie war für die Söhne kleinerer bäuerlicher Wirthe bestimmt. Im Winter wurde vorzugsweise theoretischer, im Sommer vorzugsweise praktischer Unterricht ertheilt. An dem ersteren wirkten auch Lehrer der Akademie mit. Die unmittelbare Leitung der Ackerbauschule befand sich in den Händen des für die Gutswirthschaft in Annaberg angestellten Wirthschaftsinspectors, welchen Posten zuerst Leisewitz bekleidete. Die Zahl der Schüler war Anfangs nur auf sechs berechnet; der Zuspruch war aber so stark, dass der Minister Graf Itzenplitz dieselbe schon im Jahre 1862 auf zwölf erhöhte. Bis zum Jahre 1872 hatte die Ackerbauschule schon 105 Zöglinge ausgebildet.

Im Jahre 1849 erschien eine eingehende Beschreibung der Poppelsdorfer Gutswirthschaft, der auch ein Plan über die zur Akademie gehörenden Grundstücke und Gebäude zugefügt war unter dem Titel »Ein paar Worte über das der Universität Bonn gehörige Landgut zu Poppelsdorf, seine Bestimmung und seine Bewirthschaftung. Der dies Jahr in Bonn gehaltenen Generalversammlung des landwirthschaftlichen Hauptvereins für Rheinpreussen zur freundlichen Beachtung vorgelegt von A. G. Schweitzer und E. Hartstein«. Bonn bei Carl Georgi. 1849. Quart. 32 Seiten.

Im Verein mit den übrigen Lehrern der Akademie gab Hartstein von 1858 ab eine Zeitschrift in zwanglosen Heften heraus, die den Titel führte »Landwirthschaftliche Mittheilungen. Zeitschrift der Königlichen höheren landwirthschaftlichen Lehranstalt und der damit vereinigten landwirthschaftlichen Versuchsstation zu Poppelsdorf. Im Verein mit den Lehrern an derselben herausgegeben von Dr. Hartstein«. Von dieser Zeitschrift sind im Ganzen drei Hefte, und zwar in den Jahren 1858, 1859 und 1860 erschienen, das erste bei A. Marcus in Bonn, die beiden folgenden bei Gustav Bosselmann in Berlin; die einzelnen Hefte umfassen 134, 196 und 159 Seiten. Das erste Heft enthält Aufsätze von Hartstein, Eichhorn, Lachmann, Sopp (Assistent bei der Versuchsstation), Sinning, Vonhausen. Mit Rücksicht auf die später von Schulz-Lupitz und Hellriegel gemachte wichtige Entdeckung besonders interessant ist die Abhandlung von Lachmann »Über Knollen an den Wurzeln der Leguminosen« (a. a. O. S. 34—52), worin er als Resultat seiner Untersuchungen ausspricht, dass wahrscheinlich alle Leguminosen Wurzelknöllchen haben und daran die Vermuthung knüpft, dass diese Knöllchen eine Bereicherung des Bodens an Stickstoff bewirken. Lachmann schliesst mit den Worten: »Die Function derselben (nämlich der Knöllchen) ist unbekannt; vielleicht dienen sie dazu, die in günstigen Zeiten den Pflanzen im Überschuss gebotenen Nahrungs- und besonders Stickstoffmassen aufzunehmen und wie Reservoirs zu bewahren, bis sie dieselben den Pflanzen zu anderen weniger günstigen Zeiten zurückerstatten«. Die beiden folgenden Hefte enthielten ausser von den genannten Docenten auch noch Beiträge von Achenbach, Kauffmann, Schell, Schubert, Töpler (Assistent bei der Versuchsstation), Wentz.

Gewissermaassen als eine Fortsetzung jener Zeitschrift erschienen im Jahre 1868 »Mittheilungen der Königlichen landwirthschaftlichen Akademie Poppelsdorf. Heft I. Gewidmet der Rheinischen Friedrich Wilhelms-Universität Bonn zu ihrer fünfzigjährigen Jubelfeier«. Bonn bei A. Marcus. 145 Seiten. Dieses Heft enthielt zunächst Mittheilungen über die landwirthschaftliche Akademie Poppelsdorf aus der Feder von HARTSTEIN, dann Abhandlungen von ANDRAE, M. FREYTAG, HELD, SCHUBERT, THIEL, WÜLLNER. Im Jahre 1869 erschien dann noch ein zweites Heft mit Abhandlungen von M. FREYTAG, KREUSLER, RITTHAUSEN und SCHUBERT.

Am 14. December 1869 wurde der um die Entwickelung der Akademie hoch verdiente Director, Geheime Regierungsrath Dr. HARTSTEIN in einem Alter von 48 Jahren seiner Wirksamkeit durch den Tod entrissen. Interimistisch wurde dann die Direction zunächst durch den ältesten Lehrer, Professor Dr. MORITZ FREYTAG, geführt. Im Sommersemester 1870 wurde Regierungsrath ZIMMERMANN mit der Führung der Verwaltungsgeschäfte betraut; für Leitung der Unterrichtsangelegenheiten standen ihm die Professoren FREYTAG und KÖRNICKE zur Seite. Da bei Ausbruch des Krieges mit Frankreich die Einberufung ZIMMERMANN'S zu den Fahnen erfolgte, so gingen die Directorialgeschäfte wieder auf Professor FREYTAG über.

Am 1. April 1871 wurde der bisherige Lehrer der Landwirthschaft an dem Institut zu Wiesbaden, Professor Dr. FRIEDRICH WILHELM DÜNKELBERG, zum commissarischen Dirigenten und am 8. April 1872 zum Director der Akademie ernannt. Unter ihm beging die Akademie am 16. und 17. Mai 1872 die Feier ihres fünfundzwanzigjährigen Bestehens[1].

Um einen Anhalt für die Beurtheilung des Umfanges der auf der Akademie zur Zeit ihres 25jährigen Bestehens geübten Lehrthätigkeit zu geben, mögen hier die Namen der im Sommersemester 1872 an ihr wirkenden Lehrkräfte unter Angabe der den einzelnen zugewiesenen Disciplinen folgen:

1. Professor Dr. FRIEDR. WILH. DÜNKELBERG, Director der Akademie und erster Lehrer der Landwirthschaft.

2. Dr. HUGO WERNER, Gutsadministrator und zweiter Lehrer der Landwirthschaft.

---

[1] Aus Veranlassung dieser Feier erschien die »Denkschrift zur Feier des fünfundzwanzigjährigen Bestehens der Königlichen landwirthschaftlichen Akademie Poppelsdorf am 16. und 17. Mai 1872. Nach amtlichen Quellen bearbeitet und den Studirenden der Akademie gewidmet von Dr. FRIEDRICH WILHELM DÜNKELBERG, Königl. Professor und derzeitigem Director«. Bonn bei Adolph Marcus. 1872. Quart. 43 Seiten. Diese Denkschrift hat, wenn auch nicht als alleinige, so doch als hauptsächlichste Quelle für die hier gegebene Darstellung der Entstehung und der ersten 25 Jahre der Akademie gedient. Als Manuscript gedruckt erschienen dann noch die bei Gelegenheit der Feier von dem Director DÜNKELBERG und den Professoren M. FREYTAG und A. HELD gehaltenen Festreden.

3. Dr. CONRAD OEHMICHEN, Versuchsfelddirigent und dritter Lehrer der Landwirthschaft.

4. Oberförster HEINRICH HERF für Forstwissenschaft, Jagd- und Fischereiwesen.

5. Garteninspector WILHELM SINNING für Garten-, Gemüse- und Obstbau.

6. Departementsthierarzt ARNOLD SCHELL für Pferdezucht und Pferdekenntniss, Gesundheitspflege der Hausthiere und Thierheilkunde.

7. Ingenieur Dr. ALBERT WÜST für Physik, Meteorologie und Mechanik der landwirthschaftlichen Geräthe und Maschinen.

8. Professor Dr. MORITZ FREYTAG für Chemie, landwirthschaftliche Technologie und praktisch-chemische Übungen.

9. Professor Dr. HEINRICH RITTHAUSEN für Agriculturchemie.

10. Professor Dr. F. H. TROSCHEL für Zoologie.

11. Professor Dr. FRIEDRICH KÖRNICKE für Botanik.

12. Dr. KARL ANDRAE für Mineralogie und Geognosie.

13. Baumeister Dr. KARL SCHUBERT für Mathematik, Zeichnen, landwirthschaftliche Baukunst, Feldmessen und Nivelliren.

14. Professor Dr. ADOLF HELD für Volkswirthschaftslehre.

15. Oberbergrath Dr. RUDOLF KLOSTERMANN für Landwirthschaftsrecht und Landesculturgesetzgebung.

16. Dr. AUGUST POLLMANN für Bienenzucht.

Die Gesammtzahl der an der Akademie von 1847 bis 1872 aufgenommenen Studirenden der Landwirthschaft betrug 1105. Ausserdem wurden in der nämlichen Periode die an der Akademie gehaltenen Vorlesungen noch von zusammen 277 Hospitanten und Studirenden anderer Fächer besucht. Die höchste Frequenz war in dem Wintersemester 1863/64 mit 82 Landwirthen und 7 Hospitanten, im Ganzen also 89, und im Wintersemester 1867/68 mit 78 Landwirthen und 10 Hospitanten, im Ganzen also 88[1].

---

[1] Diese und die früher über die Frequenz der Akademie gemachten und später noch zu machenden Angaben sind den Cassenbüchern der Akademie entnommen und repraesentiren die Zahlen für die wirklich vorhanden gewesenen Studirenden. Sie sind etwas niedriger als die in den Personalverzeichnissen der Universität angegebenen und aus diesen dann häufig in öffentliche Blätter übernommenen Zahlen. In dem Zeitpunkt, in welchem die Universitätsverzeichnisse ausgegeben werden, lässt sich die Zahl der thatsächlich vorhandenen Studirenden noch nicht mit völliger Sicherheit feststellen. Manche Studirende verlassen die Universität, ohne ein Abgangszeugniss zu nehmen oder anderweitig ihren Abgang zu melden. Diese können erst einige Zeit, nachdem der Termin für Annahme von Vorlesungen verstrichen ist, ermittelt werden; dann pflegt aber das neue Personalverzeichniss schon erschienen zu sein.

2. Die Zeit von 1872—1897.

Die Akademie Poppelsdorf hatte in den 25 ersten Jahren ihres Bestehens aus den kleinsten Anfängen heraus sich allmählich zu einer reich mit Lehrkräften und Lehrmitteln ausgestatteten Hochschule entwickelt, die mit jeder anderen, auch mit den viel älteren höheren landwirthschaftlichen Lehranstalten in den Wettbewerb erfolgreich eintreten konnte. In der zweiten 25 jährigen Periode wurde der Wirkungskreis der Akademie bedeutend erweitert durch die im Jahre 1876 erfolgte Aufnahme des Unterrichts in der Landescliturtechnik und durch den im Jahre 1880 angeschlossenen Unterricht in der Geodäsie, worüber im II. Abschnitt dieser Schrift ausführlich berichtet wird. Die beim Unterricht in der Landwirthschaft in dieser Periode gemachten Fortschritte treten naturgemäss äusserlich weniger hervor. Sie beziehen sich nicht so sehr auf die Vermehrung der Lehrkräfte und die Schaffung ganz neuer Lehreinrichtungen, als auf den inneren Ausbau und die weitere Vervollkommnung des in verhältnissmässig sehr kurzer Frist geschaffenen umfangreichen und vielgestaltigen Organismus. Allerdings fand auch in der nunmehr zu beschreibenden Periode eine Vermehrung der landwirthschaftlichen Lehrkräfte und Lehrmittel statt, und war es hierdurch wie mit Hülfe der unterdessen gesammelten Erfahrungen möglich, den Unterricht nicht bloss reichhaltiger, sondern auch den Bedürfnissen der Studirenden entsprechender zu gestalten.

Die wichtigsten in dem Lehrerpersonal von 1872—1897 stattgehabten Veränderungen sind folgende: Director DÜNKELBERG, der unter dem 23. April 1879 zum Geheimen Regierungsrathe ernannt wurde, hat der Akademie bis zum 1. April 1896, also volle 25 Jahre, vorgestanden. Mehr wie jedem anderen in dieser Periode an der Akademie wirkenden Lehrer gebührt DÜNKELBERG das Verdienst, den äusseren wie inneren Fortschritt der Anstalt gefördert zu haben. Vor Allem ist die Einfügung des culturtechnischen und geodaetischen Unterrichts in den Lehrplan auf seine Initiative zurückzuführen. Nachdem DÜNKELBERG wegen vorgerückten Lebensalters in den erbetenen Ruhestand getreten war, wurde am 1. April 1896 der bisherige ordentliche Professor an der Universität Jena und Director der mit dieser verbundenen Grossherzoglich Sächsischen Lehranstalt für Landwirthe, Dr. THEODOR Freiherr VON DER GOLTZ, zu seinem Nachfolger berufen. Demselben wurde gleichzeitig die neu errichtete ordentliche Professur für Landwirthschaft an der Universität Bonn mit dem Lehrauftrag für Landwirthschaft und Agrarpolitik übertragen. Damit wurde die Personalunion, welche zwischen der Universität und der

1. Geschichtliche Entwickelung.

Akademie unter STURM und SCHWEITZER bestanden hatte, wieder hergestellt.

Der Gutsadministrator und zweite Lehrer der Landwirthschaft, Dr. WERNER, der im Jahre 1872 zum Professor ernannt wurde, folgte im April 1889 einem Ruf als Professor an die landwirthschaftliche Hochschule in Berlin. An seine Stelle trat Professor Dr. LIEBSCHER, der bisher als ausserordentlicher Professor an der Universität Jena gewirkt hatte. Schon im nächsten Frühjahr siedelte dieser nach Göttingen über, an welcher Universität ihm eine ordentliche Professur und die Direction des landwirthschaftlichen Instituts zu Theil wurde. In Poppelsdorf wurde er am 1. Mai 1890 ersetzt durch Dr. EBERHARD RAMM.

Dr. OEHMICHEN wurde 1872 zum Director der Grossherzoglich Sächsischen Lehranstalt für Landwirthe und Universitäts-Professor nach Jena berufen. An seine Stelle als Versuchsfeld-Dirigent trat Dr. GUSTAV HAVENSTEIN. Dieser folgte nach achtjähriger Wirksamkeit dem Rufe als Generalsecretair des Rheinpreussischen landwirthschaftlichen Vereins und wurde 1880 durch Dr. EMIL DREISCH ersetzt. Gleichzeitig wurde die Stelle des Versuchsfeld-Dirigenten zu einer etatsmässigen gemacht. Nachdem der im Jahre 1892 zum Professor ernannte Dr. DREISCH am 8. Juli 1894 verstorben war, trat Professor Dr. FERDINAND WOHLTMANN am 1. October 1894 an seine Stelle, der bis dahin als Professor der Landwirthschaft an der Universität Breslau gewirkt hatte.

Professor RITTHAUSEN folgte im April 1873 einem Ruf als ordentlicher Professor an die Universität Königsberg. An seine Stelle trat als Vorsteher der agricultur-chemischen Abtheilung der Versuchsstation Dr. ULRICH KREUSLER, bis dahin Dirigent der landwirthschaftlichen Versuchsstation in Hildesheim. Im Jahre 1880 wurde Dr. KREUSLER zum Professor ernannt.

Am 7. December 1891 starb der Lehrer für Chemie, Dr. MORITZ FREYTAG, nachdem er 27 Jahre als solcher an der Akademie gewirkt hatte. Seine Stelle wurde 1892 Professor KREUSLER, unter gleichzeitiger Beibehaltung seiner bisherigen Wirksamkeit an der Versuchsstation, übertragen.

In Folge Erweiterung der Thätigkeit der Versuchsstation hatte sich das Bedürfniss nach grösseren Räumlichkeiten für deren Arbeiten geltend gemacht. Es wurde deshalb ein besonderes Gebäude neu errichtet[1] und 1876 in Gebrauch genommen, welches lediglich für die Zwecke der Versuchsstation bestimmt war. Ausser dem Vorsteher der agricultur-chemischen Abtheilung arbeiteten darin der Versuchsfelddirigent und ein Thierphysiologe. Schon vom Herbst 1872

---

[1] Ist auf Abbildung 5 rechts im Hintergrunde zu sehen.

ab wurden besondere thierphysiologische Vorlesungen an der Akademie gehalten und diese dem Privatdocenten und späteren ausserordentlichen Professor an der Universität, Dr. NATHAN ZUNTZ, übertragen. Nachdem dieser am 1. April 1881 einen Ruf als Professor an die landwirthschaftliche Hochschule in Berlin angenommen hatte, übernahm der Universitätsprofessor Dr. DITTMAR FINKLER die Vorlesungen über Thierphysiologie und die entsprechende Versuchsthätigkeit. An seine Stelle trat von Januar 1892 bis 1894 der Privatdocent und spätere Professor an der Universität, Dr. WILHELM KOCHS. Im letztgenannten Jahre wurde eine besondere etatsmässige Professur für Thierphysiologie an der Akademie eingerichtet und diese Dr. OSKAR HAGEMANN zuerst commissarisch, vom Mai 1895 ab, unter gleichzeitiger Ernennung zum Professor, definitiv übertragen.

An Stelle von SINNING trat nach dessen Tode (1874) als Docent für Garten-, Gemüse- und Obstbau LINDEMUTH bis 1881. Ihm folgte bis 1887 der aus Proskau gekommene Garteninspector HERRMANN, und diesem LUDWIG BEISSNER, der gleichzeitig als Inspector des botanischen Gartens nach Bonn berufen worden war.

Nach dem am 20. April 1874 erfolgten Tode des Oberförsters HERF ging die Function eines Docenten der Forstwissenschaft auf den Oberförster Professor Dr. BERNHARD BORGGREVE über. Dieser folgte im October 1879 einem Ruf als Director der Forstakademie in Münden und wurde durch den Forstmeister FRIEDRICH SPRENGEL ersetzt. Für die Fischzucht wurde 1880 in dem Universitäts-Professor, späterem Geheimen Medicinalrath Dr. ADOLF Freiherrn VON LA VALETTE ST. GEORGE eine besondere Lehrkraft gewonnen.

Im Herbst 1879 folgte ADOLF HELD einem Ruf als ordentlicher Professor an die Universität Berlin. Die volkswirthschaftlichen Vorlesungen an der Akademie übernahm der ordentliche Professor an der Universität Bonn, Geheime Regierungsrath Dr. ERWIN NASSE und behielt sie bis zu seinem am 4. Januar 1890 erfolgten Tode bei. Ihm folgte an der Universität wie an der Akademie Professor Dr. EBERHARD GOTHEIN.

Die Vorlesungen über Landwirthschaftsrecht und Landesculturgesetzgebung blieben in den Händen des Geheimen Bergrathes Dr. KLOSTERMANN bis zu dessen Ableben (1886). Sie gingen dann auf den ausserordentlichen Professor an der Universität Dr. MAX SERING und auf den Gerichtsassessor Dr. JOHANNES SCHUMACHER in der Weise über, dass jener im Sommersemester, dieser im Wintersemester las. Nachdem SERING im October 1889 als ordentlicher Professor an die Landwirthschaftliche Hochschule in Berlin berufen worden war, übernahm SCHUMACHER die Vorlesungen allein, behielt dieselben auch, nachdem er 1892 als Amtsrichter nach Cöln versetzt worden war. Am 2. December 1895 wurde derselbe zum Professor ernannt.

Dr. Wüst folgte im Herbst 1873 einem Ruf als ausserordentlicher Professor an die Universität Halle. Die von ihm an der Akademie vertretenen Disciplinen, Physik und landwirthschaftliche Maschinenkunde, wurden dem bisherigen Lehrer an der Gewerbeschule in Elberfeld Dr. EBERHARD GIESELER übertragen, der dann 1880 zum Professor ernannt wurde.

Nach dem am 4. November 1882 erfolgten Ableben des Geh. Regierungsrathes Professor Dr. TROSCHEL übernahm der ausserordentliche Universitäts-Professor Dr. PHILIPP BERTKAU die Vorlesungen über Zoologie und behielt dieselben bis Herbst 1894. Seit dieser Zeit wird die Zoologie an der Akademie vorgetragen durch den ordentlichen Universitäts-Professor Dr. HUBERT LUDWIG.

In Bezug auf das Lehrfach der Botanik fand insofern eine Veränderung statt, als neben dem Hauptvertreter seit Sommer 1894 noch die Privatdocenten an der Universität Dr. HEINRICH SCHENCK und Dr. FRITZ NOLL abwechselnd Vorlesungen und Übungen über Botanik an der Akademie hielten. Dr. SCHENCK wurde im Herbst 1896 als Professor an das Polytechnikum in Darmstadt berufen; Dr. NOLL wurde 1897 unter Beibehaltung und Erweiterung seiner Wirksamkeit an der Akademie zum Professor ernannt.

Im Frühjahre 1881 gab Dr. ANDRAE die Vorlesungen an der Akademie über Mineralogie und Geognosie auf; an seine Stelle trat bis einschliesslich des Wintersemesters 1883/84 der Privatdocent an der Universität Dr. JOHANNES LEHMANN, dem zunächst der ordentliche Universitäts-Professor Dr. ARNOLD VON LASSAULX und nach dessen Ableben (Januar 1886) Professor Dr. JOHANNES POHLIG folgte. Seit dem Wintersemester 1886/87 wird die Mineralogie und Geognosie durch den ordentlichen Universitäts-Professor Geheimen Bergrath Dr. HUGO LASPEYRES vertreten.

Am 29. Juli 1883 starb der Professor und Baurath Dr. KARL SCHUBERT, nachdem er 27 Jahre lang an der Akademie gewirkt hatte. An seine Stelle wurde am 1. April 1884 der Regierungs-Baumeister KARL HUPPERTZ für Baukunde und Meliorationswesen berufen und im Jahre 1892 zum Professor ernannt.

Dr. POLLMANN, welcher 26 Jahre lang an der Akademie die Bienenkunde gelehrt hatte, gab dies im Jahre 1894 auf; er wurde 1895 durch den in dem benachbarten Dransdorf wohnenden Lehrer URBAN WEISSWEILER ersetzt.

Seit dem Jahre 1890 wurden auch in den Sommersemestern regelmässige Vorträge für die Studirenden der Akademie über die erste

Hülfeleistung bei plötzlichen Unglücksfällen gehalten, und zwar bis 1895 durch den Privatdocenten der Medicin Dr. KARL EIGENBRODT, von da ab durch den Privatdocenten, jetzigen Professor der Medicin Dr. ROBERT RIEDER.

Die grösste Veränderung und Erweiterung ihrer Wirksamkeit erfuhr die Akademie durch das Hinzukommen des culturtechnischen und geodätischen Unterrichts. Über die Entwickelung desselben wird in dem II. Abschnitt dieser Schrift ausführlich berichtet. Hier sollen deshalb nur einige wenige Angaben über die für diese Disciplinen berufenen Lehrkräfte gemacht werden.

Am 1. April 1880 wurde für das Fach der Geodäsie der bis dahin an der technischen Hochschule in Aachen wirksam gewesene Dr. AUGUST VOGLER angestellt. Nach dessen im April 1883 erfolgter Berufung an die landwirthschaftliche Hochschule zu Berlin wurde das gleiche Fach dem Katasterkontroleur OTTO KOLL übertragen, der zuletzt als Hülfsarbeiter im Finanzministerium beschäftigt gewesen war und im Jahre 1892 zum Professor ernannt wurde.

Die 1894 neu errichtete zweite Professur für Geodäsie erhielt der Privatdocent an der Universität Bonn Dr. KARL REINHERTZ. Derselbe war schon seit 1883 als Assistent für den geodätischen Unterricht an der Akademie thätig gewesen und hatte seit 1892 geodätische Vorlesungen dort gehalten.

Für Mathematik wurde im April 1883 Dr. WILHELM VELTMANN angestellt und demselben am 1. April 1891 die neu begründete etatsmässige Stelle für dieses Fach übertragen. Im Jahre 1892 erfolgte seine Ernennung zum Professor.

Die Rücksicht auf den culturtechnischen Unterricht bewirkte es, dass Professor HUPPERTZ, wie schon bemerkt, nicht nur einen Lehrauftrag für Baukunde, sondern auch für Meliorationswesen erhielt.

Vom Sommersemester 1889 bis Sommersemester 1894 war der Regierungs-Baumeister und Wasserbauinspector ISPHORDING mit der Hülfeleistung bei dem culturtechnischen Unterricht beauftragt. Vom Wintersemester 1894/95 ab trat als Lehrer für Culturtechnik der Meliorations-Bauinspector FRANZ KÜNZEL ein.

Der an der Akademie gegenwärtig wirksame (Sommersemester 1897) Lehrkörper setzt sich, wie folgt, zusammen:

I. Bei der Akademie angestellte ordentliche Lehrer.

1. Dr. THEODOR Freiherr VON DER GOLTZ, Geh. Regierungs-Rath, Director und I. Lehrer der Landwirthschaft und Lehrer für allgemeine Culturtechnik, zugleich ordentlicher Professor an der Universität.

I. Geschichtliche Entwickelung. 23

2. Professor Dr. Friedrich Körnicke, I. Lehrer der Botanik.
3. Professor Dr. Eberhard Gieseler, Lehrer für Physik und Maschinenkunde.
4. Professor Dr. Ulrich Kreusler, Lehrer für Chemie und Technologie.
5. Professor Otto Koll, I. Lehrer der Geodäsie.
6. Professor Dr. Wilhelm Veltmann, Lehrer der Mathematik.
7. Professor Karl Huppertz, Lehrer für Meliorationswesen und Baukunde.
8. Professor Dr. Eberhard Ramm, II. Lehrer der Landwirthschaft und Gutsadministrator.
9. Professor Dr. Karl Reinhertz, II. Lehrer der Geodäsie.
10. Professor Dr. Ferdinand Wohltmann, III. Lehrer der Landwirthschaft und Dirigent des Versuchsfeldes.
11. Professor Dr. Hagemann, Lehrer der Thierphysiologie und Dirigent der Thierphysiologischen Versuchsstation.

Durch Allerhöchste Cabinetsordre vom 20. April 1892 wurde bestimmt, dass künftig die ordentlichen Lehrer der Akademie unter Bezeichnung ihrer Stellen als etatsmässige Professuren von Seiner Majestät ernannt und ihnen der Rang von Räthen IV. Classe beigelegt werden sollte, sofern nicht einer von ihnen bereits einen höheren Rang besitzt oder in der Folge erhält.

II. An der Akademie wirkende Hülfslehrer[1].

1. Ludwig Beissner, Inspector des botanischen Gartens der Universität, Lehrer für Garten-, Obst- und Gemüsebau.
2. Professor Dr. Eberhard Gothein, ordentlicher Professor an der Universität, Lehrer für Volkswirthschaftslehre.
3. Franz Künzel, Meliorations-Bauinspector, Lehrer für specielle Culturtechnik.
4. Professor Dr. Hugo Laspeyres, Geh. Bergrath, ordentlicher Professor an der Universität, Lehrer für Mineralogie und Geognosie.
5. Professor Dr. Hubert Ludwig, ordentlicher Professor an der Universität, Lehrer für Zoologie.
6. Professor Dr. Fritz Noll, Professor an der Universität, II. Lehrer für Botanik.
7. Professor Dr. med. Robert Rieder, Lehrer für erste Hülfeleistung bei Unglücksfällen.

---

[1] Unter dem Ausdruck Hülfslehrer werden amtlich alle diejenigen Docenten zusammengefasst, die keine ordentliche Lehrerstelle an der Akademie selbst bekleiden und die ihre Thätigkeit an der Akademie im Nebenamte ausüben. Ihr Rang richtet sich nach demjenigen, den sie zufolge ihres Hauptamts inne haben. Dieselben sind in obiger Nachweisung nach dem Alphabet aufgeführt.

8. ARNOLD SCHELL, Departements-Thierarzt a. D., Lehrer für Thierheilkunde.

9. Professor Dr. JOHANNES SCHUMACHER, Amtsrichter, Lehrer für Landwirthschaftsrecht, Landesculturgesetzgebung und Verwaltungsrecht.

10. FRIEDRICH SPRENGEL, Forstmeister, Lehrer für Forstwissenschaft.

11. Professor Dr. ADOLF Freiherr VON LA VALETTE ST. GEORGE, Geh. Medicinalrath, ordentlicher Professor an der Universität, Lehrer für Fischzucht.

12. URBAN WEISSWEILER, Lehrer in Dransdorf, Lehrer für Bienenzucht.

Im Jahre 1872 betrug die Zahl aller ordentlichen und Hülfslehrer zusammen 16 (s. S. 17), im Jahre 1897 war sie auf 23 gestiegen.

Am 1. November 1885 war der 1873 zum Rechnungsrath beförderte Rendant und Secretair der Akademie WILHELM DÜMPELMANN, nachdem er 32 Jahre diesen Posten verwaltet hatte, in den wohlverdienten Ruhestand getreten. Auf seinen Posten wurde ERNST VORBERG berufen, der aber schon am 23. Januar 1888 starb. Seit dem 1. März 1888 versieht PAUL SEEHAUS das Amt des Rendanten und Secretairs der Akademie.

Die Calculatur und Rechnungs-Revision lag von 1870—1881 in den Händen des Universitäts-Cassenrendanten L. KIRCHNER und von da bis 1890 in den Händen seines Nachfolgers in dem Universitätsamt, Rechnungsrath OTTO HOEVERMANN. Am 1. Juni 1890 wurde für die Akademie ein besonderer Calculator und Controlleur HUBERT STOCK angestellt, der dieses Amt auch gegenwärtig noch bekleidet[1].

Die Zahl der an der Akademie studirenden Landwirthe bewegte sich in der Zeit von 1872—1897 zwischen 20 und 58; die niedrigste Ziffer war im Wintersemester 1878/79, die höchste im Sommersemester 1897.

Die ersten Culturtechniker traten im Sommersemester 1876 ein; ihre Zahl war im Wintersemester 1881/82 schon auf 51 gestiegen.

Im Sommersemester 1883 wurde das geodaetische Studium unter dieser Bezeichnung an der Akademie eingeführt und mit dem cultur-

---

[1] In Anlage 1 ist eine Nachweisung über alle Lehrer und Beamte, die an der Akademie von deren Gründung an bis jetzt gewirkt haben, enthalten, und zwar geordnet nach Gruppen und in diesen nach der Zeit des Eintrittes bei der Akademie.

technischen mehr oder weniger verschmolzen. Die Zahl der Culturtechniker nahm in Folge dessen ab, da auch diejenigen, welche sich später der Culturtechnik vorzugsweise widmen wollten, zunächst Geodaesie studirten und nach zweijährigem Studium die durch gemeinschaftliche Verfügung der Minister für Landwirthschaft, für die Finanzen, für öffentliche Arbeiten und für Unterricht unter dem 4. September 1882 eingeführte Staatsprüfung für Landmesser ablegten. Innerhalb dieser war auch die allgemeine Culturtechnik ein vorgeschriebenes Prüfungsfach. Später wurde es aber den Landmessern freigestellt, ausserdem sich noch einer erweiterten culturtechnischen Prüfung zu unterziehen. Durch Verfügung des landwirthschaftlichen Ministers vom 13. Juli 1888 wurde solches von allen Landmessern gefordert, die in der landwirthschaftlichen Verwaltung (bei den Generalcommissionen) angestellt werden wollten. Diejenigen Landmesser, welche nicht in die landwirthschaftliche Verwaltung einzutreten beabsichtigen, brauchen nur die mit dem Landmesser-Examen obligatorisch verbundene sogenannte kleine culturtechnische Prüfung abzulegen.

Die Zahl der an der Akademie studirenden Geodäten stieg nach einigen Jahren sehr stark. Es hing dies wesentlich damit zusammen, dass der Bedarf an Landmessern in den verschiedenen betheiligten Zweigen der Staatsverwaltung ein sehr grosser und damit die Laufbahn der Landmesser durch die Aussicht auf sofortige Anstellung eine ungewöhnlich günstige wurde. Im Sommersemester 1888 waren die Studirenden der Geodaesie auf 40, im Sommersemester 1890 auf 95, im Sommersemester 1892 auf 151, im Sommersemester 1894 auf 291, im Sommersemester 1896 auf 346 gestiegen. Die letztgenannte Zahl ist die höchste bis jetzt erreichte Ziffer. In dem Wintersemester 1896/97 hat bereits ein kleiner Rückgang stattgefunden, der auch noch etwas weiter fortschreiten wird, da der Zudrang zu der geodätischen Laufbahn in den letzten Jahren ein grösserer gewesen ist, als dem Bedarf entsprach.

Die starke Frequenz machte es nöthig, neue Räume und Lehrmittel für den Unterricht zu beschaffen. Es wurde daher ein grosses Gebäude für diesen Zweck errichtet und im Herbst 1890 in Gebrauch genommen, welches äusserlich wie innerlich mit allen, seiner Bestimmung entsprechenden Erfordernissen ausgestattet war[1].

---

[1] Dieses Gebäude, welches die Hör- und Zeichensäle sowie die Sammlungsräume enthält, ist in Abbildung 6 zur Darstellung gebracht. Über den geodaetischen und culturtechnischen Unterricht speciell giebt Abschnitt II dieser Festschrift eingehende Auskunft.

Abbildung 6.

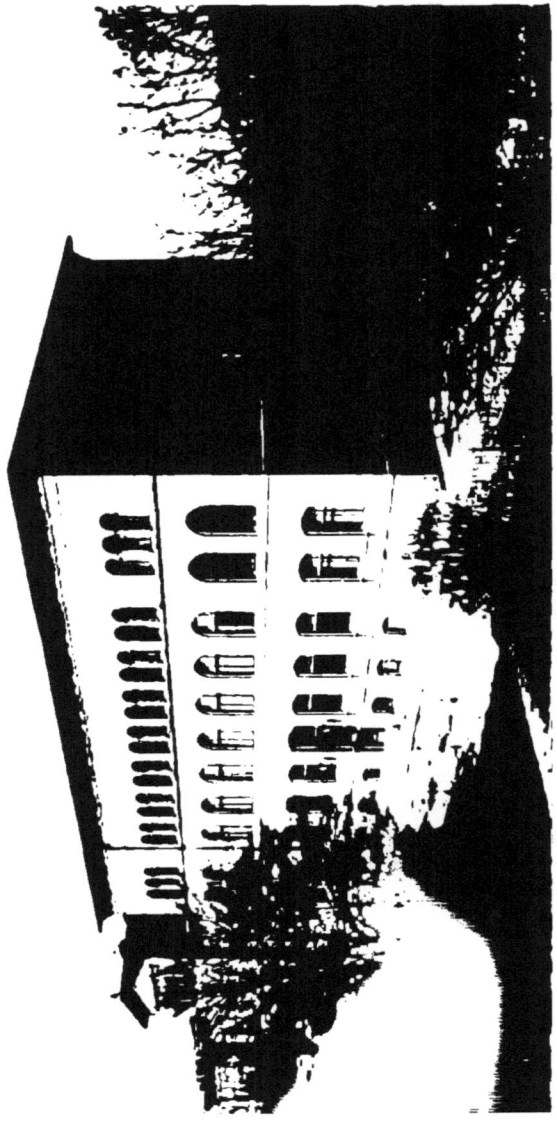

Hauptlehrgebäude.
Die Königliche landwirthschaftliche Akademie Poppelsdorf im Jahre 1897.

I. Geschichtliche Entwickelung.

Die Gesammt-Frequenz der Akademie von Landwirthen, Geodäten und Culturtechnikern stellte sich:

im Sommersemester 1875 auf 36
» » 1880 » 72
» » 1885 » 91
» » 1890 » 148
» » 1895 » 386
» » 1896 » 440.

Die letztgenannte Zahl ist die höchste bis jetzt erreichte Frequenz.

Im Ganzen sind an der Akademie während ihres fünfzigjährigen Bestehens 3598 Studirende ausgebildet worden und zwar 1840 Landwirthe, 880 Geodäten, 387 Culturtechniker[1]. Hierzu kommen noch 491 Hospitanten.

In dem Areal der Gutswirthschaft sind im Laufe der Jahre manche Veränderungen eingetreten. Ein Theil desselben wurde für Neubauten in Anspruch genommen. Zu denselben gehörten die bereits genannten für die Akademie selbst errichteten Gebäude. Ferner wurde auf dem bis dahin zur Gutswirthschaft gehörenden Terrain für die Universität ein chemisches Laboratorium, ein physiologisches und ein anatomisches Institut aufgeführt. Ausserdem fanden mancherlei Zukäufe und Abverkäufe, auch Austausch von Grundstücken statt, die wesentlich den Zweck einer besseren Arrondirung hatten, aber auch durch andere Veranlassungen hervorgerufen waren.

In der bereits angeführten Schrift von Schweitzer und Hartstein wird auf S. 4 das nutzbare Areal der Gutswirthschaft auf 109 Morgen 144 Quadratruthen angegeben. Es entspricht dies 28,0343 ha.

Gegenwärtig[2] ist die Grösse des zur Akademie gehörenden Areals 43,3317 ha. Davon fallen auf:

1. Bauflächen .... 0,4455 ha
2. Hofräume .... 0,4044 »
3. Garten des Directoratsgebäudes........... 0,2139 »
4. Wege .... 0,4361 »
5. Versuchsfeld......................... 4,2246 »

Zu übertragen.... 5,7245 ha

---

[1] Die Anlagen Nr. 2, 3 und 4 enthalten specielle Nachweisungen über die Frequenz der Akademie von 1847 bis 1897 und zwar:
Nr. 2 die Freqenz im Ganzen und in den einzelnen Semestern;
Nr. 3 die Übersicht über die Heimatsverhältnisse der Studirenden;
Nr. 4 das alphabetische Namensverzeichniss der Studirenden.

[2] Einen Lageplan über die zu der Akademie gehörenden Grundstücke enthält die der Festschrift beigeheftete Anlage A.

Übertrag....	5,7245 ha
6. Oekonomisch-botanischer Garten..........	0,6693 »
7. Garten für Obst- und Gemüsebau.........	0,6608 »
8. Gutswirthschaft	21,6930 »
9. Geodätischer Übungsplatz bei Ippendorf....	9,0791 »
10. Geodätischer Übungsplatz auf dem Kreuzberg	5,5050 »
Zusammen....	43,3317 ha

Bei der immerhin noch ziemlich zerstückelten Lage der nutzbaren Fläche muss ein freies Wirthschaftssystem inne gehalten werden. Der Schwerpunkt liegt in der Milchviehhaltung und im Futterbau. Die Milch wird zum bei Weitem grössten Theil frisch verkauft. Die Zahl der gehaltenen Milchkühe beläuft sich durchschnittlich auf etwa 30 Stück. Im Frühjahre 1896 wurden 11 Jersey- und Guernsey-Kühe, auch je ein Bulle dieser Rassen angekauft. Dieselben zeichnen sich durch einen besonders hohen Fettgehalt der producirten Milch aus. Während der ganzen Melkperiode betrug derselbe im Durchschnitt bei den einzelnen Jerseykühen 4,86 Procent bis 5,93 Procent, bei den einzelnen Guernseykühen 4,29 Procent bis 5,39 Procent.

Die Einnahme und Ausgabe der Gutswirthschaft betrug für das Jahr 1896/97 etatsmässig in runder Summe je 28000 Mark[1].

Das Gut Annaberg wurde im Jahre 1875 wieder verkauft und damit gleichzeitig die dort bestehende Ackerbauschule aufgelöst. Man war zu der Überzeugung gekommen, dass dasselbe zu weit entfernt von Poppelsdorf liege, um für den Unterricht genügend ausgenutzt werden zu können; auch waren die Anlagekosten so gross gewesen und stellten sich die laufenden Bewirthschaftungskosten so hoch, dass aus finanziellen Gründen der Verkauf angezeigt erschien.

― ― ― ―

Wie sehr die Wirksamkeit der Akademie an Umfang und Intensivität zugenommen hat, ergiebt sich schon aus den über die Verstärkung des Lehrkörpers und die Vermehrung der Frequenz mitgetheilten Zahlen. Ein weiterer Beweis hierfür und zugleich für das grosse Interesse, welches das vorgesetzte Königliche Ministerium jederzeit der Akademie entgegengebracht und durch die That bewiesen hat, liegt aber noch in der fortdauernden Steigerung der der Akademie zur Verfügung gestellten Mittel. In Anlage 5 unter A ist eine Übersicht über die Einnahmen und Ausgaben der Akademie gegeben. Die dort

---

[1] In Anlage 5 unter B ist eine Tabelle über die wirklichen Einnahmen und Ausgaben der Gutswirthschaft für die Jahre 1847 bis 1896/97 enthalten.

1. Geschichtliche Entwickelung.

aufgeführten eigenen Einnahmen bestehen hauptsächlich aus den von den Studirenden eingezahlten Honoraren; ausserdem gehören dazu die Einnahmen aus dem Versuchsfeld, dem Garten, Prüfungsgebühren u. s. w. Die jährliche Gesammteinnahme ist von 5750 Mark im Jahre 1848 auf 71205 Mark im Jahre 1896/97 gestiegen. Unter den Ausgaben sind nicht nur die etatsmässigen, sondern auch die ausseretatsmässigen, durch extraordinäre Zuschüsse gedeckten aufgeführt, letztere aber in der Regel als solche bezeichnet. Die wirkliche Ausgabe betrug im Jahre 1896/97 zusammen 233943,81 Mark. Dieselbe vertheilte sich wie folgt:

I.	Besoldungen und andere persönliche Ausgaben	106 709,70 Mark
II.	Lehrmittel und Sammlungen	16 278,35 »
III.	Heizung, Beleuchtung und sonstige Wirthschaftsausgaben	18 770,96 »
IV.	Unterhaltung der Gebäude und Gärten	16 304,55 »
V.	Vermischte Ausgaben (Bureaubedürfnisse, Diäten und Reisekosten u. s. w.)	10 065,61 »
VI.	Stipendien, Studienreisen u. s. w.	15 673,98 »
VII.	Einmalige und ausserordentliche Ausgaben .	49 901,00 »
VIII.	Krankenversicherung u. s. w.	239,66 »
	Zusammen	233 943,81 Mark.

II. Die Entwickelung des Vermessungs- und Meliorationswesens, sowie des geodätischen und culturtechnischen Unterrichts in Preussen.

1. Entwickelung des Vermessungswesens und der Ausbildung der Landmesser vor der Einrichtung des akademischen Studiums.

In den letzten 25 Jahren ist an der Landwirthschaftlichen Akademie zuerst der culturtechnische und dann der geodätische Unterricht zur Ausbildung von Landmessern eingeführt worden. Während bis dahin jedem Landmesser überlassen geblieben war, wo und wie er sich die zur Erfüllung seiner wichtigen Aufgaben erforderlichen Kenntnisse aneignen wollte, wurde ihm mit der Einrichtung des culturtechnischen und geodätischen Unterrichtes eine systematische wissenschaftliche Vorbildung für sein Fach eröffnet und damit das erreicht, was von vielen Landmessern viele Jahrzehnte lang erstrebt worden war. Um klarzulegen, dass es berechtigt war, den Landmessern die wissenschaftliche akademische Ausbildung zu eröffnen, sei hier die Entwickelung des Vermessungswesens kurz dargestellt und zwar so weit, wie es für die Ausbildung der Landmesser und für die richtige Würdigung der Landmesserarbeiten von Bedeutung ist. Dabei muss allerdings auf mehr als 100 Jahre zurückgegriffen werden, weil in dieser Zeit eine einheitliche fortschreitende Entwickelung sowohl auf wissenschaftlichem, wie auch auf praktischem Gebiete stattgefunden hat.

In dem von Göttingen, den 29. September 1777 datirten Vorbericht zu seinem gründlichen und ausführlichen Unterricht zur praktischen Geometrie schrieb JOHANN TOBIAS MAYER (später Hofrath und Professor der Mathemathik und Physik in Altdorf, Erlangen und Göttingen):

>»Man findet in den meisten Werken über die Feldmesskunst weder eine genaue Theorie und Beschreibung der Werkzeuge, noch Methoden, sie zu prüfen, sie nach der Beschaffenheit und Zusammensetzung ihrer einzelnen Theile richtig zu behandeln,

ihre Fehler zu schätzen, und die Folgen derselben zu berechnen. Man sucht vergebens nach allerley Hülfsmitteln, sich in schwürigen Fällen zu helfen, und eine schickliche Wahl der äusseren Umstände zu treffen, unter denen sich Feldmesserarbeiten am leichtesten und zuverlässigsten bewerkstelligen lassen. Dass aber diess und mehreres einem Feldmesser unentbehrlich ist, zumal, wenn er Messungen von Wichtigkeit anzustellen hat, bedarf keiner weitläuftigen Erörterung.«

Im § 12 und § 13 des 1. Theils seines Werkes führt er als die nothwendigsten Kenntnisse eines Feldmessers an: »Eine vollständige Kenntniss der theoretischen Elementargeometrie, die Kenntniss trigonometrischer Rechnungen, die ersten Gründe von der Algebra und die vornehmsten Kenntnisse der Naturlehre« und sagt dann weiter:

»Sodann muss der Feldmesser genau die Natur und Einrichtung der Werkzeuge kennen, mit denen er Messungen anstellt: Er muss ihre Fehler zu beurtheilen und zu prüfen wissen, er muss aus der Natur eines Instruments mit einiger Wahrscheinlichkeit zu beurtheilen wissen, wie genau er mit einem gegebenen Werkzeuge messen könne und ob die unvermeidlichen Fehler in den gemessenen Stücken auf die Bestimmung der unbekannten einen beträchtlichen Einfluss haben, oder nicht.«

»Mit einem Worte, er muss den Grad der Zuverlässigkeit einer Vermessung, wenn es verlangt wird, anzugeben wissen.«

»Ferner muss der Feldmesser, um seine Arbeiten mit einem möglichst geringen Arbeitsaufwand fertig zu stellen, die nothwendig zu messenden Stücke richtig und so auswählen, dass sie nicht nur am bequemsten gemessen werden können, sondern dass von ihnen auch die geringsten Fehler in Absicht auf die Folge zu befürchten sind. Auch verstehet es sich von selbst, dass der Geometer immer dasjenige Werkzeug auszuwählen wisse, welches den damit vorzunehmenden Arbeiten am angemessensten ist. Auch muss er sich bey jeder Vermessung allemal nach dem Grade ihrer Wichtigkeit verhalten, er muss zu beurtheilen wissen, in welchen Fällen es der Mühe werth sey, mehr oder weniger Genauigkeit zu beobachten, und wie ferne er dadurch unnöthige Mühe und Arbeit ersparen könne.«

»Es müssen nicht mehrere Stücke unmittelbar ausgemessen werden, als zur Bestimmung der unbekannten unmittelbar nothwendig sind. Indessen pflegt man doch unterweilen, ein oder mehrere Stücke auszumessen, die an sich überflüssig sind; aber aus welchen man den Grad der Zuverlässigkeit einer Vermessung beurtheilen will. Es lässt sich leicht zeigen, dass ein Fehler, der in Messung der gegebenen, oder willkührlichen Theile einer Figur vorgefallen ist, nicht durchgehends auf jedes der daraus herzuleitenden Stücke gleich grossen Einfluss habe: sondern dass die Folge eines Fehlers bald grösser, bald kleiner seyn könne, je nachdem die Theile einer Figur diese oder jene Lage gegen einander haben. Ja, es giebt Fälle, dass man gerade ein Stück zur Prüfung misset, auf welches die begangenen Fehler gar keinen Einfluss gehabt. — Wie würde sich also aus einem solchen Stücke beurtheilen lassen, ob irgendwo in der Figur eine Unrichtigkeit stecke? Überhaupt muss also ein Feldmesser wissen, dasjenige Stück zur Prüfung auszuwählen, auf welchem die Folge der begangenen Fehler am sichtbarsten ist, und woraus sich am meisten etwas auf die Richtigkeit des Ganzen schliessen lässt.«

»Wenn man in jedem Falle würklich die wahre Grösse des Fehlers angeben könnte, den man in Ausmessung eines jeden einzeln Stücks begangen hätte, so würde man ohne Schwürigkeit die auf die ganze Figur erfolgende Verbesserung berechnen können, und es würde so gut seyn, als wenn man gar keinen Fehler begangen hätte, wenn man dessen Grösse kennt.«

»Allein da eben diese, bei allen praktischen Arbeiten vorfallende, und nicht zu vermeidende Fehler bald grösser bald kleiner sein können, so bleibt weiter kein Hülfsmittel als folgendes übrig: Man nimmt an, dass man einen Fehler begangen hat, beurtheilt dessen Möglichkeit, und wahrscheinliche Grösse, aus der Einrichtung und der Schärfe des Werkzeugs, mit dem man misset, und schätzt daraus dessen Folge, in Absicht auf die ganze Figur.«

»Die Theorie, die Zuverlässigkeit einer Vermessung zu berechnen, und die Wahl solcher Umstände auf dem Felde zu treffen, bey denen man die geringsten Folgen der Fehler zu befürchten hat, und andere dahin gehörige nützliche Betrachtungen machen wenigstens für einen Feldmesser, der nur einigermaassen sich über die gemeinen Kenntnisse erheben will, eine sehr nöthige und nützliche Beschäftigung aus.«

Die hier möglichst kurz und getreu wiedergegebenen Anforderungen an die Kenntnisse eines Landmessers bilden den Hauptinhalt dessen, was wir auch heute von einem Landmesser verlangen. Durch den weiteren Inhalt des Werkes wird dem Landmesser auch alles gewährt, was er braucht, um den gestellten hohen Anforderungen zu genügen.

Die geforderten mathematischen Kenntnisse sind scheinbar gering, aber auch nur scheinbar, denn es wird in dem für den Landmesser geschriebenen Werke umfassender Gebrauch von der sphärischen Trigonometrie und den einfachen Formeln der Differentialrechnung gemacht. Letztere werden im 2. Theil des Werkes elementar entwickelt in einem Capitel, dessen Überschrift »Fortsetzung der im 1sten Theile dieses Buches beygebrachten trigonometrischen Lehnsätze« lautet, und erst auf der letzten halben Seite des betreffenden Abschnittes dieses Capitels heisst es: »Man pflegt die bisher vorgetragenen Formeln sonst auch in der Differentialrechnung abzuhandeln, und leitet sie aus der Lehre von den Gränzen der Verhältnisse her: Da ich diese Lehre hier nicht vortragen durfte, ohne zu befürchten, dass manche Leser darinn mehr Geheimnisse suchen möchten, als würklich darinnen enthalten sind, da es ferner auch zu meiner Absicht nicht nothwendig war, das bisherige den eigentlichen Begriffen der Differentialrechnung gemäss vorzutragen, so habe ich einen Weg erwählet, der Anfängern weniger geheimnisvoll scheinen wird.«

In dem wichtigen Capitel »Von den Folgen der Fehler in den Messungen« werden die grössten Fehler, die auch bey aller Aufmerksamkeit und Vorsicht unvermeidlich sind und die nach der Erfahrung angesetzt werden, als Maass der Genauigkeit für die Messungsergebnisse und der daraus abgeleiteten Grössen mit den Formeln der Differentialrechnung behandelt. Weil hierbei alle Combinationen des positiven und des negativen Fehlers in den gemessenen Stücken berücksichtigt werden mussten, um den grössten möglichen Fehler der abgeleiteten Stücke zu finden, so war die Rechnung zur Feststellung der Folgen der Fehler nach unseren heutigen Begriffen noch sehr umständlich, aber die wichtige Aufgabe war richtig gestellt und richtig gelöst.

Das Werk von J. T. MAYER ist in allen seinen 3 Theilen[1] innerhalb 25 Jahre in 3 Auflagen erschienen und hat weit über diese Zeit hinaus einen grossen Einfluss auf die Entwickelung der Landmesskunst ausgeübt.

Im Jahre 1795 stellte der später von 1807 bis zu seinem Tode (23. 2. 1855) als Professor und Director der Sternwarte in Göttingen wirkende CARL FRIEDRICH GAUSS als achtzehnjähriger Student ein Rechnungsverfahren auf, dessen Anwendung auf die Berechnung der Bahn des Planeten Ceres[2] GAUSS' Namen bald zu einem der gefeiertsten

---

[1] Ein 4. Theil des Werkes »Kartenprojektion« ist 1794 in 1. Auflage, 1804 in 2. Auflage, ein 5. Theil »Anleitung zur praktischen Stereometrie« 1808 erschienen.

[2] Die Ceres wurde am 1. Januar 1801 von PIAZZI entdeckt und nur bis zum 11. Februar 1801 beobachtet. Aus den dürftigen Ergebnissen dieser Beobachtungen berechnete GAUSS die Bahn der Ceres und nach seinen Berechnungsergebnissen wurde

in Europa machte. Das Verfahren wurde zuerst 1805 von LEGENDRE unter dem Namen »Methode der kleinsten Quadrate« und dann auch 1809 von GAUSS[1] veröffentlicht und war bald bei allen Astronomen allgemein gebräuchlich. In mehreren folgenden Abhandlungen[2] hat GAUSS das Verfahren weiter entwickelt und neu begründet. Darin ist das Verfahren u. A. auf zwei wichtige geodätische Aufgaben angewendet, nämlich auf die Bestimmung der wahrscheinlichsten Werthe der Coordinaten eines durch Rückwärtseinschneiden bestimmten trigonometrischen Punktes und die Ausgleichung der Fehler in Dreiecksnetzen. Um die weitere Einführung der Methode der kleinsten Quadrate in die Geodäsie haben sich in erster Linie verdient gemacht der Königlich Preussische Geheime Oberbaurath G. HAGEN[3] und CHRISTIAN LUDWIG GERLING[4].

Durch die Methode der kleinsten Quadrate wird die Aufgabe gelöst, aus den mit unvermeidlichen Beobachtungsfehlern behafteten Beobachtungsergebnissen solche Werthe der durch die Beobachtungen zu bestimmenden Grössen zu gewinnen, welche sich allen Beobachtungsergebnissen möglichst gut anpassen, und die Aufgabe wird in der Weise gelöst, das diejenigen Werthe der gesuchten Grössen bestimmt werden, für welche die Summe der Quadrate der in der Rechnung hervortretenden Fehler möglichst klein wird.

Ferner wird aber auch noch die Genauigkeit der berechneten Werthe und aller weiteren aus den berechneten Werthen abgeleiteten Grössen bestimmt. Als Genauigkeitsmaass dient der aus der Quadratsumme der Beobachtungsfehler folgende mittlere Fehler, und in allen Rechnungen wird die Genauigkeit aller Grössen durch Inrechnungstellung der zu den mittleren Fehlern in einfacher Beziehung stehenden Gewichte sachgemäss berücksichtigt, so dass aus sämmtlichen vorliegenden Bestimmungen einheitliche, der Genauigkeit der Bestimmungen entsprechende Endergebnisse und zugleich ein zuverlässiges Urtheil über die Genauigkeit der Rechnungsergebnisse gewonnen wird. In der Ent-

---

die Ceres am 7. Dezember 1801 und 1. Januar 1802 genau in der von GAUSS berechneten Stellung wieder aufgefunden.

[1] Theoria motus corporum coelestium in sectionibus conicis solem ambientium. Libri II sectio III.

[2] Disquisitio de elementis ellipticis Palladis ex oppositionibus annorum 1803, 1804, 1805, 1807, 1808, 1809. — 25. November 1810. Bestimmung der Genauigkeit der Beobachtungen. 1816. Theoria combinationis observationum erroribus minimis obnoxiae, pars prior, 1821, pars posterior, 1823. Anwendung der Wahrscheinlichkeitsrechnung auf eine Aufgabe der praktischen Geometrie. 1822. Supplementum theoriae combinationis erroribus minimis obnoxiae, 1826.

[3] Grundzüge der Wahrscheinlichkeits-Rechnung, 1. Auflage 1837.

[4] Die Ausgleichungs-Rechnungen der praktischen Geometrie, oder die Methode der kleinsten Quadrate mit ihren Anwendungen für geodätische Aufgaben. 1843. CHRISTIAN LUDWIG GERLING, geb. 10. Juli 1788 in Hamburg, von 1817 bis zu seinem Tode (15. Januar 1864) Professor der Mathematik, Physik und Astronomie in Marburg.

wickelung der Methode der kleinsten Quadrate und in dieser selbst ist auch alles gegeben, was zur einfachen Gestaltung der Lehre von den Folgen der Fehler nothwendig ist, und so haben wir durch die genialen Arbeiten von C. F. GAUSS alle Grundlagen empfangen, die zur wissenschaftlichen Durchbildung der Landmesskunst nöthig waren.

Bevor aber diese wissenschaftliche Durchbildung der Landmesskunst zur Thatsache werden konnte, musste sich erst durch eine Jahrzehnte lange Entwickelung der Anforderungen an die Landmesserarbeiten das Bedürfniss zu dieser Durchbildung geltend machen. Wenn J. T. MAYER, der im übrigen nicht gerade bescheiden war in seinen Anforderungen an die Ausführung der Feldmessarbeiten, nur sagte: »Indessen pflegt man doch unterweilen, ein oder mehrere Stücke auszumessen, die an sich überflüssig sind, aber aus welchen man den Grad der Zuverlässigkeit einer Vermessung beurtheilen wird«, und bei ihm noch keine Rede davon war, sämmtliche gemessene Stücke zur einheitlichen Bildung des möglichst besten Endergebnisses zu verwenden, so war noch ein weiter Weg zurückzulegen bis zu dem heutigen Standpunkt, dass für jede Landmesserarbeit unbedingt sichere Controlen beschafft werden müssen, und dass die Endergebnisse jeder Arbeit allen vorliegenden Bestimmungen nach wissenschaftlich begründeten Methoden möglichst gut anzupassen sind. Die hierzu führende Entwickelung setzte aber auch bereits am Anfang unseres Jahrhunderts an.

In Frankreich war im Jahre 1791 die Allgemeinheit der Grundsteuer decretirt und unterm 22. Januar 1801 eine allgemeine Revision der Steuerrollen angeordnet. Es wurde versucht, ein neues brauchbares Grundsteuerkataster zuerst allein auf Grund der Declaration der Eigenthümer, dann auf Grund einer Vermessung und Abschätzung der Culturmassen und Untervertheilung innerhalb der Culturmassen nach den Angaben der Eigenthümer herzustellen. Diese Versuche schlugen aber fehl, worauf der Plan zu einer Parzellarvermessung des ganzen französischen Gebiets ausgearbeitet wurde, welcher am 27. Januar 1808 vom Kaiser genehmigt wurde. Die Vermessungen wurden im ganzen Staatsgebiet sogleich energisch gefördert, so dass, als der unter französischer Herrschaft stehende Theil der Rheinprovinz wieder preussisch wurde, das Parzellarkataster bereits für eine Fläche von ungefähr 50 Quadratmeilen ganz oder nahezu ganz fertig war.

Aber auch auf deutschem Gebiet war der Anfang mit Landesvermessungen gemacht. Im Grossherzogthum Berg hatte die damals kurfürstliche Regierung unter dem Präsidenten von HOMPESCH im Jahre 1801 eine allgemeine Landesvermessung angeordnet, um die Kriegsbeiträge in gerechter Weise umlegen zu können. Weil aber ein geeignetes Personal fehlte, kam diese Landesvermessung nicht vom Fleck. Im

Jahre 1805 wurde in Folge dessen die Leitung der Vermessung an BENZENBERG[1] übertragen, der sogleich mit der Messung eines Dreiecksnetzes I. und II. Ordnung vorging und zugleich für die bessere Ausbildung des Personals durch besonderen Unterricht in Mathematik und Planzeichnen sorgte. Im Jahre 1806 kam das Land indess an NAPOLEON, der es an seinen Schwager MURAT verschenkte. Einige Monate später brach der Preussische Krieg aus und nach diesem wurden mehrere Länder mit dem Grossherzogthum Berg vereinigt, so dass es von 80 auf 300 Quadratmeilen anwuchs. Um in den so vereinigten an sich ungleichen Gebietstheilen den nöthigen Anhalt für eine gerechte Steuervertheilung zu gewinnen, wurde wieder ein Versuch mit der Declaration des Grundeigenthums gemacht. Jeder declarirte auch und leistete dabei auf Alles, was er nicht angegeben hatte, zum Besten der Armen Verzicht. Und der Erfolg war, dass von 300 Quadratmeilen nur wenig mehr als die Hälfte, nämlich 187 Quadratmeilen angegeben wurden. In Folge der Kriegswirren kam aber auch die Landesvermessung nicht wieder in Fluss. Im Herzogthum Westfalen wurde, als dieses Land an Darmstadt gekommen war, die Steuerfreiheit der privilegirten Stände aufgehoben, und im Jahre 1806 ebenfalls eine allgemeine Landesvermessung beschlossen. Auch diese kam nicht über die Basismessung und die Messung des Dreiecksnetzes I. und II. Ordnung hinaus.

Unter preussischer Herrschaft konnten im linksrheinischen Theile der Rheinprovinz schon im Jahre 1817 die unfertig gebliebenen Arbeiten abgeschlossen und weitere Vermessungen in Angriff genommen werden. Durch Cabinetsordre vom 26. Juli 1820 wurde dann bestimmt, dass das vom Grundbesitze der Rheinprovinz und von Westfalen bisher aufzubringende Steueraufkommen beibehalten und auf Grund eines, das ganze Gebiet umfassenden Katasters, das sich seinerseits auf eine Parzellenvermessung und die Ermittelung des Reinertrags einer jeden Parzelle zu stützen hätte, gleichmässig vertheilt werden solle. Dieser Bestimmung entsprechend wurde das Kataster für die Rheinprovinz und Westfalen bis zum Jahre 1835 fertig gestellt, und es sind in 16 Jahren durchschnittlich jährlich 52 Quadratmeilen bearbeitet worden.

Bei den französischen Arbeiten war dem Geometer im Wesentlichen die Wahl des Verfahrens überlassen. Er hatte von jeder Section einer Gemeinde eine Karte zu liefern, und nachdem er durch ein besonderes Dreiecksnetz den nöthigen Zusammenhang zwischen den einzelnen Sectionskarten hergestellt, eine zusammenhängende Gemeindekarte anzufertigen. Für die ersten Arbeiten unter preussischer Ver-

---

[1] JOHANN FRIEDRICH BENZENBERG, geb. 5. Mai 1777 in Schöller bei Elberfeld, 1805 Professor der Physik und Astronomie in Düsseldorf, erbaute dort 1844 aus Privatmitteln eine Sternwarte und vermachte diese bei seinem Tode (8. Juni 1846) der Stadt.

waltung wurde auf einer Versammlung von Verwaltungsbeamten und ihren technischen Berathern in Godesberg vom 15. bis 25. April 1819 die sogenannte Godesberger Instruction festgestellt, der unterm 11. Februar 1822 eine vom Finanzministerium erlassene allgemeine Instruction über das Verfahren bei Aufnahme des Katasters von ertragfähigem Grundeigenthum in den Rheinisch-Westfälischen Provinzen und unterm 22. März 1822 eine von der Generaldirection des Katasters erlassene Instruction für das Verfahren bei den Vermessungsarbeiten folgten. Diese Instructionen sind von grosser Bedeutung für die Entwickelung unseres Vermessungswesens. Die Vermessungen wurden auf einheitliche, die ganzen grossen Gebiete überspannende Dreiecksnetze I. und II. Ordnung und daran anschliessende Detaildreiecksnetze III. und IV. Ordnung gegründet. Die Detailaufnahme wurde entweder direct an die Dreieckspunkte und Dreiecksseiten oder an das den Übergang vom Dreiecksnetz zum Messungsliniennetz der Detailaufnahme geschickt vermittelnde Polygonnetz angeschlossen. Die Winkel des Dreiecks- und Polygonnetzes wurden fast immer mit dem Theodoliten gemessen, die Boussole wurde nur ganz ausnahmsweise zugelassen, und die Benutzung des Messtisches an so erschwerende Bedingungen geknüpft, dass dieser bald ganz ausser Gebrauch kam. Alle Messungsergebnisse mussten sogleich im Felde in geordnete Register und in Stückvermessungsrisse niedergelegt und dauernd erhalten werden. Diese Originalvermessungsdocumente mussten alles enthalten, was nöthig ist, um jederzeit durch jeden Sachverständigen in jedem Maassstabe Karten danach herstellen und die Flächeninhalte der Parzellen ermitteln zu lassen. Hiermit war der Übergang von dem nur die graphische Darstellung in der Karte liefernden Verfahren zu dem das gesammte Originalzahlenmaterial und die Karte liefernden Verfahren gemacht, und damit der wichtigste Schritt zur Ausbildung des Grundsteuerkatasters zu einem beweiskräftigen Eigenthumskataster gethan.

Für die Leitung der Arbeiten wurden eine Generaldirection des Katasters (Generaldirector Oberpräsident Graf zu SOLMS-LAUBACH, von Anfang 1822 ab Oberpräsident VON VINCKE, besonders für die technischen Arbeiten Regierungsrath ROLSHAUSEN, für die Bonitirungsarbeiten Regierungsrath RÖMMINGHAUSEN) und bei jeder Regierung eine Katastercommission (Dirigent und Leiter der Bonitirungsarbeiten in der Regel ein Mitglied der Regierung, Leiter der technischen Arbeiten ein Obergeometer) gebildet.

Den zur Ausführung der Arbeiten berufenen Geometern wurde gestattet, Eleven anzunehmen und zu Gehülfen heranzubilden. In Folge dessen entstanden grössere und kleinere Personale, welche für sich organisirt wurden und in welchen eine weitgehende Arbeitstheilung stattfand.

Zur Ausbildung tüchtiger Katastergeometer wurden in den Jahren 1818, 1819 und 1820 bei den einzelnen Regierungen Lehranstalten eingerichtet, und die an diesen erzielten guten Erfolge veranlassten zu einer systematischen Ordnung des Unterrichts für den Winter 1820/21 und 1821/22. Im Winter 1820/21 wurden in der ersten Classe bereits geprüfte Feldmesser, die Katastergeometer werden wollten, Feldmessercandidaten, die im folgenden Frühjahr ihre Prüfung ablegen wollten, und Gehülfen, die selbständige Arbeiter werden wollten, in der zweiten Classe Gehülfen und Eleven, welche die in der ersten Classe vorausgesetzten Kenntnisse noch nicht besassen, sich diese aber erwerben wollten, unterrichtet. Im Winter 1821/22 wurde der Unterricht in den beiden ersten Classen weitergeführt und in der dritten Classe Gehülfen für bestimmte Arbeitszweige ausgebildet. Hierdurch wurde erreicht, dass bereits bis Ende 1822 das Personal auf 550 Mann ergänzt war, und es ist nur lebhaft zu bedauern, dass der Unterricht nicht in beschränktem Umfange weitergeführt wurde, da dem augenblicklichen Bedürfnisse genügt war.

Wenn das mit einem Kostenaufwand von rund 4 150 000 Thaler hergestellte Kataster nicht allmählich werthlos werden sollte, musste für die Nachtragung der eintretenden Veränderungen gesorgt werden. In Frankreich war für die Fortführung der Bücher ein sehr umständliches Verfahren in Gebrauch, die Karten wurden gar nicht fortgeführt, und in Folge dessen steht Frankreich heute vor der grossen Aufgabe, für das ganze Land ein neues Kataster herzustellen. Für Rheinland und Westfalen wurden bereits während der Ausführung der Neumessungen Vorschriften für die Fortführung des Katasters erlassen. Obgleich diese bereits einen Fortschritt gegenüber den französischen Vorschriften bedeuteten, so waren sie doch noch nicht geeignet, das Eindringen mancher Fehler in das Kataster zu hindern.

Als aber die Neumessungen beendet waren, wurde mit dem 1. Januar 1835 eine vollständige technische Katasterverwaltung aufgestellt und damit ein Organismus geschaffen, der die Errungenschaften der beiden letzten Jahrzehnte bewahrte und weiterentwickelte. Somit konnte, als neue grosse Aufgaben durch die Grundsteuerregulirung in den östlichen Provinzen (Gesetz vom 21. Mai 1861 betreffend die anderweite Regelung der Grundsteuer) und demnächst in den neuen Provinzen erwuchsen, an das gute Alte angeknüpft und darauf weiter gebaut werden.

Die unter der genialen technischen Leitung des Generalinspectors des Katasters, Wirklichen Geheimen Ober-Finanzraths Gauss stetig aufsteigende Entwickelung des Vermessungswesens der Katasterverwaltung kann hier nicht weiter in ihren einzelnen Stadien verfolgt werden, und es sollen desshalb hier nur noch einige Punkte hervorgehoben werden, welche es wesentlich bedingten, dass von den Vermessungsbeamten der Katasterverwaltung unbedingt eine weitergehende wissenschaftliche Ausbildung verlangt werden musste.

Durch die technische Anleitung vom 16. Februar 1870 zur Ausführung einzelner Theile der bei den Grundsteuervermessungsarbeiten vorkommenden trigonometrischen und polygonometrischen Rechnungen wurde zum erstenmal die Fehlerausgleichung einheitlich geregelt, indem an einem umfangreichen Beispiel die empfehlenswerthen Verfahrungsarten erläutert wurden. Sodann wurde im Jahre 1876 bei der Berechnung des Dreiecksnetzes IV. Ordnung im Kreise Herzogthum Lauenburg der erste grössere Versuch gemacht, die Methode der kleinsten Quadrate bei der Berechnung der Detaildreiecksnetze einheitlich durchzuführen. Obgleich das Dreiecksnetz den älteren Vorschriften entsprechend durchaus noch nicht so gestaltet war, dass die Vortheile der Methode der kleinsten Quadrate voll zur Geltung kommen konnten, und obgleich für die Ausführung der Rechnungen nur Eleven zur Verfügung standen, die bei Beginn der Arbeiten theilweise noch Schwierigkeiten in der Rechnung mit Logarithmen fanden, gelang der Versuch doch vollständig. In dem mit Verfügung vom 4. Mai 1877 herausgegebenen Entwurf einer Anweisung für das Verfahren bei der Erneuerung der Karten und Bücher des Grundsteuerkatasters ist die Methode der kleinsten Quadrate für die Berechnung der Dreiecksnetze officiell eingeführt, und nach den mit diesem Entwurf gemachten praktischen Erfahrungen ist die Anweisung IX vom 25. October 1881 für die trigonometrischen und polygonometrischen Arbeiten bei der Erneuerung der Karten und Bücher des Grundsteuerkatasters vollends auf wissenschaftlicher Grundlage durchgebildet worden.

Inzwischen war durch die Grundbuchordnung vom 5. Mai 1872 das Grund- und Gebäudesteuerkataster zur Grundlage für den Eigenthumsnachweis am Grund und Boden gemacht und damit thatsächlich zum Grundeigenthumskataster geworden. Dementsprechend sind auch die in der Anweisung VIII vom 25. October 1881 für das Verfahren bei der Erneuerung der Karten und Bücher des Grundsteuerkatasters gestellten Anforderungen an die Ausführung der Stückvermessung, Kartirung und Flächeninhaltsberechnung gegenüber den früheren Bestimmungen wesentlich gesteigert worden[1].

---

[1] In Elsass-Lothringen ist bei der im vollen Gange befindlichen Erneuerung des von Frankreich überlieferten Katasters bereits der wichtige Schritt weiter vorwärts geschehen, ein für die Lage der Eigenthumsgrenzen in vollem Umfange beweiskräftiges Kataster aufzustellen, und die im Anschluss an die ebenerwähnten preussischen Anweisungen erlassene Anweisung vom 30. Januar 1889 für die Ausführung der Stückvermessung, Kartirung und Flächeninhaltsberechnung enthält Bestimmungen, welche wohl geeignet sind, das gesteckte hohe Ziel zu erreichen.

Zu den vorstehend besprochenen grossen Vermessungsarbeiten sind noch wichtigere und im Ganzen, wenn auch nicht nach der davon betroffenen Fläche, so doch nach der geleisteten Gesammtarbeit wohl ungefähr ebenso umfangreiche Arbeiten hinzugekommen durch die Ausführung der in Folge des Landesculturedictes vom 14. September 1811 erlassenen Gemeinheitstheilungs- und Ablösungsordnungen vom 7. Juni 1821, sowie der anschliessenden Gesetze und Verordnungen. Von einer fortschreitenden Entwickelung dieser Vermessungen und einer die Vorbedingung für jeden nachhaltigen Fortschritt bildenden Organisation des Vermessungswesens für diese Arbeiten kann aber mit einer Ausnahme erst aus der allerneuesten Zeit berichtet werden.

Für die Ausführung dieser Arbeiten waren allgemein maassgebend die Vorschriften der Feldmesserreglements vom 29. April 1813, vom 1. December 1857 und vom 2. März 1871. Das letztere, jetzt noch geltende Reglement enthält als wichtigste Bestimmungen für die Ausführung der Arbeiten die Vorschriften, dass der Feldmesser sich richtiger Instrumente bedienen muss, dass er für die Richtigkeit aller von ihm ausgeführten Arbeiten verantwortlich und dass er verpflichtet ist, in jedem Specialfalle die geeignetste und beste Methode zur Ausführung aller Längen-, Flächen- und Höhenmessungen zu wählen, auch die Zeichnungen und Ausarbeitungen deutlich, correct, vollständig, kunstgerecht und tadelfrei zu bewirken. Endlich ist noch bestimmt, dass es jeder Behörde vorbehalten bleibt, über die Ausführung der unter ihrer Aufsicht zu bewirkenden Feldmesserarbeiten besondere Instructionen zu erlassen und eine besondere technische Controle der Feldmesserarbeiten anzuordnen.

Von den auf Grund der letzteren Bestimmung erlassenen Instructionen hat die Geschäftsinstruction für die Specialcommissarien und Feldmesser im Ressort der Königlich Preussischen Generalcommission zu Merseburg auch bei anderen Generalcommissionen Eingang gefunden. Die in der zweiten Ausgabe dieser Instruction vom 18. Juli 1868 für die Ausführung der Vermessungen gegebenen Vorschriften waren aber durchaus primitiver Art und waren schon bei der Herausgabe längst veraltet. Vergleicht man diese Vorschriften mit den Vorschriften der bereits hochentwickelten Anweisung vom 7. Mai 1868 für das Verfahren bei den Vermessungsarbeiten zur Regelung der Grundsteuer in den Provinzen Schleswig-Holstein, Hannover und Hessen und bedenkt man, dass die in den vorhergehenden 50 Jahren durch die Katasterverwaltung ausgeführten bedeutenden Vermessungen in der Rheinprovinz und in Westfalen bereits nach Anweisungen ausgeführt worden sind, die in ihren Grundzügen mit der Anweisung vom 7. Mai 1868 übereinstimmen, so ist es schwer zu verstehen, wie es möglich war, dass in einem Staate 60 Jahre lang eine Verwaltung, die zunächst nur die Unterlagen für eine gerechte Steuervertheilung zu liefern hatte, sich eines vorzüglich organisirten und durchgebildeten Vermessungswesens erfreuen konnte, während in der anderen Verwaltung, deren sehr viel wichtigere Aufgabe die neue Abgrenzung und Feststellung des Grundeigenthums ist, von einer sachgemässen Organisation des Vermessungswesens überhaupt keine Rede war und Messungsverfahren vorgeschrieben werden konnten, die nach keiner Richtung hin zu billigen waren. Und dabei handelte es sich bei den Arbeiten der letzteren Verwaltung nicht etwa um kleine Objecte, denn als endlich mit dem alten Verfahren gebrochen wurde, waren bereits mehr als 15 Millionen Hektare vermessen.

Die betheiligten Feldmesser sind wiederholt bestrebt gewesen, eine Änderung zum Besseren zu erreichen. Im Jahre 1848 hatten die preussischen Landmesser zuerst einige Provinzialvereine und sodann einen Centralverein gegründet. Ihren Bestrebungen hat der Vermessungsrevisor WAEGE in »Die Mängel des preussischen Vermessungswesens und Ansichten über deren Abhilfe«, Görlitz 1850, beredten Ausdruck verliehen. Er schildert die Mängel des Vermessungswesens durchaus objectiv, macht sachgemässe Vorschläge für die Einrichtung einer Lehranstalt zur Ausbildung der Feldmesser und entwickelt einen Plan für die Organisation des Vermessungswesens, der noch heute beachtenswerth ist. Andere Denkschriften folgten, aber erst die Denkschrift des Abgeordneten SOMBART, betreffend Organisation und Reform des öffentlichen Vermessungswesens in Preussen vom 1. April 1879, und das darüber an das Königliche Staatsministerium erstattete Gutachten des Central-Directoriums der Vermessungen im Preussischen Staate vom 25. Februar 1880 haben Erfolg gehabt. In diesem Gutachten wurden die an die Vermessungsarbeiten zu stellenden Anforderungen festgelegt und die etatsmässige Anstellung eines technischen Oberbeamten bei jeder Generalcommission als sehr wichtig und sehr dringlich bezeichnet, da in dem Fehlen derselben vorzugsweise die Ursache der bisherigen, oft mangelhaften Ausführung der Vermessungen für Auseinandersetzungszwecke zu suchen sei, und ohne eine solche Einrichtung die künftige Erfüllung der festgesetzten Hauptbedingungen nicht wohl erreichbar sein werde.

In Folge dessen sind vom Jahre 1883 ab allmählich bei allen Generalcommissionen Vermessungsinspectoren und im Ministerium für Landwirthschaft, Domänen und Forsten ein Ober-Vermessungsinspector angestellt worden. Ferner sind bei den Generalcommissionen geodätischtechnische Büreaus eingerichtet und vom Jahre 1893 ab Oberlandmesser zur Leitung und Beaufsichtigung der Arbeiten bei den Specialcommissionen ernannt worden. Wenn mit dieser letzteren Einrichtung auch sowohl Oberlandmesser wie Landmesser theilweise noch wenig zufrieden sind, so ist demgegenüber sehr ernst zu bedenken, dass damit der Weg zu einer völlig befriedigenden Organisation des Vermessungspersonals eröffnet ist, und dass es wesentlich auf die besonnene zielbewusste Mitwirkung aller Betheiligten ankommt, um zu einem Abschluss zu gelangen, der ein frisches Blühen und Gedeihen des Vermessungswesens vollends sichert.

Inzwischen war aber auch bei einer Generalcommission eine fortschreitende Entwickelung des ganzen Verfahrens bei den Vermessungen vor sich gegangen. Die Leitung der Königlichen Generalcommission in Cassel und der Vermessungen zur anderweiten Regelung der Grundsteuer in Hessen war in einer Hand (WILHELMY) vereinigt, und dadurch, dass in Hessen eine allgemeine Landestriangulation vorlag, war die Möglichkeit gegeben, ohne besondere Schwierigkeit ein rationelles Vermessungsverfahren durchzuführen. Demnach wurde bereits am 2. October 1868 angeordnet, dass bei den Neumessungen der Generalcommission das in der finanzministeriellen Anweisung vom 7. Mai 1868 und deren Ergänzungen vorgeschriebene Verfahren bei den Vermessungsarbeiten behufs der anderweiten Regelung der Grundsteuer pünktlichst einzuhalten sei. Sodann wurde durch die von der Königlichen Generalcommission (WILHELMY) und dem Bezirks-Commissar für die Grundsteuervermessungsarbeiten (Ober-Regierungsrath WILHELMY) gemeinschaftlich erlassene Specialanweisung vom 5. November 1869 das vollständige Handinhandarbeiten der Generalcommission mit den Grundsteuervermessungsorganen geregelt und der Anfang gemacht mit einer rationellen Regelung der Planabsteckungsarbeiten. Ferner wurde durch die Circularverfügungen vom 18. Mai 1877 und vom 18. Februar 1879 das Planabsteckungsverfahren vollends sachgemäss geregelt und durch die Anordnung der Anfertigung zweier Reinkarten nach Originalmaassen der im Felde abgesteckten Pläne nicht nur eine wirksame Controle für die Planberechnung und die Planabsteckung, sondern zugleich auch die zuverlässige Beurkundung des neuen Besitzstandes im Kataster gewonnen. Durch die Circularverfügungen vom 26. October 1880, vom 16. März 1881 und vom 4. April 1882 wurden endlich nacheinander die Bestimmungen des Central-Directoriums der Vermessungen im Preussischen Staate vom 29. December 1879 über den Anschluss der Specialvermessungen an die trigonometrische Landesvermessung und vom 20. December 1879 über die Anwendung gleichmässiger Signaturen für topographische und geometrische Karten, Pläne und Risse, sowie die Anweisung IX vom 25. October 1881 für die trigonometrischen und polygonometrischen Arbeiten bei Erneuerung der Karten und Bücher

II. Die Entwickelung des Vermessungs- und Meliorationswesens u.s.w.

des Grundsteuerkatasters eingeführt[1] und damit das Vermessungswesen auf eine Stufe gehoben, welche die wissenschaftliche Ausbildung der Landmesser unbedingt erforderte.

Zum Abschluss der Darstellung der Entwickelung des Vermessungswesens muss noch kurz auf die Vermessungen der Eisenbahnverwaltungen eingegangen werden.

In Preussen sind rund 30 000 Kilometer Eisenbahnen ausgebaut, und für den Ausbau dieser Eisenbahnen, für die Feststellung und Verwaltung des umfangreichen Grundbesitzes der Eisenbahnverwaltung, sowie für die Unterhaltung der Eisenbahnen sind viele Vermessungsarbeiten von bedeutendem Umfange ausgeführt worden und noch fortwährend auszuführen. Es ist aber sehr schwer, ein vollständiges und klares objectives Bild von der Art und Weise der Ausführung dieser umfangreichen Arbeiten zu gewinnen. Jede Eisenbahndirection regelt die Vermessungsarbeiten für sich, und so ist kaum etwas Buntscheckigeres zu finden, als die Sammlung der für die Ausführung der Eisenbahnvermessungen erlassenen Anweisungen. Selbst die in neuester Zeit erlassenen Anweisungen stimmen vielfach noch in wesentlichen Punkten nicht überein, obgleich eine einheitliche Regelung des Verfahrens sehr nützlich wäre und sachliche Bedenken gegen eine solche Regelung nicht aus den vorliegenden Verhältnissen abgeleitet werden können. Gleichmässig für den ganzen Staat ist nur der Mangel jeglicher sachgemässer Organisation des Vermessungswesens und der damit verknüpfte Mangel an Sicherheit dafür, dass nach den erlassenen Anweisungen auch thatsächlich richtig und gut gearbeitet wird.

Die Vorarbeiten für eine einheitliche Regelung der Vermessungsarbeiten bei den Eisenbahnen liegen vor. Aus den von verschiedenen Eisenbahndirectionen erlassenen Anweisungen für die einzelnen Arbeitsstadien ist klar zu erkennen, welche Arbeiten ausgeführt werden müssen und wie sie ausgeführt werden müssen[2]. Wenn aus all' den ver-

---

[1] Die geschilderte Entwickelung ist gekrönt worden durch die Anweisung für Specialcommissare und Vermessungsbeamte im Bezirke der Königlich Preussischen Generalcommission zu Cassel vom 1. April 1887. Da diese Entwickelung des Vermessungswesens bei einer Generalcommission die gleiche Hebung des Vermessungswesens bei den anderen Generalcommissionen zur Folge gehabt hat, so bleibt hauptsächlich nur noch zu wünschen, dass auch die bisher noch nicht auf gleicher Höhe stehenden Vorarbeiten für die Projectirung des Wege- und Grabennetzes und der Planlage, sowie das in mehreren wichtigen Theilen von manchen Landmessern bereits sehr fein durchgebildete Projectirungsverfahren allgemein in einer dem heutigen Stande der Vermessungstechnik entsprechenden Weise geordnet und durch die jetzt vorhandenen Organe gleichmässig zur Anwendung gebracht wird.

[2] Hervorgehoben werden kann namentlich die feine Durchbildung der Vorarbeiten, welche in dem Heft »Wie macht man Eisenbahnvorarbeiten, von F. A. GELBKE in Cöln. München 1895, Theodor Riedel« dargestellt ist.

schiedenartigen Anweisungen das darin enthaltene gute Material in richtiger Auswahl zusammengetragen wird, so braucht nur wenig von dem Vorhandenen anders gestaltet zu werden und der bis jetzt fast vollständig fehlende richtige organische Zusammenhang zwischen den einzelnen Arbeitsstadien der Eisenbahnvermessungsarbeiten unter sich und mit den Arbeiten der Katasterverwaltung hergestellt zu werden, um zu einer durchaus befriedigenden einheitlichen Regelung der sämmtlichen Arbeiten zu gelangen. Und wenn dann durch eine sachgemässe Organisation des Personals die richtige und gute Durchführung der aufgestellten Vorschriften gesichert wird, so kann auch die Eisenbahnverwaltung zu einem wohlgeordneten Vermessungswesen gelangen, welches ihr bei Aufwendung viel geringerer Mittel viel mehr Nutzen bringt, wie es bei dem jetzigen Zustande möglich ist.

Aber auch aus einer grösseren Reihe der vorliegenden Anweisungen war bereits zu der Zeit, als bei den anderen Staatsverwaltungen das Bedürfniss für die bessere wissenschaftliche Ausbildung der Landmesser anerkannt war, eine aufsteigende Entwickelung des Eisenbahnvermessungswesen zu erkennen, und es ist deshalb nur lebhaft anzuerkennen, dass das Ministerium für die öffentlichen Arbeiten seinen zuerst geleisteten Widerstand gegen die allgemeine Erhöhung der Anforderungen an die Ausbildung der Landmesser fallen liess und damit die Gefahr der Einführung von Landmessern erster und zweiter Classe beseitigte.

———————

Die hier kurz geschilderte Entwickelung des Vermessungswesens musste, wie bereits mehrfach erwähnt ist, nothwendig auch zu einer aufsteigenden Entwickelung der Ausbildung der Landmesser führen, und die Landmesser haben selbst immer und immer wieder gefordert, dass von ihnen allgemein eine bessere Ausbildung verlangt und dass ihnen Gelegenheit geboten werden möge, diese bessere Ausbildung zu erlangen. Diese Forderungen fanden eine sichere Stütze in dem Deutschen Geometerverein, der auf einer am 14. bis 16. December 1871 in Coburg stattgehabten Zusammenkunft von Vertretern 15 deutscher Staaten gegründet wurde und der bereits auf seiner II. Hauptversammlung am 2. bis 4. August 1873 in Nürnberg über die Art der theoretischen Ausbildung der Vermessungstechniker lebhaft verhandelte. Professor Dr. JORDAN begründete in einem eingehenden Vortrage seinen Antrag, der Deutsche Geometerverein möge erklären:

»Es ist im Interesse der Hebung des Geometerstandes und der Förderung der Vermessungswissenschaft geboten, dass die Befähigung zur Ausübung derselben auf einer höheren technischen Lehranstalt erworben werde, und dass an denjenigen

II. Die Entwickelung des Vermessungs- und Meliorationswesens u. s. w.

deutschen technischen Lehranstalten, an welchen noch keine Fachschulen für Vermessungskunde bestehen, solche errichtet werden, an denen diese Wissenschaft in ihrem ganzen Umfange durch wissenschaftlich gebildete Fachmänner gelehrt wird.«

Dieser Antrag wurde mit dem weiteren Antrage von Dr. DOLL:

»Es wird eine Commission niedergesetzt, welche Erhebungen über die Zustände der Ausbildung der Geometer zu machen hat, um auf Grund dieser Erhebungen in Gemeinschaft mit der Vorstandschaft des Deutschen Geometervereins die weiter erforderlich scheinenden Schritte zu thun.«

auf der Hauptversammlung angenommen.

Hierdurch entstand in allen Kreisen der Landmesser eine lebhafte Bewegung, die in mehreren Artikeln des Organs des Deutschen Geometervereins, der Zeitschrift für Vermessungswesen, ihren Ausdruck fand und die dazu führte, dass auf der IV. Hauptversammlung am 5. bis 8. September 1875 in Berlin beschlossen wurde, als nothwendig zu bezeichnen:

1. für die Zulassung zur Laufbahn der Nachweis des an einem Gymnasium oder einer höheren Realschule bestandenen Abiturientenexamens;
2. die Ausbildung an einer geometrischen Fachschule und in einer zweijährigen Berufsthätigkeit;
3. die Ablegung einer Staatsprüfung vor einer zweckmässig zusammengesetzten Prüfungscommission in bestimmt bezeichneten Fächern;
4. die Einrichtung eines Cursus für Vermessungskunde an den technischen Hochschulen.

Die Bewegung stockte auch hiernach nicht, sondern wurde nur noch lebhafter und griff über auf die Behandlung der Reorganisation des gesammten Vermessungswesens. Diese wichtige Frage wurde auf der VI. Hauptversammlung am 11. bis 14. August 1877 in Frankfurt a. M. in den Vorträgen von Obergeometer WINKEL über die Behördenorganisation, von Professor Dr. HELMERT über Triangulation, Projectionsmethoden u. s. w., von Professor Dr. JORDAN über Topographie, Nivellement u. s. w., von Professor Dr. DÜNKELBERG über Culturtechnik und von Bezirksgeometer STEPPES über Verbindung des Katasters mit dem Grundbuche u. s. w. sorgfältig erörtert. Durch eine auf erste Anregung von MERTINS und STEPPES seitens des Deutschen Geometervereins veranlasste, von JORDAN und STEPPES ausgeführte umfassende historisch-kritische Darstellung des deutschen Vermessungswesens (Stuttgart 1882) wurde die wichtigste Grundlage für die Beurtheilung und weitere Entwickelung des deutschen Vermessungswesens gegeben. Der Deutsche

Geometerverein und seine Zweigvereine haben auch weiterhin die von ihnen vertretenen Forderungen bezüglich der Ausbildung der Landmesser und der Weiterentwickelung des Vermessungswesens energisch verfolgt und sich dadurch unzweifelhaft ein grosses Verdienst errungen.

Die Bestrebungen des Deutschen Geometervereins wurden erheblich gefördert durch das Vorgehen eines seiner Mitglieder, des Rittergutsbesitzers SOMBART, der, früher selbst als Landmesser thätig, als Mitglied des Preussischen Abgeordnetenhauses die Interessen der Landmesser mit unermüdlichem Eifer und mit grosser Sachkenntniss vertreten hat. Nachdem SOMBART bereits in den Sitzungen des Abgeordnetenhauses am 24., 25. und 31. Januar 1877 das Civil-Vermessungswesen in Preussen beleuchtet hatte, stellte er in der Sitzung am 13. Februar 1877 die Hebung des Vermessungswesens als ein dringendes Bedürfniss dar und verlangte, dass an dem neu zu errichtenden Polytechnikum in Charlottenburg auch ein Cursus für die praktische Geodäsie errichtet werde; aber nicht bloss zur Ausbildung im Messen und Nivelliren, in Mathematik, Physik und Geodäsie, sondern auch zur Ausbildung in der Landesculturtechnik in dem Maasse, dass die Landmesser der Landwirthschaft nützlich sein könnten. Sodann erwirkte SOMBART in der Sitzung des Abgeordnetenhauses am 19. December 1878 die Annahme der Resolution: »Das Haus der Abgeordneten wolle beschliessen: Die Königliche Staatsregierung aufzufordern, eine höhere wissenschaftliche und technische Ausbildung der Feldmesser, sowie eine Organisation des gesammten öffentlichen Vermessungswesens herbeizuführen«.

Der wichtigste und erfolgreichste Schritt SOMBART's war aber die Einreichung seiner Denkschrift, betreffend Organisation und Reform des öffentlichen Vermessungswesens in Preussen vom 1. April 1879 an das Königliche Staatsministerium. Diese Denkschrift wurde unterm 23. April 1879 dem Central-Directorium der Vermessungen im Preussischen Staate mit dem Ersuchen übersandt, dieselbe zu prüfen und das bezügliche Gutachten dem Königlichen Staatsministerium einzureichen. Das Central-Directorium beauftragte eine Commission mit Ausarbeitung des Gutachtens und beschloss am 11. December 1880, das von der Commission erstattete Gutachten mit einigen eingegangenen Anträgen auf Abänderung des Gutachtens dem Staatsministerium zu überreichen.

Von dem reichen Inhalt der Denkschrift SOMBART's und des Gutachtens des Central-Directoriums der Vermessungen[1] kann hier nur das angeführt werden, was unmittelbar Bedeutung für die Regelung der Ausbildung der Landmesser gehabt hat und in Abschnitt IV des

---

[1] Vollständig wiedergegeben in der Zeitschrift für Vermessungswesen, 1879, S. 375 ff., sowie 1881, S. 37 ff.

II. Die Entwickelung des Vermessungs- und Meliorationswesens u. s. w. 47

Gutachtens »Die Ausbildung der Feldmesser« enthalten ist. Die wesentlichsten Ausführungen sind:

Mit Recht sei in der SOMBART'schen Denkschrift die bessere Ausbildung der Feldmesser mit den im Vermessungswesen selbst anzustrebenden Verbesserungen in Verbindung gebracht. Die Erzielung durchgreifender Erfolge in sachlicher Beziehung sei nothwendig abhängig von der Erhöhung der persönlichen Leistungsfähigkeit der Feldmesser als ausführender Techniker.

Seit dem Jahre 1876 schwebten zwischen den betheiligten Ministerien Verhandlungen über die Erhöhung der Anforderungen an die Ausbildung der Feldmesser, welche zu einem Einverständniss darüber bereits geführt hätten, dass es zweckmässig sei, bei den höheren technischen Lehranstalten einen auf die Dauer eines Jahres berechneten Cursus für Vermessungskunde einzurichten.

Dem mindestens einjährigen Besuche eines solchen Cursus solle eine praktische Beschäftigung von mindestens zweijähriger Dauer vorausgehen. Die Prüfungscommissionen würden bei den Lehranstalten einzurichten sein, bei welchen der Cursus für Vermessungskunde bestehen werde.

Die SOMBART'sche Denkschrift präcisire den Weg, auf welchem die höhere Ausbildung der Feldmesser zu erreichen sei, dahin, dass neben der Beibehaltung des bisher geforderten Grades der allgemeinen wissenschaftlichen Vorbildung die Zeit der praktischen Ausbildung auf ein Jahr festzusetzen, dagegen ein zweijähriges Studium in dem Cursus für Geodäsie und Culturtechnik an einem Polytechnikum oder einer höheren landwirthschaftlichen Lehranstalt zu absolviren sei.

Die Denkschrift weiche also von den zwischen den betheiligten Verwaltungsressorts bereits getroffenen Vereinbarungen darin ab, dass in der Denkschrift die Zeit der praktischen Ausbildung um ein Jahr kürzer, diejenige des Studiums an einer höheren Lehranstalt um ein Jahr länger vorgeschlagen werde.

Der Zweifel, ob der einjährige Besuch eines Polytechnikums ausreiche, um eine genügende Ausbildung sicherzustellen, sei nicht ohne Berechtigung, und es lasse sich die Ansicht vertreten, dass dieser Besuch nach dem SOMBART'schen Vorschlage auf 2, mindestens auf 1½ Jahre auszudehnen sei. Gleichwohl könne die Commission des Central-Directoriums der Vermessungen sich nicht dafür aussprechen, von den bereits getroffenen Vereinbarungen, welche mit den vom Deutschen Geometervereine im Jahre 1875 den Deutschen Staatsregierungen vorgetragenen Wünschen übereinstimmen, in dem Sinne abzuweichen, dass der Besuch eines Polytechnikums u. s. w. allgemein und obligatorisch von 2 auf 3 oder 4 Semester verlängert werde. Dagegen werde es keinem Bedenken unterliegen, die Verlängerung des theoretischen Studiums mit der Maassgabe facultativ zuzulassen, dass die Zeit der praktischen Ausbildung bei einer Studiendauer von 3 Semestern auf mindestens 1½ Jahre, bei 4 Semestern auf mindestens 1 Jahr bemessen, unter das letztere Zeitmaass der praktischen Ausbildung aber nicht herabgegangen werde. Im Übrigen werde es von den noch zu sammelnden umfangreichen Erfahrungen abhängig gemacht werden können, ob und in welchem Maasse künftig eine allgemeine obligatorische Verlängerung des theoretischen Studiums anzustreben sein werde.

Im Anschluss hieran sei noch angeführt, dass SOMBART in der Sitzung des Plenums des Königlichen Landes-Oekonomie-Collegiums am 25. October 1877 die Annahme seines dringlichen Antrages erwirkte: »Reform und Organisation des Civil-Vermessungswesens in Preussen auf die Tagesordnung der nächstjährigen Versammlung des Landes-Oekonomie-Collegiums zur Berathung und Beschlussfassung zu setzen.«[1]

Diesem Antrage wurde Folge gegeben in der ersten Sitzungs-Periode des reorganisirten Königlichen Landes-Oekonomie-Collegiums. Nachdem Director Professor Dr. DÜNKELBERG unterm 11. Januar 1879 ein Referat geliefert und SOMBART unterm 23. Januar 1879 Anträge zu diesem Referat gestellt hatte[1], ferner die HH. DANCKELMANN und BERNHARDT hierzu noch Vorschläge bezüglich der Ausbildung der Preussischen Studirenden des Forstwesens in der Feldmesskunde gemacht hatten, wurde hierüber in der Sitzung am 25. Januar 1879 verhandelt und beschlossen, dem Herrn Minister das Material für die weitere Verfolgung der Angelegenheit zu überweisen[1].

2. Entwickelung des Landesmeliorationswesens in Preussen.

Die Preussischen Landesmeliorationen der früheren Jahrhunderte erstreckten sich hauptsächlich auf Eindeichungen und Entwässerungen der überschwemmten Niederungen. Sie verdanken ihre Entstehung und Ausführung zum grössten Theile der persönlichen Initiative der

---

[1] Landwirthschaftliche Jahrbücher 1877. Supplement 3, S. 56. 1879. Supplement 2, S. 96—113, S. 241 und S. 242—248, sowie Zeitschrift für Vermessungswesen 1879, S. 209—248.

II. Die Entwickelung des Vermessungs- und Meliorationswesens u. s. w.

Hohenzollernfürsten, welche unablässig bemüht waren, die grossen, fast ganz unbenutzt daliegenden Flächen für Colonien und Besiedelungen nutzbar zu machen.

Nachdem bereits FRIEDRICH I. durch das Edict vom 25. Februar 1704 die oberste Leitung aller Entwässerungen von Staatswegen in die Hand genommen und besondere Ingenieure angestellt hatte, welche neben der Sorge für die Graben- und Flussräumungen, die »Luche, Brüche und Niederungen durch Wasserleitungen immer mehr urbar zu machen und nach Überlegung mit den Gutsherren, bei Weigerung damit dennoch executive vorzugehen hatten«[1], begann König FRIEDRICH WILHELM I. die Entwässerung und Urbarmachung der ausgedehnten Havelbrüche, des sogenannten Rhin- und Havelländischen Luchs. Es ist dies die älteste und umfangreichste Melioration und die bedeutendste Unternehmung dieses Herrschers auf diesem Gebiete. Sie wurde in den Jahren 1718—1725 ausgeführt, erstreckte sich auf etwa 22 Quadratmeilen und kostete 70 742 Thaler 7 Groschen 1 Pfennig. Der Plan und Kostenanschlag wurde von dem Oberjägermeister von HERTEFELD und dem Kriegs- und Domänenrath STOLZEN (als Baumeister) aufgestellt; die Arbeiten leisteten grösstentheils Soldaten.

Unter der Regierung FRIEDRICHS des Grossen wurden die Meliorationen des Oderbruches, der Warthe- und Netze-Niederung, der Nuthe und Nieglitz, des Drömlings und des Madue-Sees ausgeführt; die grösste derselben ist die Eindeichung des grossen Oderbruchs, welche 1746 begonnen und 1753 beendet wurde. Die Leitung der Bauten war einer Baucommission übertragen, in welcher namentlich der Geheime Finanzrath VON HABLEM, ein im Wasserbauwesen erfahrener Holländer, genannt wird. An den Berathungen der Commission betheiligte sich auf Befehl des Königs auch der berühmte Mathematiker EULER, welchem besonders die Ausführung der Nivellements in Gemeinschaft mit VON HABLEM übertragen war. Im Ober-Oderbruch lagen 117 000 Morgen, im Nieder-Oderbruch 108 000 Morgen, welche alljährlich im Mai von der Oder 10—14 Fuss hoch überschwemmt wurden. Nach Ablauf der Hochwasser traten auf den höher liegenden Flächen zwischen Eichen- und Erlenbeständen gute Wiesen zu Tage, das tiefer liegende Gelände war mit Schilf und Rohr bestanden. Durch Herstellung eines grossen Durchstiches und Eindeichung des neuen Oderlaufes wurde das Bruch den directen Überschwemmungen entzogen, litt aber bei höheren Wasserständen der Oder noch sehr durch Rückstau. Ein ausgedehntes System von Entwässerungsgräben beförderte nach dem Ablauf der Hochwasser die Trockenlegung.

---

[1] MEITZEN, Der Boden. Bd. 1, S. 444.

Die Gesammtbaukosten betrugen 520000 Thaler. Die Besitzer bezahlten diese Summe nicht in Geld, sondern in Land, indem sie ein Drittel oder die Hälfte der Fläche dem Staate überliessen, welcher Colonisten ansiedelte. Im ganzen Bruche wurden 43 neue Colonien mit 1200 Familien gegründet.

Hierbei mag noch erwähnt werden, dass erst im Jahre 1832 der alte Oderlauf geschlossen wurde und nun auch der untere Theil des Bruches in die Eindeichungen einbezogen werden konnte. Die Arbeiten wurden im Jahre 1860 abgeschlossen und haben 2630016 Thaler gekostet. Das Oderbruch gehört jetzt zu den ertragreichsten Ländereien des ganzen Staatsgebietes.

Viele andere Entwässerungsanlagen, zum Theil mit recht grossen Flächen, deren bereits oben Erwähnung gethan ist, wurden noch ausgeführt.

Die für Landesmeliorationen von dem Grossen Könige aufgewendeten Summen sind nicht bekannt, nach Mittheilungen des Ministers von HERZBERG soll der König aber allein nach dem siebenjährigen Kriege 40 Millionen Thaler verausgabt haben. In die Regierungszeit dieses Fürsten fällt auch der Anfang der Zusammenlegungen und Gemeinheitstheilungen. Die wirthschaftliche Zusammenlegung der Ackerländereien forderte der König bereits am 1. Mai 1752 in dem Haushaltungs- und Wirthschafts-Reglement für die Pommerschen Ämter. Am 28. Mai 1766 ertheilt der König dem Geheimen Finanzrath von BRENCKENHOFF mündlich Anweisungen über die geschäftliche Behandlung der Auseinandersetzungssachen:

»1. Müsste das Terrain, was gemeinschaftlich genutzt, wozu unterschiedene Interessenten gehören, von Ingenieurs und Landmessern ausgemessen, und darauf zugleich die Bonité des Bodens marquiret, auch in 3 Klassen, als gut, mittel und schlecht getheilet werden; sodann müssten

2. mit Zuziehung eines Justiz-Verständigen aus der Regierung die Dokumente derer Interessenten examiniret werden, woraus alsdann erhellen würde, wieviel rata ein jeder Interessent an dem quästionirten Fleck hätte. Hierauf müsste durch einen ehrlichen und Werks-Verständigen Kameralisten oder Ökonom

3. nach der qualité des Bodens, die Vertheilung vorgenommen werden und so, dass ein jeder an seiner daran zu stossenden Feldmark seine rata erhielte, damit er solche hiernächst zu Ansetzung einiger Familien, Ackerwerke anzulegen und als Hütung, Wiesen oder Wald allein nutzen könnte, wie er wollte.

Wenn es aber sich treffen sollte, dass just lauter schlechtes Terrain oder lauter gutes an eine Feldmark anstiesse, so müsse der dazu bestellte Ökonom ohne freundschaftliche Absichten oder Interesse die Quantität nach der Qualität des Grundes festsetzen, so dass bei vorzunehmender Recherche niemals Menschlichkeiten hierbei befunden werden dürften[1].«

Am 15. September 1769 zeichnet der König dem Minister von HAGEN vor »wie die Theilungskommissarien und Landwirthe verfahren, in der Mitte des zu theilenden Distriktes einen breiten Weg lassen sollten, dass ein jeder Interessent zu seinem Stücke kommen könnte«.

Am 21. October 1769 erschien eine ausführliche Verordnung, welche specielle Bestimmungen für das Separationswerk trifft. In jedem Kreise sollen geeignete Landwirthe zu Commissarien bei der Ausführung von Separationen ernannt werden. Sie sollen Anmeldungen zu Separationen entgegen nehmen, die Legitimation der Interessenten prüfen, unter Zuziehung geeigneter Feldmesser für gerechte Abwägung und Feststellung der Interessen der Betheiligten sorgen. Im Falle entstehender Streitigkeiten sollen die Justizcollegien auf schleunige Entscheidung bedacht sein.

Die erste vollständige Instruction für das Gemeinheitstheilungsverfahren enthält das Reglement vom 14. April 1771 wegen Auseinandersetzung und Aufhebung der Gemeinheiten und Gemeinhutungen in Schlesien. Dasselbe enthält die Grundzüge des Verfahrens, welche in die spätere gesammte Gemeinheitstheilungsgesetzgebung aufgenommen worden und im Wesentlichen bis auf unsere Zeit maassgebend geblieben sind.

In demselben ist auch vorgeschrieben, dass **mögliche Meliorationen des Grundstücks von den Interessenten auf gemeinschaftliche Kosten vorgenommen werden sollen.** Hier findet sich der Anfang genossenschaftlicher Meliorationen.

Die Zahl der wirklich getheilten Gemeinschaften ist nicht bekannt, muss aber ziemlich bedeutend gewesen sein, da allein von Ende December 1770 bis Ende November 1771 382 Sachen erledigt waren.

Bei den in grosser Zahl und mit beträchtlichem Umfange ausgeführten Unternehmungen auf dem Gebiete der Landescultur ist sicher eine grosse Zahl von Technikern beschäftigt gewesen. Während die Leitung der eigentlichen Meliorationen (Eindeichungen und Entwässerungen) naturgemäss durch Wasserbautechniker erfolgen musste und Landmesser nur zur Aufnahme von Nivellements herangezogen wurden, scheint bei den Zusammenlegungen und Gemeinheitstheilungen den Landmessern anfangs bereits die Bonitirung übertragen gewesen zu sein.

---

[1] STADELMANN, Preussens Könige in ihrer Thätigkeit für die Landescultur. 2. Theil, S. 348.

Das Wegenetz, die Planlage, auch kleine Entwässerungen und Bachbegradigungen gehörten zu ihren Amtsgeschäften. Die einheimischen Wasserbautechniker, als auch namentlich die Landmesser wurden vor ganz neue Aufgaben gestellt, für welche besonders letztere nicht einmal praktisch vorgebildet waren. Wenn trotzdem viel geleistet worden ist, so kann dies nur der allgemeinen Tüchtigkeit und dem grossen Fleisse zugeschrieben werden, womit sie sich ihren Arbeiten widmeten. Für die jüngeren Techniker wurden die Bauausführungen eine gute praktische Schule.

Die Landesmeliorationen ruhten bis zum Regierungsantritt König FRIEDRICH WILHELM's IV., da der Krieg am Anfange des Jahrhunderts störend wirkte und später durch die gutsherrlich bäuerlichen Regulirungen, die Ablösungen und Gemeinheitstheilungen alle Kräfte in Anspruch genommen wurden.

Für die Entwässerungen war inzwischen im Gebiete des Allgemeinen Landrechts durch das Vorfluthgesetz vom 15. November 1811 eine gesetzliche Grundlage geschaffen; für die Bewässerungen fehlte es an einer solchen.

Für die Oberlausitz war bereits durch das Patent vom 18. August 1727 die Nutzung des Wassers zur Berieselung der Wiesen geregelt, auch im Siegenschen und Nassauischen bestanden alte Wässerordnungen, welche in die Fürstlich Oranien-Nassauische Wiesen-Ordnung vom 18. December 1790 zusammengefasst wurden. Durch den Bürgermeister ALB. DRESSLER von Siegen waren von 1750 ab die alten Siegener Bewässerungsanlagen durch Rückenbau verbessert worden. Die Siegener Wiesenbauer, nur praktisch geschulte Leute, verbreiteten die Kenntniss des Wiesenbaues durch ganz Deutschland. Anfang der Dreissiger Jahre wurden im Erzgebirge und namentlich in Pommern mehrere Anlagen ausgeführt. Der Oberpräsident von Pommern, Freiherr SENFFT VON PILSACH interessirte sich sehr für den Wiesenbau, schickte die Techniker SCHALL und VINCENT auf grössere Studienreisen und bewilligte Darlehen aus dem Meliorationsfonds. Auf seinem Gute Gramenz bei Neustettin liess er grosse Rieselanlagen ausführen und gründete dort am 1. März 1838 die erste Wiesenbauschule. Zu den ältesten Wiesenanlagen gehören auch die in Schlesien zu Camenz, Jeltsch, Lampersdorff, Gross-Strehlitz und Janowitz ausgeführten Bauten. In Janowitz bestand von 1840–1842 ebenfalls eine Wiesenbauschule.

FRIEDRICH WILHELM IV. betraute 1841 den Freiherrn SENFFT VON PILSACH mit der Einleitung grösserer Landesmeliorationen in fiscalischen Forsten und auf Privatflächen. Es wurden nun die Vorarbeiten für eine grosse Zahl Meliorationen aufgenommen, deren Anfänge zum Theil schon aus der Regierung FRIEDRICH's des Grossen herrühren. Sie kamen in den Jahren 1841—1849 zur Ausführung und waren die Schule mancher tüchtiger Techniker (J. C. PATZIG, L. VINCENT, W. HAFFER).

Zu den grösseren Ent- und Bewässerungen jener Zeit gehören die Anlagen in der Tucheler Haide (12 000—15 000 Morgen), an der Brahe, am Schwarzwasser und am Ball; im Ganzen gegen 5000 Morgen. In der Provinz Preussen wurden auf fiscalischen Flächen 7500 Morgen Wiesen angelegt. Durch Ankauf einer Wassermühle und Senkung des Soldauer Sees wurden 700 Morgen Land gewonnen. Die masurischen Seen wurden gesenkt, ebenso der Plöne-See. In der Provinz Posen wurden Vorarbeiten für die Melioration der 171 000 Morgen grossen Obrabrüche und für die Entwässerung des Parchaniebruchs ausgeführt. Der Königliche Forstfiscus meliorirte im Strzelnoer Bruch 1000 Morgen zu Wiesen. In der Provinz Sachsen wurden die Verhandlungen wegen der Regulirung der schwarzen Elster und einer durchgreifenden Regulirung der Vorfluth für den Drömling wieder aufgenommen.

Im Warthebruch wurden grosse Deichbauten zum Schutze gegen Rückstau ausgeführt.

Immer mehr wurde der Mangel gesetzlicher Bestimmungen für die Bewässerung fühlbar. Es wurde eine gesetzliche Regelung aller Beziehungen des Wasserrechtes versucht in dem Gesetzentwurfe »wegen der Einrichtungen zur Beförderung des Ablaufes und zur Anhaltung und Benutzung der Gewässer«. Gegen den Entwurf wurden von den Provinzialständen viele Bedenken erhoben; er blieb auf sich beruhen, und es wurden nur einige Abschnitte zum Gesetz erhoben. Das erste ist das noch jetzt gültige Gesetz vom 28. Februar 1843 über die Benutzung der Privatflüsse. Im Abschnitt III erscheint zum ersten Male die Möglichkeit der Bewässerung grösserer parcellirter Flächen auf dem Wege der Genossenschaft. Das Gesetz wurde im französischrechtlichen Theile der Rheinprovinz durch die Verordnung vom 9. Januar 1845 eingeführt. Somit war für den ganzen Staat die Frage der Bewässerungen geregelt.

Das Gesetz vom 11. Mai 1853, welches die Vorschriften des III. Abschnittes des Gesetzes vom 28. Februar 1843 bezüglich der Genossenschaften zu Bewässerungen in Hohenzollern einführte, dehnte diese Vorschriften auch auf Genossenschaften zu Entwässerungsanlagen aus, »jedoch sollen Genossenschaften für Drainanlagen für jetzt nur bei freiwilliger Zustimmung aller Betheiligten gebildet werden« (§ 2). Nach § 3 finden die bestehenden gesetzlichen Vorschriften über Entwässerungsgräben durch fremde Grundstücke auch Anwendung auf Ableitungen des Wassers unter der Erde in bedeckten Canälen oder in Röhren (Drains).

Die Anwendung des Beitrittszwanges zu Drainagegenossenschaften wurde damals verweigert, weil diese Meliorationsart noch zu neu, theoretisch noch zu wenig sicher begründet, auch, wenigstens nach den damaligen Erfahrungen, meistens zu theuer und auch für kleinere Flächen anwendbar war.

Endlich wurde durch das Gesetz vom 14. Juni 1859 wegen Verschaffung der Vorfluth in den französisch-rechtlichen und gemeinrechtlichen Landestheilen die Erreichung derjenigen Vorfluthzwecke vermittelt, welche im Gebiete des Allgemeinen Landrechts durch das Vorfluthgesetz vom 15. November 1811 erreicht sind.

Schliesslich ist noch das Gesetz über das Deichwesen vom 28. Januar 1848 zu erwähnen, welches ebenfalls einen Theil der projectirten allgemeinen Wassergesetzgebung bildete. Durch diese Gesetze war den Meliorationsunternehmungen ein weites Feld eröffnet.

Durch Statut vom 15. Mai 1843 wurde die Meliorationssocietät für den Allensteiner Kreis (Reg.-Bezirk Königsberg) gebildet, das erste und einzige Beispiel einer den ganzen landräthlichen Kreis umfassenden landwirthschaftlichen Genossenschaft für Landesculturzwecke. Sie hat die Befugniss, Ent- und Bewässerungen als Unternehmerin auszuführen, sowie Meliorationen aller Art und auch Separationen durch Geldvorschüsse zu erleichtern. Die Genossenschaft hatte bis 1849 ungefähr 1200 Morgen Rieselwiesen eingerichtet, 5000 Morgen Bruch entwässert, einen flössbaren Canal angelegt, die Separationen im Kreise, welche 1843 noch fast gar nicht beantragt waren, so gefördert, dass bis 1849 schon der grösste Theil des Kreises separirt war, ferner eine Colonie von hessischen Landwirthen angelegt u. s. w.

In der Bocker Haide wurden 6197 Morgen Sandboden zur Bewässerung eingerichtet.

Für das Norf-Stommelner Bruch bei Neuss und das Nierstthal bei Geldern wurden Vorarbeiten angefertigt.

Im Jahre 1848 wurde ein besonderes Ministerium für die Landwirthschaftlichen Angelegenheiten errichtet, auf welches unter Anderem auch die Meliorationsgeschäfte des Freiherrn SENFFT VON PILSACH — mit Ausnahme der rein fiscalischen Meliorationen (der Tucheler Haide u. s. w.) — übergingen.

Für das Ministerium wurde seit 1850 ein Dispositionsfonds in den Staatshaushaltsetat eingestellt, auch wurden Staatsdarlehne für einzelne Meliorationen bewilligt. Hiermit konnte die Thätigkeit der Behörden für Ent- und Bewässerungen und Deichregulirungen sich kräftig entwickeln. Der Landesmeliorationsfonds wurde zu den Kosten der Vorarbeiten für grössere Meliorationen verwendet, weil erfahrungsgemäss grössere Genossenschaften nicht leicht zu Stande kommen, wenn nicht den Interessenten durch Vorlegung des Meliorationsplanes nachgewiesen wird, welche Arbeiten beabsichtigt werden und wie sich Kosten und Rentabilität stellen.

Mit den Wiesenmeliorationen hielten die Entwässerungen mit Drainröhren gleichen Schritt. Obgleich die Idee der Röhrendrainage schon 1833 von SMITH veröffentlicht und im Wesentlichen praktisch festgestellt war, wurde sie in Preussen erst seit etwa 1847 eingeführt. Es ist schwierig, die Ausbreitung der Draincultur in Zahlen zu verfolgen. Im Jahre 1855 waren aber bereits in Preussen 198 889 Morgen drainirt, davon allein in Schlesien 60 000 und Pommern 45 000 Morgen, in der Rheinprovinz nur 5 000 Morgen. In Schlesien ist die Draincultur schon früh und in sehr ausgedehntem Maasse angewendet worden, 1863 war schon ein Drittel der ganzen drainagebedürftigen Fläche drainirt. Am Rhein ist, wie MEITZEN angiebt, das Bedürfniss als sehr verbreitet anerkannt, indessen haben grössere Anlagen nur an wenigen Orten stattgefunden. Im Jahre 1863 betrug die drainirte Fläche in Preussen etwa 1 Million Morgen.

Bis zum Jahre 1866 wurden gebildet:
A. 94 Deichverbände mit einer Meliorationsfläche von 1 860 000 Morgen und 10 000 000 Thalern Baucapital,
B. 265 Ent- und Bewässerungsgenossenschaften mit 1 065 000 Morgen Fläche und 5 905 000 Thalern Baucapital.

Seit 1866 bis 1879 scheint die Zahl der neu begründeten Genossenschaften nicht bedeutend gestiegen zu sein. Dagegen hat nach Erlass des Gesetzes vom 1. April 1879 die Zahl der Genossenschaften, namentlich der Drainagegenossenschaften wieder bedeutend zugenommen, da nach diesem Gesetze auch bei Drainagen eine zwangsweise Zuziehung widersprechender Eigenthümer möglich ist. In den Regierungsbezirken Cöln und Aachen sind seit 1866, namentlich seit 1879, 24 Drainagegenossenschaften mit rund 2 340 Morgen Fläche und 38 Ent- und Bewässerungsgenossenschaften mit rund 5 200 Morgen Fläche neu gegründet worden. Im Ganzen bestehen in beiden Regierungsbezirken jetzt 116 Genossenschaften mit 7 261[ba] = rund 29 044 Morgen Fläche.

Die Deichregulirungen an den Strömen sind zum grössten Theile vollendet. Die Entwässerungen finden noch ein weites Feld und werden die Thätigkeit der Regierung noch auf lange Zeit in Anspruch nehmen. Zahlreiche Projecte mit theilweise sehr grossen Flächen sind in Vorbereitung. Mit dem Anwachsen der Bevölkerung und dem Steigen des Bodenwerthes drängt sich immer mehr das Bedürfniss auf, den nicht schiffbaren Flüssen und Bächen einen geregelten Lauf zu verschaffen, unzeitige Ueberschwemmungen zu verhindern und andererseits in trockenen Jahren die nothwendige Bodenfeuchtigkeit zu erhalten, Sümpfe und Bruchflächen zu entwässern, nasse Ländereien mit gutem Boden zu drainiren, schädliche Mühlenstaue zu beseitigen u. s. w.

Die Bewässerungen werden meist auf genossenschaftlichem Wege ausgeführt und umfassen nur kleinere Flächen. Bei den Zusammenlegungen und Separationen der letzten Jahrzehnte in den westlichen und neuen Provinzen werden gleichzeitig nothwendige Bodenmeliorationen (Drainagen und Wiesen-Ent- und -Bewässerungen) durchgeführt, wie es schon König Friedrich II. angeordnet hatte.

Zur Einleitung und Durchführung der Verhandlungen für Deichregulirungen und Ent- und Bewässerungsgenossenschaften werden Commissare aus den Verwaltungsbeamten der Regierungen und Generalcommissionen bestellt.

Als Techniker wirkt bei den Deichregulirungen gewöhnlich der Königliche Wasserbauinspector, zu dessen Bezirk die betreffende Stromstrecke gehört. Die anderen Landesmeliorationssachen der Regierungen gehörten früher zu den Dienstgeschäften der Königlichen Kreisbaubeamten. Die Erfahrung lehrte aber, dass diese Arbeiten meist zu gross sind, um als Nebengeschäft von diesen Beamten bearbeitet zu werden, und dass in der Regel eine längere ausschliessliche Beschäftigung in solchen Landesmeliorationsanlagen nothwendig ist, um die erforderliche Übung und Sicherheit zu erlangen. Es wurden deshalb im Jahre 1856 besondere technische Beamte, »Meliorationsbauinspectoren«, den Ober-Präsidenten überwiesen, für Hohenzollern wurde ein Wiesenbaumeister angestellt. Die Zahl der Meliorationsbauinspectoren ist allmählich vergrössert worden und beträgt gegenwärtig 23. Es wird beabsichtigt, jedem Regierungs-Präsidenten einen solchen Beamten als technischen Beirath zu überweisen.

Zur Beförderung von kleineren Ent- und Bewässerungsanlagen wurden auch an geeigneten Orten sogenannte Wiesenbaumeister stationirt, theils auf Staatskosten, theils unter Staatsbeihülfe auf Kosten der Kreise. Die Zunahme der Geschäfte der Meliorationsbaubeamten veranlasste die Zuweisung von Königlichen Regierungs-Baumeistern und Wiesenbautechnikern an die Meliorationsbauämter.

Die Königl. Regierungs-Baumeister — Ingenieure — fungiren als Hülfsarbeiter der Meliorations-Baubeamten und treten später in freiwerdende Meliorations-Baubeamtenstellen. Die sogenannten Wiesenbaumeister — seit 1892 zum Theil etatsmässige Beamte — sind Techniker niederer Ordnung und grösstentheils aus der Siegener Wiesenbauschule hervorgegangen. Das denselben überwiesene Arbeitsfeld geht am Besten aus den Erläuterungen zum Etat des Landwirthschaftlichen Ministeriums für 1892/93 hervor, welche im Nachstehenden auszugsweise mitgetheilt werden.

»Die den Meliorations-Baubeamten obliegenden Geschäfte sind ausserordentlich umfangreich; sie haben eine stets wachsende Bedeutung gewonnen, da das Meliorationswesen und die Einsicht der Nothwendigkeit der Pflege der nichtschiffbaren Wasserläufe in den letzten Jahren einen erheblichen Aufschwung genommen haben. Einerseits waren es die zahlreichen Überschwemmungen und die damit verbundenen Calamitäten der letzten Jahre, welche die Frage der Flussregulirung in den Vordergrund der Discussion drängten, andererseits gelangten die Grundbesitzer zu der richtigen Erkenntniss, dass der gegenwärtige Stand der Landwirthschaft die möglichst vollständige Ausnutzung des Grund und Bodens unter Zuhilfenahme aller durch die Technik gebotenen Mittel zur unbedingten Nothwendigkeit macht; die Grundbesitzer suchen deshalb neben der rationellen Wirthschaftsweise auch die natürlichen Bedingungen des landwirthschaftlichen Betriebes durch planmässige und umfassende Meliorationen zu verbessern und dadurch die Erträge zu erhöhen. Das landwirthschaftliche Meliorationswesen hat infolge dessen eine früher in dieser Ausdehnung nicht gekannte Bedeutung erhalten, und es treten jetzt an die Meliorations-Baubeamten Anforderungen heran, welche ihnen früher nicht gestellt wurden.

Für die ordnungsmässige Erledigung der hierdurch bedingten Aufgaben reicht das denselben überwiesene Hülfspersonal nicht aus, dasselbe bedarf der Vermehrung, und zwar namentlich hinsichtlich der Techniker niederer Ordnung.

In dieser Beziehung hat sich in den letzten Jahren eine Klasse solcher Techniker herangebildet, welche wegen ihrer Mitwirkung bei der Vorbereitung und Ausführung von Meliorationsprojecten, sowie bei der Beaufsichtigung ausgeführter Anlagen von ganz ausserordentlichem Werthe sein können. Es sind dies die sogenannten Wiesenbautechniker oder Wiesenbaumeister, praktische Leute, welche meist auf einer Wiesenbauschule — namentlich in Siegen — für die Anlegung von Entwässerungen, Bewässerungen, Drainagen ausgebildet sind, sicher nivelliren, kleinere Meliorationsbauwerke ausführen und bei der Leitung von Erdarbeiten, sowie bei der Beaufsichtigung von Meliorationen sehr gute Dienste leisten können. Die Stellung dieser Techniker war bisher nicht einheitlich geregelt, und hat sich seit längerer Zeit das Bedürfniss herausgestellt, hierin Wandel zu schaffen, und zwar um so mehr, als in den Wiesenbaumeistern die sehr schätzbaren Kräfte für die Bearbeitung kleinerer Meliorationen sich bieten, welchen der Meliorations-Baubeamte seine Fürsorge nicht zuwenden konnte.

Der Umfang der Geschäfte, welche den Wiesenbaumeistern unter der Aufsicht und Leitung des Meliorations-Baubeamten übertragen werden können, ist ein sehr grosser. Im Allgemeinen haben sie sich die

Förderung des Meliorationswesens in jeder Beziehung angelegen sein zu lassen und Behörden, wie Private auf zweckmässige Meliorationen aufmerksam zu machen. Insbesondere wird ihnen aber obliegen — ohne damit den Kreis der Geschäfte zu erschöpfen —

1. die Bearbeitung von Projecten für kleine Ent- und Bewässerungs-Anlagen (Drainagen), sowie die Bauleitung bei Ausführung dieser Projecte;
2. die Ausführung genereller Nivellements bei beabsichtigten umfangreichen Meliorationen;
3. die Theilnahme an etwaigen Fluss- und Deichschauen untergeordneter Bedeutung, sowie die Ausführung der dabei vorkommenden Control-Nivellements;
4. die Aufnahme der in Flüssen und Bächen bestehenden Stauanlagen nebst Freischleusen, sowie die Controle beim Umbau derselben;
5. die Feststellung des Räumungsumfanges bei kleinen Flüssen und Gräben;
6. die Aufsicht über die projectmässige Ausführung und Erhaltung aller in dem betreffenden Bezirke ausgeführten Ent- und Bewässerungs-Anlagen.

Diese umfangreichen Geschäfte, welche bisher wegen Mangels der erforderlichen technischen Kräfte nur unvollkommen oder gar nicht ausgeführt werden konnten, sind für die Landesmeliorationen von der grössten Bedeutung, und es ist dringend erforderlich, die technischen Kräfte, welche sich in den Wiesenbaumeistern in der geeignetsten Weise bieten, dafür nutzbar zu machen. Es ist in Aussicht genommen, jedem Meliorations-Baubeamten mindestens einen und den meist beschäftigten zwei Wiesenbaumeister zu überweisen.«

Die durch die Generalcommissionen auszuführenden Meliorationen werden von den Landmessern bearbeitet, welchen die Zusammenlegungs- und Separationssachen übertragen sind. Es ist einleuchtend, dass die einzelne Zusammenlegung oder Separation nur dann den höchsten wirthschaftlichen Werth erhält, wenn die Parzellenformen, das Wegenetz, die Vorfluth-, Ent- und Bewässerungsgräben, Drainage einander natürlich und richtig angepasst sind. Die Projecte für alle diese Arbeiten müssen gleichzeitig aufgestellt werden und können nur von einer Person, dem Sachlandmesser, der sich durch jahrelange Beschäftigung mit dieser einen Sache in dieselbe vollständig eingearbeitet hat, zweckmässig behandelt werden.

Während die Meliorations-Bauinspectoren sich aus der Reihe derjenigen Königl. Regierungsbaumeister (Ingenieure) ergänzen, welche durch längere Thätigkeit bei Ausführung und Projectirung von Landesmeliorationen sich eingearbeitet und bewährt haben, wurden zur Ausbildung des niederen technischen Personals schon frühzeitig Wiesenbauschulen gegründet. Der ersten im Jahre 1838 gegründeten Wiesenbauschule zu Gramenz und der zu Janowitz in der Lausitz ist bereits Erwähnung gethan. Beide Schulen sind bald wieder eingegangen, ebenso die Wiesenbauschulen zu Trier, Bielstein (Kreis Olpe), Denklingen (Kreis Waldbröl), Simmern, Niederweis und Czerk, nachdem sie eine den augenblicklichen Bedürfnissen entsprechende Anzahl Wiesenbauer ausgebildet hatten.

Eine der ältesten und noch jetzt in hoher Blüthe stehende Wiesenbauschule ist die Siegener. Sie ist im October 1853 aus der im Jahre 1843 vom Cultur- und Gewerbeverein für den Kreis Siegen gegründeten landwirthschaftlichen Sonntagsschule hervorgegangen. Ihre Zöglinge sind besonders befähigt, als Unterbeamte kleinere Wiesen-Entund -Bewässerungen zu projectiren und auszuführen. Sie sind meist Söhne von Landwirthen und in den musterhaft angelegten und unterhaltenen Siegener Wiesen gewissermassen aufgewachsen; sie haben mit den Eltern in den Wiesen gearbeitet, kennen den Bau, die Pflege und das Wässern und wissen die Vortheile einer richtig und gut gebauten und unterhaltenen Wiese zu würdigen.

Für die Landmesser bestand bis in die siebenziger Jahre keine Lehranstalt, an welcher sie ihre Kenntnisse hätten erweitern können. Sie waren auf die praktische Schule und die Lehrbücher über die einschlägigen Fächer angewiesen.

Die ältesten Werke über Wiesenbau sind die von J. Chr. Schreber (1763), M. J. Bertrand (1764), J. Chr. Bernhard (1765), Vorländer (1836), Patzig (1862).

Über Drainage ist wohl das bedeutendste ältere Werk das von Vincent (Die Drainage, deren Theorie und Praxis) im Jahre 1852 herausgegebene.

3. Die Einrichtung und Entwickelung des culturtechnischen und des geodätischen Unterrichtes.

Nach dem Gesetze vom 13. Mai 1879 sollten Landescultur-Rentenbanken errichtet werden zur Förderung der Bodencultur, insbesondere zu Entwässerungs- (Drainirung) und Bewässerungsanlagen, zur Anlage und Regulirung von Wegen, zu Waldculturen und Urbarmachungen, zur Einrichtung neuer ländlicher Wirthschaften u. s. w. Schon vor Erlass dieses Gesetzes war zu übersehen, dass in Preussen nicht genügendes Personal zur Ausführung der durch die Rentenbanken zu fördernden culturtechnischen Anlagen vorhanden sein werde. Hierdurch veranlasst, stellte der Director der Akademie, Dr. DÜNKELBERG, unterm 16. October 1875 den Antrag, an der landwirthschaftlichen Akademie Poppelsdorf den Unterricht in der Culturtechnik einzuführen und den Besuch des culturtechnischen Cursus, sowie das Bestehen des damit zu verbindenden Examens als Vorbedingung aufzustellen für die Erlangung einer staatlichen Stellung als Wiesenbaumeister, Ökonomie-Commissar, Separationsgeometer oder als Meliorationstechniker überhaupt. Der Minister für die landwirthschaftlichen Angelegenheiten FRIEDENTHAL lehnte zwar ab, die Absolvirung eines culturtechnischen Cursus für die Beamten seines Ressorts für obligatorisch zu erklären, genehmigte aber die Einrichtung des culturtechnischen Unterrichts und sagte die Unterstützung qualificirter Techniker und Beamten für den Besuch der Vorlesungen zu.

In Folge dessen wurden dem Minister unterm 1. December 1875 weitere Vorschläge gemacht.

Die Culturtechnik solle folgende Hauptfächer umfassen:

1. Die Mechanik, Hydrostatik und Hydraulik mit besonderer Beziehung zur Culturtechnik;
2. die Terrainlehre für sich und in ihrer Anwendung auf Wege- und Wasserbau, insbesondere die Regulirung der fliessenden Gewässer;
3. Encyklopaedie der Landes- und Gütermelioration nach ihren landwirthschaftlichen und technischen Gesichtspunkten;
4. die Lehre vom Wiesenbau und Drainbewässerung nach PETERSEN;
5. das culturtechnische Seminar und Conversatorium, worin namentlich auch die Constructionen in Erde, Holz und Stein zur gründlichen Besprechung und Darstellung gelangen.

Aus den seitherigen Vorlesungen der Akademie seien noch die folgenden für die Culturtechniker von Wichtigkeit:

1. Landwirthschaftliche Betriebslehre,
2. Taxationslehre,
3. Volkswirthschaftslehre,
4. Staats- und Landwirthschaftsrecht.
5. Hochbau, Wege- und Wasserbau,
6. Feldmessen und Nivelliren,
7. Forstbenutzung und Taxation.

Ausserdem tangirten noch die Vorlesungen über Geognosie, beschreibende Botanik, Physik, Chemie u. s. w. das culturtechnische Gebiet in mehr oder minder ausgesprochenem Maasse.

II. Die Entwickelung des Vermessungs- und Meliorationswesens u.s.w.   61

Im Anschluss hieran werden Maassregeln zur Sicherung eines genügenden Besuchs des culturtechnischen Unterrichts und der Erlass einer öffentlichen Bekanntmachung mit dem Programm des culturtechnischen Unterrichts vorgeschlagen.

Der Lehrplan wurde genehmigt. Die Generalcommissionen wurden von der Einrichtung des culturtechnischen Unterrichts benachrichtigt und veranlasst, etwaigen Gesuchen von Geometern um Urlaub möglichst Folge zu geben. Auch wurden Stipendien von 300—600 Mark pro Semester und die Anrechnung der Urlaubszeit auf das Dienstalter in Aussicht gestellt.

Hiernach wurde der culturtechnische Unterricht im Sommersemester 1876 mit 5 Studirenden eröffnet, im Wintersemester 1876/77 aber bereits mit 20 Studirenden fortgesetzt.

Im December 1876 wurden Vorschriften für die von den Culturtechnikern nach Beendigung ihrer Studien abzulegende Prüfung festgestellt.

Eine wichtige Förderung des culturtechnischen Unterrichtes erfolgte durch die Verfügung des Ministers für die landwirthschaftlichen Angelegenheiten vom 6. Januar 1878, worin angeordnet wurde, dass zur Laufbahn der Oekonomie-Commissare in der Regel nur solche praktische Landwirthe zugelassen werden sollten, welche an einer anerkannten landwirthschaftlichen Lehranstalt mindestens durch zwei Halbjahre die hauptsächlichsten und grundlegenden Vorlesungen über Culturtechnik gehört und die an der Anstalt stattfindende Abgangsprüfung bestanden hätten, und dass bei der Annahme von Feldmessern bei den Auseinandersetzungsbehörden in Zukunft unter übrigens gleichen Verhältnissen denjenigen Bewerbern der Vorzug gegeben werden solle, welche auf der Akademie in Poppelsdorf oder einer gleichen Lehranstalt einen culturtechnischen Cursus besucht und die an der Anstalt abzulegende Abgangsprüfung bestanden hätten. Sodann wurde im Jahre 1881 ein mit Collegienfreiheit verbundenes Stipendium von 1500 Mark errichtet, um denjenigen im Ingenieurwesen geprüften Regierungsbaumeistern, welche bei vorkommenden Vacanzen als Meliorations-Bauinspectoren angestellt oder anderweitig mit culturtechnischen Aufgaben betraut zu werden wünschen, Gelegenheit zu geben, sich neben ihrer Fachbildung auch noch genaue Kenntniss der praktischen und theoretischen Grundlagen der eigentlichen Culturtechnik zu erwerben. Dies Stipendium ist indess in Poppelsdorf nur fünfmal verliehen worden, da die Regierungsbaumeister die Landwirthschaftliche Hochschule in Berlin vorgezogen haben, nachdem auch an dieser Hochschule ein culturtechnischer Cursus eingerichtet worden war.

Ferner wurde im Jahre 1885 die Einrichtung getroffen, dass die bei den agronomisch-geologischen Landesaufnahmen beschäftigten Landmesser von den Generalcommissionen entnommen werden sollen. Planmässig werden 8 Landmesser beschäftigt, wovon alljährlich 2 ausscheiden, um durch 2 neu eintretende ersetzt zu werden, so dass die Beschäftigung 4 Jahre dauert. Die Zeit der Beschäftigung wird als Staatsdienstzeit bei der Generalcommission angerechnet.

Endlich wurde durch die Verfügung vom 17. März 1879 behufs Heranziehung der Studirenden zu praktischen Übungen eine Summe von 3500 Mark für 1 Jahr zur Bestreitung der Kosten bei praktischen Übungen in den Aufgaben der Culturtechnik und für die hierbei nöthigen localen Aufnahmen, Nivellements und Veranschlagungen zur Verfügung gestellt. Dieser Fonds, welcher bis zum Jahre 1895 alljährlich weiter bewilligt worden, dann aber weggefallen ist, und welcher in den Jahren 1887, 1888 und 1889 noch aus Mitteln der Königlichen Regierungen in Coblenz und Cöln verstärkt wurde, ist zur Bearbeitung einer grossen Zahl wichtiger Meliorationsprojecte in allen Theilen der Rheinprovinz benutzt worden, wovon nur angeführt seien die Entwässerung des Gangelter, des Hoistener, des Wevelinghovener und des Reeser Bruchs, die Ent- und Bewässerung der Niederungen im Kreise Mörs (3500 ha), die Ent- und Bewässerungen, sowie Drainagen in 31 Gemeinden des Kreises Altenkirchen und 20 Gemeinden anderer Kreise, die Verbesserung von Ödländereien des hohen Westerwaldes in den Bürgermeistereien Daaden und Gebhardshain (3000 ha), mehrere Fluss- und Bachregulirungen, Wegebauten u. s. w. In den Jahren 1884—1890 einschliesslich sind fast sämmtliche Feldaufnahmen für die Vorarbeiten zu diesen Projecten von Studirenden der Geodäsie und Culturtechnik unter specieller Leitung des Docenten und der Assistenten der Geodäsie ausgeführt worden, wobei eine vorzügliche praktische Schulung der Studirenden in solchen Aufnahmen erzielt wurde.

An Stelle des Fonds von 3500 Mark sind nach Verfügung vom 27. October 1894 alljährlich 1500 Mark zur Disposition gestellt worden, um Planskizzen von Meliorationen anzufertigen und um den Studirenden die Theilnahme an Excursionen zur Besichtigung ausgeführter oder in der Ausführung begriffener Meliorationen zu erleichtern. So sind im Jahre 1896 4 Excursionen ausgeführt worden, an welchen sich 18 bez. 37, 50 und 33 Akademiker betheiligt haben. Auf denselben wurden die zusammengelegte und drainirte Gemarkung Oedingen, die Siegener Kunstwiesen und Hauberge, Fischpässe in der Sieg, die Bewässerungsanlagen in der Bocker Haide bei Paderborn, die Zusammenlegung und Melioration des Lippethales bei Lippstadt, eine im Bau begriffene Moordammcultur des Klosterkammergutes bei Burgsittensen in Hannover, das Klosterkammergut Weenthe bei Göttingen und der elektrische Betrieb des Gutes Züschen bei Fritzlar besichtigt, in der Voreifel und vulkanischen Eifel die Bodenformationen besprochen und Böden untersucht. Auf den Excursionen wurden durch Akademiker Tagebücher geführt und die Notizen später in ein Protokollbuch eingetragen. Im Wintersemester fanden in Anwesenheit der Leiter der Excursionen wöchentlich einmal Versammlungen der Akademiker statt, in welchen die Protokolle verlesen und nochmals eingehend besprochen wurden.

Auch in diesem und in den folgenden Jahren sollen ähnliche Excursionen ausgeführt werden, da sich gezeigt hat, dass sie für das Studium der Culturtechnik von grösster Wichtigkeit sind.

Am 24. April 1879 fand in Poppelsdorf unter Vorsitz des Geheimen Regierungs-Raths Dr. Thiel eine Conferenz über den culturtechnischen Unterricht und die Organisation des culturtechnischen Dienstes statt.

Der hierüber von dem Vorsitzenden an den Minister erstattete Bericht enthält ein vollständiges Programm für die zukünftige Gestaltung des culturtechnischen und des damit zu verbindenden geodätischen Unterrichts, sowie für die weitere Ausbildung und Verwendung der Culturtechniker.

Der culturtechnische Cursus solle hauptsächlich der Ausbildung mittlerer Techniker dienen, welche, zwischen den höheren Meliorationsbaubeamten und den niedrigen Wiesen- und Drainmeistern stehend, die Befähigung erhalten sollten, die im landwirthschaftlichen Betriebe vorzugsweise vorkommenden Meliorationen von mittelgrossen Ent- und Bewässerungsanlagen, Wasserlaufcorrecturen u. s. w. selbständig zu projectiren und auszuführen. Desgleichen sollten sie befähigt sein, bei der Ausführung der grossen staatlichen und Genossenschafts-Meliorationswerke unter der Oberleitung der höheren Meliorationsbaubeamten als bauführende Techniker zu fungiren, und schliesslich sollten sie die berufenen technischen Administratoren der grösseren Meliorationen nach ihrer Ausführung sein.

Die zur Ausbildung als Culturtechniker geeignetsten Personen seien die Geometer. Für alle im landwirthschaftlichen Auseinandersetzungswesen thätigen Geometer sei eine culturtechnische Ausbildung zum Zweck der höchsten Ausnutzung der Vortheile der Separation und Zusammenlegung der Grundstücke unentbehrlich und für Privatgeometer sei die Befähigung zu culturtechnischen Arbeiten von grossem Vortheil. Der Staat gewinne in diesen Geometern einen im ganzen Lande verbreiteten Stamm von Technikern, welche dem schon vorhandenen

Bedürfniss nach sachgemässer Projectirung und Bauleitung landwirthschaftlicher Meliorationen ebenso entgegenkommen, wie den Sinn für Meliorationen, wo er noch nicht vorhanden, wecken würden.

Diejenigen Geometer freilich, welche sich rein geodätischen Aufgaben beim Kataster oder bei den Eisenbahnen u. s. w. widmen, könnten von der culturtechnischen Ausbildung weniger Gebrauch machen, sie würden auch den Cursus in Poppelsdorf nicht besuchen, sondern sich ihre Ausbildung anderweitig verschaffen. Es genüge, wenn die landwirthschaftliche Verwaltung für die Ausbildung der Geometer Sorge trage, welche später direct in ihrem Dienste bei den General-Commissionen thätig sein würden, oder welche als Privatgeometer dem Landesculturinteresse sich widmen wollten.

Wenn man nun auf die Geometer als Träger des culturtechnischen Dienstes reflectire, so sei es auch entschieden angezeigt, den Cursus so zu gestalten, dass die Aspiranten der Culturtechnik neben der Ausbildung in dieser auch in dem nöthige theoretische und praktische geodätische Weiterbildung in dem Cursus geniessen könnten. Am einfachsten werde sich diese Frage lösen, wenn allgemein für die Geometer ein zweisemestriger theoretischer Cursus an einem Polytechnikum oder ähnlichen Anstalt vorgeschrieben werde und dann der culturtechnische Cursus auf 4 Semester ausgedehnt werde, von denen zwei vorzugsweise der geodätischen, zwei vorzugsweise der culturtechnischen Ausbildung gewidmet sein würden.

Zur Einrichtung eines solchen viersemestrigen Cursus bedürfe man in Poppelsdorf nur noch der Anstellung eines Geodäten von Fach, welche auch dann schon nöthig sei, wenn es bei den bisherigen Einrichtungen verbleibe, da die vorhandenen Lehrkräfte den speciellen geodätischen Unterricht nicht so ausgedehnt geben könnten, wie dies wünschenswerth erscheine.

Weiter sei dringend nöthig, dem angehenden Culturtechniker Gelegenheit zu geben, unter tüchtiger Leitung praktische Erfahrungen zu sammeln und ihn so der Nothwendigkeit zu entheben, diese Erfahrungen erst in eigener misslicher Anfangspraxis auf Kosten der ersten Auftraggeber zu erwerben. Die von dem Minister gewährten Mittel zur Beschäftigung der Culturtechniker bei Aufnahmen und Nivellements dienten wesentlich zur Beschaffung von Material zur Ausarbeitung von Projecten für die verschiedenen Arten der Meliorationen durch die Studirenden, um letztere zu befähigen, Projecte richtig vorzubereiten und auszuarbeiten. So werthvoll die so erlangte Fähigkeit sei, so repräsentire sie doch nur eine Seite der Thätigkeit des Culturtechnikers, welche ohne die praktische Befähigung zur Ausführung der Anlagen eine unvollkommene bleiben würde. Daher müsse auf das theoretische Studium die praktische Beschäftigung folgen, ehe die Ausbildung als Culturtechniker abgeschlossen und mit einer entsprechenden staatlichen Anerkennung versehen werden könne. Diese staatliche Anerkennung könne bestehen zunächst in der Verleihung eines Titels als Culturtechniker oder Culturingenieur und dann in der ausschliesslichen Anstellung der als Geometer und als Culturtechniker qualificirten Personen überall da in der landwirthschaftlichen Verwaltung, wo bis jetzt nur die Geometerqualification genügt habe, also speciell bei den Separations- und Consolidationsarbeiten, ferner in der Bevorzugung bei den Meliorationen, welche vom Staate und den Genossenschaften auf den Domänen und Privatbesitz ausgeführt werden, und bei ähnlichen Arbeiten.

Durch diesen in seinen wesentlichen Theilen hier wiedergegebenen Bericht und durch die Ausführung der darin vorgeschlagenen Gutachten ist der culturtechnische Unterricht fest begründet und zugleich die Verbindung des culturtechnischen mit dem geodätischen Unterricht hergestellt worden.

Der geodätische Unterricht wurde im Sommersemester 1880 an der Akademie Poppelsdorf aufgenommen, allerdings vorläufig nur, um den Studirenden der Culturtechnik, die meistens bereits geprüfte Feldmesser waren, Gelegenheit zu geben, sich auch in der Geodäsie zu vervollkommnen.

Die früher bereits erwähnten Verhandlungen zwischen den bei der Ausbildung der Landmesser betheiligten Ministerien waren inzwischen weiter fortgesetzt worden und hatten zur Annahme des Vorschlages geführt, an den technischen Hochschulen einen zweisemestrigen geodätischen Cursus für Landmesser einzurichten. Bei der weiteren Verfolgung dieses Vorschlages ergaben sich aber Schwierigkeiten. In Folge dessen wurden der Rector der Landwirthschaftlichen Hochschule in Berlin und der Director der Akademie Poppelsdorf aufgefordert, ein Gutachten des Lehrercollegiums darüber einzuholen und dem Minister für Landwirthschaft, Domänen und Forsten vorzulegen, ob die landwirthschaftlichen Lehranstalten geeignet seien zur Einrichtung eines zweisemestrigen geodätischen Cursus und zur Aufnahme der Geometer-Candidaten, ferner, wenn diese Frage zu bejahen sei, welche Erweiterungen des Lehrplans, sowie der Lehrkräfte und Lehrmittel hierdurch erforderlich werden würden.

Das Lehrercollegium der Akademie Poppelsdorf verneinte die erste Frage, weil dadurch nach wie vor die Überlastung der Studirenden mit Vorlesungen fortbestehen würde. Die Akademie müsse das Hauptgewicht auf die systematische Ausbildung von Culturtechnikern legen, weil diese in reellem Zusammenhang mit der Landwirthschaft, die Geodäten aber nur in sehr losem Connex mit derselben ständen. Der mathematisch-geodätische Cursus sei hier nur Mittel zum Zweck, die Culturtechnik der Zweck selbst. Würde man daher den letzteren der ersteren Rücksicht opfern, so bedeute das einen Rückschritt in wissenschaftlichem und culturellem Sinne.

Die Verhandlungen in den Ministerien fanden ihren Abschluss durch Erlass der Vorschriften über die Prüfung der öffentlich anzustellenden Landmesser vom 4. September 1882, durch die Erweiterung des culturtechnischen Cursus an der Akademie Poppelsdorf zu einem geodätisch-culturtechnischen Cursus und die Neueinrichtung eines solchen Cursus an der Landwirthschaftlichen Hochschule in Berlin nach Verfügung vom 10. October 1882.

Die wichtigsten Bestimmungen der Landmesserprüfungsordnung sind:

Das Landmesserprüfungswesen wird der »Ober-Prüfungscommission für Landmesser« unterstellt, welche aus je einem Commissarius des Ministers für öffentliche Arbeiten, des Finanzministers und des Ministers für Landwirthschaft, Domänen und Forsten gebildet wird.

Behufs der Prüfung der Candidaten der Landmesskunst wird bei denjenigen höheren Lehranstalten, bei welchen ein Cursus für Landmesser eingerichtet ist, eine »Prüfungs-Commission für Landmesser« bestellt.

Wer die Prüfung zum Landmesser ablegen will, hat sich bei einer Prüfungscommission zu melden und folgende nicht stempelpflichtige Nachweise und Zeugnisse einzureichen:

1. eine selbst verfasste und selbst geschriebene Beschreibung seines Lebenslaufs,
2. ein Zeugniss der Ortspolizeibehörde über seine Unbescholtenheit,
3. als Nachweis der erforderlichen allgemeinen wissenschaftlichen Bildung, entweder
    a) ein Zeugniss über die erlangte Reife zur Versetzung in die erste Classe eines Gymnasiums, einer Realschule erster Ordnung bez. einer lateinlosen Realschule (Ge-

werbeschule) mit neunjährigem Lehrgange, oder in die erste Classe (Fachclasse) einer nach der Verordnung vom 21. März 1870 reorganisirten Gewerbeschule, oder

b) das Abgangszeugniss der Reife einer Realschule zweiter Ordnung oder einer höheren Bürgerschule mit siebenjährigem Lehrgange[1].

4. das Zeugniss eines oder mehrerer geprüfter Landmesser (Feldmesser) über praktische Beschäftigung bei Vermessungs- und Nivellementsarbeiten,

5. den Nachweis des regelmässigen Besuchs der bei der Landwirthschaftlichen Hochschule in Berlin oder der bei der Landwirthschaftlichen Akademie in Poppelsdorf eingerichteten geodätischen Studien.

Die praktische Beschäftigung und der regelmässige Besuch der geodätischen Studien müssen zusammengenommen einen Zeitraum von mindestens drei Jahren umfassen. Innerhalb dieses Zeitraumes muss auf die praktische Beschäftigung mindestens ein Jahr und auf die geodätischen Studien ebenfalls mindestens ein Jahr entfallen, während das dritte Jahr ganz oder theilweise ebensowohl zur praktischen Beschäftigung wie zum geodätischen Studium verwendet werden kann.

Die mindestens einjährige praktische Beschäftigung muss dem Studium vorangehen.

Die Landmesserprüfung erstreckt sich auf:

1. Elementare Mathematik mit Einschluss der darstellenden Geometrie,
2. Analytische Geometrie der Ebene und des Raumes,
3. Algebraische Analysis,
4. Höhere Analysis,

---

[1] Nach später eingetretenen Änderungen muss nachgewiesen werden:
a) die erlangte Reife zur Versetzung in die Prima eines Gymnasiums, eines Realgymnasiums oder einer Oberrealschule mit neunjährigem Lehrgange, oder
b) statt dessen:
   aa) die nach Abschluss der Untersecunda einer neunstufigen höheren Lehranstalt bestandene Prüfung, oder die bestandene Reifeprüfung an einer Realschule, bez. einer gymnasialen oder realistischen Lehranstalt mit sechsjährigem Lehrgange,
   bb) sowie ausserdem in den unter aa) bezeichneten Fällen, wenn die unter a) bezeichnete an einem Gymnasium u. s. w. erlangte Reife zur Versetzung in die Prima nicht nachgewiesen werden kann, mindestens noch der einjährige erfolgreiche Besuch einer anerkannten mittleren Fachschule.

5. Theorie der Beobachtungsfehler und Methode der kleinsten Quadrate,
6. Landmesskunde,
7. Nivelliren,
8. Traciren,
9. Instrumentenkunde,
10. Landesculturtechnik,
11. Rechtskunde,
12. Fertigkeit im Kartenzeichnen.

Im Anschluss an die Landmesserprüfungsordnung vom 4. September 1882 wurden auch die Vorschriften für die Prüfung der Culturtechniker neu festgestellt.

Die danach erlassenen Vorschriften vom 1. März und 27. April 1883 betreffend die Prüfung der Culturtechniker an der Königlichen Landwirthschaftlichen Hochschule in Berlin und an der Königlichen Landwirthschaftlichen Akademie Poppelsdorf enthalten in den 5 ersten Paragraphen die folgenden Bestimmungen:

> Staatlich geprüfte Landmesser und Feldmesser, welche die Aussicht gewinnen wollen, innerhalb des Ressorts des Königlichen Ministeriums für Landwirthschaft, Domänen und Forsten, besonders bei dem Auseinandersetzungs- und Meliorationswesen nach Maassgabe des staatlichen Bedürfnisses beschäftigt zu werden, haben sich vom Schlusse des Wintersemesters 1882/83 an einer Prüfung zu unterziehen, bei welcher folgende Vorschriften zur Geltung kommen:

§ 1.

Die Zulassung zur Prüfung ist bedingt durch das vorherige Bestehen der Landmesser- oder Feldmesserprüfung und den Nachweis eines mindestens zweisemestrigen culturtechnischen Studiums. Landmessercandidaten, welche das Landmesserexamen nach dem Reglement vom 4. September 1882 gemacht und nach dem Urtheil der Prüfungscommission bestanden haben, ohne jedoch schon in den Besitz der von der Oberprüfungscommission auszufertigenden Bestallung gekommen zu sein, können zum Examen zugelassen werden, erhalten das Zeugniss über das Bestehen desselben jedoch erst, wenn sie ihre Bestallung als Landmesser erhalten haben.

§ 2.

Die Anmeldung zum Examen hat Ende Juli bez. Anfangs März schriftlich bei dem Rector (Director) zu geschehen:

a) durch Vorlage eines kurzen curriculum vitae, der Zeugnisse über den befolgten technischen Ausbildungsgang und
b) durch Einreichung von vier Zeichnungen, von welchen eine den Weg- und Brückenbau, eine den Wasserbau und zwei culturtechnische Anlagen anderer Art zum Motiv haben.

§ 3.

Die Prüfungscommission besteht aus den Docenten der in § 4 genannten Fächer (und dem Meliorationsbaubeamten der Provinz) unter dem Vorsitz des Docenten für Culturtechnik (Directors).

Im Fall der Aspirant noch in anderen als den obligatorischen Fächern geprüft zu werden wünscht, treten dafür die betreffenden Fachlehrer ein.

§ 4.

Die Prüfung zerfällt in eine schriftliche und eine mündliche und erstreckt sich in beiden Modificationen über folgende Fächer:
1. Erdbau,
2. Wege- und Brückenbau,
3. Wasserbau,
4. Culturtechnik (Terrainlehre und Meliorationswesen),
5. Bonitirung und Bodenkunde.

Das schriftliche und mündliche Examen ist so zu leiten, dass die Kenntnisse des Examinanden in den grundlegenden naturwissenschaftlichen und landwirthschaftlichen Disciplinen ebenfalls zur Erscheinung kommen.

§ 5.

Den Aspiranten steht es frei, insoweit es die Prüfungszeit gestattet, sich auch noch in anderen als den oben bezeichneten Fächern examiniren zu lassen, wenn sie dies bei der Anmeldung anzeigen.

Am 29. September 1888 fand in Poppelsdorf eine Conferenz statt, woran der Vorsitzende und ein Mitglied der Oberprüfungscommission für Landmesser, der Präsident der Generalcommission in Düsseldorf und der Meliorationsbauinspector der Rheinprovinz, sowie die in Berlin und in Poppelsdorf am geodätisch-culturtechnischen Unterricht betheiligten Docenten theilnahmen. Eine wichtige Folge dieser Conferenz war die bereits in der Conferenz am 24. April 1879 angeregte Regelung der praktischen Beschäftigung der Culturtechniker nach Beendigung der theoretischen Studien und der Ablegung der Landmesserprüfung.

Die unmittelbar auf das Studium folgende Prüfung der Culturtechniker nach den Vorschriften vom 1. März und 27. April 1883 wurde aufgehoben und an ihrer Stelle eine Prüfung eingerichtet, welche erst nach dreijähriger praktischer Beschäftigung bei einer Generalcommission, einer Meliorationsbauinspection oder bei der geologischen Landesaufnahme abgelegt werden kann, und welche sich nicht nur auf die Culturtechnik, sondern auch auf alle anderen Gebiete, welche die Landmesser der Generalcommissionen und der Meliorationsbauinspectionen beherrschen müssen, erstreckt. Das Bestehen der Prüfung ist Vorbedingung für die dauernde Beschäftigung in der Verwaltung des Ministeriums für Landwirthschaft, Domänen und Forsten und überhaupt für die Erlangung eines Zeugnisses über die Ausbildung als Culturtechniker. Die Zulassung zur Prüfung ist ausser von dem Nachweis einer dreijährigen praktischen Beschäftigung noch abhängig von der Absolvirung des viersemestrigen geodätisch-culturtechnischen Studiums und davon, dass der Candidat in der Landmesserprüfung im Fache Landesculturtechnik auf Grund einer umfassenderen Prüfung mindestens das Prädicat »befriedigend« erlangt hat.

Einige in die Ausbildung der Landmesser einschneidende Änderungen sind dann noch durch die Bestimmungen vom 12. Juni 1893 eingetreten. Nach den gemachten praktischen Erfahrungen reicht ein zweisemestriges geodätisches Studium nicht aus zu einer genügenden Ausbildung als Landmesser. Die Bestimmung der Landmesserprüfungsordnung vom 4. September 1882, worin ein zwei- oder dreisemestriges Studium nach einer zwei- bez. anderthalbjährigen praktischen Vorbildung zugelassen war, führte daher fast immer dahin, dass auf die längere praktische Ausbildung doch ein viersemestriges Studium folgen und somit die Gesammtausbildungszeit auf 4 bez. 3½ Jahre ausgedehnt werden musste. Deshalb wurde diese Bestimmung aufgehoben und allgemein eine einjährige praktische Ausbildung und ein zweijähriges theoretisches Studium verlangt. Gleichzeitig wurden die Vorschriften für die praktische Ausbildung wesentlich verschärft, indem zwar der Umfang der von dem Eleven auszuführenden praktischen Probearbeiten erheblich vermindert, dagegen aber specielle Bestimmungen zur Sicherung einer zweckentsprechenden Ausführung der Probearbeiten gegeben und die Einreichung der Arbeiten an die Königliche Prüfungscommission für Landmesser verlangt wurde.

Hiernach ist auch der Lehrplan für das Studium der Geodäsie und Culturtechnik endgültig festgestellt, wie er nachfolgend mitgetheilt ist. Derselbe enthält in Abtheilung 1 die Vorlesungen und Übungen, deren regelmässiger Besuch bei der Meldung zur Landmesserprüfung nachgewiesen werden muss, und in Abtheilung 2 die

II. Die Entwickelung des Vermessungs- und Meliorationswesens u. s. w.

Vorlesungen und Übungen, deren regelmässiger Besuch noch weiter von denjenigen Landmessern nachzuweisen ist, welche im Ressort des Ministers für Landwirthschaft, Domänen und Forsten, besonders bei dem Auseinandersetzungs- und Meliorationswesen beschäftigt werden wollen.

Lehrplan für das Studium der Geodäsie und Culturtechnik.

1. Für die Landmesserprüfung.

Erstes Semester (Sommersemester).

A. Mathematik.

	Stunden in jeder Woche
1. Algebra und algebraische Analysis	2
2. Trigonometrie und darstellende Geometrie	2
3. Analytische Geometrie	3
4. Mathematische Übungen	4
	11

B. Geodäsie.

1. Nivelliren	1
2. Praktische Geometrie	2
3. Geodätisches Rechnen (Vortrag und Übungen) . . .	2
4. Ausserdem an zwei Tagen jeder Woche geodätische Übungen.	
	5

C. Culturtechnik.

1. Allgemeine Culturtechnik	2
2. Erdbau und Wasserführungen	2
3. Experimentalphysik	2
4. Grundzüge der Chemie	2
	8
Zusammen	24

Zweites Semester (Wintersemester).

A. Mathematik.

	Stunden in jeder Woche
1. Stereometrie und sphärische Trigonometrie	2
2. Analytische Geometrie und Analysis	5
3. Mathematische Übungen	4
	11

	Stunden in jeder Woche
Übertrag	11

B. Geodäsie.

1. Traciren	2
2. Praktische Geometrie	2
3. Theorie der Beobachtungsfehler und Methode der kleinsten Quadrate	2
4. Ausserdem an zwei Tagen jeder Woche geodätische Übungen.	
	6

C. Culturtechnik.

1. Allgemeine Culturtechnik	2
2. Elemente der Mechanik und Hydraulik	2
3. Allgemeiner Pflanzenbau (Klima und Bodenlehre)	3
4. Experimentalphysik	2
5. Mineralogie	2
	11
Zusammen	28

Drittes Semester (Sommersemester).

A. Mathematik.

	Stunden in jeder Woche
1. Mathematische Übungen	4
	4

B. Geodäsie.

1. Praktische Geometrie	2
2. Traciren	2
3. Methode der kleinsten Quadrate	2
4. Geodätisches Seminar	4
5. Ausserdem an zwei Tagen jeder Woche geodätische Übungen.	
	10

C. Culturtechnik.

1. Taxationslehre (Bonitiren)	2
2. Geognosie	2
3. Mineralogische Übungen und geognostische Excursionen	2
	6

D. Rechtskunde.

1. Verwaltungsrecht	2
2. Landesculturgesetzgebung	1
	3
Zusammen	23

II. Die Entwickelung des Vermessungs- und Meliorationswesens u.s.w.

Viertes Semester (Wintersemester).

A. Mathematik.

	Stunden in jeder Woche
1. Mathematische Übungen	4
	4

B. Geodäsie.

1. Praktische Geometrie	2
2. Methode der kleinsten Quadrate	2
3. Geodätisches Seminar	4
4. Ausserdem an zwei Tagen jeder Woche geodätische Übungen.	
	8

C. Culturtechnik.

1. Bodenlehre (Demonstrationen im Laboratorium)	1
	1

D. Rechtskunde.

1. Landwirthschaftsrecht	3
	3
Zusammen	16

2. Für die umfassendere Prüfung in Culturtechnik kommen hinzu:

Erstes Semester (Sommersemester).

	Stunden in jeder Woche
1. Baumaterialienkunde, Bauconstructionslehre und Grundbau	2
2. Darstellende Geometrie und Bauconstructionen (Vorlesung 1 St. und Übungen 4 St.)	5
	7

Zweites Semester (Wintersemester).

1. Brücken-, Wehr-, Schleusen- und Wegebau	3
2. Bautechnische Übungen	4
	7

Drittes Semester (Sommersemester).

1. Specielle Culturtechnik	1
2. Wasserbau	2
3. Gräserbau	2
4. Culturtechnische Übungen	4
	9

Viertes Semester (Wintersemester).

1. Specielle Culturtechnik	1
2. Culturtechnische Übungen	4
	5

Die Königliche Prüfungscommission für Landmesser in Poppelsdorf ist gegenwärtig wie folgt zusammengesetzt:

Vorsitzender: Geheimer Regierungsrath Director Professor Dr. Freiherr VON DER GOLTZ,

Stellvertreter des Vorsitzenden: Professor KOLL,

Examinator für Mathematik: Professor Dr. VELTMANN,

Stellvertreter desselben: Professor Dr. GIESELER und Professor KOLL,

Examinatoren für Geodäsie: Professor KOLL, Professor Dr. REINHERTZ, Katastercontrolleur Steuerinspector WAGNER, Katastercontrolleur MASKE,

Examinator für Culturtechnik: Geheimer Regierungsrath Director Professor Dr. Freiherr VON DER GOLTZ,

Stellvertreter desselben: Professor Dr. GIESELER, Professor KOLL speciell für die zweckmässige Gestaltung der Eigenthumsstücke bei Grundstückszusammenlegungen und -Theilungen, Professor Dr. WOHLTMANN speciell für Bodenkunde und Taxationslehre, Meliorations-Bauinspector KÜNZEL speciell für Culturtechnik und Baukunde,

Examinator für Rechtskunde: Amtsrichter Professor Dr. SCHUMACHER,

Stellvertreter desselben: Professor KOLL.

In gleichem Maasse, wie durch Erlass der geeigneten Vorschriften für die zweckentsprechende Regelung der Ausbildung der Landmesser und Culturtechniker Sorge getragen worden ist, ist der Unterricht auch durch Beschaffung der nöthigen Lehrmittel und der nöthigen Räume für den Unterricht in einem neu errichteten Gebäude, sowie durch Ankauf zweier Übungsplätze sachgemäss gefördert worden.

In der Zeit von 1880—1883, wo der geodätische Unterricht hier vorzugsweise die weitere Ausbildung der Culturtechnik studirenden Landmesser bezweckte, wurden der geodätischen Sammlung aus den Beständen der aufgelösten Landwirthschaftlichen Akademie Proskau Instrumente im Werthe von etwa 900 Mark und aus der physikalischen Sammlung für rund 1500 Mark überwiesen, wozu für rund 10 000 Mark Neuanschaffungen gekommen sind. Der dadurch erreichte Bestand der geodätischen Sammlung ist nachfolgend zusammen mit dem Bestand am 1. April 1897 durch die in Klammern gesetzten Zahlen angegeben. Vom 1. April 1883 ab sind für den Betrieb der geodätischen Übungen, sowie für Beschaffung und Instandhaltung der nöthigen Instrumente und Messgeräthe jährlich 1000 Mark und ausserdem für Neuanschaffungen im Ganzen 28 000 Mark zur Verfügung gestellt worden, wodurch die geodätische Sammlung am 1. April 1897 folgenden

Bestand erreicht hat: (3) 7 Mikroskoptheodolite, (3) 19 Nonientheodolite, (1) 2 Heliotrope, 1 Lothapparat, (2) 3 Spiegelsextanten, (1) Spiegelprismenkreis, (1) 2 künstliche Horizonte, 1 Doppelprismenkreis, (3) 13 Bussolen, (2) 5 Messtische, (3) Kippregeln, (1) 4 Diopterlineale, (1) Tachygraphometer, (2) 5 Distanzlatten, (1) 7 Winkelköpfe, (5) 13 Winkelspiegel, (4) 23 Winkelprismen, 19 Lothstäbe, (1) 5 Normalmaasse, 4 Präcisions-Messlatten, (8) 52 Messlatten, (3) 21 Messbänder, (1) Messkette, 1 Messrad, 1 Feldzirkel, 1 Schrittzähler, 170 Baken, 10 Feldtische, (8) 26 Nivellirinstrumente, (7) 22 Nivellirlatten, 12 Taschencanalwaagen, 1 Quecksilberwaage, (1) 2 Taschenniveaus, 1 Setzlatte, (1) 2 Normal-Quecksilberbarometer, (5) 11 Federbarometer, 1 Hygrometer, alle Arten Kartirungs- und Zeicheninstrumente, (1) 8 Polarplanimeter, (1) 10 andere Flächeninhaltsberechnungs-Instrumente, (2) 4 Rechenschieber, (1) Rechenmaschine, (1) Schiffschronometer; ferner Prüfungsapparate für Barometer (1) 3, Messlatten und Messbänder 3, Libellen 1, Nivellirlatten (1) 2 und für Libellen an Nivellirlatten 1; endlich als Demonstrations- und Prüfungsinstrumente: 9 Theodolite, 1 Schraubenmikroskop, 5 Holzmodelle von Theodolituntertheilen, 1 Astrolabium, (1) 7 Nivellirinstrumente, 3 Federbarometer, 2 Koch'sche Staffelapparate und 1 Modell des BESSEL'schen Basisapparates.

Bei allen Neuanschaffungen sind immer die bei den geodätischen Übungen und bei umfangreichen praktischen Arbeiten gemachten Erfahrungen verwerthet, um Instrumente zu erlangen, die für die Praxis des Landmessers besonders gut geeignet sind. Dadurch ist es gelungen, eine Sammlung für den Unterricht bereit zu stellen, in welcher nicht nur die wichtigsten Constructionen fast aller deutschen Werkstätten für wissenschaftliche Präcisionsinstrumente, sondern auch in grosser Reihe Instrumente und Messgeräthe vertreten sind, die durch fortgesetzte Verbesserungen zu Musterstücken für die zum Gebrauch der Landmesser geeigneten Instrumente und Messgeräthe ausgebildet sind.

In einer reichhaltigen Kartensammlung sind die wichtigsten Vermessungswerke durch topographische Karten, Parcellarkarten, Stückvermessungsrisse u. s. w. vertreten, und in einer Handbibliothek, welche gegenwärtig rund 1400 Bände umfasst, ist die geodätische Litteratur auch aus älterer Zeit so weit wie möglich vereinigt.

In dem am Anfang des Wintersemesters 1890/91 eingeweihten Neubau sind neben zwei Hörsälen und umfangreichen Sammlungsräumen drei grosse Übungssäle geschaffen, in welchen 150 Zeichenplätze hergerichtet sind. Wenn diese Räume auch bei dem jetzigen hohen Bestand an Studirenden für einen regelmässigen Betrieb der Übungen nicht ausreichen, so genügen sie doch für den normalen Bestand von 120—150 Studirenden, welcher zur Deckung des jährlichen Bedarfs an Landmessern völlig hinreicht.

Die Messübungen wurden in den ersten Jahren da ausgeführt, wo sich gerade geeignete Gelegenheit dafür bot. Nachdem aber die Zahl

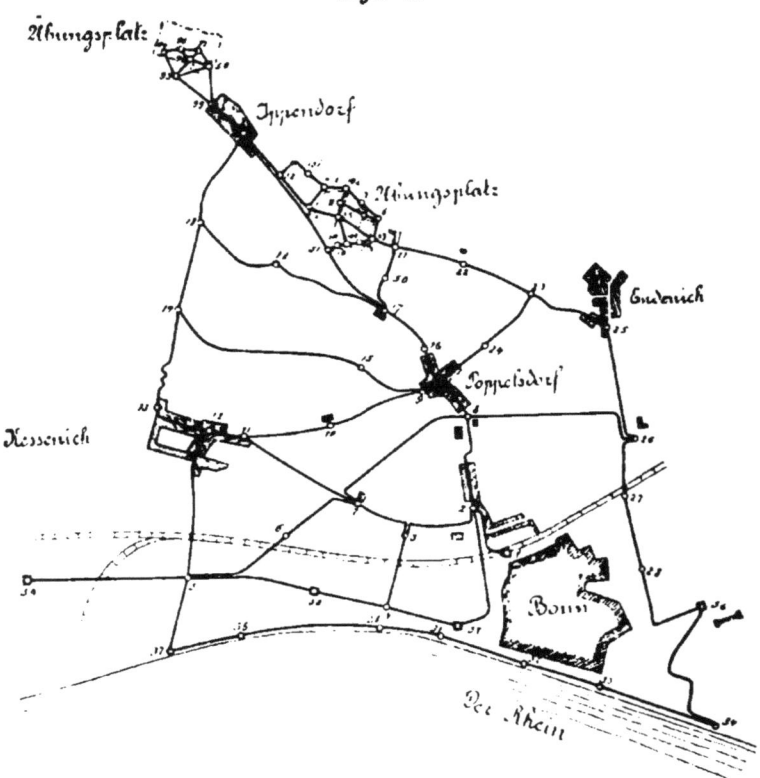

Figur 7.

Nivellementsnetz der Akademie Poppelsdorf.

der Studirenden erheblich zugenommen hatte und ein häufig benutztes grösseres brachliegendes Terrain auf dem Kreuzberge in Folge Besitzwechsels nicht mehr frei benutzt werden konnte, wurde es nothwendig, für die geodätischen Messübungen ein geeignetes Feld käuflich zu erwerben. Demnach wurden die beiden einzigen in der Nähe von Poppelsdorf für annehmbare Preise zu erwerbenden grösseren Complexe

II. Die Entwickelung des Vermessungs- und Meliorationswesens u.s.w. 77

auf dem Kreuzberge und südlich von Ippendorf beiÜckesdorf erworben und als Übungsplätze eingerichtet. Der Platz auf dem Kreuzberge ist 5,5 ha und der Platz beiÜckesdorf 9,1 ha gross und jeder bietet Raum für die Übungen eines Jahrganges der Studirenden. Die verschiedenartigen Terrainformen in den einzelnen Theilen der Übungs-

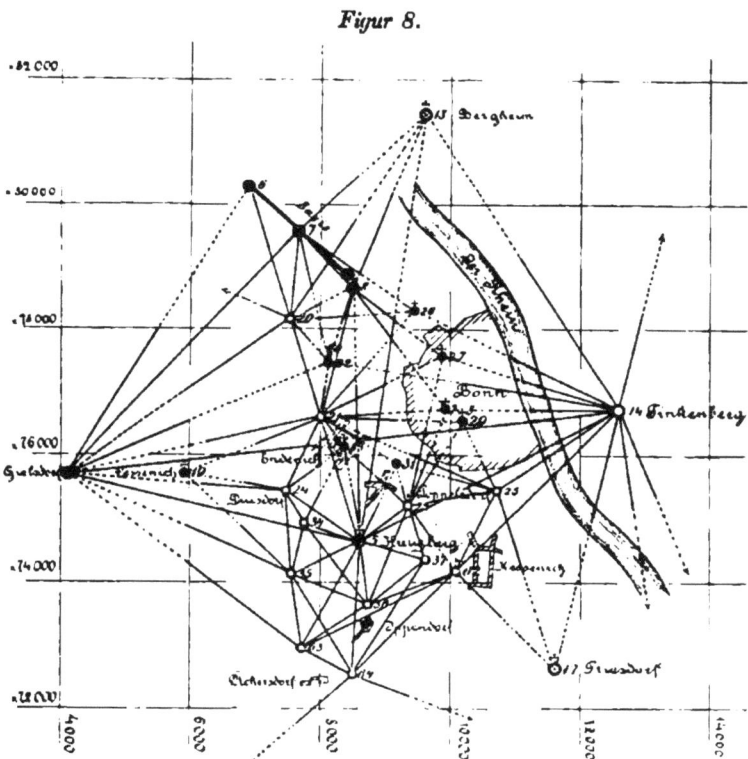

Figur 8.

Trigonometrisches Hauptnetz der Akademie Poppelsdorf.

felder, welche in Anlage A dargestellt sind, lassen die Ausführung aller nothwendigen Übungen zu.

Zum Anschluss der Nivellements an genau bestimmte Höhen gegebener Punkte ist das in Fig. 7 dargestellte Nivellementsnetz gelegt worden, welches die Stadt Bonn umschliesst und sich über den ganzen Gemeindebezirk Poppelsdorf, sowie einen Theil der Gemeindebezirke Endenich, Kessenich, Ippendorf und Röttgen, im Ganzen auf eine

Fläche von etwa 10 qkm erstreckt. Das Nivellementsnetz ist angeschlossen an das Präcisions-Nivellement der Landesaufnahme, dessen Punkte auf der Cöln-Coblenzer Chaussee liegen.

Figur 9.

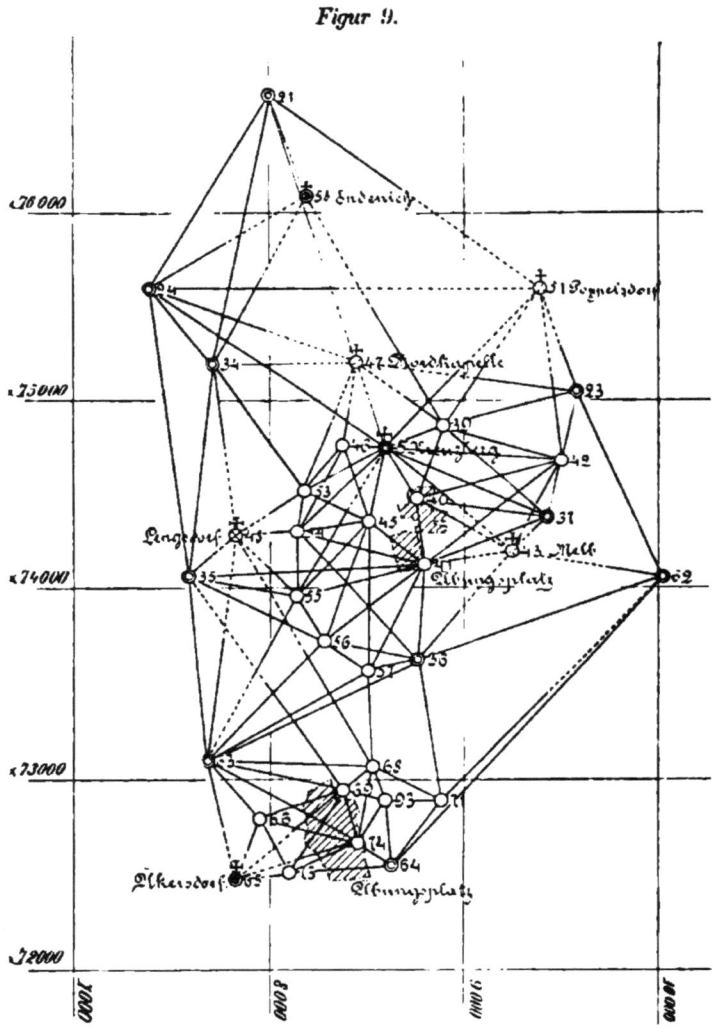

Trigonometrisches Netz der Übungsplätze der Akademie Poppelsdorf.

Ebenso ist für den Anschluss der trigonometrischen und polygonometrischen Arbeiten das in Fig. 8 und 9 dargestellte umfangreiche trigonometrische Netz im Anschluss an die trigonometrischen Punkte des Bonner Basisnetzes der Landesaufnahme und der Katastertriangulirung geschaffen worden. Dasselbe erstreckt sich im Norden bis nach Hersel, im Osten bis an den Rhein, im Süden bis Ückesdorf, im Westen bis nach Duisdorf und bedeckt einen Flächenraum von etwa 25 qkm. Für die unmittelbare Umgebung der beiden Übungsplätze auf dem Kreuzberge und bei Ückesdorf ist, wie Fig. 9 zeigt, ein sehr enges Netz angeordnet, welches eine grosse Anzahl passend gelegener Festpunkte auf kleinem Raume enthält, wodurch es ermöglicht ist, dass auf dieser Grundlage alljährlich von den Studirenden eine kleine in sich zusammenhängende Triangulirung bearbeitet werden kann.

Die umstehende Liste giebt eine Übersicht über den Besuch des culturtechnischen und des geodätischen Unterrichtes, sowie über die abgelegten und bestandenen Prüfungen.

Von Interesse werden noch die folgenden, den Geschäftsberichten der Königlichen Oberprüfungscommission für Landmesser entnommenen Angaben über die bis Ende des Jahres 1895 in Berlin und in Poppelsdorf geprüften Landmessercandidaten sein.

Es sind 1222 Candidaten in die Prüfung eingetreten. Davon sind 107 Candidaten (9 Procent der Gesammtzahl) während der Prüfung zurückgetreten. 24 Candidaten (2 Procent) sind Bau- oder Forstbeamte, welche nach den Vorschriften in den §§ 28—31 der Landmesserprüfungsordnung die formelle Befähigung zum Landmesser erworben haben. Die Landmesserprüfung haben nicht bestanden 195 (16 Procent), bestanden 896 Candidaten (73 Procent), und zwar mit dem Gesammtprädicat »sehr gut« 12 (1 Procent), »gut« 216 (18 Procent), »befriedigend« 411 (33 Procent), »zulänglich« 257 Candidaten (21 Procent).

Von den in den Jahren 1894 und 1895 bestandenen und nicht bestandenen 476 Berufslandmessern, also ungerechnet die Bau- und Forstbeamten, haben 90 (19 Procent) das Abiturientenzeugniss, 43 (9 Procent) die Reife für Oberprima oder die Oberprima besucht, 343 (72 Procent) die Reife für Unterprima oder die Unterprima besucht.

Von den 896 Berufslandmessern haben die Prüfung bestanden im Alter

von	19	20	21	22	23	24	25	26	27	28	29	30	31	32	33	34	35	36 und mehr Jahren
Candidaten	5	44	111	196	168	155	72	51	35	24	6	10	5	3	5	4	—	2
Procent...	5		12	22	19	17	8	6	4	3				4				

Das durchschnittliche Lebensalter der Candidaten ist 23,5 Jahre.

Semester	Studirende der Culturtechnik	Von diesen Studirenden haben die culturtechnische Prüfung im Jahre bestanden		Studirende der Geodäsie und Culturtechnik	Die Landmesserprüfung haben		Die culturtechnische Prüfung haben bestanden
					im Jahre	abgelegt	bestanden	
		a) nach den Vorschriften vom 19. December 1876						
S. 76	5	1876	—					
W. 76/77	19							
S. 77	20	1877	18					
W. 77/78	30							
S. 78	33	1878	25					
W. 78/79	32							
S. 79	29	1879	30					
W. 79/80	37							
S. 80	31	1880	34					
W. 80/81	33							
S. 81	44	1881	22					
W. 81/82	51							
S. 82	50	1882	48					
W. 82/83	38							
		b) nach den Vorschriften vom 1. März und 27. April 1883				nach den Vorschriften der Landmesserprüfungsordnung vom 4. September 1882		b) nach den Vorschriften vom 1. März und 27. April 1883
S. 83	38	1883	29	7				
W. 83/84	50			7				
S. 84	48	1884	32	8	1884	7	6	—
W. 84/85	43			7				
S. 85	29	1885	37	19	1885	—	—	3
W. 85/86	28			16				
S. 86	25	1886	22	22	1886	8	6	3
W. 86/87	22			19				
S. 87	12	1887	18	22	1887	14	7	6
W. 87/88	15			22				
S. 88	13	1888	9	40	1888	11	8	3
W. 88/89	7			39				
								c) nach den Vorschriften der Verfügung vom 13. Juli 1888
S. 89	8	1889	6	66	1889	17	14	3[1]
W. 89/90	9			68				
S. 90	6			95	1890	29	15	—
W. 90/91	5			92				
S. 91	4			113	1891	50	45	—
W. 91/92	4			112				
S. 92	4			151	1892	57	49	1
W. 92/93	3			147				
S. 93	5			220	1893	68	61	8
W. 93/94	4			211				
S. 94	8			291	1894	90	79	3
W. 94/95	8			287				
S. 95	4			333	1895	127	92	27
W. 95/96	4			321				
S. 96	2			366	1896	162	126	57
W. 96/97	—			317				
					1897 im Frühjahr	104	96	28
			330			744	604	142

[1] Hier sind als bestanden nur diejenigen Candidaten angeführt, welche in der umfassenderen Prüfung in Culturtechnik das Prädicat »befriedigend« oder ein höheres Prädicat erlangt haben.

Zum Schluss möge es gestattet sein, noch auf einige Punkte hinzuweisen, worin die praktische und theoretische Ausbildung der Landmesser und Culturtechniker weiter entwickelt werden kann.

Die praktische und indirect auch die theoretische Ausbildung kann wesentlich gefördert werden, wenn die exact durchgebildeten Katasterneumessungen wieder in grösserem Umfange aufgenommen und die Eleven durchweg bei diesen Neumessungen ausgebildet werden.

Die Art und Weise der praktischen Ausbildung vor dem Eintritt in das Studium ist bestimmend für die Richtung, welche der Studirende bei seinen Studien einschlägt und welche der Landmesser in seiner Praxis lange Zeit beibehält, besonders dann, wenn er nicht in den Staatsdienst eintritt und bei seiner Weiterentwickelung auf sich selber angewiesen bleibt. Ein bei exacten praktischen Arbeiten gut ausgebildeter Eleve folgt auch dem wissenschaftlichen Unterricht ohne Weiteres, während der Eleve, der keine exacten Arbeiten kennen gelernt hat, dem wissenschaftlichen Unterricht mit der Überlegenheit des gewiegten Praktikers, der viel besser weiss, wie man es in der Praxis machen muss, begegnet. Durch die abändernden Bestimmungen vom 12. Juni 1893 zur Landmesserprüfungsordnung ist in dieser Beziehung wohl schon viel gebessert worden, durchgreifend und vollständig kann aber nur geholfen werden, wenn die praktische Ausbildung der Eleven bei gut geleiteten exacten Neumessungen zur Regel wird.

Sodann kann eine ganz wesentliche Verbesserung in der Ausbildung der Landmesser der landwirthschaftlichen Verwaltung und vieler Landmesser, die nicht in diese Verwaltung eintreten, erreicht werden, wenn der specielle culturtechnische Unterricht von dem geodätischen Unterricht getrennt und in ein drittes Studienjahr verwiesen wird, welches in der Zeit nach der auf die Ablegung der Landmesserprüfung folgenden dreijährigen praktischen Beschäftigung bei einer Generalcommission, einer Meliorationsbauinspection oder der geologischen Landesaufnahme zu absolviren ist. Die meisten Studirenden versuchen, um sich auch den Eintritt in die landwirthschaftliche Verwaltung offenzuhalten, gleichzeitig in vier Semestern das geodätische und das culturtechnische Studium zu bezwingen und lassen erst hiervon ab, wenn sie einsehen, dass dies ihre Kräfte übersteigt, und wenn ihre geodätische Ausbildung darunter bereits erheblich gelitten hat. Durch die Belastung der viersemestrigen Studienzeit mit dem speciellen culturtechnischen Unterricht wird es auch unmöglich gemacht, den geodätischen Unterricht für alle die Landmesser, die nicht in die landwirthschaftliche Verwaltung eintreten und die drei Viertel der Gesammtzahl bilden, so zu gestalten, dass allen berechtigten Anforderungen genügt wird. Endlich kann der culturtechnische Unterricht nur wirklich in vollem Umfange fruchtbringend sein, wenn die Studirenden in einer längeren praktischen Thätigkeit culturtechnische Anlagen oder auch nur die Verhältnisse, unter welchen culturtechnische Anlagen nützlich sein können, kennen gelernt haben. Alle diese Missstände können vermieden werden, wenn zunächst alle Landmesser in einem viersemestrigen Studium eine allseitig befriedigende, nicht nur die mathematischen und die geodätischen, sondern auch die für alle Landmesser erforderlichen naturwissenschaftlichen und allgemeinen culturtechnischen Kenntnisse gewährende Ausbildung erhalten und sich daran für die Landmesser der landwirthschaftlichen Verwaltung nach einer dreijährigen praktischen Thätigkeit das specielle Studium der Culturtechnik in zwei weiteren Semestern anschliesst. In diesen beiden Semestern kann dann auch noch eine weitergehende geodätische Ausbildung der Landmesser erfolgen. Die Durchführung dieser Maassregeln wird auch keinen Schwierigkeiten begegnen, wenn die landwirthschaftliche Verwaltung wieder, wie sie es schon früher gethan hat, alljährlich einige Tausend Mark für Stipendien opfert, um ein vorzüglich durchgebildetes Personal für ihre wichtigen Culturaufgaben zu gewinnen zum weiteren Aufblühen, Wachsen und Gedeihen der Landwirthschaft im ganzen Staate.

III. Die Entwickelung des höheren landwirthschaftlichen Unterrichtswesens in Deutschland und die Stellung der Akademie Poppelsdorf innerhalb desselben.

Um die Bedeutung, welche die Akademie Poppelsdorf für das höhere landwirthschaftliche Unterrichtswesen gehabt hat, und die Stellung, welche sie innerhalb desselben zur Zeit einnimmt, richtig zu würdigen, scheint es erforderlich, einen Rückblick auf die Entwickelung zu werfen, welche das höhere landwirthschaftliche Unterrichtswesen in Deutschland von seinen ersten Anfängen bis zur Gegenwart durchgemacht hat. Es ist dies um so nöthiger, als hierüber selbst in betheiligten Kreisen häufig keine genaue Kenntniss vorhanden ist, vielfach auch irrthümliche Ansichten herrschen. Ferner fällt ins Gewicht, dass die Organisation des landwirthschaftlichen Unterrichts in Deutschland für andere europäische wie für aussereuropäische Staaten vorbildlich gewesen ist.

Auch auf dem in Rede stehenden Gebiete ging Preussen den übrigen deutschen Ländern voran. Im Jahre 1827 errichtete Friedrich Wilhelm I Lehrstühle der Cameralwissenschaften an den Universitäten Halle und Frankfurt a. O. und berief dorthin Simon Peter Gasser, hierhin Justus Christoph Dithmar. Unter Cameralwissenschaft verstand man im 18. und bis in das 19. Jahrhundert hinein einmal die gesammte Privatwirthschaftslehre, wie Haushaltungslehre, Landwirthschaftslehre, Forstwissenschaft, Bergbauwissenschaft u. s. w., dann aber auch diejenigen Gebiete, die man später als Polizeiwissenschaft, Finanzwissenschaft, politische Oekonomie bezeichnete oder gegenwärtig noch bezeichnet. Georg Heinrich Zincke (geb. 23. September 1692, gest. 15. August 1769), einer der hervorragendsten Vertreter seines Faches, theilt die Cameralwissenschaft ein in die Lehre von der Natur und Beschaffenheit aller Nahrungsgeschäfte, die wirthschaftliche Polizeiwissenschaft, die gelehrte Oekonomik und die Kammer- oder Finanzwissenschaft. THEODOR ANTON HEINRICH SCHMALZ (geb. 17. Februar 1760, gest. 20. Mai 1831) sagt in seiner Encyklopaedie der Cameralwissenschaften (1. Aufl. 1797, 2. Aufl. 1819), dass unter diesem in Deutschland üblich gewordenen Namen alles zusammengefasst werde, was sich auf Vermögen und Einkommen des Volkes, die Gewinnung und Vermehrung desselben und die Ausgleichung der Leistungen an den Staat durch Abgaben und die Bezahlung der Dienste desselben beziehe. Er theilt sie ein in Gewerbekunde und Staatswirthschaftslehre oder politische Oekonomie. Letztere zerfällt nach ihm wieder in Nationaloekonomie, Gewerbepolizei und Finanzwissenschaft[1]. Die Cameralwissenschaft umfasste also das gesammte Gebiet der Privatwirthschaftslehre wie der Staatswirthschaftslehre oder politischen Oekonomie. Ein Vergleich der beiden Definitionen von ZINCKE und SCHMALZ zeigt aber, dass man zu Anfang des 19. Jahrhunderts schon eine strengere Unterscheidung zwischen der Lehre von der privaten und von der politischen Oekonomie zu machen begann. Ganz durchgeführt wurde sie erst um die Mitte des 19. Jahrhunderts.

Innerhalb der Cameralwissenschaft nahm während des 18. Jahrhunderts die Landwirthschaft eine besonders hervorragende Stellung ein. Der bei weitem grösste Theil der Bevölkerung des deutschen Reiches trieb Landwirthschaft, von ihr hing vorzugsweise das wirthschaftliche Wohl des Volkes wie des Staates ab. Gegen sie traten die übrigen Gewerbszweige weit mehr zurück, als es gegenwärtig der Fall ist. Dazu kam, dass von der zweiten Hälfte des vorigen Jahrhunderts ab das Bedürfniss einer vollständigen Umgestaltung des landwirthschaftlichen Betriebes und der Agrargesetzgebung in ganz Deutschland lebhaft empfunden wurde und dass in Folge dessen die Landwirthschaft die besondere Aufmerksamkeit der Fürsten, Staatsmänner und Fachgelehrten in Anspruch nahm. In dieser Beziehung braucht bloss an das erinnert zu werden, was FRIEDRICH DER GROSSE vom Beginn bis zu Ende seiner langen Regierungszeit unausgesetzt für die Förderung der landwirthschaftlichen Technik wie für die Herbeiführung besserer agrarpolitischer Zustände gethan hat.

Die Bedeutung, welche einsichtige und sachkundige Männer der Landwirthschaft im 18. Jahrhundert beizumessen anfingen, entsprach es, dass die meisten deutschen Fürsten, in deren Gebieten sich Universitäten befanden, an diesen, dem Beispiele FRIEDRICH WILHELM I. folgend, besondere Lehrstühle für Cameralwissenschaften einrichteten. So ge-

---

[1] Siehe hierüber Handwörterbuch der Staatswissenschaften, Band IV (1892), Seite 647 ff. Artikel »Cameralwissenschaft« von LEXIS.

schah es z. B. in Wien, Göttingen, Jena, Heidelberg, Erfurt, Erlangen, Landshut, Kiel, Linz, Giessen, Marburg, Wittenberg, Greifswald. Schon frühzeitig wurde sogar die Frage erörtert, ob man an den Universitäten eine neue ökonomische Facultät als fünfte neben den vier althergebrachten oder ob man selbst besondere Cameralhochschulen errichten sollte. Ersteres geschah in Landshut und in Giessen. Letzterer Gedanke wurde durch Gründung der Cameralhochschule in Kaiserslautern (1774) verwirklicht, welche aber schon 1784 unter der Bezeichnung »Staatswirthschaftliche hohe Schule« nach Heidelberg verlegt und mit der dortigen Universität vereinigt wurde. Der Einfluss, welchen die Vertreter der Cameralwissenschaft auf die Landwirthschaft ausgeübt haben, ist ein sehr grosser gewesen. Ich brauche nur an Männer wie JOHANN HEINRICH GOTTLOB VON JUSTI, erst in Wien, dann in Göttingen, an GEORG HEINRICH ZINCKE, erst in Leipzig, dann in Helmstedt, an NATHANAEL GOTTFRIED LESKE in Leipzig, an JOHANN BECKMANN in Göttingen, an CHRISTIAN JAKOB KRAUS in Königsberg zu erinnern.

Gegen Ende des 18. Jahrhunderts trat in ALBRECHT THAER (1752 bis 1828) der Mann an die Öffentlichkeit, der nicht nur die rationelle landwirthschaftliche Praxis begründete, sondern auch die Landwirthschaftslehre zu einem besonderen und selbständigen Zweige der Wissenschaft erhob. Von Hause aus Arzt, in welcher Eigenschaft er es bis zum Königlich Grossbritannischen Leibarzt brachte, beschäftigte er sich an seinem Wohnorte Celle schon frühzeitig mit Gartenbau und Landwirthschaft. Er kaufte sich ein kleines Gut bei Celle und erwarb sich durch Veröffentlichung seines dreibändigen Werkes »Einleitung zur Kenntniss der englischen Landwirthschaft« (3 Bände, Hannover 1798–1804) bald solchen Ruf, dass aus allen Theilen Deutschlands Männer zu ihm kamen, die von ihm belehrt sein wollten. Diesen hielt er, unterstützt und ergänzt durch seinen Freund, den Apotheker EINHOF, Vorträge über Landwirthschaft, die sich eines stets wachsenden Zuspruches erfreuten. Schon in dem ersten Bande seiner englischen Landwirthschaft (S. 681 ff.) hatte THAER auf die Nothwendigkeit hingewiesen, besondere höhere landwirthschaftliche Lehranstalten zu errichten, und einen vollständigen »Plan zur Errichtung einer Akademie des Ackerbaues« veröffentlicht. THAER's Ruf verbreitete sich bald über ganz Deutschland; seine Wirksamkeit erregte namentlich auch die Aufmerksamkeit FRIEDRICH WILHELM's III. und seines Ministers KARL AUGUST VON HARDENBERG, welch letzterer ein Landsmann und Studiengenosse THAER's war. 1804 folgte THAER einem Rufe des preussischen Königs und gründete 1806 in Möglin, 7 Stunden von Berlin entfernt, die erste höhere landwirthschaftliche Lehranstalt, der später vom Könige die Bezeichnung »Königliche akademische Lehranstalt des Landbaues« beigelegt wurde. Der Unterricht auf derselben war rein theoretischer Natur; es war aber mit ihr eine grosse Gutswirthschaft verbunden, welche den Studirenden zeigen sollte, dass und wie die vorgetragenen Lehren in der Praxis Anwendung finden könnten und müssten. Auf diese Verbindung zwischen Theorie und Praxis legte Thaer ein grosses Gewicht. Zu seiner Zeit war sie um deswillen besonders gerechtfertigt und nothwendig, als es damals nur eine verschwindend geringe Zahl von Gütern gab, auf denen junge Landwirthe eine Einsicht in einen rationell organisirten und geleiteten landwirthschaftlichen Betrieb gewinnen konnten. Im Jahre 1810 wurde Thaer zum ausserordentlichen Professor der Cameralwissenschaften an der Universität Berlin ernannt und las von da ab bis 1819, unter Beibehaltung seiner Wirksamkeit in Möglin, während der Wintersemester an der Universität[1].

In Nachbildung des zu Möglin bestehenden Instituts wurden dann andere ähnliche Anstalten in's Leben gerufen, die theils als landwirthschaftliche Akademien, theils auch mit sonstigen Namen bezeichnet wurden. Die ersten waren Hohenheim in Württemberg (1818 durch Joh. Nep. Schwerz gegründet), Idstein (später nach Hofgeisberg bei Wiesbaden verlegt, 1818 durch Albrecht), Schleissheim in Bayern (1822 durch Schönleutner, 1852 nach Weihenstephan bei Freising verlegt).

Eine eigenartige und für die Entwickelung des höheren landwirthschaftlichen Unterrichts bedeutsame Stellung nahm die von Fr. Gottlob Schulze 1826 in Jena gegründete höhere landwirthschaftliche Lehranstalt ein. Schulze, geb. 28. Januar 1795, war Sohn eines Grossgrundbesitzers im Königreich Sachsen und wollte, nachdem er die berühmte Schule in Pforta absolvirt hatte, Landwirth werden. Dem Wunsche seines Vaters sich fügend, studirte Schulze zuerst Rechts- und Staatswissenschaften an der Universität Leipzig, lernte dann sehr gründlich die landwirthschaftliche Praxis und begab sich darauf nach Jena, wo er im Winter bei Sturm und anderen Docenten Vorlesungen hörte, im Sommer an Sturm's (s. S. 1 dieser Schrift) Institut in Tiefurt Theil nahm. Auf Vorschlag Sturm's machte der Grossherzog Karl August den erst 22jährigen Schulze 1817 zum Oberverwalter der bei Weimar gelegenen Kammergüter Oberweimar, Tiefurt und Lützendorf, wo er bereits vor einigen Jahren eine Muster-, Versuchs- und Lehranstalt eingerichtet hatte. Nachdem 1819 Sturm dem Rufe als Professor der Cameralwissenschaften nach Bonn gefolgt war, siedelte Schulze nach Jena über, be-

---

[1] Auf dem Titelblatt seines vortrefflichen Buches »Leitfaden zur allgemeinen landwirthschaftlichen Gewerbslehre« (Berlin 1815) nennt sich Thaer Professor der Cameralwissenschaften an der Universität zu Berlin, ohne seines Hauptamtes Erwähnung zu thun.

stand dort das examen rigorosum als Doctor der Philosophie und erhielt in dem gleichen Jahre die venia legendi auf Grund einer lateinischen Disputation und der Schrift »Antiquitates rusticae Particula prima. De aratri forma et compositione«. Er vertrat an der Universität Jena als damals einziger das Fach der Cameralwissenschaften und hatte bereits im Sommersemester 1820 eine Zuhörerschaft von 30 Studirenden. Sein Plan ging darauf hinaus, ein mit der Universität verbundenes landwirthschaftliches Institut in Jena zu gründen. Schon im Jahre 1821 bot ihm der preussische Minister von ALTENSTEIN eine ausserordentliche Professur für Cameralwissenschaften an der Universität Greifswald an. SCHULZE schlug diese aus, wurde aber dafür in dem gleichen Jahre ausserordentlicher Professor der Cameralwissenschaften an der Universität Jena.

Im bewussten und offen ausgesprochenen Gegensatz zu dem damals noch lebenden ALBRECHT THAER, den er übrigens aufs höchste verehrte, war SCHULZE der Ansicht, der höhere landwirthschaftliche Unterricht müsse an die Universitäten verlegt werden. Er wünschte, dass an den Universitäten landwirthschaftliche Institute errichtet würden, die zwar ihre besondere Organisation und Verwaltung hätten, deren Schüler aber an der Universität immatriculirt würden und deren Lehrer Universitätsdocenten wären. Seine Ansichten hierüber legte er in der ausführlichen und gründlichen Schrift »Über Wesen und Studium der Wirthschafts- oder Cameralwissenschaften, vorzüglich über wissenschaftliche Begründung der Landwirthschaftslehre, auch der Forstwirthschafts-, Bergbau-, Handelslehre und Technologie durch die Volkswirthschaftslehre« nieder (Jena bei FROMMANN 1826). Im Sommersemester 1826 eröffnete er sein nach diesen Ansichten eingerichtetes landwirthschaftliches Institut als das erste seiner Art in Deutschland an der Universität Jena. Dasselbe gedieh bald zu grosser Blüthe. Nachdem der Minister ALTENSTEIN 1826 nochmals den Versuch gemacht hatte, SCHULZE für den Preussischen Staat zu gewinnen, und nachdem SCHULZE auch Rufe nach Tharand und Dorpat ausgeschlagen hatte, wurde er 1826 zum ordentlichen Professor der Cameralwissenschaften in Jena ernannt.

Als Minister VON ALTENSTEIN im Jahre 1832 zum dritten Male bei SCHULZE anklopfte und ihm die Direction der in Eldena bei Greifswald in Verbindung mit dieser Universität zu errichtenden Staats- und Landwirthschaftlichen Akademie anbot, glaubte SCHULZE nachgeben zu sollen. Er siedelte 1834 nach Eldena über und begründete dort 1835 die neue Staats- und Landwirthschaftliche Akademie in enger Verbindung mit der Universität. Schon nach wenigen Jahren hatte er 80 studirende Landwirthe um sich versammelt, während die Zahl aller übrigen in Greifswald Studirenden nicht viel über 100 betrug. Trotzdem entschloss er sich in Folge von Schwierigkeiten, die man ihm machte, seine Stellung aufzugeben und kehrte 1839 wieder als Professor an die Universität Jena zurück, wo er sein früheres Institut aufs neue eröffnete. Die Zahl der in Jena studirenden Landwirthe betrug in den ersten Jahren der zweiten Wirksamkeit Schulze's daselbst 40—60, stieg aber später auf über 100. In dem Jahrzent 1850—1860 durfte Jena als die besuchteste und berühmteste höhere landwirthschaftliche Lehranstalt im Deutschen Reich gelten. Schulze wurde am 2. Juli 1860 seiner ausgebreiteten und erfolgreichen Wirksamkeit durch einen Herzschlag entrissen[1].

Schulze ist für die Entwickelung des höheren landwirthschaftlichen Unterrichtes dadurch bahnbrechend gewesen, dass er zuerst den Versuch machte und erfolgreich an zwei Universitäten verwirklichte, die Landwirthschaftslehre als eine besondere Disciplin an der Universität einzuführen und für die studirenden Landwirthe ein besonderes, aber mit der Universität eng verbundenes Institut zu errichten. Sein Grundgedanke dabei war, dass die studirenden Landwirthe als die künftigen Besitzer und Bewirthschafter der grösseren Güter und somit als die hervorragendsten Vertreter des wichtigsten Gewerbszweiges, zugleich als die Führer und Vorbilder für die Hauptmasse der Bevölkerung auch mit dem grössten Maasse von geistiger und sittlicher Bildung ausgerüstet sein müssten, welches für das gerade lebende Geschlecht überhaupt erreichbar wäre. Von dieser Anschauung aus gelangte er zu der sich von selbst ergebenden Folgerung, dass der höhere landwirthschaftliche Unterricht an die Universität verlegt werden müsste. Ob und in wie weit Schulze bei seinen Ansichten über die Ausbildung der Landwirthe von seinem ehemaligen Lehrer Sturm beeinflusst war, habe ich nicht feststellen können. So viel kann man aber als wahrscheinlich annehmen, dass, als Sturm 1819 nach Bonn berufen worden war und dort bez. in Poppelsdorf das »Landwirthschaftliche Institut der Königlich Preussischen Rhein-Universität zu Bonn«, wie es damals benannt wurde, einzurichten begann, er ähnliche Ziele im Auge hatte, wie sie bald darauf Schulze in Jena verwirklichte. Er selbst wurde durch seinen frühzeitigen Tod (1826) an der Verwirklichung gehindert. Man verzichtete in Bonn zunächst auf die Fortführung des von Sturm Begonnenen. Aber schon 10 Jahre darauf trat die Staatsregierung und wohl unzweifelhaft in Folge

---

[1] Nähere Mittheilungen über Leben und Wirken von Fr. G. Schulze finden sich bei Th. Freiherr von der Goltz, »Rede zur Feier des 100jährigen Geburtstages von Fr. Gottlob Schulze, geb. zu Jena am 9. Februar 1895« und in der ausführlicheren von seinem Sohne (Professor des Staatsrechts in Heidelberg) herausgegebenen Schrift: »Friedrich Gottlob Schulze-Gävernitz. Ein Lebensbild«. Neue Ausgabe 1888.

der von SCHULZE in Jena und Greifswald unterdessen erzielten glänzenden Resultate dem Gedanken wieder näher, das Landwirthschaftliche Institut in Bonn-Poppelsdorf auf's Neue in's Leben zu rufen. Auf welchem Wege und in welcher Weise derselbe nach 10jährigen Verhandlungen und Vorbereitungen im Jahre 1847 zur Verwirklichung gelangte, ist auf S. 4 und 5 dieser Schrift berichtet worden.

Unterdessen waren aber auch ausser den S. 86 genannten noch andere höhere landwirthschaftliche Lehranstalten gegründet worden oder folgten bald nach: Tharand im Königreich Sachsen (durch SCHWEITZER 1829), das schon genannte Eldena (1835), Regenwalde in Pommern (durch KARL SPRENGEL 1842), Proskau in Schlesien (1847), Weende bei Göttingen (1857), Waldau bei Königsberg i. Pr. (durch SETTEGAST 1858). Von diesen waren vier isolirte landwirthschaftliche Akademien, ähnlich wie Möglin, Hohenheim u. s. w. Eine Verbindung mit der Universität bestand unter allen im Jahre 1860 vorhandenen höheren landwirthschaftlichen Lehranstalten nur bei Jena, Eldena, Poppelsdorf und Göttingen-Weende.

Eine Wendung trat ein, nachdem LIEBIG als Präsident der Königlich Bayerischen Akademie der Wissenschaften im Jahre 1861 zwei gegen die landwirthschaftlichen Akademien gerichtete Reden gehalten hatte[1]. In denselben verurtheilte er alle höheren landwirthschaftlichen Lehranstalten, unter Einschluss der mit Universitäten verbundenen, auf's Schärfste und, um dies gleich hinzuzufügen, auf das Ungerechteste[1]. Er warf ihnen vor, dass sie mit der Wissenschaft nicht fortgeschritten seien, dass auf ihnen Dinge vorgetragen würden, die mit den Forschungen der Wissenschaft in schroffem Gegensatz ständen, dass es gerade die landwirthschaftlichen Akademien wären, die der Verbreitung einer rationellen Ausübung des landwirthschaftlichen Gewerbes im Wege ständen. Aus diesen Behauptungen zog er die Folgerung, dass der höhere landwirthschaftliche Unterricht an die Universitäten verlegt werden müsste. Wer die damaligen landwirthschaftlichen Akademien und die sonstigen einschlagenden Verhältnisse gekannt hat, weiss, dass das Urtheil LIEBIG's durchaus unzutreffend, von persönlicher Empfindlichkeit und Leidenschaftlichkeit eingegeben war[2]. Die für die landwirthschaftliche Praxis

---

[1] Rede zur Vorfeier des 102. Stiftungstages der Königlichen Akademie der Wissenschaften am 26. März 1861, gehalten von JUST. Freiherrn VON LIEBIG 1861. — JUST. Freiherr VON LIEBIG: Die moderne Landwirthschaft als Beispiel der Gemeinnützigkeit der Wissenschaften. Rede gehalten zu München am 28. November 1861. Braunschweig 1862.

[2] Ich selbst habe 1858—1860 an der Akademie Poppelsdorf studirt und war von 1861—1869 Lehrer an der Landwirthschaftlichen Akademie Waldau, habe auch schon damals den Streit LIEBIG's mit seinen Gegnern aufmerksam verfolgt. Als Studirender und als Lehrer kann ich es bezeugen, dass damals von den Docenten der

wichtigsten Lehren LIEBIG's, deren für den Ackerbau wesentlichsten Theil übrigens schon KARL SPRENGEL im Jahre 1838 mit Nachdruck vertreten hatte, wurden damals von der weitaus überwiegenden Mehrzahl der an den Akademien wirkenden Docenten als zutreffend anerkannt und in ihrer weittragenden Bedeutung vollauf gewürdigt. Manchen von den seitens LIEBIG daraus für die Praxis gezogenen Folgerungen konnte man sich freilich nicht anschliessen; diese haben sich auch später in der That als wissenschaftlich wie praktisch unhaltbar erwiesen[1]. Wie viel der Namen LIEBIG's damals schon bei allen hervorragenden Vertretern der landwirthschaftlichen Theorie wie Praxis galt, ist am klarsten daraus ersichtlich, dass sich an seine beiden Reden eine lebhafte Agitation für Verlegung des landwirthschaftlichen Unterrichtes an die Universitäten knüpfte. Es entbrannte ein heftiger, oft mit Leidenschaft und Unverstand, zuweilen auch mit Rücksicht auf persönliche Interessen geführter Streit, der factisch zu Ungunsten, wenigstens der isolirten Akademien endete. Die meisten derselben wurden aufgelöst, und zwar Regenwalde 1859, Möglin 1862, Waldau 1868, Hofgeisberg 1871, Eldena 1877, Proskau 1880. Bestehen blieben, ausser Hohenheim, nur solche, die bereits mit einer Universität verbunden waren, nämlich Jena, Poppelsdorf und Göttingen. Dafür wurden folgende Universitäts-Institute neu gegründet: Halle (1863 durch J. KÜHN), Leipzig (1869 durch A. BLOMEYER), Giessen (1871 durch A. THAER), Königsberg (1876 durch TH. Freiherr VON DER GOLTZ), Breslau (1881 durch W. VON FUNKE). Ausserdem wurden noch Lehrstühle für Landwirthschaft errichtet an den Universitäten Heidelberg und Kiel. Der technischen Hochschule in München wurde 1874 eine besondere landwirthschaftliche Abtheilung zugefügt und das schon seit 1860 in Berlin bestehende, aber bis dahin mangelhaft ausgestattete landwirthschaftliche Institut wurde 1881 zu einer umfassenden landwirthschaftlichen Hochschule erweitert.

Das älteste der neu gegründeten Universitäts-Institute war das in Halle, welches unter seinem ersten Director, JUL. KÜHN, der es auch jetzt noch leitet, bald zu grosser Blüthe gedieh. Es unterliegt keinem Zwei-

---

Landwirthschaft wie der Naturwissenschaft die Lehren LIEBIG's als für die landwirthschaftliche Theorie und Praxis ganz besonders wichtig bezeichnet und behandelt wurden, dass man von ihrer Anwendung einen ungewöhnlich grossen Fortschritt in dem Betrieb des landwirthschaftlichen Gewerbes sich versprach. Dies schloss allerdings nicht aus, dass man gegen einzelne Behauptungen und Folgerungen LIEBIG's — und zwar meist mit Recht — sich ablehnend verhielt.

[1] Der wissenschaftliche Irrthum LIEBIG's beruhte auf einer verkehrten Methodologie. Vergl. hierüber FR. GOTTL. SCHULZE, ›THAER oder LIEBIG‹ in Band I, Heft 4 und 5 der Deutschen Blätter für Nationalökonomie (Jena 1845). Eine zusammenfassende und objective Würdigung von LIEBIG's Verdiensten um die Landwirthschaft findet sich in der Jenaer Dissertation von FR. MOSZEIK, ›Der Einfluss LIEBIG's auf die landwirthschaftliche Theorie und Praxis‹. 1896.

fel, dass für die Gründung und Einrichtung dieses Institutes der Umstand wesentlich mit bestimmend war, dass an der benachbarten Universität Jena das Landwirthschaftliche Institut von Fr. G. Schulze nun schon seit Jahrzehnten so grosse Erfolge aufzuweisen gehabt hatte[1]. Schulze selbst war 1860 gestorben, und man konnte nach Lage der sachlichen wie persönlichen Verhältnisse voraussehen, dass seine Schöpfung zurückgehen müsste, wenn sich neben ihr ein ähnliches, unter sachkundiger, thatkräftiger Leitung stehendes Institut aufthun würde. In seiner äusseren Organisation wies das Hallenser Institut zwar einige Verschiedenheiten von dem Jenenser auf, dieselben waren aber mehr formeller wie materieller Natur. Die wesentlichste bestand darin, dass das Hallenser Institut dem Universitätsorganismus unmittelbar einverleibt war, während das Jenenser eine besondere Verwaltung hatte. An beiden aber wirkten Universitätslehrer, an beiden waren die Studirenden der Landwirthschaft akademische Bürger.

Das Hallenser Institut hat den späteren Universitäts-Instituten mehr oder weniger als Vorbild gedient, wenngleich jedes derselben seine Eigenthümlichkeiten von Anfang an aufwies und noch besitzt. Andererseits hat auch Halle sich nach manchen Seiten hin weiter entwickelt und, den veränderten Zeitverhältnissen und der gereifteren Erkenntniss und Erfahrung entsprechend, umgestaltet; es hat zudem im Laufe der Jahre manche von den Einrichtungen eingeführt, die zu den Eigenthümlichkeiten der früheren isolirten Akademien gehörten. In dem Lehrstoff, in der Lehrweise, in den dem Unterricht dienenden Hülfsmitteln, in der Zahl und Beschaffenheit der wirkenden Lehrkräfte besteht zur Zeit kein irgend wesentlicher Unterschied zwischen den reinen Landwirthschaftlichen Universitäts-Instituten und denjenigen, die an dem Sitz einer Universität sich befinden, aber eine abgesonderte Verwaltung haben. Die noch vorhandenen Verschiedenheiten werden bedingt durch die Persönlichkeiten der an den einzelnen Instituten wirkenden Lehrer und durch andere zufällige, dem Wechsel der Zeit unterworfene

---

[1] Die Richtigkeit dieser Behauptung geht u. A. aus den der Gründung des Landwirthschaftlichen Instituts vorangegangenen Verhandlungen hervor. Seine Errichtung hat es der Initiative des Landwirthschaftlichen Centralvereins für die Provinz Sachsen zu verdanken. In dem Protokoll über die Verhandlungen dieses Vereins vom 6. October 1860 heisst es als Äusserungen des Vorsitzenden und des Generalsecretärs: »Die erste Veranlassung zu dem erneuten Antrage liege in dem Umstande, dass das Landwirthschaftliche Institut zu Jena — welches bisher vielfach von den studirenden Landwirthen der Provinz Sachsen besucht worden sei — durch den Tod seines Directors, des Geh. Hofraths Schulze, seine Hauptstütze verloren habe und es fraglich erscheine, ob dieses Institut, wenn überhaupt, so doch unter Verhältnissen fortgesetzt werde, welche auch ferner die jungen Landwirthe der Provinz Sachsen zum Besuche der Anstalt veranlassen könnten.« S. Zeitschrift d. Landw. Centralvereins f. d. Provinz Sachsen, 17. Bd. 1860. S. 299.

Verhältnisse. Äusserlich betrachtet, ist ja immer noch die Differenz vorhanden, dass die reinen Universitäts-Institute in den Organismus der Universität vollständig eingegliedert sind, deshalb auch in Preussen dem Unterrichtsministerium unterstehen, während die mit der Universität nur verbundenen in Preussen zu dem Bereich des Landwirthschaftlichen Ministeriums gehören[1]. Dieser Umstand ist beiderlei Anstalten insofern zu Gute gekommen, als ein unverkennbarer Wetteifer nicht nur zwischen ihnen selbst, sondern auch zwischen den beiden vorgesetzten Ministerien entstand, in Einrichtungen und Leistungen möglichst Vollkommenes darzubieten[2].

An isolirten Akademien bestehen jetzt nur noch Hohenheim und seit 1885, in welchem Jahre seine Erhebung zur Akademie erfolgte, Weihenstephan in Bayern. Auch diese haben an den Fortschritten, welche die Entwickelung des höheren landwirthschaftlichen Unterrichts während der letzten 30—40 Jahre gemacht hat, in ausgiebiger Weise Theil genommen. Einen Vorzug, dem allerdings manche Schattenseiten gegenüberstehen, besitzen die isolirten Akademien darin, dass sie mit einem grossen Gutsbetriebe verbunden sind, woraus Lehrende wie Lernende grossen Nutzen ziehen können.

Den hier zu Gebote stehenden Raum würde es überschreiten, wollte ich ein Bild davon entwerfen, welche innere Entwickelung das höhere landwirthschaftliche Unterrichtswesen in dem letzten halben Jahrhundert genommen, welche Fortschritte es gemacht hat. Ich muss mich mit einigen Angaben begnügen, die ja zunächst nur die äussere Entwickelung kennzeichnen, die aber einen ziemlich sicheren Rückschluss auch auf den inneren Fortschritt gestatten. Als Beispiel hierfür wähle ich die Akademie Poppelsdorf, deren Geschichte ja diese Schrift gewidmet ist, bemerke dabei aber ausdrücklich, dass für die übrigen höheren landwirthschaftlichen Lehranstalten sich etwas Ähnliches nachweisen lässt.

Im Jahre 1860 wirkten an der Akademie Poppelsdorf 10, im Jahre 1870 15, im Jahre 1880 17, im Jahre 1890 21, im Jahre 1897 23 Lehrer.

---

[1] Bemerkenswerth ist, dass die in München und in Wien unter Liebig's Beirath und Mitwirkung gegründeten Landwirthschaftlichen Hochschulen nicht der Universität unmittelbar angegliedert wurden. Überhaupt scheint Liebig seine Ansichten über das höhere landwirthschaftliche Unterrichtswesen in späteren Jahren etwas geändert zu haben. Siehe darüber H. Settegast, »Erlebtes und Erstrebtes«, Berlin 1892. A. a. O. S. 202 u. S. 214—219.

[2] Die äussere Gleichstellung der von dem Landwirthschaftlichen Ministerium ressortirenden, aber in einer Universitätsstadt befindlichen Landwirthschaftlichen Hochschulen mit den reinen Landwirthschaftlichen Universitäts-Instituten ist dadurch erfolgt und kenntlich gemacht, dass den etatsmässigen Lehrern der Akademie Poppelsdorf wie der Landwirthschaftlichen Hochschule in Berlin durch Allerhöchste Cabinetsordre vom 20. April 1892 der Rang von Räthen IV. Classe verliehen worden ist, auch ihre Ernennung durch Seine Majestät erfolgt.

Dabei sind immer die für die Akademie etatsmässig angestellten und die im Nebenamt daran beschäftigten zusammengerechnet.

Bis zum Jahre 1867 befanden die dem Unterricht gewidmeten Räume der Akademie, mit Ausnahme eines kleinen chemischen Laboratoriums, sich in einem einzigen Gebäude und nahmen dessen Parterregeschoss ein, während eine Treppe hoch der Director wohnte und über einem Theile von dessen Wohnung die Bibliothek untergebracht war. Im Jahre 1867 wurde für den Unterricht in der Chemie, Physik und Botanik ein besonderes umfangreiches Gebäude errichtet, das zugleich die Versuchsstation in sich aufnahm. Als die Thätigkeit der letzteren sich ausdehnte, wurde für ihre ausschliesslichen Zwecke 1876 ein neues Gebäude aufgeführt. In Folge der Einrichtung des geodätischen und culturtechnischen Studiums trat das Bedürfniss einer nochmaligen Erweiterung der Räumlichkeiten hervor, und wurde diesem durch ein sehr umfangreiches Bauwerk entsprochen, welches nicht nur dem genannten Zweck genügte, sondern auch noch einen grossen Hörsaal und Sammlungsräume für den landwirthschaftlichen Unterricht, sowie ein Conferenzzimmer für die Lehrer und ein Lesezimmer für die Studirenden in sich umfasste.

Es braucht wohl kaum erwähnt zu werden, dass mit der Vermehrung der Lehrkräfte und der Lehrräume eine dem entsprechende Vermehrung und Verbesserung der dem Unterricht dienenden Apparate, Sammlungen und der Bibliothek Hand in Hand ging.

Wie stark die seitens der Staatsregierung für die Akademie gemachten Aufwendungen gestiegen sind, ergiebt sich aus Anlage 6.

———— ————

In der Entwickelung der Poppelsdorfer Akademie spiegeln sich die Strömungen wieder, die in den verschiedenen Perioden bezüglich der Ansichten über die Organisation des höheren landwirthschaftlichen Unterrichtswesens geherrscht haben. Als STURM 1819 nach Bonn als ordentlicher Professor der Cameralwissenschaften berufen wurde, gründete er in Übereinstimmung mit dem Ministerium und der Universität das »Landwirthschaftliche Institut der Rheinischen Friedrich Wilhelms-Universität«. Es sollte dem Unterricht in der Landwirthschaft als eines Zweiges der Cameralwissenschaft dienen. Im Jahre 1826 wurde es aus den bereits geschilderten Ursachen aufgelöst. Als man etwa 20 Jahre später dasselbe wieder errichtete, hielt man die enge Verbindung mit der Universität zunächst fest. Der neu ernannte Director SCHWEITZER war zugleich ordentlicher Professor an der Universität und die Verwaltung des Instituts wurde einem Curatorium unterstellt, dessen Vorsitz der jedesmalige Curator der Universität führte. Ausserdem gehörte zum Curatorium noch der vom Minister des Innern dazu berufene Präsident des Landwirthschaftlichen Vereins für Rheinpreussen, von Carnap, ferner ein anderer Commissar des Ministers des Innern und der vom Landwirthschaftlichen Verein hierzu gewählte Generalsecretär von Noorden. Von 1848—1855 hatte den Vorsitz im Curatorium der jedesmalige Rector der Universität. Da dies aber wegen des jährlichen Wechsels des Rectorats zu Unzuträglichkeiten führte, so wurde 1855 der Vorsitz dauernd dem ordentlichen Professor der Jurisprudenz, Geh. Justizrath Bluhme, übertragen und gleichzeitig dem Universitätsrichter Sitz und Stimme im Curatorium verliehen. Aber schon 1856 trat hierin eine Änderung insofern ein, als der Oberpräsident der Rheinprovinz, von Kleist-Retzow, den Vorsitz im Curatorium erhielt. Letzteres bestand zunächst unverändert fort, nur dass dem Director der Akademie, der bis dahin lediglich eine berathende Stimme im Curatorium hatte, eine beschliessende gewährt wurde. Nach dem Ausscheiden Kleist-Retzow's aus dem Staatsdienst (1858) wurde das Curatorium ganz aufgelöst und die Akademie direct dem Landwirthschaftlichen Ministerium unterstellt. Letzteres hatte schon seit seiner im Jahre 1848 stattgehabten Errichtung die oberste Leitung der Akademie in Händen, vorher lag dieselbe bei den Ministern des Innern und des Cultus.

Die beiden letzteren erliessen am 11. April 1847 ein Regulativ unter dem Titel »Plan zur Errichtung einer landwirthschaftlichen Lehranstalt in Poppelsdorf bei Bonn«, durch welches der Zweck und die Organisation der Akademie näher bestimmt wurden. Es wird darin u. A. festgesetzt, dass für die Landwirthschaft ein erster (der Director) und ein zweiter (Administrator der Gutswirthschaft) Lehrer angestellt wird, dass für sämmtliche Grund- und Hülfswissenschaften Professoren und Docenten der Universität gewonnen werden sollen (§§ 7—9); ferner, dass alle an der Akademie durch deren Director aufgenommene Studirende gleichzeitig bei der Universität zu immatriculiren und der Disciplinargewalt der Universität unterworfen sind; weiter, dass die Lehranstalt unter der Oberaufsicht eines Curatoriums steht, welches gebildet wird aus dem Universitätscurator, einem Commissar des Ministerium des Innern, dem Präsidenten des Rheinpreussischen Landwirthschaftlichen Vereins und einem von diesem Verein auf 3 Jahre zu wählenden Deputirten; endlich, dass die Angelegenheiten der Anstalt ressortiren von dem Ministerium des Innern und, so weit die Interessen der Universität Bonn dadurch berührt werden, gleichzeitig von dem Ministerium für die Unterrichtsangelegenheiten.

Schon am 11. Juni 1849 wurde ein neues »Regulativ für die Landwirthschaftliche Lehranstalt in Poppelsdorf bei Bonn«

von den beiden Ministern des Cultus und der Landwirthschaft erlassen, welches als wesentliche Änderung nur die enthält, dass, so lange (wie es damals der Fall war) das Curatorium der Universität von dem Rector und Universitätsrichter verwaltet wird, diese beiden auch Mitglieder des Curatoriums der Akademie sein sollen, und zwar der Universitäts-Rector als dessen Vorsitzender.

Von dem in §§ 7—9 dieser beiden Regulative ausgesprochenen Grundsatze, dass nur die Landwirthschaft von besonders dafür angestellten Lehrern vertreten sein sollte, musste man schon bald nach Gründung der Anstalt in Bezug auf diejenigen, der Akademie unentbehrlichen Fächer abweichen, für die es an der Universität überhaupt keine Docenten gab, nämlich: Forstwirthschaft, Thierheilkunde und Baukunde.

Die zunehmende Bedeutung, welche, namentlich unter dem Einfluss LIEBIG's, die Naturwissenschaft für die Landwirthschaft gewann, machte es aber ausserdem zur Nothwendigkeit, die für die Landwirthschaft wichtigsten naturwissenschaftlichen Disciplinen durch besondere, lediglich an der Akademie angestellte Docenten vertreten zu lassen. Diese Nothwendigkeit folgte aus dem Umstande, dass der Umfang jedes einzelnen Zweiges der Naturwissenschaft sich ungemein erweitert hatte und dass es deshalb unerlässlich erschien, Lehrer anzustellen, deren Aufgabe es war, aus dem weiten Gebiete ihrer Wissenschaft vorzugsweise das vorzutragen, was für künftige Landwirthe eine besondere Bedeutung besass. In deren Pflichtenkreis lag es natürlich auch, denjenigen Erscheinungen und Gesetzen der Natur, die für die Landwirthschaft eine hervorragende Wichtigkeit haben, ihre Aufmerksamkeit und ihre Studien zuzuwenden. Es bedeutete dies keineswegs ein Herabgehen von dem hohen Standpunkte, welchen jeder Vertreter der Wissenschaft einnehmen soll, sondern lediglich eine Specialisirung der wissenschaftlichen Thätigkeit des einzelnen Gelehrten, wie sie sich während der letzten 50 Jahre auf allen Gebieten des Wissens, besonders aber auf allen mit der Naturwissenschaft zusammenhängenden Disciplinen, in grossem Maassstabe vollzogen hat.

Derjenige Zweig der Naturwissenschaft, welcher in damaliger Zeit der für die Landwirthschaft wichtigste schien, war die Chemie. Im Jahre 1856 wurde daher zunächst ein besonderer Lehrer für Chemie an der Akademie angestellt, dem ausserdem die Physik und Technologie übertragen war.

Im Jahre 1857 folgte die Berufung eines besonderen Lehrers für die beschreibenden Naturwissenschaften: Zoologie, Botanik und Mineralogie, welche Fächer sämmtlich in die Hände eines einzigen Docenten gelegt wurden.

Damit kamen dann die bisher von Universitätslehrern an der Akademie gehaltenen Vorlesungen über Naturwissenschaften zunächst in Wegfall.

Am 14. April 1857 wurde von den beiden Ministern des Cultus und der landwirthschaftlichen Angelegenheiten ein neues Regulativ für die Akademie erlassen, welches formell noch jetzt in Gültigkeit ist, wenngleich im Laufe der Jahre manche Änderungen eingetreten sind. In diesem finden sich keine Bestimmungen darüber, welche Fächer von den für die Akademie besonders angestellten Lehrern und welche von Universitätslehrern vorgetragen werden sollen. Im Übrigen ist das Verhältniss der Akademie zu der Universität unverändert gelassen; solches auch in der Beziehung, dass dem Director, ebenso wie in den früheren Regulativen, in Bezug auf die Disciplin über die Akademiker dieselben Rechte und Pflichten übertragen werden, welche an der Universität einem Decan in Betreff der Studirenden seiner Facultät beigelegt sind. Das Regulativ von 1857 enthielt noch die früher fehlende Bestimmung, dass der Director im Falle entschiedenen Unfleisses und nach vergeblicher Ermahnung des Unfleissigen den Ausschluss von der Akademie auch allein verfügen kann und dass dann zugleich in der Regel, falls nicht besondere Umstände eine Ausnahme rechtfertigen, die Exclusion des Unfleissigen von der Universität auszusprechen ist.

Wie schon früher berichtet wurde, erfolgte im Jahre 1858 die Auflösung des Curatoriums und die directe Unterstellung der Akademie unter den Minister für Landwirthschaft.

Die Entwickelung, welche die Akademie seit dem Abgange Schweitzer's (1851) genommen, musste dazu führen, ihr Band mit der Universität zu lockern. Seine Nachfolger im Directorium waren nicht mehr Professoren an der Universität; als Lehrer der weit überwiegenden Zahl der Grund- und Hülfswissenschaften wirkten nicht mehr Universitätsdocenten, sondern besonders für die Akademie angestellte Kräfte. Hierdurch sowie durch Auflösung des Curatoriums und alleinige Unterstellung der Akademie unter das landwirthschaftliche Ministerium kamen die directen Beziehungen zwischen der Akademie und der Universität grossentheils in Wegfall. Die Behauptung wird wohl nicht unrichtig sein, dass die Lockerung der Verbindung mit der Universität den Ansichten und Wünschen des im Jahre 1856 an die Spitze der Akademie getretenen Directors Hartstein entsprach. Wenigstens gilt dies für die ersten 10 Jahre seiner Amtsführung. Die Richtigkeit seiner Ansichten schien sich auch dadurch zu bestätigen, dass die Frequenz der Anstalt unter seiner Leitung bedeutend zunahm. Die Zahl der studirenden Landwirthe schwankte in den 5 Jahren vor seinem Amtsantritt (1856) von 21 bis 44; schon im Wintersemester 1857/58 war sie auf 68 gestiegen und bewegte sich während der ganzen Zeit seiner Thätigkeit, einzelne besonders günstige oder ungünstige Semester abgerechnet, zwischen 60 und 80.

Der Sturm, welchen LIEBIG 1861 gegen die Akademien entfesselt hatte, liess im Gegensatz zu anderen Akademien Poppelsdorf zunächst scheinbar unberührt. Allerdings sank, wohl in Folge des raschen Aufblühens des 1863 in Halle gegründeten Universitäts-Instituts, die Frequenz von Poppelsdorf in den 3 Semestern vom Sommer 1866 bis Sommer 1867 auf 50 bez. 51 studirende Landwirthe; sie hob sich in den beiden folgenden Semestern aber wieder auf 78 bez. 69, um dann in den beiden letzten Semestern der Wirksamkeit HARTSTEIN's auf 51 und 50 auf's Neue herabzugehen. HARTSTEIN hat offenbar später erkannt, dass er in der Loslösung der Akademie von der Universität in Bezug auf die Lehrkräfte zu weit gegangen sei. Im Jahre seines Todes überreichte er (5. Januar 1869) dem Minister ein ausführliches Promemoria über die Neuorganisation der Akademie, in dem er u. A. den Vorschlag machte, dass in Zukunft die allgemeine Chemie und die allgemeine Botanik, die Zoologie, die Mineralogie von Universitäts-Docenten vorgetragen werden sollten, ebenso wie dies bisher schon bezüglich der Nationalökonomie und der Rechtswissenschaft der Fall war. In dieser Richtung wurde auch später vorgegangen. Während im Jahre 1869 nur ein ordentlicher Universitäts-Professor an der Akademie Vorlesungen hielt, beträgt deren Zahl jetzt fünf; ausserdem lesen noch drei andere Universitätslehrer an der Akademie. Hierdurch und durch den Umstand, dass der 1896 berufene Director gleichzeitig die Stelle eines ordentlichen Universitäts-Professors bekleidet, ist die Verbindung der Akademie mit der Universität wieder eine festere geworden. Jene zieht hieraus unzweifelhaft grosse Vortheile, die hier nicht näher dargelegt werden sollen, die aber Jedem einleuchten, der mit dem Wesen und dem Zweck höherer landwirthschaftlicher Lehranstalten bekannt ist. An dieser Stelle soll nur darauf hingedeutet werden, dass die Verbindung mit der Universität den Lehrern der Akademie die Möglichkeit darbietet, von allen persönlichen und sachlichen wissenschaftlichen Hülfsmitteln der Universität Gebrauch zu machen. Den studirenden Landwirthen gewährt die Universität die häufig benutzte Gelegenheit, Vorlesungen aus Wissensgebieten zu hören, die nicht zum Bereich des eigentlich landwirthschaftlichen Studiums gehören. Hierdurch sowie durch den Verkehr mit Studirenden anderer Facultäten werden die jungen Landwirthe mit Eindrücken und Kenntnissen bereichert, die ihnen nicht nur für die Ausübung ihres engeren gewerblichen Berufs, sondern auch für ihre gerade in der Gegenwart so wichtige und ausgebreitete Thätigkeit im öffentlichen Leben zu Gute kommen. Die Akademie Poppelsdorf hat in Folge ihrer eigenthümlichen Lage und Organisation die Möglichkeit, von den Vorzügen, welche sowohl die Universität wie die für das landwirthschaftliche Studium speciell berechnete höhere Lehranstalt darbietet, Gebrauch zu machen.

Auch in einer anderen für die Entwickelung des landwirthschaftlichen Unterrichtswesens bedeutungsvollen Frage ist die Akademie Poppelsdorf von der Zeitströmung nicht unberührt geblieben. Es wurde bereits darauf hingewiesen, dass die Landwirthschaftslehre früher einen integrirenden Theil der Cameralwissenschaft bildete, dass sie sich erst zu Anfang des laufenden Jahrhunderts von dieser als ein selbständiger Zweig der Wissenschaft loslöste. ALBR. THAER wie FR. GOTTL. SCHULZE waren der übereinstimmenden Ansicht, dass die Landwirthschaftslehre sich auf die Volkswirthschaftslehre und auf die Naturwissenschaft als ihre beiden Fundamente stützen müsse; diese durchaus zutreffende Ansicht wurde von allen Sachverständigen getheilt und wurde nach ihr die Landwirthschaftslehre in Wort und Schrift behandelt. Eine Änderung trat ein, als LIEBIG einen maassgebenden Einfluss auf die Theorie und Praxis der Landwirthschaft auszuüben begann. Die Folgerungen, die er selbst und Andere aus den grossen Entdeckungen auf dem Gebiete des pflanzlichen und thierischen Lebens zogen, waren für die Landwirthschaft von so tief eingreifender Bedeutung, deren Anwendung auf die Praxis zeigte sich auch von so grossen und sichtbaren Erfolgen begleitet, dass die Naturwissenschaften mehr und mehr einen weitaus überwiegenden Einfluss auf die Landwirthschaftslehre und deren Vertreter gewannen. Der technische Theil der Wissenschaft, die Pflanzen- und Thierproductionslehre, wurde fast ausschliesslich gepflegt; es wurde sogar nicht selten die Ansicht ausgesprochen, dass die Landwirthschaftslehre überhaupt nichts Anderes als angewandte Naturwissenschaft sei. Praktiker wie Theoretiker wurden um so leichter zu diesem Irrthum verleitet, als in der Zeit von etwa 1850–1875 die allgemeinen wirthschaftlichen Verhältnisse für die Landwirthschaft ungemein günstig lagen. Die Preise des Getreides und der thierischen Producte stiegen sehr stark, die Arbeitslöhne und die sonstigen Wirthschaftsunkosten blieben zunächst verhältnissmässig niedrig und in Folge beider Umstände waren die Reinerträge sehr hoch. Solches traf besonders für alle Landwirthe zu, die bereits eine Reihe von Jahren im Besitz sich befanden und ihre Güter zu den damals billigen Preisen gekauft oder anderweitig übernommen hatten.

Es lag damals in der That so, dass ein Landwirth, der Ackerbau und Viehzucht in einer den Grundsätzen der Technik einigermaassen entsprechenden Weise betrieb, in verhältnissmässig kurzer Zeit ein wohlhabender Mann wurde. Dadurch kam dann die Meinung auf, dass die für die Organisation und Leitung des Betriebes gültigen Grundsätze, auf die Thaer und seine Zeitgenossen ein grosses Gewicht legten, für den Landwirth ziemlich bedeutungslos seien. Sowohl von Vertretern der Wissenschaft wie der Praxis wurde der allgemeine oder wirthschaftliche Theil der Landwirthschaftslehre, der sich vorzugsweise auf die Volkswirthschaftslehre stützen muss, sehr vernachlässigt. Auch auf den höheren landwirthschaftlichen Unterrichtsanstalten traten die Betriebslehre, die Taxationslehre und die Lehre von der Buchführung vollständig in den Hintergrund. Man liess sie zwar nicht fallen, aber die ihnen gewidmete Zeit wurde beschränkt, und namentlich wurden sie mehr oder weniger nicht als angewandte Wirthschaftslehre, sondern als angewandte Naturwissenschaft behandelt. Diesem Entwickelungsgang hat sich keine höhere landwirthschaftliche Lehranstalt, mochte sie Akademie oder Hochschule oder Universitäts-Institut sein, ganz entzogen. Die geschilderte Einseitigkeit entsprach ebenso der in der Wissenschaft herrschenden Strömung wie den Anschauungen der praktischen Landwirthe. Ein ganz allmählich sich vollziehender Umschwung trat erst etwa um die Mitte der achtziger Jahre ein. Die allgemeine wirthschaftliche Lage der Landwirthschaft verschlechterte sich merklich; die Preise für die erzeugten Producte sanken, die Wirthschaftskosten stiegen. Die in den guten Jahren gekauften oder geerbten oder gepachteten Güter waren zu sehr hohen Preisen erworben oder erpachtet worden; die Besitzer hatten häufig, in Erwartung einer weiteren Steigerung der Reinerträge, ihre Güter übermässig hoch verschuldet. Unter solchen Verhältnissen musste der Rückgang der Reinerträge doppelt schwer drücken. Damit war aber gleichzeitig die Nothwendigkeit aufgedrängt, darüber nachzudenken, ob denn der Erfolg eines landwirthschaftlichen Betriebes ausschliesslich von der richtigen Handhabung der landwirthschaftlichen Technik abhänge und ob die Landwirthschaftslehre sich allein auf der Naturwissenschaft aufbauen lasse. Augenblicklich befinden wir uns hinsichtlich dieser Frage noch in dem Zustande der Gährung und des Überganges. Indessen waltet bei einsichtigen Theoretikern wie Praktikern doch kaum mehr ein Zweifel darüber ob, dass die allgemeine Landwirthschaftslehre einen ebenso nothwendigen und wichtigen Theil der Gesammtwissenschaft wie die specielle Landwirthschaftslehre ausmacht, und dass es eine Aufgabe der nächsten Zukunft bildet, das jener gegenüber in der Vergangenheit Versäumte wieder nachzuholen. Dieser Aufgabe ist sich auch die Poppelsdorfer Akademie bewusst. Sie ist gleichzeitig in der bevorzugten Lage, unter den an ihr wirkenden persönlichen Kräften nicht nur Männer zu besitzen, welche für die

7*

technische Seite der Landwirthschaftslehre, sondern auch solche, die für die wirthschaftliche Seite als Autorität gelten können und als solche anerkannt werden.

Was die Akademie Poppelsdorf in der Zeit ihres 50jährigen Bestehens geleistet hat, soll und kann hier nicht dargestellt werden. Es geht schon einigermaassen hervor aus den Namen der an ihr wirksam gewesenen oder noch wirkenden Lehrer, die theils als solche, theils in anderen Stellungen eine in weiten Kreisen bekannte und erfolgreiche Thätigkeit ausgeübt haben. Es geht ferner hervor aus der grossen Zahl der an der Akademie ausgebildeten Studirenden, von denen nicht wenige später Lehrer der Landwirthschaft an den verschiedensten Unterrichtsanstalten bis zur Universität herauf geworden sind. Noch mehrere, und darunter die meisten der in Poppelsdorf ausgebildeten Geodäten und Culturtechniker, sind in den Dienst der staatlichen oder communalen Verwaltung getreten. Von den Studirenden der Landwirthschaft hat sich der überwiegende Theil der Praxis zugewendet. Was sie geleistet haben, entzieht sich selbstverständlich jedem Nachweis, zumal sie nicht nur in alle Theile des Deutschen Reiches, sondern auch in andere Länder sich zerstreut haben; aber es ist anzunehmen und würde sich auch durch manche Beispiele belegen lassen, dass die in Poppelsdorf ausgebildeten praktischen Landwirthe das Ihrige dazu beigetragen haben, um die Landwirthschaft auf den hohen Standpunkt zu bringen, den sie gegenwärtig im wirthschaftlichen Leben unseres Volkes einnimmt.

Der regelmässige Cursus für die Landwirthe wie für die Geodäten ist ein zweijähriger. In dieser Zeit kann eine für den künftigen Beruf in den meisten Fällen genügende Ausbildung gewonnen werden. Die Geodäten müssen nach einem mindestens zweijährigen Studium die Staatsprüfung als Landmesser ablegen, falls sie — und dies trifft fast für alle zu — später eine Anstellung finden wollen. Über diese und die damit verbundene culturtechnische Prüfung ist in Abschnitt II dieser Schrift ausführlich berichtet.

Für die Landwirthe besteht keine Nothwendigkeit, ihr Studium mit einem Examen abzuschliessen, wie es auch ganz in ihrem Belieben liegt, dasselbe auf 1 oder 2 Semester einzuschränken oder auf 5, 6 oder noch mehr Semester auszudehnen. Derartige Verschiedenheiten kommen thatsächlich vor.

Um den studirenden Landwirthen die Möglichkeit zu bieten, in den Besitz eines Zeugnisses über die auf der Akademie erworbenen Kenntnisse zu gelangen, wurde schon durch Ministerialverfügung vom

6. Februar 1851 ein facultatives Abgangsexamen eingeführt, dem sich in der Zeit von 1852–1862 zusammen 46 Landwirthe unterzogen. Unter diesen befanden sich unter anderen der spätere Begründer und noch lebende Director des Landwirthschaftlichen Instituts der Universität Halle, Julius Kühn; der ebenfalls noch lebende jetzige Professor der Landwirthschaft an der landwirthschaftlichen Abtheilung des Polytechnikums in München, Karl Leisewitz; der verstorbene ordentliche Professor der Landwirthschaft an der Universität Heidelberg, Johann Fühling; der jetzige Director der Akademie Poppelsdorf. Das erste Regulativ wurde am 19. Januar 1863 durch ein neues ersetzt. Zufolge dieses war es den Studirenden freigestellt, nach mindestens viersemestrigem Studium sich einer Prüfung zu unterziehen. Dieselbe musste sich erstrecken auf Pflanzenbau, Viehzucht, Betriebslehre, Physik, Chemie und Pflanzen-Physiologie; der Examinand hatte aber das Recht, auch noch in anderen an der Akademie vorgetragenen Fächern sich prüfen zu lassen. Von diesem Recht ist namentlich bezüglich der Culturtechnik häufig Gebrauch gemacht worden. Viele in Poppelsdorf studirende Landwirthe, namentlich auch Ausländer, benutzen die hier gebotene günstige Gelegenheit, sich neben der landwirthschaftlichen auch eine gründliche culturtechnische Ausbildung zu erwerben und, um einen Beweis für dieselbe beibringen zu können, auch ein Examen in der Culturtechnik abzulegen. Das Examen war theils ein schriftliches, theils ein mündliches. Nach dem Regulativ von 1863 haben sich in der Zeit von 1863–1896 im Ganzen 149 Landwirthe prüfen lassen. Eine Abänderung desselben erfolgte durch die von dem Minister am 24. Februar 1897 erlassene Ordnung für die Abgangsprüfungen an der Landwirthschaftlichen Akademie Poppelsdorf. Nach ihr erstreckt sich das Examen ausser den bereits genannten Fächern obligatorisch noch auf Volkswirthschaftslehre, Zoologie, Mineralogie und Geologie; ausserdem bleibt es den Studirenden unbenommen, sich auch noch in anderen an der Akademie gelehrten Disciplinen prüfen zu lassen. Die neuen Prüfungsvorschriften stimmen in allen wesentlichen Punkten mit denjenigen überein, welche auf der Landwirthschaftlichen Hochschule in Berlin und an den Landwirthschaftlichen Universitäts-Instituten in Königsberg, Breslau, Halle, Leipzig und Jena für die Abgangsexamina der Landwirthe in Geltung sind. Ihr Wortlaut ist folgender:

§ 1.

Die Abgangsprüfungen für die ordentlichen Hörer der Landwirthschaft finden in der Regel gegen Schluss jedes Semesters statt. Auf besonderen Beschluss der Prüfungscommission können ausnahmsweise ausserordentliche Hörer zugelassen werden. Die Prüfung erfolgt durch eine Prüfungscommission unter dem Vorsitze des Directors. Mitglieder der Prüfungscommission sind die Docenten, welche die Fächer vortragen, in welchen geprüft wird. Sind für ein solches Fach mehrere Docenten vorhanden, so wechseln die betreffenden Docenten miteinander von Jahr zu Jahr ab.

§ 2.

Die Zulassung zum Examen soll in der Regel an die Absolvirung von vier Semestern geknüpft sein. Hierbei wird dem Examinanden das Studium an einer anderen landwirthschaftlichen Hochschule oder Akademie, sowie an einem landwirthschaftlichen Universitäts-Institut voll, das Studium an einer Universität oder technischen Hochschule, so weit es sich auf Staats- oder Naturwissenschaften erstreckte, nach dem Ermessen der Examinatoren bis zu zwei Semestern angerechnet.

§ 3.

Wer zur Prüfung zugelassen werden will, muss sich hierzu spätestens acht Wochen vor dem gesetzlichen Schluss des Semesters bei dem Vorsitzenden der Prüfungscommission schriftlich anmelden. Dem Candidaten steht es frei, statt am Ende des Semesters, das Examen am Anfang des nächsten Semesters abzulegen. Auch kann mit Genehmigung der Prüfungscommission das Examen derart getheilt werden, dass der schriftliche Theil des Examens und event. auch ein Theil des mündlichen Examens am Ende des einen Semesters und der Rest des Examens am Anfang des nächsten Semesters stattfindet.

§ 4.

Die Prüfung zerfällt in eine schriftliche und in eine mündliche.

Zu der schriftlichen Prüfung werden dem Examinanden zwei Aufgaben gestellt, von denen die eine aus dem Gebiet der Landwirthschaftslehre, die andere aus dem Gebiet eines der übrigen Prüfungsfächer (§ 5) zu entnehmen ist. Der Examinand darf sich die nicht landwirthschaftliche Disciplin, aus welcher er das Thema zu der zweiten schriftlichen Arbeit gestellt zu haben wünscht, selbst auswählen. Für die Ausarbeitung beider Aufgaben werden zusammen acht Wochen Frist gewährt. Der Examinand muss die Arbeiten ohne fremde Hülfe selbst anfertigen und, dass dieses geschehen, eidesstattlich versichern.

§ 5.

Die mündliche Prüfung erfolgt nach Ablieferung und Beurtheilung der schriftlichen Arbeiten, jedoch nicht innerhalb der gesetzlichen Ferien.

Gegenstände der mündlichen Prüfung sind:
1. Landwirthschaftslehre, und zwar:
   a) Pflanzenbau,
   b) Thierzucht,
   c) Betriebslehre,
2. Volkswirthschaftslehre;
3. Physik;
4. Chemie;
5. Zoologie und Thierphysiologie;
6. Botanik und Pflanzenphysiologie;
7. Mineralogie und Geologie.

Dem Examinanden bleibt es überlassen, sich auch noch in anderen, hier nicht genannten, aber an der Lehranstalt vorgetragenen Fächern einer Prüfung zu unterwerfen.

§ 6.

Der Ausfall sowohl der schriftlichen wie der mündlichen Prüfung wird durch Beschluss der Prüfungscommission für die einzelnen Prüfungsfächer gesondert festgestellt und sind dabei die Prädicate:
1. Sehr gut,
2. Gut,
3. Befriedigend,
4. Genügend,
5. Ungenügend

anzuwenden.

Die drei Theile der Landwirthschaftslehre sind als drei gesonderte Prüfungsfächer zu behandeln. Eine Gesammtcensur über den Ausfall des Examens wird in der Regel durch Mittelbildung aus den in den einzelnen Prüfungsfächern ertheilten Censuren abgeleitet, unter der Voraussetzung gleicher Abstände zwischen den oben genannten fünf Prädicaten. Dabei sind die drei landwirthschaftlichen Fächer doppelt in Rechnung zu ziehen, und ebenso dasjenige Fach, aus welchem die naturwissenschaftliche Prüfungsarbeit genommen war. Ausnahmsweise kann die Prüfungscommission auch die Ertheilung einer anderen Gesammtcensur auf Antrag eines Examinators durch Stimmenmehrheit beschliessen. In diesem Falle ist eine kurze Begründung der Gesammtcensur in das Protokoll aufzunehmen. Über das Resultat der Prüfung sowohl im Ganzen, wie in den einzelnen Fächern wird dem Examinanden ein von dem Vorsitzenden der Prüfungscommission im Namen der letzteren zu unterzeichnendes Zeugniss ausgestellt.

Die Prüfung gilt als nicht bestanden und wird demgemäss ein Prüfungszeugniss nicht ertheilt, falls der Examinand in einem landwirthschaftlichen Fach oder drei anderen Fächern das Prädicat »ungenügend« erhält, wobei jede schriftliche Arbeit als ein Fach gerechnet wird.

Wer in beiden schriftlichen Arbeiten das Prädicat ungenügend erhalten hat, wird von der weiteren Prüfung ausgeschlossen.

§ 7.

Vor Eintritt in die Prüfung hat der Examinand »Dreissig Mark« an Prüfungsgebühren zu erlegen.

§ 8.

Ein Candidat, der die Prüfung nicht bestanden hat oder während derselben davon ausgeschlossen (§ 6, Abs. 5) oder freiwillig zurückgetreten ist, kann nach einem halben Jahre zu einer Wiederholungsprüfung zugelassen werden, hat aber dann die Prüfungsgebühren (§ 7) noch einmal zu entrichten.

Das Bestehen der Abgangsprüfung gewährt zwar keine besonderen Rechte auf irgend welche Anstellung im staatlichen oder communalen Dienst. Es pflegt aber von allen denjenigen gefordert zu werden, die später an Ackerbauschulen oder landwirthschaftlichen Winterschulen als Lehrer wirken wollen; auch solche Personen, die bei landwirthschaftlichen Centralvereinen, Landwirthschaftskammern eine Anstellung erstreben, legen die Abgangsprüfung in der Regel ab. Beide genannte Berufsarten gewähren zur Zeit, namentlich im Vergleich zu anderen Berufsarten, sehr günstige Aussichten. Unter den gegenwärtig an der Akademie Poppelsdorf studirenden Landwirthen befindet sich deshalb ein sehr hoher Procentsatz von solchen, die einer Abgangsprüfung sich zu unterziehen willens sind. Der Lehrkörper der Akademie hat daher auch der Ausbildung von Lehrern der Landwirthschaft und von Beamten für landwirthschaftliche Vereine sein besonderes Augenmerk zugewendet. Zur Abgangsprüfung muss Jeder zugelassen werden, der ein viersemestriges Studium durchgemacht hat, und zwar ohne Rücksicht auf die vorher genossene Schulbildung.

Ausserdem besteht an der Akademie noch eine Commission zur Prüfung von Lehrern der Landwirthschaft an Landwirthschaftsschulen, für welche das von den beiden Ministern des Unterrichts und der landwirthschaftlichen Angelegenheiten erlassene allgemein gültige Regulativ vom 10. August 1875 maassgebend ist. Zu dieser Prüfung können nur solche zugelassen werden, die im Besitze eines Reifezeugnisses eines humanistischen Gymnasiums oder eines Realgymnasiums sich befinden und mindestens sechs Semester an einer Universität oder an einer Landwirthschaftlichen Hochschule studirt haben. Die Prüfung erstreckt sich ausser auf die für die Abgangsprüfung nach der Ordnung von 1897 bestimmten Fächer auch noch auf das Landwirthschaftsrecht; die Anforderungen in den einzelnen Disciplinen sind aber für jene Prüfung selbstverständlich höhere. Als Lehrer der Landwirthschaft an Landwirthschaftsschulen können nur Männer angestellt werden, die das Examen vor einer der hierfür eingesetzten Commissionen bestanden haben. Bis jetzt ist dasselbe vor der Poppelsdorfer Commission von 10 Candidaten abgelegt worden. Diese scheinbar geringe Zahl erklärt sich daraus, dass die Landwirthschaftsschulen erst 1875 in's Leben getreten sind, dass deren Zahl im Preussischen Staat auch jetzt noch nicht mehr als 16 beträgt und dass an jeder Landwirthschaftsschule nur ein, selten zwei Lehrer der Landwirthschaft angestellt sind. Die Vorschriften über das für Lehrer der Landwirthschaft an Landwirthschaftsschulen vorgeschriebene Examen datiren sogar erst vom 17. November 1877.

Zum Doctorexamen an der Universität werden die Studirenden der Akademie unter denselben Bedingungen wie andere Studirende zugelassen.

Die einzelnen Studirenden haben in jedem Semester ein Gesammthonorar von 120 Mark an die Akademiecasse zu zahlen und erhalten dafür das Recht, an allen Vorlesungen und praktischen Übungen der Akademie nach eigener Auswahl Theil zu nehmen. Ein Studien- oder Hörzwang besteht bei der Akademie so wenig wie bei der Universität. Das Lehrer-Collegium ist berechtigt, ein Fünftel der an Honorar eingekommenen Summe zu verwenden, um bedürftigen Studirenden das gezahlte Honorar ganz oder theilweise zurückzugewähren. Im Wintersemester 1896/97 haben 92 Studirende diese Wohlthat genossen; ihnen zusammen sind 7400 Mark an Honorar erlassen worden. Von dem verbleibenden vier Fünftel wird ein Viertel an die Docenten nach Maassgabe der von ihnen gehaltenen Vorlesungs- und Übungsstunden und nach Maassgabe ihrer Zuhörerzahl vertheilt. Das Übrige verbleibt der Akademiecasse.

Die Studirenden der Akademie wohnen theils in Poppelsdorf, theils in Bonn. Die Kosten des Aufenthaltes betragen, abgesehen von dem Studienhonorar, für den Monat bei sparsamer, aber doch ausreichender Lebenshaltung 100—120 Mark: 150 Mark ermöglichen schon eine recht reichliche Befriedigung der Bedürfnisse. Eine angemessene Wohnung ist für monatlich 20—30 Mark zu haben. Ferner sind Pensionen vorhanden, in denen der Studirende ausser Wohnung auch volle Verpflegung erhält. Es giebt solche, in denen für Beides 60 Mark im Monat zu zahlen sind; andere sind auf Befriedigung höherer Ansprüche eingerichtet und verlangen bis 80. auch wohl 100 Mark. Nach Abzug der Ferien dauert die Studienzeit im Jahre etwa 7½ Monate. Nimmt man als Unkosten für die laufenden Lebensbedürfnisse monatlich 120 Mark, so macht dies im Jahre 900 Mark; unter Zurechnung des Studienhonorars für 2 Semester im Betrage von zusammen 240 Mark, ergiebt sich ein Gesammtaufwand von 1140 Mark. Bei Erlass des vollen Studienhonorars beschränkt sich der Aufwand auf 900 Mark und bei gleichzeitigem Genuss eines Stipendiums, je nach Höhe desselben, auf 300—600 Mark im Jahre. In jedem Semester werden etwa an 12 Studirende Stipendien verliehen, deren Höhe pro Semester zwischen je 100 und je 300 Mark schwankt.

Alle an der Akademie thätigen Lehrer, welche, einerlei ob fest angestellt oder nicht, zum Halten bestimmter Vorlesungen verpflichtet sind und hierfür Bezüge aus der Staatscasse erhalten, bilden zusammen mit dem Director das Lehrer-Collegium. Demselben sind zur Beschlussfassung u. A. überwiesen: Die Verwendung der für wissenschaftliche Excursionen und der für die Bibliothek vorgesehenen Mittel, die Befreiung von Zahlung des Studienhonorars und die Verleihung von Stipendien, die Zuerkennung von Preisen für Preisarbeiten, die Zulassung von Privatdocenten an der Akademie, und zwar dies Alles nach Maassgabe der darüber von dem Ministerium erlassenen besonderen Vorschriften. Ausserdem giebt es noch eine Reihe von wichtigen Gegenständen, über die das Lehrer-Collegium sich gutachtlich zu äussern das Recht besitzt, über die der Herr Minister sich aber die endgültige Entscheidung vorbehalten hat. Dazu gehören u. A.: Die Feststellung des halbjährigen Vorlesungsverzeichnisses; die Verleihung noch weiterer als der von dem Minister der Anstalt im Ganzen bewilligten Honorarerlasse und Unterstützungen an bestimmte Studirende; Änderungen des Statuts und des Lehrplans der Akademie: Vorschläge zur Neuerrichtung von Sammlungen und Instituten der Akademie; Vorschläge für die im Haushaltungsplan der Akademie für die einzelnen Lehrzweige auszuwerfenden Mittel; alle weiteren die Einrichtung der Akademie betreffenden Fragen.

Die Lehrerversammlung wird nach Bedürfniss von dem Director, der auch den Vorsitz führt, einberufen. Wenn mindestens ein Drittel der Lehrer die Berufung einer Versammlung bei dem Director beantragt, so ist letzterer verpflichtet, demgemäss zu verfahren.

Anlage I.

Namens-Verzeichniss
der an der landwirthschaftlichen Akademie zu Poppelsdorf thätig gewesenen Directoren, Lehrer, Assistenten, Beamten und Unterbeamten u. s. w.

A. Directoren.

Lfde. Nr.	Namen	Dienststellung und Titel bez. Lehrfach.	Beginn und Dauer der Thätigkeit an der Akademie.	Bemerkungen.
1.	Dr. **Schweitzer**, August Gottfried	Professor, Lehrer der Landwirthschaft (zugleich ordentl. Professor der Universität)	April 1847 bis Ende April 1851	Am 1. Mai 1851 mit Pension in den Ruhestand getreten
	(Universitäts-Professor, Geheimer Justiz-Rath Bluhme interimistisch mit den Directions-Geschäften betraut.)			
2.	**Weyhe**, Ferdinand	Landes-Ökonomie-Rath, Lehrer der Landwirthschaft	1. Juli 1851 bis Ende März 1856	Am 1. April 1856 mit Pension in den Ruhestand getreten
3.	Dr. **Hartstein**, Eduard	Professor, Geheimer Regierungs-Rath, Lehrer der Landwirthschaft	1. April 1856 bis 14. December 1869 (s. auch B. Nr. 1)	Am 14. December 1869 verstorben
	(Einstweilige Verwaltung der Directions-Geschäfte durch den Professor Dr. Moritz Freytag.)			
4.	**Zimmermann**	Regierungs-Rath, commissarischer Dirigent (ohne Lehramt)	16. April 1870 bis 18. Juli 1870	In Folge Mobilmachung zur Armee einberufen
	(Professor Dr. M. Freytag interimistisch mit den Directions-Geschäften betraut.)			
5.	Dr. **Dünkelberg**, Friedrich Wilhelm	Professor, Geheimer Regierungs-Rath, Lehrer der Landwirthschaft	1. April 1871 bis Ende März 1896 (s. auch C. Nr. 13)	Am 1. April 1896 mit Pension in den Ruhestand getreten
6.	Dr. Freiherr **von der Goltz**, Theodor	Professor, Geheimer Regierungs-Rath, Lehrer der Landwirthschaft (zugleich ordentl. Professor der Universität)	1. April 1896 bis zur Gegenwart	

B. Etatsmässige Lehrer.

Lfde. Nr.	Namen	Amtstitel bez. Dienststellung	Lehrfach	Beginn und Dauer der Thätigkeit an der Akademie	Bemerkungen
1.	Dr. **Hartstein**, Eduard	Professor, Administrator der akademischen Gutswirthschaft	Landwirthschaft	1. October 1846 bis Ende März 1856 (s. auch A. Nr. 3)	Vom 1. April 1856 ab Director der Akademie
2.	**Eisbein**, C. J.	Administrator der akademischen Gutswirthschaft (auftragsweise)	Landwirthschaft	1. April 1856 bis Ende März 1857	Mit dem 1. April 1857 ausgeschieden

Lfde. Nr.	Namen	Amtstitel bez. Dienststellung	Lehrfach	Beginn und Dauer der Thätigkeit an der Akademie	Bemerkungen
3.	Wentz, Karl Gustav	Administrator der akademischen Gutswirthschaft	Landwirthschaft	1. April 1857 bis Ende März 1863	Mit dem 1. April 1863 zum Director der landwirthschaftlichen Lehranstalt Weihenstephan berufen
4.	Dr. Eichhorn, Karl Hermann Alexander	Professor	Chemie und Physik	1. Januar 1860 bis Ende September 1863 (definitiv ausgeschieden Ende September 1863) (s. auch C. Nr. 20)	Anfang October 1863 an das landwirthschaftliche Lehrinstitut zu Berlin berufen
5.	Dr. Lachmann, Karl Friedrich Johannes	—	Botanik, Zoologie, Mineralogie und Geognosie	1. Januar 1860 bis 7. Juli 1860 (s. auch C. Nr. 22)	Am 7. Juli 1860 verstorben
6.	Dr. Schubert, Karl Friedrich Stephan	Professor, Baurath	Baukunde und Mathematik	1. Januar 1860 bis 29. Juli 1883 (s. auch C. Nr. 19)	Am 29. Juli 1883 verstorben
7.	Grösland, Johannes	(auftragsweise)	Naturwissenschaften	1. November 1860 bis Ende April 1861	Mit dem 1. Mai 1861 ausgeschieden
8.	Dr. Sachs, Ferdinand Gustav Julius	Professor	Naturwissenschaften	15. April 1861 bis Ende März 1867	Anfang April 1867 nach Freiburg berufen
9.	Dr. Kraemer, A.	Administrator der akademischen Gutswirthschaft	Landwirthschaft	1. April 1863 bis Ende März 1865	Mit dem 1. April 1865 an das Polytechnikum in Darmstadt berufen
10.	Dr. Freytag, Moritz	Professor	Chemie, Physik und Technologie	1. April 1864 bis 7. December 1891	Am 7. December 1891 verstorben
11.	Dr. Freytag, Karl	Administrator der akademischen Gutswirthschaft	Landwirthschaft	1. April 1865 bis Ende März 1871	Zum 1. April 1871 an das landwirthschaftliche Institut der Universität Halle berufen
12.	Dr. Koernicke, Friedrich August	Professor	Botanik	1. April 1867 bis zur Gegenwart	
13.	Dr. Ritthausen, Heinrich	Professor, Vorsteher der chemischen Abtheilung der Versuchsstation	Agricultur-Chemie	1. Januar 1868 bis Ende April 1873	Im April 1873 nach Königsberg berufen
14.	Dr. Werner, Hugo	Professor, Administrator der akademischen Gutswirthschaft	Landwirthschaft	1. April 1871 bis Ende März 1889	Zum 1. April 1889 an die landwirthschaftliche Hochschule in Berlin berufen
15.	Dr. Kreusler, Ulrich	Professor, Vorsteher der agricultur-chemischen Abtheilung der Versuchsstation	Agricultur-Chemie, seit dem Sommer-Halbjahr 1892 auch Chemie und Technologie	1. Mai 1873 bis zur Gegenwart (s. auch D. b. Nr. 1)	
16.	Dr. Gieseler, Friedrich Eberhard	Professor	Geräthe- und Maschinenkunde, Physik und Meteorologie	1. April 1874 bis zur Gegenwart (s. auch C. Nr. 59)	
17.	Dr. Vogler, Ch. August	Professor (zugleich ausserord. Prof. der Univ.)	Geodäsie	1. April 1880 bis Ende März 1883	Zum 1. April 1883 an die landwirthschaftliche Hochschule in Berlin berufen
18.	Dr. Dreisch, Franz Emil	Professor, Dirigent des Versuchsfeldes	Landwirthschaft	1. April 1880 bis 8. Juli 1894	Am 8. Juli 1894 verstorben

Lfde. Nr.	Namen	Amtstitel bez. Dienststellung	Lehrfach	Beginn und Dauer der Thätigkeit an der Akademie	Bemerkungen
19.	Kell, Otto	Professor	Geodäsie	1. April 1883 bis zur Gegenwart	
20.	Herrmann, Richard	Garteninspector	Gartenbau	1. April 1881 bis Ende September 1887	Mit dem 1. October 1887 ausgeschieden
21.	Huppertz, Karl Gerhard	Professor. Regierungs-Baumeister	Baukunde und Meliorationswesen	1. April 1884 bis zur Gegenwart	
22.	Dr. Liebscher, Georg Johannes Friedrich	Professor. Administrator der akademischen Gutswirthschaft	Landwirthschaft	1. April 1889 bis Ende April 1890	Zum 1. Mai 1890 als Director des landwirthschaftlichen Institutes der Universität in Göttingen berufen
23.	Dr. Ramm, Eberhard	Professor, Administrator der akademischen Gutswirthschaft	Landwirthschaft	1. Mai 1890 bis zur Gegenwart	
24.	Dr. Veltmann, Wilhelm	Professor	Mathematik	1. April 1891 bis zur Gegenwart (s. auch C. Nr. 69)	
25.	Dr. Hagemann, Oskar Heinrich Emil	Professor, Vorsteher der thierphysiologischen Abtheilung der Versuchsstation	Thierphysiologie	1. April 1894 bis zur Gegenwart	
26.	Dr. Reinhertz, Karl	Professor (zugleich Privatdocent der Universität)	Geodäsie	1. Juni 1894 bis zur Gegenwart (s. auch C. Nr. 80 u. D. c. Nr. 1)	
27.	Dr. Wohltmann, Ferdinand	Professor, Dirigent des Versuchsfeldes	Landwirthschaft	1. October 1894 bis zur Gegenwart	

C. Hülfslehrer.

Lfde. Nr.	Namen	Amtstitel bez. Dienststellung	Lehrfach	Beginn und Dauer der Thätigkeit an der Akademie	Bemerkungen
1.	Dr. Bergemann, C.	Universitäts-Professor	Chemie	Sommer-Halbj. 1847 bis einschl. Winter-Halbj. 1855/56	
2.	Dr. Radicke, G.	Universitäts-Professor	Mathematik, Feldmessen und Nivelliren	Sommer-Halbj. 1847 bis einschl. Sommer-Halbj. 1853	
3.	Dr. Marquardt	—	Botanik	Sommer-Halbj. 1847	
4.	Peters	Kreis-Thierarzt	Thierheilkunde	Sommer-Halbj. 1847 bis Sommer-Halbj. 1850	Am 6. Juni 1850 verstorben
5.	Dr. von Fellitzsch, Fab. C. Ottokar	Privatdocent der Universität	Physik	Sommer-Halbj. 1847 bis einschl. Sommer-Halbj. 1848	
6.	Sinning, Wilhelm	Garten-Inspector der Universität	Botanik, von 1852 ab auch Garten- u. Obstbau	Winter-Halbj. 1847/48 bis einschl. Sommer-Halbj. 1874	Am 16. November 1874 verstorben
7.	Dr. Budge, Julius	Universitäts-Professor	Zoologie	Winter-Halbj. 1847/48 bis einschl. Sommer-Halbj. 1856	Herbst 1856 an die Univ. Greifswald berufen

Lfde. Nr.	Namen	Amtstitel bez. Dienststellung	Lehrfach	Beginn und Dauer der Thätigkeit an der Akademie	Bemerkungen
8.	Dr. Noeggerath, Jakob	Universitäts-Professor, Geheimer Bergrath	Mineralogie und Geologie	Winter-Halbj. 1847/48 bis einschl. Winter-Halbj. 1856/57	
9.	Hels	Geometer	Zeichnen	Sommer-Halbj. 1848 bis einschl. Sommer-Halbj. 1853	
10.	Dr. Plücker, Julius	Universitäts-Professor	Physik	Winter-Halbj. 1848/49 bis einschl. Winter-Halbj. 1855/56	
11.	Schirmer	Oberförster	Forstwissenschaft	Winter-Halbj. 1848/49 bis einschl. Winter-Halbj. 1850/51	
12.	Dr. Kaufmann, Peter	Universitäts-Professor	Volkswirthschaftslehre	Sommer-Halbj. 1849 bis einschl. Sommer-Halbj. 1866	
13.	Dünkelberg, Friedrich Wilhelm	Landwirthschafts-Lehrer	Repetitorium über Naturkunde mit besonderer Beziehung auf Landwirthschaft	Winter-Halbj. 1849/50 (s. auch A. Nr. 5)	
14.	Schell, Peter Arnold Lambert	Departements- und Kreis-Thierarzt	Thierheilkunde und Pferdezucht	Winter-Halbj. 1850/51 bis zur Gegenwart	
15.	Dr. Vonhausen, Wilhelm	Forst-Accessist	Forstwissenschaft, Jagd- u. Fischereiwesen, Klimatologie	Sommer-Halbj. 1851 bis Ende September 1866 (s. auch F. Nr. 1)	Anfang October 1866 an das Polytechnikum in Karlsruhe berufen
16.	Dr. Anschütz, August	Universitäts-Professor	Landwirthschaftsrecht	Sommer-Halbj. 1852 bis einschl. Sommer-Halbj. 1859	Im Herbst 1859 an die Universität Greifswald berufen
17.	Maertens	Baumeister (demselben lag die Wahrnehmung der an der Lehranstalt vorkommenden Bausachen ob)	Landwirthschaftliche Baukunde, Mathematik, Zeichnen	Sommer-Halbj. 1853 bis Ende September 1855	
18.	Dr. Beer, August	Univers.-Professor	Statik und Mechanik	Winter-Halbj. 1855/56	
19.	Schubert, Karl Friedrich Stephan	(demselben war die Leitung der an der Lehranstalt vorkommenden Bauten übertragen)	Baukunde u. Mathematik	1. April 1856 bis Ende December 1859 (s. auch B. Nr. 6)	
20.	Dr. Eichhorn, Hermann Karl Alexander	—	Physik und Chemie	1. April 1856 bis Ende December 1859 (s. auch B. Nr. 4)	
21.	Stengel, Adolf	—	Probevorlesungen über einzelne Abschnitte aus der Lehre d. Viehzucht u. des Wiesenbaues	Winter-Halbj. 1856/57	
22.	Dr. Lachmann, Karl Friedrich Johannes	—	Botanik, Zoologie, Mineralogie und Geognosie	1. April 1857 bis Ende December 1859 (s. auch B. Nr. 5)	
23.	Dr. Maron, H.		Probevorlesungen: Theorie der Fütterung, Futtergewächsbau	Winter-Halbj. 1858/59	

Namens-Verzeichniss: C. Hülfslehrer.

Lfde. Nr.	Namen	Amtstitel bez. Dienststellung	Lehrfach	Beginn und Dauer der Thätigkeit an der Akademie	Bemerkungen
24.	Dr. Sepp	Versuchschemiker	Probevorlesungen: Futtermittel der Hausthiere, Darstellung u. s. w. von Düngerarten	Winter-Halbj. 1858/59 und Sommer-Halbj. 1859 (s. auch D. a. Nr. 1)	
25.	Fühling, Johann	—	Probevorlesungen: Trockenlegung der Felder, Statistik der deutschen Landwirthschaft	Sommer-Halbj. 1859	
26.	Dr. Achenbach, Heinrich	Oberbergrath, Universitäts-Professor	Landwirthschaftsrecht	Winter-Halbj. 1859/60 bis einschl. Winter-Halbj. 1865/66	Zum 1. April 1866 als vortragender Rath in das Handelsministerium berufen
27.	Dr. Toepler, August	Versuchschemiker	Probevorlesungen: Analytische Chemie (Vertretung des Professors Eichhorn)	Sommer-Halbj. 1860 bis einschl. Sommer-Halbj. 1862 1. October 1862 bis Ende März 1864 (s. auch D. a. Nr. 2)	Ostern 1864 an das Polytechnikum in Riga berufen
28.	Leisewitz, Karl	Wirthschafts-Inspector auf der Domäne Annaberg	Landwirthschaftliche Demonstrationen und Excursionen	Sommer-Halbj. 1862	
29.	von Ecker-Eckhofen, Oskar	—	Probevorlesungen: Über künstliche Düngemittel. Fütterung landwirthschaftlicher Hausthiere	Sommer-Halbj. 1862	
30.	Adams	Wirthschafts-Inspector auf der Domäne Annaberg	Landwirthschaftliche Demonstrationen und Excursionen	Sommer-Halbj. 1863 und Sommer-Halbj. 1864	
31.	Riess, Hugo	Versuchschemiker	Mineralogie und Geognosie	Sommer-Halbj. 1864 und Winter-Halbj. 1864/65 (s. auch D. a. Nr. 3)	
32.	Kleinen, I.	Versuchschemiker	Naturwissenschaftliches Repetitorium	Sommer-Halbj. 1865 und Winter-Halbj. 1865/66 (s. auch D. a. Nr. 4)	
33.	Dr. Wüllner, Ad.	Universitäts-Professor	Experimental-Physik und Meteorologie	Winter-Halbj. 1865/66 bis Ende September 1869	Zum 1. October 1869 an das Polytechnikum in Aachen berufen
34.	Dr. Troschel, F. H.	Universitäts-Professor, Geheimer Regierungs-Rath	Zoologie	Winter-Halbj. 1865/66 bis einschl. Sommer-Halbj. 1882	Am 4. November 1882 verstorben
35.	Dr. Andrae, Karl Justus	Universitäts-Professor	Mineralogie und Geognosie	Winter-Halbj. 1865/66 bis einschl. Winter-Halbj. 1880/81	
36.	Dr. Thiel, Hugo	Dirigent des Versuchsfeldes (zugl. Privatdocent der Universität)	Landwirthschaftliche Litteratur, Thierproduction, Handelsgewächsbau u. Landw.-Seminar	Winter-Halbj. 1865/66 (Probevorlesungen), Sommer-Halbj. 1866 bis Ende August 1869	Zum 1. September 1869 an das Polytechnikum in Darmstadt berufen

Lfde. Nr.	Namen	Amtstitel bez. Dienststellung	Lehrfach	Beginn und Dauer der Thätigkeit an der Akademie	Bemerkungen
37.	Dr. Schroeder, Richard	Universitäts-Professor	Landwirthschaftsrecht und Landesculturgesetzgebung	Sommer-Halbj. 1866 bis einschl. Winter-Halbj. 1869/70	
38.	Borggreve, Bernhard	Oberförster-Candidat	Forstwissenschaft, Jagd und Fischereiwesen	1. October 1866 bis Anfang April 1868 (s. auch Nr. 61 und F. Nr. 2)	Anfang April 1868 an die Forstakademie in Münden berufen
39.	Dr. Mohr, Friedrich	Medicinalrath, Universitäts-Professor	Agricultur-Chemie	Winter-Halbj. 1866/67	
40.	Dr. Schaarschmidt, Karl	Universitäts-Professor, Bibliothek-Secretär der Universität	Volkswirthschaftslehre	Sommer-Halbj. 1867 (s. auch F. Nr. 4)	
41.	Dr. Au, Julius		Probevorlesungen: Volkswirthschaftliche Grundlagen d. landwirthschaftl. Betriebslehre, Geschichte der deutschen Landwirthschaft	Winter-Halbj. 1867/68 und Sommer-Halbj. 1868	
42.	Dr. Held, Adolf	Universitäts-Professor	Volkswirthschaftslehre	Winter-Halbj. 1867/68 bis einschl. Sommer-Halbj. 1879	An die Universität Berlin berufen
43.	Wissmann	Oberförster-Candidat	Forstwissenschaft	April 1868 bis Ende September 1869 (s. auch F. Nr. 3)	
44.	Dr. Pollmann, August	—	Bienenzucht	Sommer-Halbj. 1868 bis einschl. Sommer-Halbj. 1894	
45.	Dr. Hanstein, Johannes	Universitäts-Professor	Pflanzenphysiologie	Winter-Halbj. 1868/69	
46.	Dr. Herwig, Hermann	Privatdocent der Universität	Physik und Meteorologie	1. October 1869 bis Ende März 1870	
47.	Dr. Schumacher, Wilhelm	Dirigent des Versuchsfeldes	Landwirthschaft	1. September 1869 bis Ende September 1870	
48.	Dr. Pitsch	Wanderlehrer	Probevorlesung: Landwirthschaftliche Technologie	Sommer-Halbj. 1869	
49.	Sasse	Wirthschafts-Inspector auf der Domäne Annaberg	Landwirthschaftliche Demonstrationen u. Excursionen	Sommer-Halbj. 1869 und Sommer-Halbj. 1870	
50.	Herf, Heinrich	Oberförster	Forstwissenschaft	Winter-Halbj. 1869/70 bis einschl. Winter-Halbj. 1873/74	Am 20. April 1874 verstorben
51.	Dr. Klostermann, Rudolf	Universitäts-Professor, Geheimer Bergrath	Agrargesetzgebung	Sommer-Halbj. 1870 bis einschl. Winter-Halbj. 1885/86	Verstorben
52.	Dr. Budde, Emil	Privatdocent der Universität	Physik und Meteorologie	1. April 1870 bis Ende März 1872	
53.	Dr. Oehmichen, Conrad	Dirigent des Versuchsfeldes	Specieller Pflanzenbau	1. October 1870 bis Ende September 1872	Nach Jena berufen
54.	Carl	Wirthschafts-Inspector auf der Domäne Annaberg	Landwirthschaftliche Demonstrationen u. Excursionen	Sommer-Halbj. 1872	

Namens-Verzeichniss: C. Hülfslehrer.

Lfde. Nr.	Namen	Amtstitel bez. Dienststellung	Lehrfach	Beginn und Dauer der Thätigkeit an der Akademie	Bemerkungen
55.	Dr. Wüst, Albert	Maschinen-Ingenieur (demselben war die Leitung der Dampfpflug-Arbeiten auf der Domäne Annaberg übertragen)	Experimental-Physik und Mechanik der landwirthschaftlichen Geräthe und Maschinen	1. April 1872 bis einschliesslich Sommer-Halbj. 1873	Im Herbst 1873 an die Universität Halle berufen
56.	Dr. Dittmar	—	Probevorlesung über Klimatologie und Meteorologie	Sommer-Halbj. 1872	
57.	Dr. Havenstein, Gustav	Dirigent des Versuchsfeldes	Allgemeiner Pflanzenbau	1. October 1872 bis Ende März 1880	Zum 1. April 1880 in die Stellung des General-Secretärs des landwirthschaftlichen Vereins f. Rheinpreussen übergetreten
58.	Dr. Zuntz, Nathan	Universitäts-Professor	Thierphysiologie	Winter-Halbj. 1872/73 bis einschl. Winter-Halbjahr. 1880/81	Zum 1. April 1881 an das landwirthschaftliche Institut in Berlin berufen
59.	Dr. Gieseler, Eberhard	—	Physik und landwirthschaftliche Maschinenkunde	Winter-Halbj. 1873/74 bis Ende März 1874 (s. auch B. Nr. 16)	
60.	Dr. Pfeffer, Wilhelm	Universitäts-Professor	Pflanzenphysiologie	Sommer-Halbj. 1874 bis einschl. Sommer-Halbj. 1876 (nur in den Sommer-Halbj.)	
61.	Dr. Borggreve, Bernhard	Oberförster, Professor	Forstwissenschaft	15. October 1874 bis Ende September 1879 (s. auch Nr. 38)	Zum 1. October 1879 als Director der Forstakademie nach Münden berufen
62.	Lindemuth, H.	Akadem. Gärtner (demselben ist die Verwaltung des Obst- u. Gemüsegartens der Akademie übertragen)	Garten- und Obstbau	1. April 1875 bis Ende Juni 1881	Mit dem 1. Juli 1881 ausgeschieden
63.	Sprengel, Friedrich Ludwig	Forstmeister	Forstwissenschaft	1. October 1879 bis zur Gegenwart	
64.	Dr. Nasse, Erwin	Universitäts-Professor, Geheimer Regierungs-Rath	Volkswirthschaftslehre	Winter-Halbj. 1879/80 bis Winter-Halbj. 1889/90	Am 4. Januar 1890 verstorben
65.	Dr. Freiherr von la Valette St. George, Adolf	Universitäts-Professor, Geheimer Medicinal-Rath	Fischzucht	Winter-Halbj. 1880/81 bis zur Gegenwart	
66.	Dr. Lehmann, Johannes	Privatdocent der Universität	Mineralogie u. Geognosie	Sommer-Halbj. 1881 bis einschl. Winter-Halbj. 1883/84	
67.	Dr. Finkler, Dittmar	Universitäts-Professor	Thierphysiologie	Sommer-Halbj. 1881 bis einschl. 1. Hälfte des Winter-Halbj. 1891/92	
68.	Dr. Bertkau, Philipp	Universitäts-Professor	Zoologie	Winter-Halbj. 1882/83 bis einschl. Sommer-Halbj. 1894	

Lfde. Nr.	Namen	Amtstitel bez. Dienststellung	Lehrfach	Beginn und Dauer der Thätigkeit an der Akademie	Bemerkungen
69.	Dr. Veltmann, Wilhelm	—	Mathematik	1. April 1883 bis Ende März 1891 (s. auch B. Nr. 24)	
70.	Dr. von Lasaulx, Arnold	Universitäts-Professor	Mineralogie und Geognosie	Sommer-Halbj. 1884 bis einschl. Winter-Halbj. 1885/86	Im Januar 1886 verstorben
71.	Dr. Sering, Max	Universitäts-Professor	Verwaltungsrecht u. Landescultur-Gesetzgebung	Sommer-Halbj. 1886 bis einschl. Sommer-Halbj. 1889 (nur in den Sommer-Halbj.)	Zum 1. October 1889 an die landwirthschaftliche Hochschule in Berlin berufen
72.	Dr. Pohlig, Johannes	Universitäts-Professor	Mineralogie und Geognosie	Sommer-Halbj. 1886	
73.	Dr. Schumacher, Johannes	Amtsrichter, Professor	Landwirthschaftsrecht; vom Sommer 1890 ab auch Verwaltungsrecht und Landescultur-Gesetzgebung	Winter-Halbj. 1886/87 bis einschl. Winter-Halbj. 1889/90 (nur i. den Winter-Halbj.), Sommer-Halbj. 1890 bis zur Gegenwart	
74.	Dr. Laspeyres, Hugo	Universitäts-Professor, Geheimer Bergrath	Mineralogie und Geognosie	Winter-Halbj. 1886/87 bis zur Gegenwart	
75.	Beissner, Ludwig	Garteninspector der Universität	Garten- und Obstbau	Winter-Halbj. 1887/88 bis zur Gegenwart	
76.	Isphording, Josef	Regierungs-Baumeister und Wasserbau-Inspector	Hülfeleistung beim culturtechnischen Unterricht	Sommer-Halbj. 1889 bis einschl. Sommer-Halbj. 1891 (nur in den Sommer-Halbj.), Winter-Halbj. 1891-92 bis einschl. Sommer-Halbj. 1894	
77.	Dr. Gothein, Eberhard	Universitäts-Professor	Volkswirthschaftslehre	Sommer-Halbj. 1890 bis zur Gegenwart	
78.	Dr. Eigenbrodt, Karl	Privatdocent der Universität	Erste Hülfeleistung bei plötzlichen Unglücksfällen	Sommer-Halbj. 1890 bis einschl. Sommer-Halbj. 1895 (nur in den Sommer-Halbj.)	
79.	Dr. Kochs, Wilhelm	Universitäts-Professor	Thierphysiologie	2. Hälfte des Winter-Halbj. 1891/92 bis einschl. Winter-Halbj. 1893/94	
80.	Dr. Reinhertz, Karl	Privatdocent (zugl. Privatdocent der Universität)	Geodäsie	Juni 1892 bis Ende Mai 1894 (s. auch D. c. Nr. 1 u. B. Nr. 26)	
81.	Dr. Immendorff, Heinrich	Privatdocent (zugl. Privatdocent der Universität)	Agriculturchemie	Sommer-Halbj. 1892 und Winter-Halbj. 1892/93 (s. auch D. b. Nr. 15)	
82.	Dr. Schwarz, Berthold	—	Agriculturchemie	Sommer-Halbj. 1893 bis einschl. Winter-Halbj. 1894/95	
83.	Dr. Schenck, Heinrich	Universitäts-Professor	Pflanzenphysiologie	Sommer-Halbj. 1894 bis einschl. Sommerhalbj. 1896	Zum Herbst 1896 an das Polytechnikum in Darmstadt berufen
84.	Dr. Ludwig, Hubert	Universitäts-Professor	Zoologie	Winter-Halbj. 1894/95 bis zur Gegenwart	

Lfde. Nr.	Namen	Amtstitel bez. Dienststellung	Lehrfach	Beginn und Dauer der Thätigkeit an der Akademie	Bemerkungen
85.	Dr. Noll, Fritz	Universitäts-Professor	Pflanzenphysiologie	Winter-Halbj. 1894/95 bis einschl. Winter-Halbj. 1896/97 (nur in den Winter-Halbj.; zukünftig auch in den Sommer-Halbj.)	
86.	Künzel, Franz	Meliorations-Bauinspector	Culturtechnik	Winter-Halbj. 1894/95 bis zur Gegenwart	
87.	Weissweiler, Urban	Lehrer	Bienenzucht	Sommer-Halbj. 1895 bis zur Gegenwart	
88.	Dr. Rieder, Robert	Universitäts-Professor	Erste Hülfeleistung bei plötzlichen Unglücksfällen	Sommer-Halbj. 1896 bis zur Gegenwart	.

D. Assistenten.

Lfde. Nr.	Namen	Beginn und Dauer der Thätigkeit an der Akademie	Lfde. Nr.	Namen	Beginn und Dauer der Thätigkeit an der Akademie
		a) für das chemische Laboratorium der Akademie.			
1.	Dr. Sepp, Versuchschemiker	1. Mai 1857 bis Ende Juli 1859 (s. auch C. Nr. 24)	12.	Dr. Grupe, Adolf	1. October 1881 bis Ende September 1882
2.	Toepler, August, Versuchschemiker	1. October 1859 bis Ende März 1864 (s. auch C. Nr. 27)	13.	Dr. Hagemann	1. October 1882 bis Ende März 1884
3.	Risse, Hugo, Versuchschemiker	1. April 1864 bis Ende März 1865 (s. auch C. Nr. 31)	14.	Dr. Traube, I.	1. April 1884 bis Ende März 1886
4.	Kleinen, I., Versuchschemiker	1. April 1865 bis Ende März 1867 (s. auch C. Nr. 32)	15.	Dr. Beutell, Albert	1. April 1886 bis Ende December 1888
5.	von Hutten, Ulrich	1. October 1867 bis Ende März 1869	16.	Dr. Kues, Werner	1. Januar 1889 bis Ende Februar 1890
6.	Dr. Pott, Robert	1. April 1869 bis Ende Juni 1870	17.	Dr. Griebsch, Paul	1. März 1890 bis 15. Juli 1890
7.	Dr. Sinteais	1. April 1871 bis Ende März 1872	18.	Dr. Strassmann, Hans	16. Juli 1890 bis 15. Mai 1891
8.	Hessiges, August	1. April 1872 bis 4. December 1877 (verstorben)	19.	Dr. Schmitz, Ludolf	16. Mai 1891 bis 15. August 1891
9.	von Dechend, Friedrich	1. Januar 1878 bis Ende September 1878	20.	Offermann, Heinrich	16. August 1891 bis Ende November 1893
10.	Dr. Scheele, T. C.	1. October 1878 bis Ende Januar 1880	21.	Dr. Schrömbgens, Ernst	1. December 1893 bis Ende September 1895
11.	Dr. Dettmer, H.	1. April 1880 bis Ende September 1881	22.	Dr. Kratz, Hugo	1. October 1895 bis Ende Juni 1896
			23.	Dr. Spiecker, Adolf	1. Juli 1896 bis Ende März 1897
			24.	cand. chem. Hillkowitz, Gabriel	1. April 1897 bis zur Gegenwart

Lfde. Nr.	Namen	Beginn und Dauer der Thätigkeit an der Akademie	Lfde. Nr.	Namen	Beginn und Dauer der Thätigkeit an der Akademie
		b) für die Versuchsstation.			
1.	Dr. Kreusler, Ulrich	1. Juli 1868 bis Ende August 1870 (s. auch B. Nr. 15)	14.	Dr. Tacke, Br.	1. September 1884 bis Ende December 1886
2.	Dr. Pott	1. Juli 1870 bis Ende April 1873	15.	Dr. Immendorff, Heinrich	1. Juni 1887 bis Mitte April 1893 (s. auch C Nr. 81)
3.	Dr. Dittmar	1. März 1871 bis Ende Juli 1872	16.	Dr. Schweitzer, Wilhelm Heinrich Emil	1. Januar 1889 bis Ende September 1891
4.	Dr. Kern	1. Juni 1873 bis Ende Juli 1875	17.	Dr. Hohmann, Karl	1. October 1891 bis Ende März 1892
5.	Dahlen, H. W.	1. April 1873 bis Ende März 1875	18.	Dr. Schwarz, Berthold	1. April 1892 bis Ende Juli 1894 (s. auch C Nr. 82)
6.	Dr. Prehn	1. April 1875 bis Ende Juni 1879	19.	Dr. Schrömbgens, Ernst	Mitte April 1893 bis Ende November 1893
7.	Becker, Georg	1. August 1875 bis Ende November 1876	20.	Dr. Ephraim, Julius	1. Januar 1894 bis Ende Juni 1895
8.	von Lepel, Franz Bernhard	1. December 1876 bis Ende Mai 1877	21.	Dr. Seyfert, Friedrich	1. August 1894 bis Ende September 1896
9.	Dr. Hornberger	1. Juni 1877 bis Ende October 1883	22.	Pansotowis	6. Juli 1895 bis Ende September 1895
10.	Dr. von Raumer, Ernst	1. October 1879 bis Ende März 1883	23.	Dr. Morell, Thierarzt	1. October 1895 bis Ende April 1896
11.	Dr. Dafert, F. W.	1. November 1883 bis Ende Mai 1887	24.	Fasold, Alwin, Thierarzt	1. Mai 1896 bis zur Gegenwart
12.	Dr. vom Baur	1. Mai 1883 bis Ende Juli 1883	25.	Dr. Birk, Rudolf	1. October 1896 bis Mitte April 1897
13.	Henzold	1. August 1883 bis Ende Juli 1884	26.	Dr. Abati, Gino	16. April 1897 bis zur Gegenwart
		c) für den geodätischen Unterricht.			
1.	Dr. Reinhertz, Karl	1. October 1883 bis Juni 1892 (s. auch C. Nr. 80 und B. Nr. 26)	8.	Weyrauch, Gustav	1. October 1893 bis Ende September 1894
2.	Winkler, Peter	1. Mai 1889 bis Ende April 1892	9.	Martin, Heinrich	1. Mai 1894 bis Ende September 1894
3.	Peters, Christian	Mai 1890 bis Ende September 1891	10.	Tietjens, Karl	1. October 1894 bis Ende September 1896
4.	Propping, Julius	12. Januar 1892 bis Ende August 1892	11.	Meyer, Heinrich	Mitte November 1894 bis 11. April 1896
5.	Nehm, Wilhelm	11. Mai 1892 bis 10. October 1893	12.	Felder, Bruno	2. April 1896 bis zur Gegenwart
6.	Reiffen, Heinrich	1. Mai 1892 bis Ende September 1893	13.	Bomm, Peter	27. Mai 1896 bis zur Gegenwart
7.	Stuckmann, Wilhelm	1. Juni 1893 bis Ende September 1894	14.	Neupert, Franz	1. December 1896 bis zur Gegenwart
			15.	Schütt, Josef	9. November 1896 bis zur Gegenwart
		d) für den Dirigenten des Versuchsfeldes.			
1.	Dr. Thiele, Paul	1. April 1896 bis zur Gegenwart			

E. Büreau- und Cassen-Verwaltung.

Lfde. Nr.	Namen	Dienststellung	Beginn und Dauer der Thätigkeit an der Akademie	Bemerkungen
1.	Spitz	Universitäts-Rendant, Hofrath, nebenamtlich mit der Cassen- und Rechnungsführung der landwirthschaftlichen Lehranstalt betraut	August 1847 bis 1. März 1853	
2.	Hartstein, Eduard	Administrator der akademischen Gutswirthschaft, mit der Verwaltung der Wirthschaftscasse beauftragt	December 1847 bis 1. März 1853 (s. auch A. Nr. 3 und B. Nr. 1)	
3.	Dümpelmann, Wilhelm	Rendant und Secretär, Rechnungsrath	1. März 1853 bis Ende October 1885	Am 1. November 1885 mit Pension in den Ruhestand getreten
4.	Thiel	Universitäts-Cassen-Rendant, Geheimer Rechnungs-Rath, mit Wahrnehmung der Calculatur- und Rechnungs-Revisions-Geschäfte der Akademie nebenamtlich betraut	1. März 1853 bis 7. Februar 1869	Am 7. Februar 1869 verstorben
5.	Kirchner, L.	Universitäts-Cassen-Rendant, Rechnungs-Rath, mit Wahrnehmung der Calculatur- und Rechnungs-Revisions-Geschäfte der Akademie nebenamtlich betraut	1. April 1870 bis 15. Juni 1881	Am 15. Juni 1881 verstorben
6.	Heevermann, Otto	Universitäts-Cassen-Rendant, Rechnungs-Rath, — wie vor. —	1. August 1881 bis Ende Mai 1890	
7.	Vorberg, Ernst	Rendant und Secretär	1. November 1885 bis 23. Januar 1888	Am 23. Januar 1888 verstorben
8.	Seehaus, Paul	Rendant und Secretär	1. März 1888 bis zur Gegenwart (s. auch F. Nr. 8)	
9.	Stock, Hubert	Calculator und Controlleur	1. Juni 1890 bis zur Gegenwart (s. auch F. Nr. 9)	

F. Bibliothek-Verwaltung.

Lfde. Nr.	Namen	Dienststellung	Beginn und Dauer der Thätigkeit an der Akademie	Bemerkungen
1.	Dr. Venhausen, Wilhelm	Forst-Accessist, Docent für Forstwissenschaft	1. Januar 1852 bis Ende September 1866 (s. auch C. Nr. 15)	
2.	Berggreve, Bernhard	Oberförster-Candidat, Docent für Forstwissenschaft	1. October 1866 bis Anfang April 1868 (s. auch C. Nr. 38 und 61)	
3.	Wissmann	Oberförster-Candidat, Docent für Forstwissenschaft	April 1868 bis Ende September 1869 (s. auch C. Nr. 43)	
4.	Dr. Scharschmidt, Karl	Professor, Universitäts-Bibliothekar	1. October 1869 bis Ende September 1873 (s. auch C. Nr. 40)	

Lfde. Nr.	Namen	Dienststellung	Beginn und Dauer der Thätigkeit an der Akademie	Bemerkungen
5.	Dr. Stender, Josef	Bibliothek-Secretär an der Universitäts-Bibliothek	1. October 1873 bis Ende März 1875	
6.	Richter, Ludwig	Büreau-Hülfsarbeiter und Bibliothekar	1. September 1875 bis Ende März 1886	
7.	Seiler, Paul	Büreau-Hülfsarbeiter und Bibliothekar	1. April 1886 bis Ende Juli 1886	
8.	Seehaus, Paul	Büreau-Hülfsarbeiter und Bibliothekar	1. November 1886 bis Mitte October 1887 (s. auch E. Nr. 8)	
9.	Stock, Hubert	Büreau-Hülfsarbeiter, später Calculator, Controlleur und Bibliothekar	Mitte October 1887 bis zur Gegenwart (s. auch E. Nr. 9)	

G. Unterbeamte u. s. w.

Lfde. Nr.	Namen	Dienststellung	Beginn und Dauer der Thätigkeit an der Akademie	Bemerkungen
1.	Schumacher, Johann Peter Hugo	Pförtner	1. Juni 1852 bis Ende October 1890	Am 1. November 1890 mit Pension in den Ruhestand getreten
2.	Schumacher, Karl	Diener des chemischen Laboratoriums	1. April 1857 bis 27. Mai 1868	
3.	Voosen, Thomas	Gärtner im ökonomisch-botanischen Garten	Januar 1863 bis Ende September 1864	
4.	Voosen, Johann	Desgl.	1. October 1864 bis zur Gegenwart	
5.	Pohl, Josef	Diener der Versuchsstation	1. Mai 1868 bis Ende Februar 1869	
6.	Kümpel, Johann	Diener des chemischen Laboratoriums	28. Mai 1868 bis Ende März 1871	
7.	Bertram, Peter	Diener der Versuchsstation	1. März 1869 bis Ende März 1892	
8.	- -	Diener des chemischen Laboratoriums	1. April 1892 bis zur Gegenwart	
9.	Schmidt, Conrad Wilhelm	Diener des chemischen Laboratoriums	1. April 1871 bis 12. August 1886	Am 12. August 1886 verstorben
10.	Hammerschlag, Michael	Diener der physikalischen Sammlung	1. April 1882 bis 5. Mai 1886	Am 5. Mai 1886 verstorben
11.	Spee, Johann	Vermessungs-Gehülfe } der geodätischen	1. Februar 1886 bis Ende März 1889	
	- -	Diener } Sammlung	1. April 1889 bis zur Gegenwart	
12.	Büttgenbach, Heinrich	Diener der physikalischen Sammlung	6. Mai 1886 bis zur Gegenwart	
13.	Grant, Theodor	Diener des chemischen Laboratoriums	15. October 1886 bis 3. Januar 1892	Am 3. Januar 1892 verstorben
14.	Sonnenberg, Otto	Gartenmeister	15. Januar 1888 bis zur Gegenwart	
15.	Mammel, Ludwig	Verwalter in der akademischen Gutswirthschaft	1. Januar 1890 bis zur Gegenwart	
16.	Bertges, Johann	Heizer und Hülfsdiener	1. October 1890 bis Mitte Juni 1892	

G. Unterbeamte u. s. w.

Lfde. Nr.	Namen	Dienststellung	Beginn und Dauer der Thätigkeit an der Akademie	Bemerkungen
17.	**Billesfeld**, Jakob	Pförtner und Cassendiener	1. November 1890 bis zur Gegenwart	
18.	**Jouliet**, Ludwig	Heizer und Hülfsdiener	15. October 1892 bis 27. Juni 1894	
19.	**Halfen**, Wilhelm	Diener der Versuchsstation	15. April 1894 bis zur Gegenwart	
20.	**Krebs**, Wilhelm	Heizer und Hülfsdiener	19. October 1894 bis zur Gegenwart	
21.	**Müller**, Albrecht	Gehülfe im ökonomisch-botanischen Garten	Mitte April 1895 bis zur Gegenwart	

Anlage 2.

Frequenz
der landwirthschaftlichen Akademie zu Poppelsdorf vom Sommer-Halbjahr 1847 bis einschl. Winter-Halbjahr 1896/97.

Semester (S. = Sommer, W. = Winter)	Gesammtzahl der Studirenden	Davon waren: Landwirthe	Culturtechniker	Geodäten	Hospitanten (einschl. Universitätsstudenten)	Semester (S. = Sommer, W. = Winter)	Gesammtzahl der Studirenden	Davon waren: Landwirthe	Culturtechniker	Geodäten	Hospitanten (einschl. Universitätsstudenten)
S. 47	7	6	—	—	1	S. 72	42	32	—	—	10
W. 47/48	16	12	—	—	4	W. 72/73	36	31	—	—	5
S. 48	20	13	—	—	7	S. 73	40	35	—	—	5
W. 48/49	40	30	—	—	10	W. 73/74	40	36	—	—	4
S. 49	37	31	—	—	6	S. 74	39	36	—	—	3
W. 49/50	31	30	—	—	1	W. 74/75	31	26	—	—	5
S. 50	25	21	—	—	4	S. 75	36	28	—	—	8
W. 50/51	28	27	—	—	1	W. 75/76	32	27	—	—	5
S. 51	27	24	—	—	3	S. 76	37	26	5	—	6
W. 51/52	35	31	—	—	4	W. 76/77	53	30	19	—	4
S. 52	51	43	—	—	8	S. 77	57	31	20	—	6
W. 52/53	50	43	—	—	7	W. 77/78	71	30	30	—	11
S. 53	56	40	—	—	16	S. 78	58	21	33	—	4
W. 53/54	51	44	—	—	7	W. 78/79	57	20	32	—	5
S. 54	42	38	—	—	4	S. 79	65	28	29	—	8
W. 54/55	42	34	—	—	8	W. 79/80	73	29	37	—	7
S. 55	43	31	—	—	12	S. 80	72	39	31	—	2
W. 55/56	43	33	—	—	10	W. 80/81	77	41	33	—	3
S. 56	52	37	—	—	15	S. 81	78	31	44	—	3
W. 56/57	61	51	—	—	10	W. 81/82	90	35	51	—	4
S. 57	72	59	—	—	13	S. 82	89	32	50	—	7
W. 57/58	94	68	—	—	26	W. 82/83	76	29	38	—	9
S. 58	80	58	—	—	22	S. 83	76	28	38	7	3
W. 58/59	76	63	—	—	13	W. 83/84	85	28	50	7	—
S. 59	47	41	—	—	6	S. 84	90	32	48	8	2
W. 59/60	75	62	—	—	13	W. 84/85	83	29	43	7	4
S. 60	66	50	—	—	16	S. 85	91	29	29	19	14
W. 60/61	77	62	—	—	15	W. 85/86	81	30	28	16	7
S. 61	73	67	—	—	6	S. 86	88	34	25	22	7
W. 61/62	77	70	—	—	7	W. 86/87	80	37	22	19	2
S. 62	78	68	—	—	10	S. 87	82	34	12	22	14
W. 62/63	77	71	—	—	6	W. 87/88	84	35	15	22	12
S. 63	70	60	—	—	10	S. 88	92	29	13	40	10
W. 63/64	89	82	—	—	7	W. 88/89	79	29	7	39	4
S. 64	77	70	—	—	7	S. 89	107	27	8	66	6
W. 64/65	73	69	—	—	4	W. 89/90	109	28	9	68	4
S. 65	71	66	—	—	5	S. 90	148	36	6	95	11
W. 65/66	74	61	—	—	13	W. 90/91	134	33	5	92	4
S. 66	55	50	—	—	5	S. 91	148	25	4	113	6
W. 66/67	59	50	—	—	9	W. 91/92	157	32	4	112	9
S. 67	58	51	—	—	7	S. 92	196	37	4	151	4
W. 67/68	88	78	—	—	10	W. 92/93	191	38	3	147	3
S. 68	77	69	—	—	8	S. 93	273	34	5	220	14
W. 68/69	64	57	—	—	7	W. 93/94	264	45	4	211	4
S. 69	57	50	—	—	7	S. 94	346	36	8	291	11
W. 69/70	58	50	—	—	8	W. 94/95	342	37	8	287	10
S. 70	50	38	—	—	12	S. 95	386	33	4	333	16
W. 70/71	24	19	—	—	5	W. 95/96	388	47	8	317	16
S. 71	32	22	—	—	10	S. 96	440	48	22	346	24
W. 71/72	39	31	—	—	8	W. 96/97	379	54	26	291	8

Die Gesammtzahl der Studirenden in vorstehend aufgeführten 100 Semestern betrug 3598; davon waren:
a) Studirende der Landwirthschaft 1840
b)   "   " Culturtechnik 357
c)   "   " Geodäsie, bez. der Geodäsie und Culturtechnik 880
d) Hospitanten, einschl. Studirende der Universität Bonn, welche an der Akademie Vorlesungen angenommen haben 491

Zusammen wie oben 3598

* einschl. 1 Hospitantin.

Anlage 3.

Graphische Darstellung der Frequenz
der Königlichen landwirthschaftlichen Akademie zu Poppelsdorf.

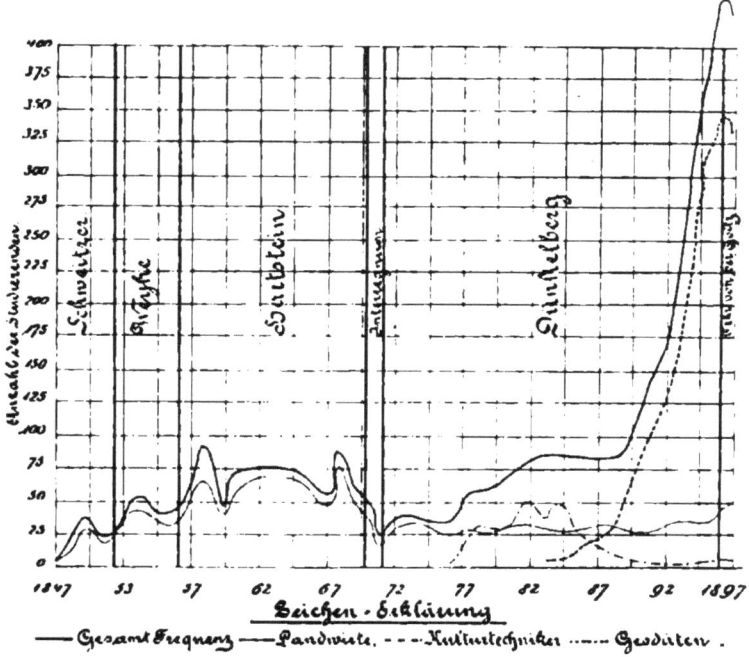

Anlage 4.

Übersicht
über die Heimats-Verhältnisse der Studirenden der Akademie.

Von der Gesammtzahl der **3598 Studirenden** stammen

aus	der Provinz Ostpreussen	112	(3,11 Procent)
-	- Westpreussen	50	(1,39 -)
-	Berlin	84	(2,33 -)
-	der Provinz Brandenburg	82	(2,28 -)
-	- Pommern	90	(2,50 -)
-	- Posen	89	(2,47 -)
-	- Schlesien	173	(4,81 -)
-	- Sachsen	182	(5,06 -)
-	- Schleswig-Holstein	53	(1,47 -)
-	- Hannover	191	(5,31 -)
-	- Westfalen	407	(11,31 -)
-	- Hessen-Nassau	227	(6,31 -)
-	- Rheinland	1102	(30,63 -)
-	Hohenzollern	4	(0,11 -)
	Zusammen aus dem Königreich Preussen...	2846	(79,10 Procent)
aus	dem Königreich Bayern	27	(0,75 -)
-	- Sachsen	44	(1,22 -)
-	- Württemberg	5	(0,14 -)
-	Grossherzogthum Baden	25	(0,69 -)
-	- Hessen	29	(0,81 -)
-	- Mecklenburg-Schwerin	41	(1,14 -)
-	- -Strelitz	7	(0,20 -)
-	- Sachsen-Weimar	6	(0,17 -)
-	- Oldenburg	46	(1,28 -)
-	Herzogthum Braunschweig	20	(0,56 -)
-	- Sachsen-Meiningen	13	(0,36 -)
-	- -Altenburg	3	(0,08 -)
-	- -Coburg-Gotha	9	(0,25 -)
-	- Anhalt	23	(0,64 -)
-	Fürstenthum Schwarzburg-Sondershausen	8	(0,22 -)
-	- -Rudolstadt	7	(0,20 -)
-	- Waldeck	17	(0,47 -)
-	- Reuss j. L.	2	(0,06 -)
-	- Schaumburg-Lippe	6	(0,17 -)
-	- Lippe	13	(0,36 -)
-	der Freien Stadt Lübeck	6	(0,17 -)
-	- Bremen	14	(0,39 -)
-	- Hamburg	36	(1,00 -)
-	Elsass-Lothringen	15	(0,42 -)
		422	(11,73 Procent)
	Zusammen aus dem Deutschen Reiche		3268 (90,83 Procent)
aus	Grossbritannien und Irland	19	(0,53 Procent)
-	Frankreich	7	(0,20 -)
-	Russland	95	(2,64 -)
-	Österreich-Ungarn	76	(2,11 -)
-	Italien	3	(0,08 -)
-	Belgien	14	(0,39 -)
-	den Niederlanden	24	(0,67 -)
-	Luxemburg	14	(0,39 -)
-	der Türkei	4	(0,11 -)
-	Griechenland	3	(0,08 -)
-	der Schweiz	23	(0,64 -)
-	Schweden	5	(0,14 -)
	Übertrag	287	(7,98 Procent) 3268

Heimats-Verhältnisse.

Übertrag....	287	(7,98 Procent)	3268
aus Norwegen	2	(0,06 -)	
- Dänemark	3	(0,08 -)	
- Rumänien	1	(0,03 -)	
- Bulgarien	1	(0,03 -)	
Zusammen aus den ausserdeutschen europäischen Staaten			294 (8,17 Procent)
aus Asien	4	(0,11 Procent)	
- America	24	(0,67 -)	
- Australien	2	(0,06 -)	
Zusammen aus aussereuropäischen Ländern			30 (0,83 Procent)
Heimat unbekannt			6 (0,17 -)
Gesammtsumme wie oben			3598

Anlage 5.

Alphabetisches Namens-Verzeichniss

der Studirenden der landwirthschaftlichen Akademie zu Poppelsdorf für die Zeit vom Sommer-Halbjahr 1847 bis einschl. Winter-Halbjahr 1896/97.

Abkürzungen:
-Landw.- = Landwirthschaft. -Cult.- = Culturtechnik. -Geod.- = Geodäsie. -Hosp.- = Hospitant.
-Fr.- = Frühjahrstermin   (in Spalte -abgelegte Prüfungen-).
-H.- = Herbsttermin

Laufende Nr.	Namen	Heimat	Studium	Studien-Semester	zum Lehrer der Landwirthschaft an Landwirthschaftsschulen	Landwirthschaftliche Abgangsprüfung	Cultur-technische Prüfung	Landmesser Prüfung
	A.							
1.	Aalholm, Hans	Norwegen	Hosp.	1895	—	—	—	—
2.	Abel, Heinrich	Rheinprovinz	Landw.	1861-62	—	—	—	—
3.	Abel, Wilhelm	Kgr. Württemberg	Hosp.	1862	—	—	—	—
4.	von Abercron, Ernst	Hamburg	Hosp.	1891 92	—	—	—	—
5.	Abich, Richard	Hannover	Geod.	1894-96	—	—	—	—
6.	Abraham, Ludwig	Westfalen	Geod.	1891-93	—	—	18 4. 93	Fr. 93
7.	Abrahmsohn, Nikolai	Russland	Landw.	1888	—	—	—	—
8.	Abrioe, Lazaro	Italien	Landw.	1849 50	—	—	—	—
9.	Achelpohl, Wilhelm	Grssh. Oldenburg	Landw.	1849-50	—	—	—	—
10.	Achilles, Ludwig	Hzgth. Braunschweig	Landw.	1860 61-61	—	—	—	—
11.	Ackermann, Anton	Grssh. Sachsen-Weimar	Landw.	1872	—	—	—	—
12.	Acquistapace, Ludwig	Westfalen	Geod.	1883. 83 84	—	—	—	Fr. 84
13.	Adams, Clemens Josef	Rheinprovinz	Landw.	1851 52 bis 1852 53	—	—	—	—
14.	Adams, Franz	Rheinprovinz	Landw.	1884 85. 85	—	—	—	—
15.	Adams, Heinrich	Rheinprovinz	Landw.	1852 53 bis 1853 54	—	—	—	—
16.	Adams, Theodor	Rheinprovinz	Geod.	1893 94-96	—	—	—	—
17.	Frhr. von Adelebsen, Hans	Hannover	Hosp.	1849 50	—	—	—	—
18.	Adler, Ernst	Hannover	Geod.	1892-93 94	—	—	—	Fr. 94
19.	Adler, Jakob	Österreich	Cult.	1879. 79 80	—	—	13 3. 80	—
20.	Adolphi, Max	Posen	Cult.	1881 82. 82	—	—	5 8. 82	—
21.	Vicomte van Aefferden, Ernest	Belgien	Landw.	1877-78	—	—	—	—
22.	Aewerdieck, Friedrich	Grssh. Oldenburg	Geod.	1894-96	—	—	—	Fr. 96
23.	Agena, Peter	Hannover	Landw.	1865 66-66	—	—	—	—
24.	von der Ahe, Heinrich	Rheinprovinz	Geod.	1895-96 97	—	—	—	—
25.	von der Ahe, Otto	Rheinprovinz	Geod.	1895-96 96 97	—	—	—	—
26.	von Ahlefeld, Detlev, Ernst	Schleswig-Holstein	Landw.	1864 65-65	—	—	—	—
27.	von Ahlefeld, Johann	Schleswig-Holstein	Landw.	1870 71-72	—	—	—	—

Namens-Verzeichniss der Studirenden.

Laufende Nr.	Namen	Heimat	Studium	Studien-Semester	zum Lehrer der Landwirthschaft an Landwirthschaftsschulen	Landwirthschaftliche Abgangsprüfung	Culturtechnische Prüfung	Landmesser-Prüfung
				Abgelegte Prüfungen				
28.	Ahlers, Karl	Grssh. Mecklenburg-Strelitz	Landw.	1866 67 bis 1867 68	—	—	—	—
29.	Ahlert, Otto	Berlin	Landw.	1870-71 72	—	27/4. 72	—	—
30.	Ahlert, Oskar	Rheinprovinz	Geod.	1893-95	—	—	25 10. 95	II. 95
31.	Ahrberg, Friedrich	Hannover	Geod.	1894-96	—	—	II. 96	Fr. 96
32.	Ahrens, Bernhard	Hannover	Landw.	1882 83 bis 1883 84	—	—	—	—
33.	Albrecht, Carl	Westfalen	Geod.	1896-96 97	—	—	—	—
34.	Albrecht, Oskar	Sachsen	Cult.	1881 82. 82	—	—	4 8. 82	—
35.	Albrecht, Robert	Rheinprovinz	Geod.	1896-96 97	—	—	—	—
36.	Aldenkort, Friedrich	Rheinprovinz	Hosp.	1859 60	—	—	—	—
37.	Graf von Alexandrowicz, Stanislaus	Russland	Landw.	1875	—	—	—	—
38.	Alfter, Eugen	Rheinprovinz	Landw.	1868 69-70	—	—	—	—
39.	Alfter, Georg	Westfalen	Landw.	1863 64-65	—	4 8. 65	—	—
40.	Alibekoff, Peter	Russland	Landw.	1879-80 81	—	—	—	—
41.	Allert, Fritz	Westfalen	Landw.	1867 68	—	—	—	—
42.	Altenberg, Ernst	Rheinprovinz	Geod.	1893-95/96	—	—	—	Fr. 96
43.	Altgelt, Wilhelm	Westfalen	Cult.	1885/86. 87 u. 87/88	—	—	19/3. 88	—
44.	Alzer, Ferdinand	Westfalen	Landw.	1883. 83/84	—	22/10. 83	—	—
45.	Frhr. von Ambrosy, Karl	Ungarn	Hosp.	1858/59	—	—	—	—
46.	Amlinger, Gustav	Rheinprovinz	Geod.	1896-96/97	—	—	—	—
47.	von Ammon, Hans	Posen	Landw.	1873/74. 74	—	—	—	—
48.	Andrae, Hans Karl	Rheinprovinz	Landw.	1869 70. 70 u. 71/72	—	—	—	—
49.	Graf Andrássy-Dénes	Ungarn	Hosp.	1858	—	—	—	—
50.	André, Caspar	Rheinprovinz	Cult.	1879/80. 80	—	—	10/8. 80	—
51.	André, Josef	Rheinprovinz	Hosp.	1863	—	—	—	—
52.	Anger, Albert	Rheinprovinz	Landw.	1887 88 bis 1888 89. 1893-94 u. 1896 97	—	27 10. 94	—	—
53.	Anhäusser, Friedrich	Grssh. Hessen	Landw.	1860 61-61	—	—	—	—
54.	Anhuth, Otto	Ostpreussen	Landw.	1859 60-60	—	—	—	—
55.	Baron Apfaltrern, Otto	Österreich	Landw.	1885 86-87	—	—	—	—
56.	Appel, Justus	Hessen-Nassau	Geod.	1896-96 97	—	—	—	—
57.	Appelius, Ferdinand	Berlin	Landw.	1863 64-64	—	—	—	—
58.	von Apréleff, Wladimir	Russland	Landw.	1869 70. 70	—	—	—	—
59.	d'Araoojo, Alois	Brasilien	Landw.	1866 67. 67	—	—	—	—
60.	Graf von Arco-Valley, Karl	Kgr. Bayern	Hosp.	1856	—	—	—	—
61.	Prinz von Arenberg, Philipp	Belgien	Hosp.	1871	—	—	—	—
62.	Arendt, Wilhelm	Westpreussen	Cult.	1882. 82 83	—	—	16 3. 83	—
63.	Arens, Josef	Rheinprovinz	Hosp.	1868 69	—	—	—	—
64.	Argelander, Friedrich Wilhelm	Rheinprovinz	Landw.	1851-1852 u. 1856 57 bis 1857 58	—	—	—	—
65.	Argelander, Fr., Gutsbesitzer	Rheinprovinz	Hosp.	1865 66. 66 u. 1868 69	—	—	—	—
66.	Arkwright, Bernhard Georg	England	Hosp.	1879 80	—	—	—	—
67.	Armbrustmacher, Peter	Rheinprovinz	Landw.	1886. 86 87	—	21 6. 87	—	—
68.	Arndt, Hartmuth	Rheinprovinz	Landw.	1849-50	—	—	—	—
69.	Arndts, Constantin	Rheinprovinz	Landw.	1847 48-49	—	—	—	—
70.	von Arnim, Hans	Brandenburg	Landw.	1862-63	—	—	—	—
71.	von Arnim, Otto	Brandenburg	Landw.	1863 64-65	—	—	—	—
72.	Arnold, Andreas	Rheinprovinz	Landw.	1876	—	18 11. 76	—	—
73.	Arnold, Hermann	Kgr. Bayern	Hosp.	1848 u. 49	—	—	—	—
74.	Arnold, Peter	Rheinprovinz	Landw.	1896-96 97	—	—	—	—
75.	von Arnswaldt, Otto	Hannover	Landw.	1853 54-54	—	—	—	—

Festschrift.

Laufende Nr.	Namen	Heimat	Studium	Studien-Semester	zum Lehrer der Landwirthschaft an Landwirthschaftsschulen	Landwirthschaftliche Abgangsprüfung	Culturtechnische Prüfung	Landmesser Prüfung
76.	von Aschenbach, Julius	Rheinprovinz	Landw.	1848/49 bis 1850/51	—	—	—	—
77.	Aschoff, Ludwig	Westfalen	Hosp.	1858	—	—	—	—
78.	Askenasy, Eugen	Hessen-Nassau	Landw.	1863/64	—	—	—	—
79.	Assig, Eugen	Schlesien	Landw.	1863/64-64	—	—	—	—
80.	Assmann, Alexander	Rheinprovinz	Landw.	1890	—	—	—	—
81.	Assmann, Wilhelm	Westfalen	Geod.	1895-96 97	—	—	—	—
82.	Assmuth, Heinrich	Westfalen	Cult.	1879/80. 80	—	—	11/8. 80	—
83.	Asteroth, Otto	Hessen-Nassau	Geod.	1894-96	—	—	—	Fr. 96
84.	Aszkenazy, Josef	Galizien	Cult.	1885/86. 86	—	—	11/8. 86	—
85.	in der Au, Ernst	Sachsen	Geod.	1894 95 bis 1896 97	—	—	—	—
86.	Au, Julius	Posen	Landw.	1865-66	—	—	—	—
87.	d'Aubert, Alphonse	Schleswig-Holstein	Landw.	1854-54/55	—	—	—	—
88.	von Auer, Major z. D.	Rheinprovinz	Hosp.	1869/70. 70	—	—	—	—
89.	Auerbach, Paul	Rheinprovinz	Hosp.	1889/90	—	—	—	—
90.	von Auerswald, Hans Albert	Ostpreussen	Hosp.	1855/56-56	—	—	—	—
91.	Auffermann, Walter	Rheinprovinz	Landw.	1859/60-61	—	8/8. 61	—	—
92.	von Autenried, Ludwig	Rheinprovinz	Hosp.	1851	—	—	—	—
93.	Avédissian, Ohanes	Türkei	Landw.	1891/92 bis 1894/95	—	22/12. 93	—	—
94.	Averdiek, Josef	Westfalen	Geod.	1893 u. 94-96	—	—	—	—

B.

Laufende Nr.	Namen	Heimat	Studium	Studien-Semester	zum Lehrer der Landwirthschaft an Landwirthschaftsschulen	Landwirthschaftliche Abgangsprüfung	Culturtechnische Prüfung	Landmesser Prüfung
95.	Baarth, Richard	Posen	Hosp.	1853	—	—	—	—
96.	Bach, Carl	Sachsen	Landw.	1888-90	—	—	—	—
97.	Bach, Franz	Sachsen	Cult.	1877/78. 78	—	—	24/10. 78	—
98.	Bach, Werner	Sachsen	Landw.	1890/91. 91	—	—	—	—
99.	Dr. Bachem, Albrecht, Privatgelehrter	Rheinprovinz	Hosp.	1865/66	—	—	—	—
100.	Bachem, Josef	Rheinprovinz	Landw.	1879/80	—	—	—	—
101.	Bachmann, Herman	Westfalen	Landw.	1889/90-91	—	1/8. 91	—	—
102.	Bachofen von Echt, August		Hosp.	1850	—	—	—	—
103.	von Bachofen, Bernard	Westfalen	Landw.	1859/60 bis 1860/61	—	—	—	—
104.	Bachstelz, Robert	Rheinprovinz	Geod.	1892-93/94	—	—	—	Fr. 94
105.	Bade, Robert	Rheinprovinz	Landw.	1879/80. 80	—	—	—	—
106.	Badenhausen, Otto	Hessen-Nassau	Geod.	1892/93. 93	—	—	—	H. 93
107.	Baehr, Gustav	Hzgth. Anhalt	Landw.	1849-50	—	—	—	—
108.	Baer, Fritz	Hessen-Nassau	Geod.	1896-96/97	—	—	—	—
109.	Baetoke, Max	Hamburg	Landw.	1860/60-61	—	—	—	—
110.	Baevenroth, Julius	Brandenburg	Landw.	1864/65 bis 1865/66	—	—	—	—
111.	von Bagge-Hufwudt, Jakob	Kurland	Landw.	1860/61 bis 1861/62 u. 1862/63	—	—	—	—
112.	Bahrs, Heinrich	Schleswig-Holstein	Geod.	1894-95/96	—	—	—	Fr. 96
113.	Bake, Carl	Kgr. Sachsen	Landw.	1865/65-66	—	—	—	—
114.	Bake, Ernst	Sachsen	Landw.	1872/73	—	—	—	—
115.	Bake, Theodor	Sachsen	Landw.	1872/73	—	—	—	—
116.	Balck, August	Grssh. Mecklenburg-Schwerin	Hosp.	1850/51	—	—	—	—
117.	Baldamus, Carl	Hannover	Geod.	1894-95/96	—	—	—	Fr. 96
118.	Balduhn, Ernst Ludwig	—	Hosp.	1848/49. 49	—	—	—	—
119.	Baldus, Wilhelm	Hessen-Nassau	Cult.	1877/78. 78	—	—	6/8. 78	—

Namens-Verzeichniss der Studirenden.

Laufende Nr.	Namen	Heimat	Studium	Studien-Semester	zum Lehrer der Landwirthschaft an Landwirthschaftsschulen	Landwirthschaftliche Abgangsprüfung	Culturtechnische Prüfung	Landmesser-Prüfung
120.	Balkenholl, Carl	Westfalen	Landw.	1883 84. 84	—	—	—	—
121.	Baller, Philipp	Grssh. Mecklenburg-Schwerin	Landw.	1864 65. 65.	—	—	—	—
122.	Balster, Heinrich	Westfalen	Landw.	1886 87 bis 1887 88	—	10/3. 88	—	—
123.	Baltes, Paul	Rheinprovinz	Hosp.	1880	—	—	—	—
124.	Balzer, Carl	Schlesien	Geod.	1894-96	—	—	H. 96	—
125.	Balzereit, Richard	Ostpreussen	Landw.	1893 94-96	—	22/10. 95	—	H. 95
126.	von Bandemer, Rudolf Wilhelm Otto	Pommern	Hosp.	1852	—	—	—	H. 96
127.	Bantje, Carl	Hannover	Geod.	1895-96 97	—	—	—	—
128.	Bardenheuer, Leonhard	Rheinprovinz	Geod.	1888-92	—	—	—	Fr. 92
129.	Barge, August	Niederlande	Landw.	1868. 68 69	—	—	—	—
130.	Baring, Nikola	Hannover	Landw.	1873. 74. 74	—	—	—	—
131.	Barkhausen, Otto	Westfalen	Geod.	1894-96/97	—	—	—	—
132.	Barkowsky, Kurt	Ostpreussen	Landw.	1891 92-93	—	—	—	—
133.	Bartel, Theodor	Berlin	Hosp.	1874	—	—	—	—
134.	Bartels, Louis	Sachsen	Landw.	1848 49. 49	—	—	—	—
135.	Bartels, Wilhelm	Hamburg	Landw.	1858 59 bis 1859 60	—	—	—	—
136.	Barth, Kurt	Brandenburg	Geod.	1893-95	—	—	—	H. 95
137.	Barthels, Adolf	Kgr. Sachsen	Landw.	1880-81	—	—	—	—
138.	Bartholomäus, Julius	Sachsen	Landw.	1891 92. 92	—	—	—	—
139.	Bassermann, Max	Grssh. Baden	Landw.	1864-65	—	—	—	—
140.	Bastian, Gustav	Frstth. Waldeck	Cult.	1880 81. 81	—	—	—	—
141.	von Batocki, Rudolf	Ostpreussen	Landw.	1865. 65 66	—	—	—	—
142.	von Batocki-Friebe, Otto	Berlin	Landw.	1859 60. 60	—	—	—	—
143.	Battenfeld, Ludwig	Westfalen	Geod.	1895-96 97	—	—	—	—
144.	Baucke, Hugo	Schlesien	Landw.	1854 55	—	—	—	—
145.	Bauer, Josef	Rheinprovinz	Geod.	1896-96 97	—	—	—	—
146.	Bauer, Robert	Rheinprovinz	Hosp.	1859	—	—	—	—
147.	Bauer, Wilhelm	Hessen-Nassau	Geod.	1896-96 97	—	—	—	—
148.	Baum, Hermann	Rheinprovinz	Cult.	1884-85	—	—	8 8. 85	—
149.	Baum, Paul	Rheinprovinz	Landw.	1894 95	—	—	—	—
150.	Baumgarten, Alexander	Russland	Landw.	1862	—	—	—	—
151.	Baumkamp, Friedrich	Westfalen	Landw.	1893 94-95	—	—	15/8. 95	H. 95
152.	Baumeister, Peter	Elsass-Lothringen	Geod.	1894 95-96	—	—	24/7. 96	H. 96
153.	Baumscheidt, Carl	Rheinprovinz	Landw.	1871 72-73	—	—	—	—
154.	Baumscheidt, Emil	Rheinprovinz	Landw.	1883-84	—	—	—	—
155.	Baur, Heinrich	Grssh. Baden	Landw.	1871 72 bis 1873 74	—	—	—	—
156.	de Beaufort, Jan Bernhard	Niederlande	Landw.	1868. 68/69	—	—	—	—
157.	Becher, Carl	Westfalen	Cult.	1889. 89/90	—	—	—	—
158.	von der Becke, Adolf	Westfalen	Landw.	1882/83	—	—	—	—
159.	von der Becke, Friedrich	Westfalen	Landw.	1875-76	—	7. 8. 76	—	—
160.	Becker, Albert	Rheinprovinz	Cult.	1885/86. 86. 1887. 87/88	—	—	—	—
161.	Becker, Arnold	Grssh. Oldenburg	Landw.	1852 53. 53	—	—	—	—
162.	Becker, August	Belgien	Landw.	1871-72	—	—	—	—
163.	Becker, Carl	Pommern	Landw.	1864	—	—	—	—
164.	Becker, Carl (aus Lübbecke)	Westfalen	Cult.	1887 88. 88	—	—	9 8. 88	—
165.	Becker, Carl (aus Halle)	Westfalen	Geod.	1894-96	—	—	Fr. 96	Fr. 96
166.	Becker, Christian	Rheinprovinz	Cult.	1883 84. 84	—	—	9 8. 84	—
167.	Becker, Clemens	Westfalen	Geod.	1890-91 92	—	—	—	Fr. 92
168.	Becker, Emil	Westfalen	Geod.	1890 91 bis 1891 92	—	—	—	Fr. 92
169.	Becker, Heinrich (aus Ems)	Hessen-Nassau	Landw.	1849 50. 50	—	—	—	—

Laufende Nr.	Namen	Heimat	Studium	Studien-Semester	zum Lehrer der Landwirthschaft an Landwirthschaftsschulen	Landwirthschaftliche Abgangsprüfung	Culturtechnische Prüfung	Landmesser-Prüfung
170.	Becker, Heinrich (aus Istha)	Hessen-Nassau	Landw.	1891-92	—	8.8.92	—	Fr. 95
171.	Becker, Jakob (aus Trier)	Rheinprovinz	Geod.	1893-94 95	—	—	—	
172.	Becker, Jakob (aus Steinfeld)	Rheinprovinz	Geod.	1894-95				
173.	Becker, Johann	Hessen-Nassau	Geod.	1895-96 97	—		—	Fr. 94
174.	Becker, Josef	Westfalen	Geod.	1892-93 94	—		—	H. 94
175.	Becker, Mathias	Hessen-Nassau	Geod.	1893-94 95	—		—	
176.	Becker, Oskar	Posen	Cult.	1881. 81 82	—	—	23.3.82	
177.	Becker, Robert	Rheinprovinz	Cult.	1883. 83 84	—	—	15.3.84	
178.	Becker, Wilhelm	Westfalen	Landw.	1852. 52 53				
179.	Beckmann, Friedrich	Hannover	Landw.	1849 50. 50				
180.	Beckmann, Fritz	Hannover	Geod.	1895-96 97	—	—	—	Fr. 97
181.	Beckmann, Hermann	Schleswig-Holstein	Hosp.	1871-72				
182.	Bedau, Theodor	Sachsen	Landw.	1863 64. 64	—	—		
183.	Beerend, Carl Phil.	Brandenburg	Landw.	1852. 52 53				
184.	Beerens, Theodor	Grssh. Oldenburg	Landw.	1865 66-67	—	9.8.67		
185.	Behelm-Schwarzbach, Hugo	Posen	Landw.	1863-64		6.8.64		
186.	von Behr, Eberhard	Hannover	Landw.	1872-73 74				
187.	von Behr, Werner	Hannover	Landw.	1872-73				
188.	Behrend, Gerhard	Westpreussen	Hosp.	1857 58				
189.	Behrens, Heinrich	Grssh. Oldenburg	Landw.	1868 69. 69				
190.	Behrens, Wilhelm	Grssh. Oldenburg	Geod.	1895-96 97	—	—		Fr. 97
191.	Beinhauer, Hermann	Hessen-Nassau	Landw.	1853 54. 54	—	—		
192.	Graf Beissel von Gymnich, Otto, Rentner	Rheinprovinz	Hosp.	1876 u. 77 78	—	—		
193.	Beitiloh, Otto	Westfalen	Geod.	1894-95 96			Fr. 96	Fr. 96
194.	Frhr. von Below, Nikolaus	Pommern	Landw.	1862 63. 63				
195.	Bencard, Heinrich	Rheinprovinz	Landw.	1882 83-84				
196.	Bender, Ludwig	Grssh. Baden	Landw.	1864 65 bis 1865 66				
197.	Bendey, Carl	Rheinprovinz	Geod.	1889-91 92	—	—	—	H. 91
198.	Bene, Gustav	Hamburg	Landw.	1849-50				
199.	Beneoke, August	Hannover	Geod.	1896-96 97				
200.	Beneoke, Wilhelm	Kgr. Bayern	Landw.	1876 77. 77				
201.	Benefeldt, Julius	Ostpreussen	Landw.	1863 64. 64				
202.	Benga, Hubert	Rheinprovinz	Geod.	1894-95 96	—	—	—	Fr. 96
203.	Benkelberg, Gustav	Rheinprovinz	Geod.	1890-92	—	—	—	Fr. 92
204.	von Bennigsen, Major	Hohenzollern	Hosp.	1855				
205.	Benninghoff, Alfred	Rheinprovinz	Landw.	1867. 67 68				
206.	Bens, Walther	Rheinprovinz	Geod.	1885				
207.	Bensch, Carl	Hessen-Nassau	Geod.	1892-93 94 u. 1895 96	—	—	Fr. 96	Fr. 94
208.	Bentzen, Johannes	Hannover	Geod.	1893-95 96	—	—	—	H. 95
209.	von Berckefeldt, Carl	Hannover	Cult.	1881 82. 82	—	—	4.8.82	—
210.	Berenbrock, August	Rheinprovinz	Landw.	1886. 86 87				
211.	van Berend, Clemens	Westfalen	Geod.	1895-96 97	—	—	—	Fr. 97
212.	Berend, Ludwig	Rheinprovinz	Landw.	1865. 65 66				
213.	Berend, Philipp	Hannover	Landw.	1854. 54 55				
214.	Berendonck, Hermann	Rheinprovinz	Geod.	1888-89 90	—	—	—	Fr. 90
215.	Berentzen, Josef	Grssh. Oldenburg	Landw.	1871 72				
216.	von Bereznicki, Ignaz	Russland	Landw.	1857 58 bis 1858 59				
217.	Berg, Emil	Rheinprovinz	Geod.	1892-93 94	—	—	—	Fr. 94
218.	Berg, Wilhelm	Ostpreussen	Cult.	1880. 80 81	—	—	15.3.81	—

Namens-Verzeichniss der Studirenden.

Laufende Nr.	Namen	Heimat	Studium	Studien-Semester	Abgelegte Prüfungen			
					zum Lehrer der Landwirthschaft an Landwirthschaftsschulen	Landwirthschaftliche Abgangsprüfung	Culturtechnische Prüfung	Landmesserprüfung
219.	Bergemann, Carl Heinrich	Brandenburg	Landw.	1856-57	—	—	—	—
220.	Bergenthal, Hubert	Westfalen	Landw.	1861 62. 62	—	—	—	—
221.	Berger, Josef	Rheinprovinz	Landw.	1875	—	—	—	—
222.	Berger, Max	Westpreussen	Landw.	1880	—	—	—	—
223.	Berger, Oskar	Rheinprovinz	Landw.	1888 89	—	—	—	—
224.	Berger, Paul	Westfalen	Cult.	1886. 86 87	—	—	16.3.87	—
225.	Berghaus, Josef	Rheinprovinz	Geod.	1892-93 94	—	—	—	Fr. 94
226.	Berghausen, Adolf	Pommern	Landw.	1850,51	—	—	—	—
227.	Berghausen, Gutsbesitzer	Rheinprovinz	Hosp.	1861 62	—	—	—	—
228.	Berghoff, Edmund	Westfalen	Geod.	1895 96 bis 1896 97	—	—	—	—
229.	Bergmann, Max	Rheinprovinz	Landw.	1893 94-95	—	—	—	—
230.	Bergmann, Paul	Frstth.Schwarzburg-Rudolstadt	Cult.	1876. 76/77	—	—	28/4.77	—
231.	Bering, Ferdinand	Westfalen	Landw.	1874 75	—	—	—	—
232.	Berka, Alwin	Posen	Landw.	1862	—	—	—	—
233.	Berker, Adolf	Westfalen	Geod.	1895-96	—	—	—	—
234.	Bernáth, Béla	Ungarn	Landw.	1889 90. 90	—	—	—	—
235.	Berndt, Adolf	Rheinprovinz	Geod.	1890-91 92	—	—	—	Fr. 92
236.	Bernhardt, Gustav	Hessen-Nassau	Geod.	1893-95 96	—	—	—	Fr. 96
237.	Bernhardt, Ludwig	Hessen-Nassau	Geod.	1893-94 95	—	—	—	Fr. 95
238.	Bernhardt, Philipp	Sachsen	Cult.	1881. 81 82	—	—	23/3.82	—
239.	Berninghaus, Heinrich	Rheinprovinz	Landw.	1887 88. 88 und 92	—	—	—	—
240.	Berninghaus, R.	Rheinprovinz	Landw.	1867 68	—	—	—	—
241.	Bernsau, Wilhelm	Rheinprovinz	Landw.	1858-59	—	—	—	—
242.	von Bernuth, Friedrich Emil	Rheinprovinz	Landw.	1853 54. 54	—	—	—	—
243.	von Bernuth, Fritz	Rheinprovinz	Hosp.	1887	—	—	—	—
244.	von Bernuth, Hans	Rheinprovinz	Landw.	1880. 80/81	—	—	—	—
245.	Berr, Otto	Rheinprovinz	Geod.	1894-96	—	—	—	H. 96
246.	Bertelsmann, Friedrich	Westfalen	Landw.	1861 62. 62	—	—	—	—
247.	Bertelsmann, Gustav	Westfalen	Landw.	1889 90	—	—	—	—
248.	Bertram, Arthur	Posen	Geod.	1888. 88.89	—	—	—	—
249.	Bertram, Gustav	Sachsen	Geod.	1889. 89 90. 1891-93	—	—	—	H. 92
250.	Bertram, Johann Wilhelm Christian	Sachsen	Landw.	1859. 59 60	—	—	—	—
251.	von Beschwitz, Leopold	Brandenburg	Hosp.	1847 48	—	—	—	—
252.	Beseler, Otto	Rheinprovinz	Landw.	1861-63	—	2/8.62	—	—
253.	Best, Josef	Rheinprovinz	Hosp.	1858 59	—	—	—	—
254.	Best, Wendelin	Grssh. Hessen	Landw.	1883 84. 84	—	—	—	—
255.	Besta, Albert	Schlesien	Geod.	1891-94	—	—	—	Fr. 93
256.	Bettcher, Richard	Posen	Landw.	1868	—	—	—	—
257.	Bette, Johannes	Hannover	Geod.	1893-94 95	—	—	—	Fr. 95
258.	Beukes, Guido	Kgr. Sachsen	Landw.	1886 87. 87	—	5/8.87	—	—
259.	Beumelburg, Carl	Rheinprovinz	Geod.	1887-88 89	—	—	—	Fr. 89
260.	Beurle, Carl	Kgr. Bayern	Landw.	1861	—	—	—	—
261.	Bever, Carl	Rheinprovinz	Geod.	1893-95 96	—	—	Fr. 96	Fr. 96
262.	Bewerunge, Hubert	Rheinprovinz	Landw.	1891 92. 92	—	—	—	—
263.	Beyer, Otto	Schlesien	Landw.	1863 64	—	—	—	—
264.	Beyreiss, Christian	Sachsen	Geod.	1894 95-96	—	—	—	H. 96
265.	von Bézerédj, Adam	Ungarn	Landw.	1889	—	—	—	—
266.	Blokenbach, Robert	Rheinprovinz	Hosp.	1885	—	—	—	—
267.	Bickern, Hugo	Westfalen	Landw.	1886-87 88. 1894. 94 95	—	24/4.88	11/5.95	—
268.	von Bieberstein, Vollmar	Hannover	Landw.	1848 49 bis 1849 50	—	—	—	—
269.	Biederlack, Carl	Westfalen	Hosp.	1887	—	—	—	—

Laufende Nr.	Namen	Heimat	Studium	Studien-Semester	zum Lehrer der Landwirthschaft an Landwirthschaftschulen	Landwirthschaftliche Abgangsprüfung	Culturtechnische Prüfung	Landmesserprüfung
					Abgelegte Prüfungen			
270.	Biedermann, Gustav	Frstth. Schwarzburg-Sondershausen	Geod.	1895-96/97	—	—	—	—
271.	von Bieganski, Nepomuk	Posen	Hosp.	1855	—	—	—	—
272.	von Biel, Thomsen	Grssh. Mecklenburg-Schwerin	Hosp.	1848	—	—	—	—
273.	Bieler, Robert	Hzgth. Anhalt	Landw.	1861/62. 62	—	—	—	Fr. 91
274.	Bieling, Hermann	Sachsen	Geod.	1889-91	—	—	—	—
275.	Bierkandt, Theodor	Ostpreussen	Landw.	1858. 58/59	—	—	—	—
276.	Bignon, Jean	Frankreich	Cult.	1882/83	—	—	—	—
277.	Biguet, Charles	Frankreich	Cult.	1886/87 bis 1887/88	—	—	—	—
278.	Bill, Adolf	Hessen-Nassau	Geod.	1895-96/97	—	—	—	—
279.	Billich, Karl Friedrich	Pommern	Hosp.	1848-49	—	—	—	—
280.	von Billing, August	Hohenzollern	Landw.	1861/62	—	—	—	—
281.	von Bülow, Cäsar	Pommern	Landw.	1862/63 bis 1864/65	—	—	—	—
282.	Binse, Alfred	Frstth. Waldeck	Geod.	1896-96/97	—	—	—	—
283.	Binde, Otto	Sachsen	Geod.	1894-96	—	—	—	Fr. 96
284.	Binterim, Hermann	Rheinprovinz	Landw.	1892	—	—	—	—
285.	Dr. Bisz, Privatdocent	Rheinprovinz	Hosp.	1867/68	—	—	—	Fr. 94
286.	Birck, Heinrich	Hessen-Nassau	Geod.	1892-93/94	—	—	—	—
287.	Birkenbach, Josef	Rheinprovinz	Cult.	1884. 84/85	—	—	17/3. 85	—
288.	Bischoff, Adolf	Rheinprovinz	Landw.	1887/88	—	—	—	—
289.	Bischoff, Ewald	Westfalen	Landw.	1896/97	—	—	—	—
290.	Graf von Bisping-Galen, Max	Russland	Landw.	1861/62 und 1862/63	—	—	—	—
291.	Bitsos, Nikolaus	Griechenland	Landw.	1871/72. 72	—	—	—	—
292.	Blanck, Ferdinand	Grssh. Mecklenburg-Schwerin	Landw.	1860/61. 61	—	—	—	—
293.	Blanck, Heinrich	Grssh. Mecklenburg-Schwerin	Landw.	1858/59. 59	—	—	—	—
294.	Blanck, Hugo	Rheinprovinz	Landw.	1861/62 bis 1862/63	—	—	—	—
295.	von Blanckart, Theodor	Rheinprovinz	Landw.	1866/67-68	—	—	—	—
296.	Blankenhorn, Ernst	Rheinprovinz	Landw.	1872/73. 73	—	—	—	—
297.	Blasweiler, August	Rheinprovinz	Geod.	1890-92	—	—	—	Fr. 92
298.	Bleeke, Robert	Rheinprovinz	Geod.	1889-90/91. 91/92. 92/93. 1893	—	—	—	Fr. 93
299.	Block, Josef	Hessen-Nassau	Hosp.	1895. 95/96	—	—	—	—
300.	Bloem, Kurt	Rheinprovinz	Landw.	1892/93. 93 und 1894	—	—	—	—
301.	Blohm, Friedrich	Hannover	Geod.	1896. 96/97	—	—	—	—
302.	von Blücher, Friedrich	Pommern	Hosp.	1869/70	—	—	—	—
303.	Graf Blücher von Wahlstadt, Gustav Gebhard Lebrecht	Schlesien	Hosp.	1856. 56/57	—	—	—	—
304.	Blum, Johann	Rheinprovinz	Cult.	1879. 79/80	—	—	12/3. 80	—
305.	Blumberger, Josef	Rheinprovinz	Hosp.	1867	—	—	—	—
306.	Blume, August	Westfalen	Geod.	1893/94-95	—	—	15/8. 95	H. 95
307.	Blumenberg, Hermann	Hessen-Nassau	Geod.	1896. 96/97	—	—	—	—
308.	Bobbert, Ferdinand	Westfalen	Geod.	1891-92	—	—	—	H. 92
309.	Bobsien, Friedrich	Mecklenburg	Hosp.	1852	—	—	—	—
310.	Bobsin, Hans	Grssh. Mecklenburg-Schwerin	Landw.	1883	—	—	—	—
311.	Bock, Alfred	Rheinprovinz	Landw.	1880/81-82	—	—	—	—
312.	Bock, Emil	Frstth. Lippe	Landw.	1896/97	—	—	—	—
313.	Bock, Hermann	Westfalen	Landw.	1858/59-60	—	10/8. 60	—	—

Namens-Verzeichniss der Studirenden.

Laufende Nr.	Namen	Heimat	Studium	Studien-Semester	zum Lehrer der Landwirthschaft an Landwirthschaftsschulen	Landwirthschaftliche Abgangsprüfung	Culturtechnische Prüfung	Landmesser-Prüfung
314.	Bedarwé, Armand	Rheinprovinz	Landw.	1894 95-96	—	11/11. 96	4 8. 96	—
315.	Bede, Diedrich	Hannover	Geod.	1895-96 97	—	—	—	—
316.	Bede, Ludwig	Hannover	Landw.	1863. 63 64	—	—	—	—
317.	Bedems, Johann	Niederlande	Hosp.	1892 93. 93	—	—	—	—
318.	Boden, Johann Baptist	Rheinprovinz	Landw.	1854 55	—	—	—	—
319.	Bedlaus, Friedrich	Pommern	Landw.	1876 77. 77	—	—	—	—
320.	von Bedisco, Hermann	Russland	Landw.	1895-96 97	—	4/3. 97	4/3. 97	—
321.	von Bedmann, Franz	Grsh. Baden	Laudw.	1856	—	—	—	—
322.	Freiherr von Bedmann, Hauptmann	Rheinprovinz	Hosp.	1872 73	—	—	—	—
323.	Beecker, Wilhelm	Rheinprovinz	Landw.	1885-86 87	—	25/4. 87	—	—
324.	Beeckhoff, Onno	Westfalen	Landw.	1879 80. 80	—	—	—	—
325.	Beeckling, Adolf	Rheinprovinz	Landw.	1852 53-54	—	—	—	—
326.	Beeckmann, Gustav	Hamburg	Landw.	1861 u. 62 63	—	—	—	—
327.	Beeckmann, Philipp	Hamburg	Landw.	1862 63 bis 1863 64	—	—	—	—
328.	Beedecker, Ludwig	Westfalen	Landw.	1860 61. 61	—	—	—	—
329.	Boogehold, Ernst	Westfalen	Hosp.	1854 55	—	—	—	—
330.	Boogehold, Justus	Rheinprovinz	Landw.	1851-52	—	4/8. 52	—	—
331.	Boehm, Kurt	Schlesien	Geod.	1894 95 bis 1896 97	—	—	—	Fr. 97
932.	Boehmer, Ernst	Ostpreussen	Geod.	1895-96 97	—	—	—	Fr. 97
333.	Boehmer, Wilhelm	Westfalen	Cult.	1886. 86 87	—	—	16/3. 87	—
334.	Boeker, Hermann Heinrich	Rheinprovinz	Landw.	1881 82 bis 1882 83	—	—	—	—
335.	Boekbelt, Friedrich	Hannover	Geod.	1896. 96 97	—	—	—	—
336.	Boell, Wilhelm	Hannover	Geod.	1893-94 95	—	—	14 8. 95	Fr. 95
337.	Boemloch, Arthur	Schlesien	Laudw.	1873 74. 74	—	—	—	—
338.	Beer, Peter	Rheinprovinz	Hosp.	1876 77 bis 1877 78	—	—	—	—
339.	de Beer, Johannes	Hannover	Geod.	1892-94 95	—	—	—	H. 95
340.	Boerner, Heinrich Ludwig	Westfalen	Hosp.	1868	—	—	—	—
341.	Böse, Max	Rheinprovinz	Landw.	1867 68-69	—	—	—	—
342.	Frhr. von Besselager, Friedrich	Hannover	Landw.	1878	—	—	—	—
343.	Bessenberg, Arnold	Hannover	Geod.	1895-96 97	—	—	—	Fr. 97
344.	Boettcher, Otto	Rheinprovinz	Landw.	1882 83. 83	—	—	—	—
345.	von Boetticher, Friedrich	Russland	Landw.	1856 57-58	—	—	—	—
346.	von Boetticher, Oskar	Russland	Landw.	1856 57 bis 1858 59	—	—	—	—
347.	Boettrich, Wilhelm	Westfalen	Landw.	1857. 57 58	—	—	—	—
348.	Bohn, Friedrich	Rheinprovinz	Hosp.	1858 59	—	—	—	—
349.	Bohne, Johannes	Westfalen	Geod.	1895 96. 96	—	—	—	—
350.	Bohsenkamp, Hermann	Westfalen	Cult.	1878. 78 79	—	—	11/3. 79	—
351.	von Behes, Ladislaus	Ungarn	Hosp.	1856	—	—	—	—
352.	von Behes, Stephan	Ungarn	Landw.	1856	—	—	—	—
353.	Boljahn, John	Schleswig-Holstein	Geod.	1892-93/94	—	—	—	Fr. 94
354.	Boll, Charles	Schweiz	Landw.	1872/73. 73	—	—	—	—
355.	Boll, Emil	Hessen-Nassau	Geod.	1896. 96 97	—	—	—	—
356.	Belle, Walter	Rheinprovinz	Geod.	1894 95 bis 96 97	—	—	Fr. 97	Fr. 97
357.	Bellig, Hubert, Forsteleve	Rheinprovinz	Hosp.	1871/72. 72	—	—	—	—
358.	Bellig, Peter	Rheinprovinz	Laudw.	1892/93	—	—	—	—
359.	Bellig, Wilhelm	Rheinprovinz	Landw.	1893-96	—	—	—	H. 96
360.	Belten, Hermann	Grsh. Mecklenburg-Schwerin	Landw.	1861/62. 62	—	—	—	—
361.	Belten, Johannes, Reg.-Baumeister	Schleswig-Holstein	Cult.	1884. 84/85	—	—	16/5. 85	—

9*

Laufende Nr.	Namen	Heimat	Studium	Studien-Semester	Abgelegte Prüfungen zum Lehrer der Landwirthschaft an Landwirthschaftsschulen	Landwirthschaftliche Abgangsprüfung	Culturtechnische Prüfung	Landmesserprüfung
362.	Bomm, Peter	Rheinprovinz	Geod.	1894-95 96 u. 96/97	—	—	H. 96	Fr. 96
363.	von Bongé, Major a. D.	Rheinprovinz	Hosp.	1884/85	—	—	—	—
364.	von Bonioeki, Stanislaus	Russland	Landw.	1890/91. 91	—	—	—	—
365.	Bonn, Josef	Rheinprovinz	Geod.	1896. 96/97	—	—	—	—
366.	Bonsel, Johannes	Westfalen	Geod.	1894-96 97	—	—	—	—
367.	Bonsmann, Wanderlehrer	Rheinprovinz	Hosp.	1876 u. 79	—	—	—	—
368.	Borchers, Ernst	Hannover	Hosp.	1893	—	—	—	—
369.	Bergstaette, Otto	Hannover	Geod.	1892-95	—	—	—	H. 94
370.	von Born, Viktor	Posen	Landw.	1873/74	—	—	—	—
371.	Bornitz, Hugo	Sachsen	Geod.	1895-96 97	—	—	—	—
372.	von Borries	Westfalen	Hosp.	1857 58	—	—	—	—
373.	von Borries, Albert	Rheinprovinz	Geod.	1896. 96/97	—	—	—	—
374.	von Borries, Philipp	Westfalen	Landw.	1866 67. 67	—	—	—	—
375.	Borstell, Leberecht	Sachsen	Landw.	1849/50	—	—	—	—
376.	Borsatzky, Richard	Hessen-Nassau	Geod.	1894-96 97	—	—	—	—
377.	Boscarolli, Friedrich	Österreich	Landw.	1864	—	—	—	—
378.	Boscheldgen, Hermann	Kgr. Sachsen	Landw.	1853/54. 54	—	—	—	—
379.	Boscheldgen, Hermann	Rheinprovinz	Hosp.	1885/86. 86	—	—	—	—
380.	Bosch von Drakestein, Eugen	Niederlande	Landw.	1894/95	—	—	—	—
381.	Boshof, Franz	Rheinprovinz	Geod.	1894-96 97	—	—	H. 96	H. 96
382.	Bossel, Friedrich	Hannover	Landw.	1857 58. 58	—	—	—	—
383.	Bosselmann, Ludwig	Brandenburg	Landw.	1867. 67/68	—	—	—	—
384.	Bothe, Carl	Hzgth. Anhalt	Landw.	1861 62. 62	—	—	—	—
385.	von Bothmar	Rheinprovinz	Hosp.	1858	—	—	—	—
386.	Frhr. von Bottlenberg-Schirp, Eduard	Westfalen	Landw.	1887 88-90	—	—	—	—
387.	Bourguet, Paul	Rheinprovinz	Landw.	1884/85	—	—	—	—
388.	Bouvier, Cunibert	Elsass-Lothringen	Hosp.	1895 96	—	—	—	—
389.	Bovet, Fritz	Schweiz	Landw.	1869 70. 70	—	—	—	—
390.	Boysen, Jens	Schleswig-Holstein	Geod.	1891-92 93	—	—	—	Fr. 93
391.	von Brackel, Georg	Hannover	Landw.	1848 49-50	—	—	—	—
392.	Brackle, Wilhelm	Westfalen	Cult.	1885. 85/86	—	—	13 3. 86	—
393.	Brade, Kurt	Sachsen	Geod.	1894-96 97	—	—	—	—
394.	Braemer, Agathon	Ostpreussen	Landw.	1861 62. 62	—	—	—	—
395.	Brasser, Gustav	Posen	Landw.	1866	—	—	—	—
396.	Brake, Bertram	Hannover	Landw.	1862 63 bis 1863/64	—	—	—	—
397.	Brambring, Franz Josef	Westfalen	Cult.	1879. 79/80	—	—	11 3. 80	—
398.	Brandenburg, Aloys	Rheinprovinz	Cult.	1890. 90/91	—	—	—	—
399.	Brandes, Theodor	Hannover	Geod.	1895 96	—	—	—	—
400.	Brandis, Carl	Rheinprovinz	Landw.	1851/52. 56. 1856/57. 57/58	—	—	—	—
401.	Brandt, Gottlieb	Sachsen	Hosp.	1894	—	—	—	—
402.	Brandt, Wilhelm	Hessen-Nassau	Landw.	1862	—	—	—	—
403.	Brasseur, Ernest	Belgien	Landw.	1893. 93/94	—	—	—	—
404.	Brauer, Alphons	Bremen	Hosp.	1882 83	—	—	—	—
405.	Brauer, Ludwig	Hessen-Nassau	Geod.	1894-96 97	—	—	H. 96	Fr. 96
406.	Braun, Friedrich	England	Landw.	1879	—	—	—	—
407.	von Braun, Ludwig	Pommern	Landw.	1859 60. 60	—	—	—	—
408.	Braun, Wilhelm	Pommern	Landw.	1857/58. 58	—	—	—	—
409.	Brauns, Friedrich	Schlesien	Landw.	1865 66 bis 1866 67	—	—	—	—
410.	Brause, Wilhelm	Schlesien	Landw.	1865 66 bis 1866 67	—	—	—	—
411.	Brauweiler, Josef	Rheinprovinz	Cult.	1887 88. 88	—	—	9 8. 88	—

Namens-Verzeichniss der Studirenden. 133

Laufende Nr.	Namen	Heimat	Studium	Studien-Semester	zum Lehrer der Landwirthschaft an Landwirthschaftschulen	Landwirthschaftliche Abgangsprüfung	Culturtechnische Prüfung	Landmesser-Prüfung
					Abgelegte Prüfungen			
412.	Brabeck, Josef	Rheinprovinz	Landw.	1867/68-69	—	7/8. 69	—	—
413.	Bredenbeck, Heinrich	Westfalen	Landw.	1859-61/62	—	—	—	—
414.	Brell, Wilhelm	Westfalen	Geod.	1891-92/93	—	—	18/4. 93	Fr. 93
415.	Breitenbach, Rudolf	Rheinprovinz	Landw.	1854/55	—	—	—	—
416.	Breitkopf, Emmo	Schlesien	Cult.	1876/77. 77	—	—	1/8. 77	—
417.	Breitung, August	Ostpreussen	Cult.	1877/78. 78	—	—	8 8. 78	—
418.	Bremer, Albert	Westfalen	Landw.	1891-92/93	—	4/3. 93	—	—
419.	Brewer, Franz	Hannover	Geod.	1895-96/97	—	—	—	—
420.	Brendgens, Gerhard	Rheinprovinz	Geod.	1896. 96/97	—	—	—	—
421.	Brennecke, Theodor	Sachsen	Landw.	1865	—	—	—	—
422.	von Brescius, Ernst	Kgr. Sachsen	Landw.	1861. 61/62	—	—	—	—
423.	Brewer, Martin	Rheinprovinz	Landw.	1868-70	—	—	—	—
424.	Breunig, Paul	Kgr. Bayern	Landw.	1882	—	—	—	—
425.	Breustedt, Alfred	Hannover	Geod.	1895-96/97	—	—	—	—
426.	Brevis, Eduard	Westfalen	Landw.	1869/70. 70	—	—	—	—
427.	von Brewer, Fritz	Rheinprovinz	Landw.	1859	—	—	—	—
428.	Breyer, Hubert	Rheinprovinz	Geod.	92-93/94	—	—	—	Fr. 94
429.	Brieger, Theodor	Schlesien	Cult.	1879. 79/80	—	—	21/1. 80	—
430.	Briegleb, Carl	Hzgth. Sachsen-Coburg-Gotha	Landw.	1861/62 bis 1862/63	—	13/3. 63	—	—
431.	Brinkama, August	Grssh. Oldenburg	Landw.	1862/63 bis 1863/64	—	—	—	—
432.	Brinker, Josef	Rheinprovinz	Hosp.	1862/63 bis 1863/64	—	—	—	—
433.	Brockhoff, Christian	Rheinprovinz	Landw.	1857-58/59	—	—	—	—
434.	Brockhoff, Gustav	Rheinprovinz	Hosp.	1887/88	—	—	—	—
435.	Brockmann, Otto	Hannover	Geod.	1896. 96/97	—	—	—	—
436.	Brockmann, Wilhelm	Westfalen	Geod.	1893-94/95	—	—	—	Fr. 95
437.	Brode, Robert	Posen	Cult.	1882-83	—	—	—	—
438.	Brodowicz, Ladislaw	Galizien	Cult.	1893/94. 94	—	—	21/7. 94	—
439.	Broich, August	Rheinprovinz	Landw.	1861/62. 62	—	—	—	—
440.	Broes, Theodor	Hannover	Landw.	1865/66-69	—	—	—	—
441.	Broses, Friedrich	Rheinprovinz	Landw.	1890/91	—	—	—	—
442.	Brot, Leon	Schweiz	Landw.	1876-77/78	—	—	—	—
443.	von Brougier, Otto	Brandenburg	Cult.	1879/80. 80	—	—	10/8. 80	—
444.	Bruckhaus, August	Rheinprovinz	Hosp.	1881 u. 82	—	—	—	—
445.	Brucklach, Johannes	Schlesien	Geod.	1891. 91/92	—	—	—	Fr. 92
446.	Brück, Johann Baptist	Rheinprovinz	Landw.	1880/81-82	—	—	—	—
447.	Brückner, Karl	Grssh. Sachsen-Weimar	Landw.	1863. 63/64	—	—	—	—
448.	Brügelmann, Otto	Rheinprovinz	Landw.	1867/68 bis 1868/69	—	—	—	—
449.	Brüggemann, Emil	Rheinprovinz	Landw.	1895/96. 96	—	—	—	—
450.	Brügmann, Fritz	Westfalen	Landw.	1880-81	—	—	—	—
451.	Brügmann, Otto	Hamburg	Landw.	1896/97	—	—	—	—
452.	Bruening, Friedrich	Rheinprovinz	Landw.	1858/59-60	—	—	—	—
453.	Bruening, Hugo	Westfalen	Landw.	1860/61. 61	—	—	—	—
454.	Bruening, Otto	Rheinprovinz	Cult.	1883. 84. 84	—	—	9 8. 84	—
455.	Bruening, Reinhold	Westfalen	Landw.	1872	—	—	—	—
456.	Bruening, Wilhelm	Westfalen	Landw.	1848/49. 49	—	—	—	—
457.	Bruock, Franz Carl	Grssh. Hessen	Landw.	1872/73	—	—	—	—
458.	Bruno, Franz	Westfalen	Geod.	1895-96	—	—	—	—
459.	Bruno, Emil	Belgien	Landw.	1865. 65/66	—	—	—	—
460.	Bruttig, Christian	Rheinprovinz	Geod.	1889-91/92	—	—	—	H. 91
461.	von Brzeski, Franz	Posen	Landw.	1856/57-58	—	—	—	—
462.	von Buch, Adolf	Grssh. Mecklenburg-Schwerin	Landw.	1862/63 bis 1863/64	—	—	—	—
463.	Buch, Carl	Ostpreussen	Geod.	1891-93	—	—	—	Fr. 93
464.	Buch, Hans	Rheinprovinz	Hosp.	1896	—	—	—	—

Laufende Nr.	Namen	Heimat	Studium	Studien-Semester	zum Lehrer der Landwirthschaft an Landwirthschaftsschulen	Landwirthschaftliche Abgangsprüfung	Culturtechnische Prüfung	Landmesser-Prüfung
					Abgelegte Prüfungen			
465.	Buchacker, Gustav	Rheinprovinz	Landw.	1866/67. 67	—	—	—	Fr. 97
466.	Buchalli, Wilhelm	Rheinprovinz	Geod.	1895-96/97	—	—	—	—
467.	Dr. Buchholm, Bernhard	Hzgth. Braunschweig	(Hat nicht in Poppelsdorf studirt.)		20/4. 80	—	—	—
468.	von Bechholtz, Werner	Russland	Landw.	1891/92	—	—	—	—
469.	Buck, August	Hessen-Nassau	Geod.	1893-94/95	—	—	—	Fr. 95
470.	von Buckenferde-Stempel, Leonce	Russland	Landw.	1863/64-65	—	4/8. 65	—	—
471.	Budde, Wilhelm	Westfalen	Geod.	1889-90/91	—	—	—	Fr. 91
472.	von Budziszewski, J. Felices	Russland	Landw.	1864	—	—	—	—
473.	Buedlng, Adolf	Berlin	Landw.	1859. 59/60	—	—	—	—
474.	Buehler, Georg	Pommern	Landw.	1884/85 bis 1885/86	—	—	—	—
475.	von Buelow, Bernhard	Sachsen	Landw.	1874. 74/75	—	—	—	—
476.	von Buelow, Konrad	Pommern	Landw.	1856/57 bis 1857/58	—	—	—	—
477.	von Buelow, Wilhelm	Hzgth. Braunschweig	Landw.	1888. 89	—	—	—	—
478.	von Buenau, Rudolf	Kgr. Sachsen	Landw.	1857. 57/58	—	—	—	—
479.	Buenecke, Karl	Frstth. Waldeck	Geod.	1891-93/94	—	—	26/4. 94	Fr. 93
480.	Buerbaum, Emil	Westfalen	Cult.	1883. 83/84	—	—	15/3. 84	—
481.	Buerok, Hermann	Grssh. Baden	Landw.	1888. 89	—	—	—	—
482.	Bueschlag, Karl	Westfalen	Cult.	1882. 82/83	—	—	16/3. 83	—
483.	Buettner, Kurt	Pommern	Geod.	1892-94	—	—	—	Fr. 94
484.	Buexten, Robert	Westfalen	Landw.	1863/64. 64	—	—	—	—
485.	Buhl, Karl	Rheinprovinz	Landw.	1890-91	—	19/10. 91	19/10. 91	—
486.	Buhr, Wilhelm	Rheinprovinz	Geod.	1890-92	—	—	—	Fr. 92
487.	Bungert, Ludwig	Westfalen	Landw.	1886. 86/87	—	10/3. 87	—	—
488.	Bunse, Karl	Westfalen	Landw.	1896. 96/97	—	—	—	—
489.	Dr. Bunsen, Theodor	England	Hosp.	1853	—	—	—	—
490.	Dr. von Bunsen, Rittergutsbesitzer	Rheinprovinz	Hosp.	1857/58 bis 1858/59 und 1859/60 bis 1860/61	—	—	—	—
491.	Burbach, Heinrich	Rheinprovinz	Geod.	1894-96/97	—	—	Fr. 97	Fr. 96
492.	Burok, Georg	Hessen-Nassau	Cult.	1882. 83. 83	—	—	11/8. 83	—
493.	Burokhardt, Max	Sachsen	Geod.	1891-93	—	—	18/4. 93	Fr. 93
494.	Burkart, August	Rheinprovinz	Geod.	1895-96/97	—	—	—	—
495.	Burkart, Hermann	Rheinprovinz	Landw.	1864	—	—	—	—
496.	Busch, Eduard	Rheinprovinz	Hosp.	1885. 85/86	—	—	—	—
497.	Busch, Ludwig	Russland	Landw.	1857	—	—	—	—
498.	Busch, Peter	Rheinprovinz	Hosp.	1863/64	—	—	—	—
499.	von dem Busche, Viktor	—	Landw.	1848/49	—	—	—	—
500.	von dem Busche-Kessel, Friedrich Wilhelm	Rheinprovinz	Landw.	1850-51/52	—	—	—	—
501.	Buschmann, Albert	Rheinprovinz	Landw.	1867-68	—	—	—	—
502.	Busenbender, Franz	Rheinprovinz	Geod.	1895-96/97	—	—	—	Fr. 97
503.	von dem Bussche-Hünnefeld, Eberhard	Hannover	Landw.	1873/74-75	—	—	—	—
504.	Busse, August	Österreich	Cult.	1885/86-86	—	—	11/8. 86	—
505.	Busse, Eduard	Frstth. Lippe	Landw.	1859/60-61	—	8/8. 61	—	—
506.	Busse, Gustav	Posen	Geod.	1893-95/96 und 1896/97	—	—	—	—
507.	Busse, Rudolf	Frstth. Lippe	Landw.	1861/62	—	—	—	—
508.	Bussen, Franz	Westfalen	Geod.	1894/95 bis 1896/97	—	—	—	—
509.	Bussillat, Heinrich	Westfalen	Geod.	1893/94 bis 1895/96	—	—	16/1. 95	Fr. 96
510.	Bust, Eduard	Rheinprovinz	Hosp.	1885/86	—	—	—	—

Namens-Verzeichniss der Studirenden.

Laufende Nr.	Namen	Heimat	Studium	Studien-Semester	zum Lehrer der Landwirthschaft an Landwirthschaftsschulen	Landwirthschaftliche Abgangsprüfung	Culturtechnische Prüfung	Landmesser-Prüfung
					Abgelegte Prüfungen			
511.	Butenberg, Oskar	Hannover	Landw.	1877/78 und 1878/79	—	—	—	—
512.	von Buttlar-Ziegenberg, Odomar	Hessen-Nassau	Landw.	1850/51. 51	—	—	—	—
513.	von Buttler, Max Friedrich	Hzgth. Sachsen-Meiningen	Hosp.	1856. 57	—	—	—	—
514.	von Byern, Gero	Brandenburg	Landw.	1869. 69/70	—	—	—	—
515.	Bytschkow, Gedeon	Russland	Landw.	1875/76	—	—	—	—
		C.						
516.	Cadenbach, Franz	Rheinprovinz	Geod.	1895-96/97	—	—	—	—
517.	Cahn, Alfred	Rheinprovinz	Landw.	1864/65 bis 1865/66	—	—	—	—
518.	Cameron, Eustace	Tasmanien	Landw.	1892/93	—	—	—	—
519.	de Casp, Peter	Österreich	Hosp.	1858/59	—	—	—	—
520.	von Casstein, Ernst	Rheinprovinz	Landw.	1869. 69/70	—	—	—	—
521.	von Carnap, Hugo	Rheinprovinz	Landw.	1849/50	—	—	—	—
522.	Prinz Carolath, Heinrich	Rheinprovinz	Hosp.	1875-76	—	—	—	—
523.	Carow, Max	Elsass-Lothringen	Landw.	1883/84 bis 1884/85	—	—	—	—
524.	Carstanjen, Julius	Rheinprovinz	Landw.	1850/51	—	—	—	—
525.	Caspers, Ferdinand	Westfalen	Landw.	1891-92/93	—	4/3. 93	—	—
526.	Caullier, Alex	Frankreich	Hosp.	1877/78	—	—	—	—
527.	Cetto, Karl	Rheinprovinz	Landw.	1857/58	—	—	—	—
528.	Chabot, Friedrich	Niederlande	Landw.	1891/92 bis 1892/93	—	—	—	—
529.	Channing, Francis Chordoy	Indien	Landw.	1884-85	—	—	—	—
530.	von Chappuis, Karl, Lieutenant	Rheinprovinz	Hosp.	1875	—	—	—	—
531.	de Charrière de Severy, Wilhelm	Schweiz	Landw.	1871	—	—	—	—
532.	Chodschaeff, Alexander	Russland	Landw.	1875/76. 76	—	—	—	—
533.	Chodschaeff, Karabeth	Russland	Landw.	1875/76. 76	—	—	—	—
534.	Chrisanth, Josef	Rheinprovinz	Geod.	1893/94 bis 1895/96	—	—	—	II. 95
535.	Christ, Josef	Schlesien	Cult.	1882. 82/83	—	—	16/3. 83	—
536.	Christians, Georg	Grssh. Oldenburg	Landw.	1855-56	—	—	—	—
537.	Christians, Wilhelm	Westfalen	Geod.	1895-96/97	—	—	—	—
538.	Christoph, Franz	Hannover	Geod.	1894-95/96	—	—	Fr. 96	Fr. 96
539.	Chüden, Julius	Westpreussen	Landw.	1866/67	—	—	—	—
540.	von Chrzanowski, Viktor	Posen	Landw.	1864	—	—	—	—
541.	von Ciechanowieckl, Felix	Russland	Landw.	1871/72 bis 1872/73	—	8/3. 73	—	—
542.	von Cienski, Adolf	Österreich	Cult.	1879/80	—	—	—	—
543.	de Claer, Albert	Rheinprovinz	Landw.	1857-59	—	—	—	—
544.	Claessen, Josef	Rheinprovinz	Landw.	1884/85	—	—	—	—
545.	Graf von Clary-Aldringen, Karl	Österreich	Hosp.	1864/65	—	—	—	—
546.	Claudi, Hugo	Böhmen	Landw.	1868/69. 69	—	—	—	—
547.	Class, Gustav	Hessen-Nassau	Geod.	1893-94/95	—	—	19/1. 95	Fr. 95
548.	Claussen, Adolf	Rheinprovinz	Landw.	1866-67	—	—	—	—
549.	vom Cleff, Carl	Rheinprovinz	Geod.	1894/95 bis 1896/97	—	—	—	II. 96
550.	Clément, Eduard	Rheinprovinz	Geod.	1890-91/91	—	—	—	II. 91
551.	Clément, Wilhelm	Hessen-Nassau	Geod.	1894-95/96	—	—	Fr. 96	Fr. 96
552.	von Cleve, Ernst	Pommern	Landw.	1872	—	—	—	—

Festschrift.

Laufende Nr.	Namen	Heimat	Studium	Studien-Semester	zum Lehrer der Landwirthschaft an Landwirthschaftsschulen	Landwirthschaftliche Abgangsprüfung	Culturtechnische Prüfung	Landmesser Prüfung
					Abgelegte Prüfungen			
553.	Cläver, Wilhelm	Hannover	Landw.	1865 66 bis 1866 67	—	—	—	—
554.	Cayrim, Hieronymus	Elsass-Lothringen	Geod.	1894 95-96	—	—	24 7. 96	H. 96
555.	von Cochenhausen, Arnold	Hessen-Nassau	Landw.	1862 63. 63	—	—	—	—
556.	Cochius, Georg	Pommern	Landw.	1866 67. 67	—	—	—	—
557.	Cochius, Walter	Brandenburg	Geod.	1895-96 97	—	—	—	—
558.	Cohen, Josef	Hamburg	Landw.	1892-93	—	—	—	—
559.	Cohnfeld, Felix	Pommern	Landw.	1848. 48 49	—	—	—	—
560.	Cole, Lionel	Hzgth. Braunschweig	Landw.	1865 66 bis 1866 67	—	—	—	—
561.	Collmann, Wilhelm, Gutsbesitzer	Hannover	Hosp.	1867 68	—	—	—	—
562.	Colmant, Johann	Rheinprovinz	Landw.	1849 50 bis 1851 52	—	—	—	—
563.	Conen, Franz	Rheinprovinz	Landw.	1888	—	—	—	—
564.	Conix, Julius	Rheinprovinz	Landw.	1855 56. 56	—	—	—	—
565.	Conradi, Albert	Hessen-Nassau	Landw.	1871 72-73	—	—	—	—
566.	Conradi, Wilhelm	Hannover	Landw.	1865-66	—	—	—	—
567.	Conzen, Franz	Rheinprovinz	Landw.	1852 53. 53	—	—	—	—
568.	Copprian, Johannes	Rheinprovinz	Cult.	1885. 85/86	—	—	13 3. 86	—
569.	Coqui, Gustav	Berlin	Landw.	1867 68 bis 1868 69	—	—	—	—
570.	Coqui, Paul	Sachsen	Landw.	1872 73. 73	—	—	—	—
571.	Coqui, Rudolf	Sachsen	Landw.	1862 63. 63	—	—	—	—
572.	Cordes, Heinrich	Hamburg	Geod.	1895-96/97	—	—	—	—
573.	von Corswant, Hermann	Berlin	Landw.	1876	—	—	—	—
574.	Cosack, Karl	Westfalen	Hosp.	1879. 79 80	—	—	—	—
575.	Cossiar, Arnold	Rheinprovinz	Geod.	1896. 96/97	—	—	—	—
576.	Costecable, Rudolf	Sachsen	Landw.	1855. 55 56	—	—	—	—
577.	Frhr. von Cotta, Georg	Kgr. Württemberg	Landw.	1890 91	—	—	—	—
578.	Couperus, Georg	Niederlande	Landw.	1857 58	—	—	—	—
579.	Craemer, Rudolf	Westfalen	Hosp.	1893	—	—	—	—
580.	Craméer, Max	Hannover	Landw.	1877-78	—	—	—	—
581.	von Cramm, Edgar	Posen	Landw.	1868 69. 69	—	—	—	—
582.	Cretius, Oskar	Schlesien	Landw.	1868	—	—	—	—
583.	Cronenberg, Josef	Rheinprovinz	Cult.	1881. 81/82. 1883 84. 84	—	—	—	—
584.	Prinz von Croy, Karl	Belgien	Landw.	1894 95	—	—	—	—
585.	Crüll, Emil	Berlin	Landw.	1847 48 bis 1848/49	—	—	—	—
586.	Crusius, Heinrich	Kgr. Sachsen	Hosp.	1882 83	—	—	—	—
587.	Culp, Saly	Rheinprovinz	Landw.	1877-78	—	—	—	—
588.	Cuny, Jakob	Sachsen	Landw.	1860 61. 61	—	—	—	—
589.	Czerwinski, Metschislaw	Russland	Landw.	1882 83. 83	—	—	—	—

D.

590.	Daecke, Friedrich Heinrich	Rheinprovinz	Landw.	1851-52/53	—	—	—	—
591.	Dael, Hugo	Hessen-Nassau	Landw.	1855-56	—	—	—	—
592.	Dasies, Robert	Rheinprovinz	Hosp.	1890	—	—	—	—
593.	Dahlmann, Albert	Hessen-Nassau	Geod.	1893-96	—	—	—	H. 96
594.	Dahm, Johann	Rheinprovinz	Hosp.	1888	—	—	—	—
595.	Dahms, Paul	Pommern	Landw.	1867 68. 68	—	—	—	—
596.	Dallwig, Aloys	Hessen-Nassau	Geod.	1891 92	—	—	—	—
597.	Dallwig, Constantin	Rheinprovinz	Cult.	1883. 83 84	—	—	15 3. 84	—
598.	Dammann, Johannes	Schleswig-Holstein	Geod.	1896	—	—	—	—

Namens-Verzeichniss der Studirenden.

Laufende Nr.	Namen	Heimat	Studium	Studien-Semester	Abgelegte Prüfungen zum Lehrer der Landwirthschaft an Landwirthschaftsschulen	Landwirthschaftliche Abgangsprüfung	Culturtechnische Prüfung	Landmesserprüfung
599.	Dacckworts, Justus, Reg.-Baumeister	Hannover	Cult.	1882. 82/83	—	—	9/3. 83	—
600.	Dander, John	Russland	Landw.	1880. 80/81	—	—	—	—
601.	Daniel, Jakob	Rheinprovinz	Geod.	1894-95/96	—	—	Fr. 96	Fr. 96
602.	Danker, Otto	Hessen-Nassau	Cult.	1882. 82/83	—	—	14/3. 83	—
603.	Danne, Federik	Ver. Staaten v. N.-America	Landw.	1852	—	—	—	—
604.	Dannenberg, August	Ostpreussen	Landw.	1867/68. 68	—	—	—	—
605.	Danner, Wilhelm	Westfalen	Landw.	1871/72	—	—	—	—
606.	Danz, Wilhelm	Westfalen	Geod.	1896. 96/97	—	—	—	—
607.	Danb, Heinrich	Westfalen	Landw.	1861. 61/62	—	—	—	—
608.	Danbach, Max	Rheinprovinz	Geod.	1889-91	—	—	—	Fr. 91
609.	Danbenspeok, Carl	Rheinprovinz	Landw.	1879-80 bis 1880/81	—	—	—	—
610.	Danbenspeck, Eduard	Rheinprovinz	Landw.	1880-82	—	—	—	—
611.	Day, James	Ver. Staaten v. N.-America	Hosp.	1872	—	—	—	—
612.	Deohange, Eduard	Rheinprovinz	Geod.	1896. 96/97	—	—	—	—
613.	Decker, Mathias	Luxemburg	Landw.	1866	—	—	—	—
614.	Decker, Peter	Rheinprovinz	Landw.	1865/66	—	—	—	—
615.	Deckert, Friedrich	Hessen-Nassau	Geod.	1894-96/97	—	—	—	—
616.	Deoking, August	Westfalen	Geod.	1893-95	—	—	25/10. 95	Fr. 95
617.	Degen, Karl		Hosp.	1849	—	—	—	—
618.	Degener, Robert	Hannover	Landw.	1877/78. 78	—	—	—	—
619.	Degenhart, Carl	Rheinprovinz	Geod.	1893-95	—	—	—	II. 95
620.	Degraa, Jakob	Rheinprovinz	Landw.	1860/61. 61	—	8/8. 61	—	—
621.	Degtlareff, Georg	Russland	Landw.	1875/76-77	—	30/7. 77	—	—
622.	Dehahardt, Carl	Rheinprovinz	Geod.	1894-96/97	—	—	—	—
623.	von Deines, Adolf	Hessen-Nassau	Landw.	1867-68	—	—	—	—
624.	Deist, Nikolaus	Rheinprovinz	Cult.	1883/84. 84	—	—	9/8. 84	—
625.	Delz, Tobias	Kgr. Bayern	Landw.	1872	—	—	—	—
626.	Delafergue, Franz	Rheinprovinz	Hosp.	1879	—	—	—	—
627.	Dellus, Wilhelm	Sachsen	Landw.	1855-56	—	—	—	—
628.	Demarrez, Eduard	Belgien	Landw.	1869. 69/70	—	—	—	—
629.	Deseke, Fritz	Sachsen	Cult.	1877/78. 78	—	—	6/8. 78	—
630.	Dengel, Arthur	Hamburg	Geod.	1893-95	—	—	—	Fr. 95
631.	Derichsweiler, Wilhelm, Forsteleve	Rheinprovinz	Hosp.	1882/83	—	—	—	—
632.	Dern, August	Hessen-Nassau	Landw.	1881/82 bis 1882/83 u. 1883/84	—	10/3. 83	—	—
633.	Dern, Ludwig	Hessen-Nassau	Hosp.	1893	—	—	—	—
634.	Derz, Alfred	Sachsen	Cult.	1880/81. 81	—	—	9/8. 81	—
635.	von Detten, Josef	Westfalen	Landw.	1857. 57/58	—	—	—	—
636.	Dettloff, Constantin	Russland	Landw.	1861/62	—	—	—	—
637.	Dettweiler, Friedrich	Grssh. Hessen	Landw.	1885/86 u. 1886-87 bis 1887/88	—	24/4. 88	—	—
638.	Deubel, Emil	Rheinprovinz	Cult.	1880/81. 81	—	—	6/8. 81	—
639.	Deutsoh, Nikolaus	Rheinprovinz	Landw.	1854. 54/55	—	7/3. 55	—	—
640.	Deventer, Heinrich	Westfalen	Geod.	1894-95/96	—	—	Fr. 96	Fr. 96
641.	Deye, Bernhard	Grssh. Oldenburg	Landw.	1866-67	—	—	—	—
642.	Graf Deym, Ottokar	Mähren	Landw.	1869/70 bis 1870/71	—	—	—	—
643.	Dickersbach, Josef	Rheinprovinz	Cult.	1888. 88/89	—	—	16/3. 89	—
644.	Diederichsen, Jakob	Schleswig-Holstein	Landw.	1892/93 bis 1894/95	—	—	—	—
645.	Diedrich, Josef	Rheinprovinz	Geod.	1889-90/91	—	—	—	Fr. 91

Festschrift.

Laufende Nr.	Namen	Heimat	Studium	Studien-Semester	zum Lehrer der Landwirthschaft an Landwirthschaftsschulen	Landwirthschaftliche Abgangsprüfung	Culturtechnische Prüfung	Landmesser Prüfung
					Abgelegte Prüfungen			
646.	Dieken, Heinrich	Hannover	Landw.	1864 65 bis 1865 66 u. 72	—	—	—	—
647.	Dieser, Karl	Westpreussen	Landw.	1863 64. 64	—	—	—	—
648.	Dieser, Paul	Westpreussen	Landw.	1866 67	—	—	—	—
649.	Frhr. von Diergardt, Friedrich	Rheinprovinz	Landw.	1857-58 59 und 1862 63	—	—	—	—
650.	Frhr. von Diergardt, Gutsbesitzer	Rheinprovinz	Hosp.	1860-61 62. 1865. 65 66 und 1866 67	—	—	—	—
651.	Frhr. von Diergardt, Unterlieutenant zur See	Rheinprovinz	Hosp.	1877 78	—	—	—	—
652.	Dierichs, Robert	Rheinprovinz	Landw.	1896 97	—	—	—	—
653.	Dierks, Wilhelm	Rheinprovinz	Geod.	1889-91	—	—	—	Fr. 91
654.	Dietrich, Arwed	Kgr. Sachsen	Cult.	1888 89-90. 1892 u. 92 93	—	—	—	—
655.	Dietrich, Wilhelm	Rheinprovinz	Cult.	1884. 84 85	—	—	17 3. 85	—
656.	Dietze, Hans	Sachsen	Landw.	1862	—	—	—	—
657.	Dietze, Hermann	Westfalen	Geod.	1896. 96 97	—	—	—	—
658.	Dilthey, Wilhelm	Rheinprovinz	Hosp.	1858	—	—	—	—
659.	Dippe, Felix	Sachsen	Cult.	1880. 80 81	—	—	15 3. 81	—
660.	Disqué, Conrad	Kgr. Bayern	Landw.	1850 51	—	—	—	—
661.	Dissel, Otto	Frstth. Waldeck	Geod.	1890 91 bis 1893 94	—	—	—	H. 93
662.	Ditges, Theodor	Rheinprovinz	Landw.	1876 77. 77	—	—	—	—
663.	Dittmar, Robert	Posen	Cult.	1882 83. 83	—	—	11. 8. 83	—
664.	Djelal-Bey	Türkei	Landw.	1885	—	—	—	—
665.	de Dobbeler, Carl	Schlesien	Landw.	1871 72. 72. 1873. 73 74	—	9/1. 74	—	—
666.	Dobbelstein, Julius	Westfalen	Landw.	1861 62	—	—	—	—
667.	Doell, Franz Julius	Sachsen	Cult.	1883 84 bis 1884 85	—	—	17 3. 85	—
668.	Doellen, Ernst Friedrich	Brandenburg	Landw.	1851-52	—	—	—	—
669.	Doenhardt, Wilhelm	Rheinprovinz	Geod.	1892-94	—	—	—	Fr. 94
670.	Doenhoff, Paul	Westfalen	Landw.	1885 86. 86	—	—	—	—
671.	Doering, Gustav	Hannover	Geod.	1884 85. 85. 1886 87 und 1889-90 91	—	—	16 3. 87	Fr. 91
672.	Doerries, Walter	Rheinprovinz	Landw.	1895 96	—	—	—	—
673.	Doerth, August	Westfalen	Landw.	1858 59 bis 1859 60	—	—	—	—
674.	Doerstling, Bernhard	Hzgth. Sachsen-Altenburg	Landw.	1859	—	—	—	—
675.	von Doetinchem, Werner	Sachsen	Hosp.	1881	—	—	—	—
676.	Doherr, Karl	Schlesien	Landw.	1857 58. 58	—	—	—	—
677.	Dohmen, Peter	Rheinprovinz	Geod.	1890-93 94	—	—	—	—
678.	Doinet, Karl	Rheinprovinz	Geod.	1889-90 91	—	—	—	—
679.	Doll, Anton	Rheinprovinz	Landw.	1865-66	—	—	—	—
680.	Dolleschall, Georg	Rheinprovinz	Hosp.	1853	—	—	—	—
681.	Dorff, Franz	Rheinprovinz	Landw.	1877 78 bis 1878 79	—	—	—	—
682.	Dorff, Wilhelm	Rheinprovinz	Hosp.	1848	—	—	—	—
683.	Dorguth, Hermann	Ostpreussen	Landw.	1863 64. 64	—	—	—	—
684.	Dorn, Louis	Sachsen	Landw.	1882 83-84	—	25/10. 84	11 8. 83	—
685.	Dornwell, Albert	Hannover	Landw.	1860 61. 61	—	—	—	—
686.	von Douglas, Angus	Pommern	Hosp.	1893	—	—	—	—
687.	Douglas, Georg	Sachsen	Landw.	1855 56	—	—	—	—
688.	Douglas, Robert	Ostpreussen	Landw.	1865 66 bis 1866 67	—	—	—	—
689.	Doutrelepont, Fritz	Rheinprovinz	Landw.	1895 96. 96	—	—	—	—

Namens-Verzeichniss der Studirenden. 139

Laufende Nr.	Namen	Heimat	Studium	Studien-Semester	zum Lehrer der Landwirthschaft an Landwirthschaftsschulen	Landwirthschaftliche Abgangsprüfung	Culturtechnische Prüfung	Landmesser-Prüfung
					Abgelegte Prüfungen			
690.	Drache, Wilhelm	Sachsen	Landw.	1870/71. 71	—	—	—	—
691.	Dralle, Theodor	Rheinprovinz	Cult.	1883. 83 84	—	—	15/3. 84	—
692.	Drechsler, Friedrich	Hannover	Landw.	1863/64. 64	—	—	—	—
693.	Dreher, Eugen	Pommern	Landw.	1862. 62 63	—	—	—	—
694.	Dreibholz, Friedrich	Rheinprovinz	Geod.	1896. 96 97	—	—	—	—
695.	Dreishoff, Wilhelm	Westfalen	Geod.	1890-91 92	—	—	—	—
696.	Drescher, Fritz	Westfalen	Geod.	1891-92/93	—	—	—	Fr. 93
697.	Dreyer, Hermann	Ostpreussen	Landw.	1854 55	—	—	—	—
698.	Droege, Adolf	Westfalen	Hosp.	1887 88	—	—	—	—
699.	Droop, Hermann	Hannover	Landw.	1864 65 bis 1865 66	—	—	—	—
700.	Duckstein, Gustav	Hannover	Landw.	1884-85	—	22/10. 85	—	—
701.	Duebbers, Josef	Elsass-Lothringen	Geod.	1888. 88/89	—	—	—	Fr. 89
702.	von Dueffel, Johann, Gutsbesitzer	Hannover	Hosp.	1871 72	—	—	—	—
703.	Duemmen, Gerhard	Rheinprovinz	Geod.	1896. 96/97	—	—	—	—
704.	Duenges, Heinrich Jakob	Rheinprovinz	Cult.	1883. 83/84	—	—	15/3. 84	—
705.	Duenkelberg, Alexander	Rheinprovinz	Hosp.	1882 83	—	—	—	—
706.	Duenkelberg, Fritz	Rheinprovinz	Hosp.	1890	—	—	—	—
707.	von Duering, Heinrich	Mexico	Landw.	1861 62. 62	—	—	—	—
708.	Graf von Dürkheim-Montmartin, Erasmus, Forsteleve	Elsass-Lothringen	Hosp.	1872	—	—	—	—
709.	Duerr, Ferdinand	Hannover	Landw.	1849	—	—	—	—
710.	Duerst, Ulrich	Schweiz	Landw.	1895	—	—	—	—
711.	Duetschke, Severin	Posen	Landw.	1865 66	—	—	—	—
712.	Duevel, Otto	Posen	Landw.	1863 64-64 65	—	15/3. 65	—	—
713.	Duls, Wübbo	Schleswig-Holstein	Geod.	1896. 96 97	—	—	—	—
714.	Dunker, Eduard Carl Julius	Rheinprovinz	Cult.	1884 85. 85	—	—	8, 8. 85	—
715.	Dunker, Friedrich Alexander	Rheinprovinz	Cult.	1884. 84 85	—	—	17/3. 85	—
716.	Baron von Durant, Emil	Schlesien	Landw.	1860 61-61 62	—	—	—	—
717.	Duvenlag, Gustav	Hzgth. Braunschweig	Landw.	1856. 56/57	—	—	—	—
718.	Dziegalewski, Ernst	Pommern	Geod.	1889-90 91	—	—	—	Fr. 91

E.

719.	Ebbinghaus, Wilhelm	Westfalen	Landw.	1894/95. 95	—	—	—	—
720.	Ebeler, Karl	Rheinprovinz	Landw.	1895 96	—	—	—	—
721.	Ebermann, Ernst	Hannover	Landw.	1868 69. 69	—	—	—	—
722.	Ebertz, Heinrich	Hessen-Nassau	Geod.	1891-93 94	—	—	—	Fr. 93
723.	Eckardt, Heinrich	Hessen-Nassau	Cult.	1878. 78 79	—	—	11/3. 79	—
724.	Effertz, Clemens	Rheinprovinz	Landw.	1874 75. 75	—	—	—	—
725.	Effertz, Josef	Rheinprovinz	Landw.	1874 75. 75	—	—	—	—
726.	Efferz, Ernst	Hessen-Nassau	Geod.	1895-96 97	—	—	—	Fr. 97
727.	Ehatt, Peter	Grssh. Hessen	Landw.	1863 64. 64	—	—	—	—
728.	Ehatt, Peter	Grssh. Hessen	Landw.	1895 96	—	—	—	—
729.	Ehlert, Fritz	Rheinprovinz	Geod.	1896. 96 97	—	—	—	—
730.	Ehrhardt, Max	Westfalen	Landw.	1891-93	—	20/12. 93	—	Fr. 93
731.	Eich, Heinrich	Rheinprovinz	Hosp.	1888 89	—	—	—	—
732.	Eichacker, Fritz	Rheinprovinz	Geod.	1884-86 87	—	—	16/3. 87	Fr. 87
733.	Eichelberg, Karl	Schweiz	Hosp.	1855 56	—	—	—	—
734.	Eichen, August	Rheinprovinz	Landw.	1879 80. 80	—	—	—	—
735.	Eichholtz, Thilo	Grssh. Sachsen-Weimar	Cult.	1882. 82/83	—	—	16 3. 83	—
736.	Eiffler, Eduard	Hessen-Nassau	Geod.	1892-93 94	—	—	—	Fr. 94

Festschrift.

Laufende Nr.	Namen	Heimat	Studium	Studien-Semester	zum Lehrer der Landwirthschaft an Landwirthschaftsschulen	Landwirthschaftliche Abgangsprüfung	Culturtechnische Prüfung	Landw. Prüf.
					Abgelegte Prüfungen			
737.	Dr. Elgel, Georg, Apotheker	Rheinprovinz	Hosp.	1896	—	—	—	—
738.	Ellers, Georg	Hannover	Geod.	1894-96/97	—	—	—	—
739.	Ellert, Friedrich	Rheinprovinz	Landw.	1894/95. 95	—	—	—	—
740.	Elmermacher, Gerhard	Hessen-Nassau	Geod.	1896. 96 97	—	—	—	—
741.	Elnhaus, Theodor	Westfalen	Landw.	1893/94-95	—	11/5. 95	—	—
742.	von Eller, Julius	Westfalen	Landw.	1859 60 bis 1860 61	—	—	—	—
743.	Elsässer, Arno	Sachsen	Cult.	1885. 85/86	—	—	—	—
744.	Eltze, Adolf	Rheinprovinz	Landw.	1858-59/60	—	23/12. 75	—	—
745.	Elven, Friedrich Wilhelm	Westfalen	Cult.	1881. 81 82	—	—	10/3. 82	—
746.	Elvenich, Ferdinand	Rheinprovinz	Hosp.	1868	—	—	—	—
747.	Frhr. von Elverfeldt	Westfalen	Landw.	1852 53	—	—	—	—
748.	Elvers, August	Lübeck	Landw.	1865-67	—	—	—	—
749.	Emmerich, Jakob	Rheinprovinz	Geod.	1896/97	—	—	—	—
750.	am Ende, Heinrich Adolph	Schlesien	Cult.	1884 85. 85	—	—	8/8. 85	—
751.	Endemann, Heinrich	Westfalen	Landw.	1864 65	—	—	—	—
752.	Endemann, Heinrich	Hessen-Nassau	Geod.	1888-90	—	—	—	H. 90
753.	Endemann, Carl	Rheinprovinz	Landw.	1864 65 bis 1865 66 u. 1869/70. 70	—	—	—	—
754.	Endemann, Wilhelm	Hessen-Nassau	Geod.	1893-94/95	—	—	—	H. 90
755.	Endres, Christoph	Rheinprovinz	Geod.	1891-93	—	—	—	Fr. 93
756.	Enewald, Adolf	Schleswig-Holstein	Cult.	1883. 83/84	—	—	—	—
757.	Eneweldsen, Johann	Dänemark	Landw.	1896 97	—	—	—	—
758.	Engel, Josef	Rheinprovinz	Landw.	1885 86-87	—	4/8. 87	—	—
759.	Engelmann, Theodor	Rheinprovinz	Landw.	1855 56. 58. 1858 59	—	—	—	—
760.	Englisch, Max	Schlesien	Geod.	1894-95/96	—	—	Fr. 96	Fr. 96
761.	Epping, Wilhelm	Grsh. Oldenburg	Landw.	1887. 87/88	—	24/4. 88	—	—
762.	Erbe, Hermann	Hessen-Nassau	Geod.	1895-96 97	—	—	Fr. 97	Fr. 97
763.	Erbsloeh, H. Albert	Rheinprovinz	Landw.	1868/69. 69	—	—	—	—
764.	von Erckelenz, Felix	Rheinprovinz	Landw.	1883/84	—	—	—	—
765.	Erdmann, Johann Gustav Arthur	Ostpreussen	Cult.	1884. 84 85	—	—	17/3. 85	—
766.	Erdmann, Friedrich	Westfalen	Cult.	1883 84. 84	—	—	9/8. 84	—
767.	Esch, Wilhelm	Rheinprovinz	Landw.	1856-57/58	—	6/3. 58	—	—
768.	Eschenhagen, Franz	Pommern	Landw.	1886-87 88	—	10/3. 88	—	—
769.	Eschenhagen, Hermann	Sachsen	Cult.	1881 82. 82	—	—	3/8. 82	—
770.	Esfeld, Josef	Westfalen	Geod.	1895. 95/96	—	—	—	Fr. 96
771.	Eskens, Franz	Rheinprovinz	Landw.	1867 68	—	—	—	—
772.	Eskens, Gottfried	Rheinprovinz	Geod.	1895-96 97	—	—	—	—
773.	von Essakoff, Alexander	Russland	Landw.	1860 61. 61	—	—	—	—
774.	Esser, Franz	Rheinprovinz	Geod.	1886-87 88	—	—	—	Fr. 88
775.	Graf von Esterhazy, Nikolaus	Österreich	Landw.	1883	—	—	—	—
776.	Eul, Johann	Rheinprovinz	Geod.	1896. 96 97	—	—	—	—
777.	Euler, Kurt	Hessen-Nassau	Landw.	1887 88-90	20/12. 90	—	—	—
778.	Eversheim, Peter	Rheinprovinz	Landw.	1895 96	—	—	—	—
779.	Ewald, Otto	Grsh. Oldenburg	Cult.	1877. 77 78	—	—	11 3. 78	—
780.	Ewermann, Kurt	Ostpreussen	Geod.	1890	—	—	—	—
781.	von Eysern, Karl Adolph	Rheinprovinz	Hosp.	1884	—	—	—	—

F.

| 782. | Faber, Adolf | Sachsen | Landw. | 1866 | — | — | — | — |
| 783. | Faber, Heinrich | Berlin | Landw. | 1860-61 | — | 8/8. 61 | — | — |

Namens-Verzeichniss der Studirenden. 141

Laufende Nr.	Namen	Heimat	Studium	Studien-Semester	Abgelegte Prüfungen zum Lehrer der Landwirthschaft an Landwirthschaftsschulen	Landwirthschaftliche Abgangsprüfung	Culturtechnische Prüfung	Landmesser-Prüfung
784.	Dr. Faber, Jean Pierre	Grssh. Luxemburg	Landw.	1889. 89 90	—	—	—	—
785.	Fabri, Karl	Rheinprovinz	Hosp.	1885 86. 86	—	—	—	—
786.	Fabricius, Ernst	Sachsen	Landw.	1868-69 70	—	—	—	—
787.	Fabricius, Gustav	Pommern	Landw.	1847 48	—	—	—	—
788.	Fahl, Heinrich, Reg.-Baumeister	Schleswig-Holstein	Cult.	1883. 83 84	—	—	15 4. 84	—
789.	Falkenhagen, Hermann	Rheinprovinz	Geod.	1884-87	—	—	—	—
790.	Falkenroth, Otto	Westfalen	Geod.	1889-90 91	—	—	—	Fr. 91
791.	Farina, Johann Maria	Rheinprovinz	Landw.	1859 60. 60	—	—	—	—
792.	von Farkas-Zoltán	Ungarn	Landw.	1885 86. 86	—	—	—	—
793.	Fassbender, Martin	Rheinprovinz	Landw.	1879 80. 80	—	—	—	—
794.	Faulenbach, Alfred	Sachsen	Cult.	1883 84. 84	—	—	9/8. 84	—
795.	Faulenbach, Carl	Westfalen	Geod.	1885-86 87	—	—	16/3. 87	Fr. 87
796.	Faulenbach, Fritz	Westfalen	Geod.	1891 92 bis 1892 93	—	—	—	Fr. 93
797.	Faulenbach, Rudolf	Westfalen	Geod.	1893-96 97	—	—	—	—
798.	Faure, Léonce Pierre	Frankreich	Landw.	1894 95. 95	—	—	—	—
799.	Fegeler, August	Westfalen	Geod.	1890-91 92	—	—	—	Fr. 92
800.	Fehlandt, Christian	Hamburg	Geod.	1890-93	—	—	—	Fr. 93
801.	Fehr, Viktor	Schweiz	Landw.	1866 67. 67	—	—	—	—
802.	Feissel, Heinrich	Sachsen	Cult.	1879 80 bis 1880 81	—	—	4 8. 80	—
803.	Feist, Rudolf	Rheinprovinz	Landw.	1887 88	—	—	—	—
804.	Felsner, Georg	Kgr. Sachsen	Cult.	1894-95 96	—	—	—	—
805.	Felth, Friedrich	Rheinprovinz	Landw.	1860-62 63	—	—	—	—
806.	Felder, Bruno	Pommern	Geod.	1893-94 95 1896. 96 97	—	—	—	Fr. 95
807.	Feldhaus, Ernst	Westfalen	Landw.	1884-85	—	—	—	—
808.	Feldmann, August	Hannover	Landw.	1893. 93 94	—	—	—	—
809.	Feldmann, Julius	Westfalen	Cult.	1886 87. 87	—	—	11 8. 87	—
810.	Feldmann, Wilhelm	Hannover	Landw.	1892 93 bis 1894 95	—	27/10. 94	—	—
811.	Felsch, Ernst	Posen	Landw.	1856	—	—	—	—
812.	Felter, Willi	Hannover	Landw.	1876	—	—	—	—
813.	Fendel, Carl	Rheinprovinz	Geod.	1890-91 92	—	—	—	Fr. 92
814.	Ferger, Heinrich	Hessen-Nassau	Geod.	1896-96 97	—	—	—	—
815.	Feuser, Peter	Rheinprovinz	Landw.	1860	—	10/8. 60	—	—
816.	Feusse, Johann	Grssh. Oldenburg	Geod.	1894-95 96	—	—	Fr. 96	Fr. 96
817.	Flohau, Ludwig	Österreich	Landw.	1875	—	—	—	—
818.	Fidicin, Reinhard	Berlin	Landw.	1856 57 bis 1857 58	—	6/3. 58	—	—
819.	Fiebelkorn, Fritz	Brandenburg	Geod.	1894-96	—	—	—	Fr. 96
820.	Fiedeler, Hermann	Hannover	Landw.	1864. 64 65	—	—	—	—
821.	Finke, Anton	Westfalen	Geod.	1893 94 bis 1895 96	—	—	—	H. 95
822.	Graf von Finkenstein	Ostpreussen	Landw.	1852. 52 53	—	—	—	—
823.	von Fircks, Karl	Russland	Hosp.	1856 57 u. 58	—	—	—	—
824.	Fisch, Mathias	Rheinprovinz	Landw.	1889 90-92	—	17/10. 91	—	—
825.	Fisch, Wilhelm	Rheinprovinz	Landw.	1895-96 97	—	6/3. 97	—	—
826.	Fischer, Adolf	Kgr. Bayern	Landw.	1895 96. 96	—	—	—	—
827.	Fischer, August	Rheinprovinz	Geod.	1895 96-97	—	—	—	Fr. 97
828.	Fischer, Georg	Brandenburg	Hosp.	1887. 87 88	—	—	—	—
829.	Fischer, Hermann	Hamburg	Landw.	1867 68. 68	—	—	—	—
830.	Fischer, Johannes	Westfalen	Geod.	1896. 96 97	—	—	—	—
831.	Fischer, Karl	Rheinprovinz	Geod.	1894-96	—	—	—	—
832.	Fischer, Max	Brandenburg	Landw.	1855-55 56	—	—	—	—

142 Festschrift.

Laufende Nr.	Namen	Heimat	Studium	Studien-Semester	Abgelegte Prüfungen zum Lehrer der Landwirthschaft an Landwirthschafts-schulen	Landwirthschaftliche Abgangsprüfung	Culturtechnische Prüfung	Landmesser-Prüfung
833.	Fischer, Paul	Sachsen	Landw.	1860 61 bis 1861 62	—	15/3. 62	—	—
834.	von Fisenne, Karl	Rheinprovinz	Landw.	1864 65. 65	—	—	—	—
835.	Fitz, Georg	Kgr. Bayern	Landw.	1879 80	—	—	—	—
836.	Fliessbach, Georg	Pommern	Landw.	1885 86. 86	—	—	—	—
837.	Floer, Peter	Rheinprovinz	Landw.	1848 49. 49	—	—	—	—
838.	Focke, Dietrich	Westfalen	Landw.	1864 65. 65	—	—	—	—
839.	Focke, Karl Eugen	Bremen	Landw.	1867/68 bis 1868 69	—	—	—	—
840.	Foerstmann, Robert	Sachsen	Landw.	1854	—	—	—	—
841.	Foerster, Eberhard	Schlesien	Landw.	1886/87	—	—	—	—
842.	Foerster, Franz	Westfalen	Geod.	1894-95 96	—	—	Fr. 96	Fr. 96
843.	Forchmann, Georg	Schlesien	Landw.	1893-95	—	—	—	—
844.	Forchmann, Hans	Schlesien	Geod.	1893-95 96	—	—	—	Fr. 96
845.	von Foroll, Carl	Westfalen	Landw.	1869 70	—	—	—	—
846.	Forsthoff, Richard	Hessen-Nassau	Geod.	1893-95 96	—	—	—	Fr. 95
847.	Fotenhoefer, Alfred	Grssh. Oldenburg	Hosp.	1879	—	—	—	—
848.	Foth, Peter	Russland	Landw.	1881 82. 82	—	—	—	—
849.	Fournier, Fritz	Brandenburg	Hosp.	1887	—	—	—	—
850.	Francke, Carl	Westfalen	Cult.	1883 84. 84	—	—	9 8. 84	—
851.	François, Camille	Grssh. Luxemburg	Landw.	1854 55 bis 1855 56	—	—	—	—
852.	François, Friedrich	—	Hosp.	1848 49	—	—	—	—
853.	Frank, August	Rheinprovinz	Landw.	1856-57 58	—	—	—	—
854.	Frank, Hermann	Hzgth. Sachsen-Coburg-Gotha	Geod.	1893-94	—	—	—	—
855.	Frankenstein, Hans	Ostpreussen	Landw.	1864/65. 65	—	—	—	—
856.	Franzen, Andrée	Rheinprovinz	Landw.	1854-55/56	—	—	—	—
857.	Franzen, Leonhard	Rheinprovinz	Geod.	1894-95/96	—	—	—	Fr. 96
858.	Franzheim, Daniel	Hessen-Nassau	Geod.	1893-96 97	—	—	—	—
859.	Franzheim, Ludwig	Hessen-Nassau	Geod.	1890-91 92	—	—	—	Fr. 92
860.	Franzius, Georg August	Westfalen	Hosp.	1856	—	—	—	—
861.	Freckmann, August	Hessen-Nassau	Geod.	1893-95 96	—	—	—	Fr. 96
862.	Frege, Arnold	Kgr. Sachsen	Landw.	1868	—	—	—	—
863.	Freiwirth, Oskar	Russland	Landw.	1879 80. 80	—	—	—	—
864.	Freezen, Hermann	Rheinprovinz	Hosp.	1865	—	—	—	—
865.	Frerich gen. Neuhoff, Gustav	Rheinprovinz	Cult.	1880 81. 81	—	—	—	—
866.	Freund, Bernhard	Galizien	Landw.	1858. 58/59	—	—	—	—
867.	Freusberg, Josef	Rheinprovinz	Landw.	1868/69-71	—	9/8. 71	—	—
868.	Frey, Carl	Bremen	Landw.	1863/64. 64	—	—	—	—
869.	Frey, Hermann	Ostpreussen	Landw.	1856/57. 57	—	—	—	—
870.	Freymark, Bruno	Posen	Geod.	1895-96/97	—	—	—	Fr. 97
871.	Freytag, Carl	Hzgth. Braunschweig	Landw.	1855/56 bis 1856/57	—	—	—	—
872.	Freytag, Walter	Westfalen	Landw.	1896 97	—	—	—	—
873.	Fricke, Bernhard	Berlin	Geod.	1895	—	—	—	—
874.	Friederich, Ernst	Sachsen	Landw.	1884	—	—	—	—
875.	Friedersdorff, Max	Posen	Cult.	1880 81. 81	—	—	8/8. 81	—
876.	Friedrich, Heinrich	Hessen-Nassau	Geod.	1895-96/97	—	—	Fr. 97	Fr. 97
877.	Friedrich, Ludwig	Grssh. Hessen	Geod.	1894. 94/95	—	—	—	Fr. 95
878.	Friedrich, Otto	Sachsen	Geod.	1894. 94/95	—	—	—	Fr. 95
879.	Friedrichs, Carl	Rheinprovinz	Landw.	1854 55 u. 1855 56-57	—	—	—	—
880.	Friedrichs, Friedrich	Grssh. Oldenburg	Geod.	1894-96	—	—	—	H. 96
881.	Friehmelt, Heinrich	Hessen-Nassau	Geod.	1893 94 bis 1894 95	—	—	—	Fr. 95

Namens-Verzeichniss der Studirenden.

Laufende Nr.	Namen	Heimat	Studium	Studien-Semester	Abgelegte Prüfungen zum Lehrer der Landwirthschaft an Landwirthschaftsschulen	Landwirthschaftliche Abgangsprüfung	Culturtechnische Prüfung	Landmesser-Prüfung
882.	Frieeleben, Hermann	Hzgth. Anhalt	Landw.	1878/79-80 u. 1881/82. 82	—	2 8. 82	14 8. 79	—
883.	Friling, Karl	Rheinprovinz	Landw.	1860/61	—	—	—	—
884.	Fringe, Josef	Rheinprovinz	Landw.	1857 58 bis 1858 59 u. 1859 60	—	—	—	—
885.	Fringe, Otto	Rheinprovinz	Landw.	1882 83 bis 1883 84	—	—	—	—
886.	Dr. Friese, Georg	Berlin	Hosp.	1890	—	—	—	—
887.	Fritsch, Anton	Böhmen	Landw.	1867-68	—	—	—	—
888.	Fritsch, Julius	Rheinprovinz	Hosp.	1887	—	—	—	—
889.	Fritzen, Heinrich	Rheinprovinz	Geod.	1894-96	—	—	H. 96	Fr. 96
890.	Fritzsche, Richard	Sachsen	Cult.	1880. 80/81	—	—	15 3. 81	—
891.	Froning, Wilhelm	Westfalen	Landw.	1859 60 bis 1860 61	—	—	—	—
892.	Frost, Carl	Hamburg	Landw.	1886 87	—	—	—	—
893.	Fruchtbees, Gotthard	Schlesien	Landw.	1861. 61 62	—	—	—	—
894.	Dr. Fuchs, Privatdocent	Rheinprovinz	Hosp.	1880	—	—	—	—
895.	Fuchs, Carl	Rheinprovinz	Landw.	1849	—	—	—	—
896.	Fuchs, Elkan	Posen	Geod.	1885-86/87	—	—	—	Fr. 87
897.	Fuchs, Friedrich	Grssh. Baden	Landw.	1864 65 bis 1865 66	—	—	—	—
898.	Fudickar, Fritz	Rheinprovinz	Landw.	1896 97	—	—	—	—
899.	Fuechte, Heinrich	Westfalen	Geod.	1894-95	—	—	—	Fr. 96
900.	Fuehling, Johann Josef	Rheinprovinz	Landw.	1855 56-57 und 1858 59	—	8 8. 57	—	—
901.	Graf von Fuerstenberg-Stammheim, Gisbert	Rheinprovinz	Hosp.	1858 59	—	—	—	—
902.	von Fuerth, Landgerichtsrath	Rheinprovinz	Hosp.	1865. 65 66	—	—	—	—
903.	Fuerth, Johann Wilhelm	Rheinprovinz	Hosp.	1848	—	—	—	—
904.	Dr. Fueth, Heinrich	Rheinprovinz	Hosp.	1893	—	—	—	—
905.	Fuhrmann, Johann Daniel	Rheinprovinz	Landw.	1859 60. 60	—	—	—	—
906.	Fuldner, Robert	Frstth. Waldeck	Geod.	1890-94	—	—	—	—
907.	Funck, Camille	Grssh. Luxemburg	Hosp.	1854 55. 55	—	—	—	—
908.	Funcke, Alexander	Berlin	Landw.	1894 95	—	—	—	—

G.

909.	Gaab, Bernhard	Hessen-Nassau	Geod.	1891-92 93	—	—	18 4. 93	Fr. 93
910.	Gabler, Paul	Sachsen	Cult.	1878. 78 79	—	—	11 3. 79	—
911.	Gabriel, Ferdinand	Westfalen	Hosp.	1856	—	—	—	—
912.	Gaertner, Hans	Sachsen	Geod.	1896 97	—	—	—	—
913.	Gaertner, Heinrich	Schlesien	Cult.	1881 82. 82	—	—	5 8. 82	—
914.	Garcia de Granados, Albert	Mexico	Landw.	1866 67. 67	—	—	—	—
915.	Garcia de Granados, Richard	Mexico	Landw.	1866 67. 67	—	—	—	—
916.	Garlipp, Rudolf	Sachsen	Geod.	1895 96. 96	—	—	—	H. 96
917.	Garrelts, Franz	Westfalen	Landw.	1848 49. 49 und 1850 51	—	—	—	—
918.	Garschina, Benno, Reg.-Baumeister	Sachsen	Cult.	1886. 86 87	—	—	24 3. 87	—
919.	Gartmann, Georg Ferdinand	Hannover	Landw.	1852	—	—	—	—
920.	Gassner, Lorenz	Schweiz	Landw.	1875-76 77	—	—	9 3. 77	—
921.	Gast, Paul	Berlin	Geod.	1895	—	—	—	—
922.	Gattwinkel, Karl	Westfalen	Geod.	1892-94	—	—	—	Fr. 94
923.	Gehlen, Fritz	Westfalen	Geod.	1895-96 97	—	—	—	Fr. 97
924.	Gehlich, Karl	Schlesien	Cult.	1877. 77 78	—	—	11 3. 78	—

					Abgelegte Prüfungen			
Laufende Nr.	Namen	Heimat	Studium	Studien-Semester	zum Lehrer der Landwirthschaft an Landwirthschaftsschulen	Landwirthschaftliche Abgangsprüfung	Culturtechnische Prüfung	Landmesserprüfung
925.	Gehlsen, Claus	Schleswig-Holstein	Landw.	1867 68. 68	—	—	—	—
926.	Gehring, Bernhard	Rheinprovinz	Landw.	1893 94-95	—	31 7. 95	—	—
927.	Geibel, Otto	Westfalen	Hosp.	1881 82	—	—	—	—
928.	Geldt, Otto	Hessen-Nassau	Geod.	1887-88 89	—	—	16 3. 89	Fr. 89
929.	Gelsbüsch, Karl	Rheinprovinz	Geod.	1888-90	—	—	—	H. 90
930.	Geises, Rudolf	Hessen-Nassau	Hosp.	1871	—	—	—	—
931.	Geissen, Wilhelm	Rheinprovinz	Hosp.	1863 64. 64	—	—	—	—
932.	Geithe, Karl	Schlesien	Geod.	1896. 96 97	—	—	—	—
933.	Gelbke, Ernst	Kgr. Sachsen	Landw.	1868	—	—	—	—
934.	Gellingshagen, Hermann	Rheinprovinz	Cult.	1887 88. 88	—	—	9 8. 88	—
935.	Frhr. von Gemmingen, Max	Grsh. Baden	Hosp.	1891 92. 93	—	—	—	—
936.	Gengler, Josef Nikolaus	Grsh. Luxemburg	Hosp.	1882	—	—	—	—
937.	Genth, Georg	Hessen-Nassau	Cult.	1889 90	—	—	—	—
938.	Gerardi, Hubert	Rheinprovinz	Geod.	1893-94 95	—	—	—	Fr. 95
939.	Gerdsen, Peter	Schleswig-Holstein	Landw.	1896 97	—	—	—	—
940.	Gerhards, Franz	Rheinprovinz	Landw.	1850 51-52	—	—	—	—
941.	Gerharz, Johann	Rheinprovinz	Landw.	1887-89	—	23/10. 89	—	—
942.	von Gericke, Gustav	Rheinprovinz	Landw.	1868-69 70	—	—	—	—
943.	Gericke, Kurt	Brandenburg	Hosp.	1861	—	—	—	—
944.	Gerlach, Eduard	Westfalen	Landw.	1858 59-60	—	—	—	—
945.	Gerlach, Erich	Ostpreussen	Landw.	1896	—	—	—	—
946.	Gerlach, Friedrich Louis	Westfalen	Landw.	1856 57-58	—	—	—	—
947.	Gerlach, William	Ostpreussen	Landw.	1865 66. 66	—	—	—	—
948.	Dr. Gerland, Gymnasiallehrer	Hessen-Nassau	Hosp.	1867. 67 68	—	—	—	—
949.	Gerling, Friedrich	Rheinprovinz	Landw.	1857. 59 60 bis 1861	—	—	—	—
950.	Frhr. von Geroldt, Gesandter a. D.	Rheinprovinz	Hosp.	1872 73	—	—	—	—
951.	Gerpott, Eugen	Rheinprovinz	Landw.	1857 58. 58	—	—	—	—
952.	Gerpott, Wilhelm Jakob	Rheinprovinz	Landw.	1878 79-80	—	2/8. 80	—	—
953.	Gesse, Friedrich	Westfalen	Geod.	1894-95 96	—	—	—	Fr. 96
954.	Geuljans, Karl	Rheinprovinz	Landw.	1848 49 bis 1849 50	—	—	—	—
955.	Frhr. von Geyer-Schweppenburg-Mueddersheim, Friedrich	Rheinprovinz	Landw.	1855/56. 56	—	—	—	—
956.	von Ghica, Gregor	Rumänien	Hosp.	1852	—	—	—	—
957.	Giebert, Walter	Uruguay	Landw.	1873-74	—	—	—	—
958.	Giersberg, F. Ludwig H.	Rheinprovinz	Landw.	1868 69	—	—	—	—
959.	Giersch, Max	Posen	Hosp.	1854 55	—	—	—	—
960.	Gies, Alexander	Rheinprovinz	Hosp.	1892 93	—	—	—	—
961.	Gies, Constantin	Hessen-Nassau	Geod.	1896. 96 97	—	—	—	—
962.	Gieseler, Theodor	Rheinprovinz	Hosp.	1892 93. 93	—	—	—	—
963.	Giesemann, Arno	Sachsen	Geod.	1890. 90 91	—	—	—	Fr. 91
964.	Giesen, Robert	Rheinprovinz	Geod.	1888-89 90	—	—	—	H. 94
965.	Gilbert, Karl	Rheinprovinz	Landw.	1873/74 bis 1874/75	—	—	—	—
966.	Gildemeister, Eduard	Bremen	Landw.	1862. 62 63	—	—	—	—
967.	Gilges, Franz	Rheinprovinz	Cult.	1886. 86 87	—	—	16/3. 87	—
968.	Gilges, Wilhelm	Rheinprovinz	Hosp.	1893	—	—	—	—
969.	de Giogius, Albert	Schweiz	Landw.	1880 81	—	—	—	—
970.	Baron Girard de Soucanton, Edmund	Esthland	Landw.	1895 96. 96	—	—	—	—
971.	Frhr. von Girard, Maurice	Russland	Landw.	1867 68	—	—	—	—
972.	Gisevius, Paul	Ostpreussen	Landw.	1881-83	—	—	10/3. 82	—

Namens-Verzeichniss der Studirenden.

Laufende Nr.	Namen	Heimat	Studium	Studien-Semester	zum Lehrer der Landwirthschaft an Landwirthschaftsschulen	Landwirthschaftliche Abgangsprüfung	Culturtechnische Prüfung	Landmesser-Prüfung
973.	Giagau, Max	Pommern	Landw.	1857 58 bis 1858 59	—	—	—	—
974.	Glasmacher, Heinrich	Westfalen	Landw.	1850/51	—	—	—	—
975.	Glasmacher, Hubert	Rheinprovinz	Landw.	1866 67. 67	—	—	—	—
976.	Glass, Robert	Kgr. Sachsen	Cult.	1888. 89. 89	—	—	6 8. 89	—
977.	Gloeokner, Robert	Hzgth. Anhalt	Landw.	1860. 60 61	—	—	—	—
978.	von Glotz, Stanislaus	Russland	Landw.	1863	—	—	—	—
979.	von Glotz, Viktor	Russland	Hosp.	1870 71	—	—	—	—
980.	Gneist, Karl	Rheinprovinz	Geod.	1890-92 93	—	—	—	—
981.	Godeffroy, Wilhelm	Hamburg	Landw.	1857 58-59	—	—	—	—
982.	von Godlewski, Gabriel	Russland	Landw.	1872	—	—	—	—
983.	Goebbels, Hubert	Rheinprovinz	Landw.	1858-59	—	—	—	—
984.	Goebel, Adolf	Schlesien	Geod.	1885-86 87	—	—	16.3. 87	Fr. 87
985.	Goebel, Georg	Grssh. Hessen	Hosp.	1870	—	—	—	—
986.	Goebel, Johann Jakob Stephan	Rheinprovinz	Cult.	1883 84. 84	—	—	9 8. 84	—
987.	von Goeben, August	Rheinprovinz	Landw.	1876 77. 77	—	—	—	—
988.	Goedecke, Hermann	Rheinprovinz	Geod.	1892-93 94	—	—	—	Fr. 94
989.	Goedecke, Simon Adolf	Sachsen	Landw.	1858 59 bis 1859 60	—	—	—	—
990.	Goeken, Adolf	Hannover	Geod.	1893-94 95	—	—	—	Fr. 95
991.	Goeken, Hermann	Westfalen	Geod.	1896. 96 97	—	—	—	—
992.	Goepfert, Karl	Westfalen	Geod.	1895-96/97	—	—	—	—
993.	Goergens, Hugo	Rheinprovinz	Geod.	1888. 89 90 1893. 93 94	—	—	—	Fr. 94
994.	Goering, Peter	Rheinprovinz	Landw.	1875 76	—	—	—	—
995.	Goerlich, Carl	Rheinprovinz	Landw.	1885-86 87	—	25/4. 87	—	—
996.	Goerlitz, Adolf Johannes	Pommern	Landw.	1860 61. 61	—	—	—	—
997.	Goertz, Hugo	Rheinprovinz	Landw.	1864 65-66	—	—	—	—
998.	Goettel, August	Rheinprovinz	Landw.	1895-96 97	—	—	—	—
999.	Goetting, Ernst	Hzgth. Sachsen-Meiningen	Landw.	1879-80 81	—	12 3. 81	—	—
1000.	Goetting, Karl	Hannover	Landw.	1879	—	—	—	—
1001.	Goetsch, Oskar	Hannover	Cult.	1879. 79 80	—	—	13/3. 80	—
1002.	Goetze, Paul	Hessen-Nassau	Cult.	1877 78. 78	—	—	6/8. 78	—
1003.	Goldfuss, Otto	Rheinprovinz	Landw.	1853 54-55	—	—	—	—
1004.	Goldschmidt, Robert	Berlin	Landw.	1861. 61 62	—	—	—	—
1005.	Goldstein, Martin	Rheinprovinz	Hosp.	1876	—	—	—	—
1006.	Golf, Armin	Sachsen	Landw.	1887 88	—	—	—	—
1007.	Goller, Hermann	Rheinprovinz	Hosp.	1891. 91/92	—	—	—	—
1008.	Graf von der Goltz, Karl	Ostpreussen	Landw.	1868 69 bis 1871 72	—	—	—	—
1009.	von der Goltz, Kurt	Schlesien	Landw.	1881 82. 82	—	—	—	—
1010.	Frhr. von der Goltz, Theodor	Rheinprovinz	Landw.	1858 59-60	—	10/8. 60	—	—
1011.	Gordzialkowski, Xaverius	Russland	Landw.	1890	—	—	—	—
1012.	Gisciolski, Kasimir	Russland	Geod.	1892 93-94	—	—	21/7. 94	Fr. 94
1013.	Gottmann, Walther	Frstth. Waldeck	Geod.	1892-93 94	—	—	—	—
1014.	Gottschalk, Emil	Berlin	Landw.	1862-63	—	—	—	—
1015.	Gottschalk, Gustav	Rheinprovinz	Hosp.	1847 48	—	—	—	—
1016.	Grabb, Samuel Thomas	Irland	Hosp.	1857 58. 58	—	—	—	—
1017.	von Grabowski, Bruno	Rheinprovinz	Landw.	1890 91. 91	—	30/4. 92	—	—
1018.	Grabowski, Heinrich	Schlesien	Landw.	1875/76-77	—	22/10. 77	31/7. 77	—
1019.	von Grabski, Thaddäus	Posen	Landw.	1884 85 bis 1885 86	—	—	—	—
1020.	Graeber, Julius	Frstth. Waldeck	Geod.	1893-96/97	—	—	1/5. 97	—
1021.	Graeff, Leo	Rheinprovinz	Hosp.	1858 59	—	—	—	—
1022.	von Graeve, Rudolf	Westpreussen	Landw.	1863 64	—	—	—	—
1023.	von Graevenitz, Werner	Rheinprovinz	Landw.	1893 94. 94	—	—	24/10. 94	—
1024.	Graf, Wilhelm	Frstth. Waldeck	Geod.	1896. 96 97	—	—	—	—

Festschrift.

Laufende Nr.	Namen	Heimat	Studium	Studien-Semester	zum Lehrer der Landwirthschaft an Landwirthschaftsschulen	Landwirthschaftliche Abgangsprüfung	Culturtechnische Prüfung	Landmesser-Prüfung
1025.	von Gramm, Max	Westfalen	Cult.	1883. 83 84	—	—	15/3. 84	—
1026.	Gramm, Karl Otto	Rheinprovinz	Geod.	1888-89 90	—	—	—	Fr. 90
1027.	Grammann, Karl	Lübeck	Landw.	1863 64. 64	—	—	—	—
1028.	von Grand-Ry, Heinrich	Rheinprovinz	Landw.	1893 94. 94 95	—	—	—	—
1029.	von Grand-Ry, Julius	Rheinprovinz	Landw.	1854 55 bis 1856 57	—	—	—	—
1030.	Grasveld, Karl Wilhelm	Niederlande	Landw.	1880	—	—	—	—
1031.	Greeff, Peter	Rheinprovinz	Landw.	1863 64. 64	—	—	—	—
1032.	Greeff, Richard	Rheinprovinz	Landw.	1849. 49 50	—	—	—	—
1033.	Green, Cleveland Percy	England	Landw.	1861	—	—	—	—
1034.	Greger, Ottomar	Hzgth. Anhalt	Landw.	1863 64. 64	—	—	—	—
1035.	Greger, Gustav	Russland	Hosp.	1864 65	—	—	—	—
1036.	Grein, Georg	Hessen-Nassau	Geod.	1893. 93 94	—	—	—	Fr. 94
1037.	Greiner, Anton	Frstth. Schwarzburg-Rudolstadt	Landw.	1864 65 bis 1865 66	—	—	—	—
1038.	Grenzhaeuser, Karl	Rheinprovinz	Landw.	1880-82 83	—	10/3. 83	—	—
1039.	Greve, Julius, Reg.-Baumeister	Westfalen	Cult.	1883 84	—	—	—	—
1040.	Greves, Woldemar	Russland	Landw.	1862 63. 63	—	—	—	—
1041.	Grieffenhagen, Otto	Hannover	Landw.	1891/92. 92	—	—	—	—
1042.	Dr. von Griesheim, Adolf	Rheinprovinz	Hosp.	1890. 90/91	—	—	—	—
1043.	Grimm, Karl	Rheinprovinz	Hosp.	1875 76	—	—	—	—
1044.	Grósák, Alexander	Ungarn	Landw.	1884	—	—	—	—
1045.	Groeneveldt, Louis Wulff	Niederlande	Landw.	1875. 75 76	—	—	—	—
1046.	Grodzicki, Felix	Westpreussen	Cult.	1882 83. 83. 1887/88 bis 1888 89	—	—	—	Fr. 80
1047.	Gronemeyer, Konrad	Westfalen	Landw.	1862 63-64	—	—	—	—
1048.	Groos, August	Hessen-Nassau	Geod.	1895-96/97	—	—	—	—
1049.	von Groote, Clemens	Rheinprovinz	Landw.	1847 48 1848 49	—	—	—	—
1050.	von Groote, Phil.	Rheinprovinz	Landw.	1847-48 49	—	—	—	—
1051.	Grosmann, Adam	Rheinprovinz	Landw.	1864 65 bis 1865 66	—	—	—	—
1052.	Gross, Heinrich	Hessen-Nassau	Cult.	1883/84. 84	—	—	9/8. 84	—
1053.	Gross, Hugo	Elsass-Lothringen	Geod.	1888. 88 89. 1890. 90/91	—	—	—	Fr. 89
1054.	Grossehüter, Wilhelm	Westfalen	Landw.	1887-88, 89	—	13/3. 89	—	—
1055.	Grossekopf, Willy	Berlin	Landw.	1893	—	—	—	—
1056.	von Grote, August	Hannover	Landw.	1873/74. 74	—	—	—	—
1057.	Grote, Friedrich	Westfalen	Landw.	1875 76-78	26/10. 78	13/3. 78	—	—
1058.	Graf Grote-Breese, Adolf	Brandenburg	Landw.	1885/86. 86	—	—	—	—
1059.	Grotewold, Adolf	Schlesien	Geod.	1892-94	—	—	—	Fr. 94
1060.	Ritter von Grotowski, Ladislaus	Galizien	Landw.	1893 94-95	—	—	—	—
1061.	Grouven, Carl	Rheinprovinz	Landw.	1867/68	—	7	—	—
1062.	Grouven, Hubert	Rheinprovinz	Hosp.	1853	—	—	—	—
1063.	Gruber, Karl	Hessen-Nassau	Landw.	1890 91	—	—	—	—
1064.	Grubitz, Gustav	Sachsen	Landw.	1862/63 bis 1864/65	—	—	—	—
1065.	Gruen, Johannes	Berlin	Landw.	1880	—	—	—	—
1066.	Gruenewald, Bernhard	Rheinprovinz	Landw.	1853-54	—	—	—	—
1067.	Gruettner, Hans	Berlin	Landw.	1881 82. 82	—	—	—	—
1068.	Grun, Constantin	Schlesien	Landw.	1854	—	—	—	—
1069.	Grund, Julius	Schlesien	Landw.	1856/57-58	—	7/8. 58	—	—
1070.	Grundmann, Alwin	Brandenburg	Cult.	1882 83 bis 1883 84	—	—	—	—
1071.	Gruner, Wilhelm	Hamburg	Landw.	1873-74	—	—	—	—

Namens-Verzeichniss der Studirenden. 147

Laufende Nr.	Namen	Heimat	Studium	Studien-Semester	zum Lehrer der Landwirthschaft an Landwirthschaftschulen	Landwirthschaftliche Abgangsprüfung	Cultur-technische Prüfung	Landmesser-Prüfung
1072.	Grupp	Irland	Hosp.	1858/59	—	—	—	—
1073.	Grussdorf, Otto	Sachsen	Geod.	1896. 96 97	—	—	—	—
1074.	Gryzieckl, Josef	Österreich	Cult.	1893/94. 94	—	—	21/7. 94	
1075.	Gsell, Peter	Hohenzollern	Landw.	1864 65	—	—	—	—
1076.	Gselcher, Karl F.	Rheinprovinz	Landw.	1869-70	—	—	—	—
1077.	Gsolland, Albert	Frstth. Schwarzburg-Sondershausen	Geod.	1896. 96 97	—	—	—	—
1078.	van Guelpen, A.	Niederlande	Hosp.	1860	—	—	—	—
1079.	Guennemann, Friedrich	Rheinprovinz	Cult.	1880 81.81	—	—	8 8.81	
1080.	Guenther, Arthur Friedrich	Sachsen	Landw.	1879	—	—	—	—
1081.	Guenther, August	Westfalen	Geod.	1896. 96 97	—	—	—	—
1082.	Guesterbock, Richard	Brandenburg	Hosp.	1889	—	—	—	—
1083.	Gueth, Anton	Rheinprovinz	Geod.	1892-94. 96	—	—	—	H. 96
1084.	Guetzloe, August	Rheinprovinz	Landw.	1862/63-64	—	—	—	—
1085.	Guradze, Manfred	Schlesien	Landw.	1862 63. 63	—	—	—	—
1086.	Guradze, Franz	Schlesien	Hosp.	1885	—	—	—	—
1087.	Guthke, Karl	Brandenburg	Landw.	1863 64	—	—	—	—
1088.	Gutzeit, Friedrich	Ostpreussen	Geod.	1889-90	—	—	—	—
1089.	Guys, Paul	Niederlande	Landw.	1869	—	—	—	—
1090.	Gypkens, Gustav	Rheinprovinz	Geod.	1895/96 bis 1896 97	—	—	—	—

H.

1091.	Haack, Carl	Grssh. Oldenburg	Landw.	1896	—	—	—	—
1092.	Haack, Ferdinand	Rheinprovinz	Geod.	1895 96 bis 1896 97	—	—	—	—
1093.	Haacke, Caspar	Westfalen	Landw.	1880 81-83	—	22/10. 83	—	—
1094.	Haacke, Johann	Westfalen	Landw.	1886 87-88	—	24/4. 88	—	—
1095.	Haake, Valentin	Rheinprovinz	Cult.	1880 81	—	—	—	—
1096.	Haas, Max	Niederlande	Hosp.	1857-58	—	—	—	—
1097.	Haarhaus, Walther	Hamburg	Landw.	1884 85. 85	—	—	—	—
1098.	Haas, Franz	Rheinprovinz	Geod.	1896. 96/97	—	—	—	—
1099.	Haase, Albert	Ostpreussen	Hosp.	1867	—	—	—	—
1100.	Haase, Otto	Posen	Cult.	1886. 86.87	—	—	16 3.87	
1101.	Hachmann, Alex	Westfalen	Geod.	1894-95/96	—	—	Fr. 96	Fr. 96
1102.	Hackbarth, Erich	Pommern	Geod.	1896. 96 97	—	—	—	—
1103.	Haehn, Wilhelm Friedrich	Rheinprovinz	Geod.	1889-90/91	—	—	—	Fr. 91
1104.	Haehnel, Gottlieb	Schlesien	Landw.	1868/69 bis 1869/70	—	—	—	—
1105.	Haenel, Max	Sachsen	Landw.	1883 84. 84	—	—	—	—
1106.	Haensel, Richard	Berlin	Landw.	1860 61. 61	—	—	—	—
1107.	von Haeseler, Richard	Sachsen	Landw.	1875/76-77	—	—	—	—
1108.	Haeusler, Albert	Schlesien	Landw.	1860 61. 61	—	—	—	—
1109.	Haffmans, Arthur	Rheinprovinz	Geod.	1890-91/92	—	—	—	Fr. 92
1110.	Hagedorn, Adolf	Westfalen	Landw.	1890/91	—	—	—	—
1111.	Hagemann, Carl	Rheinprovinz	Geod.	1892-93/94	—	—	—	Fr. 94
1112.	Hagemann, Leopold	Hannover	Landw.	1868. 68 69	—	—	—	—
1113.	Hagen, Adam	Westfalen	Landw.	1856-57/58	—	—	—	—
1114.	Graf vom Hagen, Rüdiger	Sachsen	Landw.	1889. 89 90	—	—	—	—
1115.	Hahn, Georg	Hamburg	Landw.	1889-90/91	—	—	—	—
1116.	Hahn, Ludwig	Rheinprovinz	Geod.	1887-88 89	—	—	—	Fr. 89
1117.	Hahn, Wilhelm	Dänemark	Landw.	1896 97	—	—	—	—
1118.	Haike, Max	Rheinprovinz	Geod.	1894. 94 95	—	—	—	Fr. 95
1119.	Halstrick, Adolf	Westfalen	Landw.	1892 93-94	—	27 10.94	—	—
1120.	Hamacher, Wilhelm, Rentner	Rheinprovinz	Hosp.	1873	—	—	—	—

10*

Laufende Nr.	Namen	Heimat	Studium	Studien-Semester	zum Lehrer der Landwirthschaft an Landwirthschaftsschulen	Landwirthschaftliche Abgangsprüfung	Culturtechnische Prüfung	Landmesser-Prüfung
					Abgelegte Prüfungen			
1121.	Hamann, Max	Grssh. Mecklenburg-Strelitz	Landw.	1867. 67 68	—	—	—	—
1122.	Hamdi, Ahmed	Türkei	Landw.	1891 92 bis 1894 95	—	—	—	—
1123.	Hammerstein, Richard	Westfalen	Landw.	1884 85-86	—	—	—	—
1124.	Hampe, August	Hzgth. Braunschweig	Landw.	1862-63	—	—	—	—
1125.	Hampe, Paul	Ostpreussen	Landw.	1877	—	—	—	—
1126.	Hanel, Bruno	Schlesien	Geod.	1894-95 96. 1896 97	—	—	1/5. 97	Fr. 96
1127.	Hanewinkel, Robert	Sachsen	Cult.	1884 85. 85	—	—	8 8. 85	—
1128.	Hansen, Mathias	Rheinprovinz	Geod.	1895-96 97	—	—	—	Fr. 97
1129.	Hansing, Heinrich	Westfalen	Landw.	1869-70 71	—	—	—	—
1130.	Hanstein, Hermann	Berlin	Landw.	1867-69	—	6/3. 69	—	—
1131.	von Hastelmann, Otto	Hzgth. Braunschweig	Hosp.	1893. 93-94	—	—	—	—
1132.	Happe, Heinrich	Rheinprovinz	Geod.	1895-96 97	—	—	—	—
1133.	Hardesett, Ludwig	Westfalen	Geod.	1892-95. 1896 97	—	—	—	—
1134.	von Harder, Johannes	Russland	Landw.	1856 57 bis 1857 58	—	—	—	—
1135.	Hardt, Bernhard	Westfalen	Landw.	1896 97	—	—	—	—
1136.	Harms, Adolf	Grssh. Oldenburg	Landw.	1869. 69 70	—	—	—	—
1137.	Harnisch, Fritz	Hannover	Geod.	1895-96 97	—	—	—	Fr. 97
1138.	Harperath, Paul	Rheinprovinz	Landw.	1868. 68 69	—	—	—	—
1139.	Graf Harrach, G. Carl	Österreich	Landw.	1881. 81 82	—	—	—	—
1140.	Hartdegen, Richard	Rheinprovinz	Geod.	1896. 96 97	—	—	—	—
1141.	Harten, Otto	Westfalen	Geod.	1895-96 97	—	—	—	—
1142.	Hartmann, Bernhard	Rheinprovinz	Cult.	1879 80. 80	—	—	21 10.80	—
1143.	von Hartmann, Hermann	Westfalen	Landw.	1857 58. 58	—	—	—	—
1144.	Hartleif, Wilhelm	Westfalen	Landw.	1882 83-84. 1890. 90 91	—	20 4. 91	—	—
1145.	Hartung, Max	Sachsen	Geod.	1892-94 95	—	—	—	H. 94
1146.	Harukadzu, Tujiama	Japan	Landw.	1882 83	—	—	—	—
1147.	Hartzheim, Heinrich	Rheinprovinz	Landw.	1860 61. 61	—	—	—	—
1148.	Hasenclever, Alex	Rheinprovinz	Landw.	1848	—	—	—	—
1149.	Hasselbach, Reinhard	Grssh. Hessen	Landw.	1879 80. 80	—	—	—	—
1150.	Hast, Karl	Grssh. Hessen	Landw.	1866. 66 67	—	—	—	—
1151.	Haubrich, Julius	Hessen-Nassau	Geod.	1889-91 92	—	—	—	Fr. 91
1152.	Hauch, Josef	Grssh. Baden	Hosp.	1873 74	—	—	—	—
1153.	Haupt, Friedrich	Westfalen	Cult.	1886. 86 87	—	—	16/3. 87	—
1154.	Havertz, Franz	Rheinprovinz	Landw.	1864-65	—	—	—	—
1155.	Hayessen, Herko	Grssh. Oldenburg	Landw.	1860-61	—	—	—	—
1156.	Heberlein, Albert	Rheinprovinz	Landw.	1889 90 bis 1890 91	—	—	—	—
1157.	Heberlein, Eberhard	Rheinprovinz	Landw.	1893	—	—	—	—
1158.	Hecht, Louis	Ostpreussen	Landw.	1858	—	—	—	—
1159.	Hecker, Alfred	Rheinprovinz	Landw.	1888 89. 1892 93-95	—	21/3. 94	—	—
1160.	Hecker, Friedrich	Rheinprovinz	Landw.	1852. 52 53	—	—	—	—
1161.	Hecker, Fritz	Rheinprovinz	Landw.	1859 60	—	—	—	—
1162.	Heckhausen, Paul	Rheinprovinz	Geod.	1886-87 88	—	—	16/3. 89	Fr. 88
1163.	Heckner, Josef	Rheinprovinz	Geod.	1896-96 97	—	—	—	—
1164.	Heeder, Friedrich	Rheinprovinz	Hosp.	1885-86	—	3/8. 86	—	—
1165.	Frhr. von Heeremann, Clemens	Westfalen	Landw.	1884 85. 85	—	—	—	—
1166.	von Heeremann, Max	Westfalen	Hosp.	1851	—	—	—	—

Namens-Verzeichniss der Studirenden.

Laufende Nr.	Namen	Heimat	Studium	Studien-Semester	zum Lehrer der Landwirthschaft an Landwirthschaftsschulen	Landwirthschaftliche Abgangsprüfung	Culturtechnische Prüfung	Landmesserprüfung
1167.	Heermann, Hubert	Schlesien	Landw.	1884	—	—	—	—
1168.	Heeser, Moritz	Hessen-Nassau	Landw.	1864/65 bis 1865/66	—	—	—	—
1169.	Hegeler, Ernst	Grssh. Oldenburg	Landw.	1879	—	—	—	—
1170.	Hegemann, Gustav	Westfalen	Landw.	1865/66 bis 1866/67	—	—	—	—
1171.	Hegener, August	Westfalen	Geod.	1893-94	—	—	—	Fr. 94
1172.	Heide, Ferdinand	Brandenburg	Cult.	1879-80	—	—	12 3. 80	—
1173.	Heidelok, Wilhelm	Grssh. Mecklenburg-Schwerin	Cult.	1879 80. 80	—	—	9 8. 80	—
1174.	Heidemann, Hermann	Hessen-Nassau	Cult.	1878-79 80	—	—	13 3. 80	—
1175.	Heilmann, Gustav	Berlin	Landw.	1896 97	—	—	—	—
1176.	Heim, Philipp	Hessen-Nassau	Geod.	1891-93	—	—	—	H. 93
1177.	Heim, Wilhelm	Hessen-Nassau	Geod.	1896. 96 97	—	—	—	—
1178.	Heimans, August	Rheinprovinz	Hosp.	1855 56	—	—	—	—
1179.	Heimann, I. B.	Rheinprovinz	Hosp.	1858. 58 59	—	—	—	—
1180.	Heimann, Julius	Westfalen	Landw.	1882 83 bis 1884 85	—	25 10. 84	—	—
1181.	Heimsoeth, Max	Rheinprovinz	Geod.	1895-96 97	—	—	—	Fr. 97
1182.	Heine, Felix	Westpreussen	Hosp.	1858 59	—	—	—	—
1183.	Heine, Georg	Westpreussen	Landw.	1877 78. 78	—	—	—	—
1184.	Heine, Wilhelm	Sachsen	Geod.	1895-96 97	—	—	—	—
1185.	Heinemann, Fritz	Frstth. Waldeck	Geod.	1894-96 97	—	—	Fr. 97	Fr. 96
1186.	Heinemann, Wilhelm	Hessen-Nassau	Geod.	1893-96	—	—	—	—
1187.	Heinschke, Paul	Brandenburg	Cult.	1881. 81 82	—	—	29 4. 82	—
1188.	Heinzen, Friedrich Wilhelm, Lehrer	Rheinprovinz	Hosp.	1879 80	—	—	—	—
1189.	Heis, Wilhelm	Westfalen	Hosp.	1862	—	—	—	—
1190.	Heising, Carl	Westfalen	Landw.	1850 51. 51	—	—	—	—
1191.	Heising, Friedrich	Westfalen	Landw.	1854 55	—	—	—	—
1192.	Heitz, Friedrich	Rheinprovinz	Geod.	1896. 96 97	—	—	—	—
1193.	Held, Wilhelm	Grssh. Mecklenburg-Schwerin	Landw.	1854-55	—	—	—	—
1194.	Held, Wilhelm	Grssh. Mecklenburg-Schwerin	Hosp.	1888 89	—	—	—	—
1195.	Heller, Ferdinand	Hessen-Nassau	Geod.	1896. 96 97	—	—	—	—
1196.	Hellweg, Heinrich	Westfalen	Geod.	1896. 96 97	—	—	—	—
1197.	Helm, Max	Brandenburg	Landw.	1872	—	—	—	—
1198.	Helmontag, Reg.-Assessor	Rheinprovinz	Hosp.	1860 61	—	—	—	—
1199.	Hemme, Fritz	Hannover	Geod.	1886-88	—	—	19/3. 88	—
1200.	Hemmleb, Richard	Hessen-Nassau	Cult.	1877/78. 78	—	—	7 8. 78	—
1201.	Hempel, Gustav	Schleswig-Holstein	Landw.	1868. 68 69	—	—	—	—
1202.	Henckel, Carl Bernhard	Niederlande	Landw.	1869 70. 70	—	—	—	—
1203.	Graf Henckel von Donnersmarck, Edgar	Schlesien	Landw.	1881. 81 82	—	—	—	—
1204.	Henke, Wilhelm	Rheinprovinz	Geod.	1895	—	—	—	—
1205.	Henkel, Ferdinand	Hessen-Nassau	Geod.	1896. 96 97	—	—	—	—
1206.	Henkel, Konrad Friedrich August, Forsteleve	Hessen-Nassau	Hosp.	1882. 82 83	—	—	—	—
1207.	Henne, Arthur	Schlesien	Cult.	1881 82. 82	—	—	4 8. 82	—
1208.	Henner, Raimund	Rheinprovinz	Hosp.	1859	—	—	—	—
1209.	Henneriol, Heinrich Josef	Sachsen	Cult.	1879 80. 80	—	—	9 8. 80	—
1210.	Henning, Friedrich	Russland	Landw.	1893 94. 94	—	—	—	—
1211.	Henrich, Friedrich	Hessen-Nassau	Geod.	1895-96 97	—	—	—	Fr. 97
1212.	Henrich, Georg	Rheinprovinz	Geod.	1890-92	—	—	—	Fr. 92
1213.	Henz, Max	Berlin	Landw.	1860. 60 61	—	—	—	—
1214.	Heppert, Karl	Rheinprovinz	Hosp.	1856-58	—	—	—	—

Laufende Nr.	Namen	Heimat	Studium	Studien-Semester	zum Lehrer der Landwirthschaft an Landwirthschaftsschulen	Landwirthschaftliche Abgangsprüfung	Cultur-technische Prüfung	Landmesser-Prüfung
1215.	Heppner, Theophil	Posen	Cult.	1880 81. 81. 1883 84	—	—	—	—
1216.	Herbertz, Friedrich	Rheinprovinz	Landw.	1858. 58 59	—	—	—	—
1217.	Herbertz, Wilhelm	Rheinprovinz	Landw.	1852-53	—	—	—	—
1218.	Herbig, Ernst	Hessen-Nassau	Hosp.	1894 95. 95	—	—	—	—
1219.	Herbst, Paul	Schlesien	Cult.	1880 81. 81	—	—	5/8. 81	—
1220.	Herbst, Rudolf	Westfalen	Geod.	1896. 96 97	—	—	—	—
1221.	Herde, Paul	Pommern	Geod.	1892-93 94	—	—	—	Fr. 94
1222.	Herder, August	Rheinprovinz	Geod.	1894-96 97	—	—	—	—
1223.	Herdieg, Leo	Rheinprovinz	Landw.	1853. 53 54	—	—	—	—
1224.	Herferth, Karl	Grssh. Oldenburg	Geod.	1894-96	—	—	—	Fr. 97
1225.	Hergl, Oswald	Böhmen	Cult.	1885. 85 86	—	—	13/3. 86	—
1226.	Herlet, Josef	Rheinprovinz	Geod.	1895-96 97	—	—	—	Fr. 97
1227.	Hermann, Martin	Rheinprovinz	Geod.	1896. 96 97	—	—	—	—
1228.	Hermes, Karl	Rheinprovinz	Geod.	1891-93/94	—	—	—	H. 93
1229.	Hermieghaus, Clemens	Rheinprovinz	Geod.	1886-87 88	—	—	19 3. 88	Fr. 88
1230.	Hermkes, Josef	Rheinprovinz	Geod.	1889/90-91	—	—	—	H. 91
1231.	Herrenkohl, Julius	Rheinprovinz	Landw.	1880-82	—	—	—	—
1232.	Herriger, Friedrich Karl	Rheinprovinz	Landw.	1870-71	—	—	—	—
1233.	Herriger, Josef	Rheinprovinz	Landw.	1884	—	—	—	—
1234.	Herrmann, Max	Rheinprovinz	Cult.	1889. 89 90	—	—	—	—
1235.	Hertz, Otto	Hamburg	Landw.	1859	—	—	—	—
1236.	Hertzer, Hermann	Sachsen	Landw.	1871	—	—	—	—
1237.	Herwarth von Bittenfeld, Major z. D.	Rheinprovinz	Hosp.	1869 70	—	—	—	—
1238.	Dr. Herwig, Hermann	Westfalen	Hosp.	1867 68 bis 1868 69	—	—	—	—
1239.	Herwig, Josef	Westfalen	Hosp	1869	—	—	—	—
1240.	Hesse, Bote Eskes	Niederlande	Landw.	1862-63 64	—	—	—	—
1241.	Hesselbein, Heinrich	Rheinprovinz	Geod.	1888-89 90	—	—	—	Fr. 90
1242.	Heuardt, Carl	Grssh. Luxemburg	Landw.	1855	—	—	—	—
1243.	Heuer, Albert	Hannover	Geod.	1893-95 96	—	—	Fr. 96	Fr. 96
1244.	Heuermann, Georg	Grssh. Oldenburg	Landw.	1878 79. 79	24 4. 80	—	—	—
1245.	Heun, Karl	Hessen-Nassau	Geod.	1893-95	—	—	19 1. 95	Fr. 95
1246.	Heusch, Ferdinand	Rheinprovinz	Geod.	1895-96 97	—	—	—	Fr. 97
1247.	Heuser, August	Rheinprovinz	Landw.	1864-65	—	4/8. 65	—	—
1248.	Heweker, Paul	Hannover	Geod.	1896. 96 97	—	—	—	—
1249.	Hewig, Karl	Hessen-Nassau	Geod.	1893-95	—	—	H. 96	Fr. 95
1250.	Hey, Dittmar	Hannover	Landw.	1880. 80 81	—	—	—	—
1251.	Heydecke, Ferdinand	Hzgth. Braunschweig	Cult.	1882-83	—	—	11 8. 83	—
1252.	Heydemann, Gustav	Berlin	Landw.	1851 52. 52	—	—	—	—
1253.	von Heyden, Anton	Pommern	Landw.	1861. 61 62	—	—	—	—
1254.	Heyden, Bernhard	Rheinprovinz	Hosp.	1870. 70 71	—	—	—	—
1255.	Frhr. von Heyden, Bruno	Westfalen	Landw.	1881 82	—	—	—	—
1256.	Heyden, Richard	Westfalen	Landw.	1892	—	—	—	—
1257.	von Heyden, Wennemar	Niederlande	Landw.	1862 63	—	—	—	—
1258.	von Heyden, Wichard	Pommern	Landw.	1861. 61 62	—	—	—	—
1259.	Heydt, Fritz	Rheinprovinz	Geod.	1894-96 97	—	—	—	Fr. 97
1260.	Frhr. von der Heydt, Bernhard	Berlin	Landw.	1865 66 bis 1866 67. 1868 69. 69	—	—	—	—
1261.	Frhr. von der Heydt, Reuther	Rheinprovinz	Hosp.	1869 70	—	—	—	—
1262.	Heyer, Benno	Posen	Landw.	1862. 62 63	—	—	—	—
1263.	Heyne, Alexis	Hzgth. Sachsen-Altenburg	Landw.	1895 96	—	—	—	—

Namens-Verzeichniss der Studirenden. 151

Laufende Nr.	Namen	Heimat	Studium	Studien-Semester	Abgelegte Prüfungen			
					zum Lehrer der Landwirthschaft an Landwirthschaftsschulen	Landwirthschaftliche Abgangsprüfung	Culturtechnische Prüfung	Landmesser-Prüfung
1264.	Heyng, Heinrich	Westfalen	Landw.	1867 68 bis 1868 69	—	—	—	—
1265.	Hildebrand, August	Westpreussen	Landw.	1876-77	—	—	—	—
1266.	Hildebrand, Otto	Brandenburg	Cult.	1880 81. 81	—	—	5 8. 81	—
1267.	Hilgenstock, Daniel	Westfalen	Hosp.	1894 95. 95	—	—	—	—
1268.	Hilgenstock, Karl	Westfalen	Hosp.	1887 88	—	—	—	—
1269.	Dr. Hilgers, Gustav	Rheinprovinz	Hosp.	1874 75	—	—	—	—
1270.	Frhr. von Hilgers, Max	Rheinprovinz	Landw.	1883 84 bis 1886 87	—	—	—	—
1271.	Hilgers, Peter	Rheinprovinz	Landw.	1874	—	—	—	—
1272.	Hilgert, Georg	Rheinprovinz	Geod.	1895-96 97	—	—	—	—
1273.	Hill, Rentner	Rheinprovinz	Hosp.	1860	—	—	—	—
1274.	Hillbricht, Ferdinand	Österreich	Cult.	1880 81	—	—	—	—
1275.	Hillecke, Alwin	Hannover	Geod.	1895-96	—	—	—	—
1276.	Hillebrand, Karl	Hessen-Nassau	Cult.	1877 78. 78	—	—	7 8. 78	—
1277.	Hillebrandt, Reinhold	Pommern	Landw.	1853 54. 54	—	—	—	—
1278.	Hillmann, Arno	Ostpreussen	Landw.	1867 68. 68	—	—	—	—
1279.	Hillmer, Georg	Westfalen	Cult.	1885. 85 86. 1891 92 bis 1892 93	—	—	13 3. 86	Fr. 93
1280.	Hillscher, Paul	Rheinprovinz	Cult.	1888. 88 89	—	—	16 3. 89	—
1281.	Hilzheimer, Alfred	Hzgth. Braunschweig	Landw.	1856 57 bis 1857 58	—	—	—	—
1282.	Hinden, Josef	Rheinprovinz	Geod.	1886-87 88	—	—	—	Fr. 88
1283.	Hinders, Franz	Westfalen	Landw.	1881-82 83	—	10 3. 83	—	—
1284.	Hincke, Georg Wilhelm	Sachsen	Landw.	1847	—	—	—	—
1285.	Hinsberg, Otto	Rheinprovinz	Landw.	1883 84 bis 1885 86. 87	—	—	—	—
1286.	Hinsken, Bernhard	Westfalen	Landw.	1889. 90. 1890 91	—	20 4. 91	—	—
1287.	Hipp, Josef	Rheinprovinz	Geod.	1896	—	—	—	—
1288.	Hirsch, Max	Ostpreussen	Landw.	1864. 64 65	—	—	—	—
1289.	Hirsch, Max	Ostpreussen	Landw.	1868 69-70	—	—	—	—
1290.	von Hirsch, Xaver	Kgr. Bayern	Landw.	1859. 59 60. 1863 64	—	—	—	—
1291.	Hobein, Otto	Hannover	Geod.	1891-93	—	—	—	Fr. 93
1292.	Hobohm, Karl	Westfalen	Cult.	1889. 89 90	—	—	—	—
1293.	Heche, Hugo	Sachsen	Geod.	1894-96	—	—	—	H. 96
1294.	Hochheim, Walther	Sachsen	Landw.	1880	—	—	—	—
1295.	Hoeckes, Karl	Rheinprovinz	Geod.	1894-95 96	—	—	—	Fr. 96
1296.	Hoefflaghoff, Heinrich	Westfalen	Geod.	1883-84 85	—	—	17 3. 85	Fr. 84
1297.	Hoelterhoff, Daniel	Rheinprovinz	Landw.	1857-62 63	—	—	—	—
1298.	Hoelterhoff, Karl	Rheinprovinz	Landw.	1851	—	—	—	—
1299.	Hoelterhoff, Karl	Rheinprovinz	Landw.	1852 53 bis 1853 54	—	—	—	—
1300.	Hoelterhoff, Otto	Rheinprovinz	Landw.	1859 60. 60	—	—	—	—
1301.	Hoelterhoff, Wilhelm	Rheinprovinz	Hosp.	1853	—	—	—	—
1302.	Hoeltzel, Georg	Westpreussen	Landw.	1872 73- 73	—	—	—	—
1303.	Hoening, Wilhelm	Rheinprovinz	Landw.	1861 62-63	—	—	—	—
1304.	Hoeppner, Max	Pommern	Geod.	1895-96 97	—	—	—	—
1305.	Hoesch, Felix	Rheinprovinz	Landw.	1884 85	—	—	—	—
1306.	Frhr. von Hoevel, Werner, Forsteleve	Rheinprovinz	Hosp.	1870 71 bis 1871 72	—	—	—	—
1307.	Frhr. von Hoevell, Otto	Rheinprovinz	Landw.	1896. 96 97	—	—	—	—
1308.	Hoever, Peter	Westfalen	Landw.	1863-64	—	—	—	—
1309.	Hoffelt, Otto	Hzgth. Anhalt	Geod.	1892 93. 93	—	—	—	H. 93
1310.	Hoffmann, Karl	Grsh. Hessen	Landw.	1850 51	—	—	—	—
1311.	Hoffmann, Hans	Pommern	Geod.	1893-94 95	—	—	—	Fr. 95
1312.	Hoffmann, Hermann	Rheinprovinz	Geod.	1892-93 94	—	—	—	H. 93

Laufende Nr.	Namen	Heimat	Studium	Studien-Semester	zum Lehrer der Landwirthschaft an Landwirthschaftsschulen	Landwirthschaftliche Abgangsprüfung	Culturtechnische Prüfung	Landmesser-Prüfung
1313.	Hoffmann, Hermann Julius	Schlesien	Landw.	1857. 57 58	—	—	—	—
1314.	Hoffmann, Ludwig	Rheinprovinz	Hosp.	1858 59. 1859 60. 60	—	—	—	—
1315.	Hoffmann, Richard	Berlin	Geod.	1888. 88 89. 1889 90. 90. 1891-92	—	—	—	Fr. 91
1316.	Hoffmann, Robert Friedrich	Sachsen	Cult.	1879 80. 80	—	—	3 8. 80	—
1317.	Hoffmann, Werner	Westpreussen	Landw.	1855 56 bis 1856 57	—	—	—	—
1318.	Hoffmann-Scholz, Max	Schlesien	Landw.	1852 53. 53	—	—	—	—
1319.	Hoffschläger, Elard	Hannover	Landw.	1863 64	—	—	—	—
1320.	Hoffsümmer, Remigius	Rheinprovinz	Landw.	1884 85. 85	—	—	—	—
1321.	Hofmann, Wilhelm	Hessen-Nassau	Geod.	1892 93-94	—	—	—	H. 94
1322.	Hogan, William	Ver. Staaten v. N.-America	Hosp.	1893	—	—	—	—
1323.	Hogrebe, Josef	Westfalen	Geod.	1893-94 95	—	—	25 10. 95	Fr. 95
1324.	Prinz zu Hohenlohe-Jaxburg, Albert	Kgr. Württemberg	Landw.	1862	—	—	—	—
1325.	Erbprinz von Hohenzollern-Sigmaringen, Leopold	Hohenzollern	Hosp.	1855	—	—	—	—
1326.	Hohle, Wilhelm	Hessen-Nassau	Cult.	1885. 85 86	—	—	13 3. 86	—
1327.	Holle, Julius	Westfalen	Landw.	1859 60 bis 1860 61	—	12 3. 61	—	—
1328.	von Holleu, Albrecht	Schleswig-Holstein	Landw.	1861 62 bis 1862 63	—	—	—	—
1329.	Hollenberg, Johann	Rheinprovinz	Landw.	1856-57 58	—	—	—	—
1330.	Hollnack, Adam	Posen	Geod.	1892 93-94	—	—	—	H. 94
1331.	Holste, Gerhard	Hannover	Geod.	1888-90 91	—	—	—	H. 90
1332.	Holtschmidt, Gustav	Westfalen	Geod.	1896. 96 97	—	—	—	—
1333.	von Holynski, Michael	Russland	Landw.	1873 74-75	—	—	—	—
1334.	von Holynski, Stanislaus	Russland	Landw.	1873 74. 74	—	—	—	—
1335.	Holzapfel, Adolf	Westfalen	Geod.	1896. 96 97	—	—	—	—
1336.	Holzapfel, Wilhelm	Westfalen	Geod.	1895-96 97	—	—	—	—
1337.	von Holzbrinck, Heinrich	Rheinprovinz	Landw.	1876 77 bis 1877 78	—	—	—	—
1338.	Homann, Bernhard	Westfalen	Geod.	1894-95 96	—	—	Fr. 96	Fr. 96
1339.	Honoria, Georg	Frstth. Lippe	Landw.	1864 65. 65	—	—	—	—
1340.	Honoria, Heinrich	Frstth. Lippe	Landw.	1861 62 bis 1862 63	—	13 3. 63	—	—
1341.	Honold, Josef	Rheinprovinz	Landw.	1896. 96 97	—	—	—	—
1342.	Hopff, Friedrich	Westfalen	Geod.	1893-94 95	—	—	10 1. 95	Fr. 95
1343.	Hopff, Hermann	Westfalen	Geod.	1890-91 92	—	—	—	Fr. 92
1344.	Hopstein, Wilhelm	Elsass-Lothringen	Geod.	1895 96 bis 1896 97	—	—	—	—
1345.	Hornay, Bernhard	Rheinprovinz	Landw.	1861 62. 62	—	—	—	—
1346.	Horschu, Heinrich	Hannover	Landw.	1864 65. 65	—	—	—	—
1347.	Hornung, Walther	Sachsen	Geod.	1891-92	—	—	—	H. 92
1348.	Horst, Ludwig	Rheinprovinz	Landw.	1850 51 bis 1852 53	—	—	—	—
1349.	Horster, Robert	Rheinprovinz	Landw.	1867 68-69. 1872 73. 73	—	—	—	—
1350.	Horstmann, Hugo	Rheinprovinz	Geod.	1895-96 97	—	—	—	—
1351.	Hortmann, Friedrich	Rheinprovinz	Landw.	1881 82	—	—	—	—
1352.	Hortmann, Robert	Rheinprovinz	Landw.	1866 67 bis 1867 68	—	—	—	—
1353.	Hosbach, Wilhelm	Hessen-Nassau	Geod.	1890. 90 91	—	—	—	Fr. 91
1354.	Howe, Richard	Hamburg	Geod.	1884-85 86	—	—	13 3. 86	Fr. 86
1355.	Hoynck, Friedrich	Rheinprovinz	Landw.	1854 55. 55	—	—	—	—

Namens-Verzeichniss der Studirenden. 153

Laufende Nr.	Namen	Heimat	Studium	Studien-Semester	zum Lehrer der Landwirthschaft an Landwirthschaftsschulen	Landwirthschaftliche Abgangsprüfung	Culturtechnische Prüfung	Landmesser-Prüfung
1356.	van Heytema, Willem Jakob Dominikus	Niederlande	Landw.	1876-77	—	—	—	—
1357.	Hrazánek, K.	Böhmen	Landw.	1868 69	—	—	—	—
1358.	von Hrebaltski, Johann	Russland	Landw.	1896 97	—	—	—	—
1359.	Hubbe, Richard	Sachsen	Landw.	1873 74. 74	—	—	—	—
1360.	Huben, Johannes	Rheinprovinz	Landw.	1860 61. 61	—	—	—	—
1361.	Huber, Wilhelm, Techniker	Posen	Hosp.	1867 68	—	—	—	—
1362.	Hucke, Ernst	Schlesien	Cult.	1877 78. 78	—	—	9 8. 78	—
1363.	Hueblager, Karl	Rheinprovinz	Cult.	1884 85. 85	—	—	8 8. 85	—
1364.	Huebotter, Eduard	Sachsen	Landw.	1860 61. 61	—	—	—	—
1365.	Huecking, Werner	Westfalen	Hosp.	1853	—	—	—	—
1366.	Hueffer, Emil	Westfalen	Landw.	1863 64. 64	—	—	—	—
1367.	Huehner, August	Hessen-Nassau	Geod.	1893-94 95	—	—	—	—
1368.	Huellenoremer, Franz	Rheinprovinz	Landw.	1864	—	—	—	—
1369.	Huemann, Franz	Rheinprovinz	Geod.	1895-96 97	—	—	—	—
1370.	Huemme, Karl	Grssh. Oldenburg	Landw.	1895 96. 96	—	—	—	—
1371.	Hueniekon, Georg	Grssh. Mecklenburg-Schwerin	Landw.	1884	—	—	—	—
1372.	Huepeden, Louis	Hamburg	Landw.	1858 59. 59	—	—	—	—
1373.	Hueppe, Felix	Westfalen	Landw.	1858	—	—	—	—
1374.	Huerter, Josef	Rheinprovinz	Geod.	1896. 96 97	—	—	—	—
1375.	Hueser, Arnold Heinrich Johann	Westfalen	Cult.	1878 79. 79	—	—	11 8. 79	—
1376.	Heesser, Albrecht	Westfalen	Landw.	1851 52. 52	—	—	—	—
1377.	Hueter, Hermann	Westfalen	Geod.	1892-93	—	—	—	—
1378.	Huetterott, Georg	Bremen	Hosp.	1882	—	—	—	—
1379.	Hugues, Karl	Hannover	Landw.	1857 58. 58	—	—	—	—
1380.	Huadert, Richard	Rheinprovinz	Geod.	1893 94-95	—	—	—	II. 95
1381.	Hundertmark, Wilhelm	Westfalen	Geod.	1892-93 94. 1896 97	—	—	Fr. 97	Fr. 94
1382.	Hungerford, Winspeare	Irland	Hosp.	1891	—	—	—	—
1383.	Huppertz, Friedrich	Rheinprovinz	Cult.	1878. 78 79	—	—	11 3. 79	—
1384.	Huschke, Karl, Techniker	Hessen-Nassau	Hosp.	1873. 75	—	—	—	—
1385.	Husten, Thomas	Ver. Staaten v. N.-America	Landw.	1880. 80 81	—	—	—	—
1386.	Huttanus, Albert	Westfalen	Geod.	1894-96	—	—	—	II. 96
1387.	von Hutten, Ulrich	Rheinprovinz	Hosp.	1868 69	—	—	—	—
1388.	von Hymmen, Ernst	Rheinprovinz	Hosp.	1857	—	—	—	—

I.

1389.	Ihlenburg, Heinrich	Sachsen	Geod.	1896. 96 97	—	—	—	—
1390.	Imand, Eduard	Hessen-Nassau	Geod.	1894-95 96	—	—	Fr. 96	Fr. 96
1391.	Inderfurth, Karl	Rheinprovinz	Geod.	1896 97	—	—	—	—
1392.	Inkey, Ladislaus	Ungarn	Landw.	1879 80. 80	—	—	—	—
1393.	Graf zu Inn- und Knyphausen, Dido	Hannover	Landw.	1857 58	—	—	—	—
1394.	Graf zu Inn- und Knyphausen, Eduard	Hannover	Landw.	1857 58	—	—	—	—
1395.	Isaac, Theodor	Persien	Hosp.	1886	—	—	—	—
1396.	Isenburg, Louis	Hessen-Nassau	Landw.	1873 74. 74	—	—	—	—
1397.	Isphording, Kgl. Reg.-Baumeister	Rheinprovinz	Hosp.	1889. 90	—	—	—	—

Laufende Nr.	Namen	Heimat	Studium	Studien-Semester	zum Lehrer der Landwirthschaft an Landwirthschaftsschulen	Landwirthschaftliche Abgangsprüfung	Culturtechnische Prüfung	Landmesser-Prüfung
	J.							
1398.	Jacob, Friedrich	Frstth. Schaumburg-Lippe	Cult.	1876 77. 77	—	—	30 7. 77	—
1399.	Jacob, Max	Hzgth. Sachsen-Meiningen	Geod.	1894. 94 95	—	—	H. 96	Fr. 95
1400.	Jacobi, Maximilian	Berlin	Landw.	1854 55	—	—	—	—
1401.	Dr. Jacobsthal	Berlin	Hosp.	1876	—	—	—	—
1402.	Jaeger, Heinrich	Grssh. Oldenburg	Cult.	1880. 80 81	—	—	14 3. 81	—
1403.	Jaeger, Otto	Brandenburg	Hosp.	1873	—	—	—	—
1404.	Jagenberg, Hermann	Rheinprovinz	Landw.	1883 84 bis 1884 85	—	—	—	—
1405.	Janik, Georg	Hessen-Nassau	Geod.	1892-93 94	—	—	—	Fr. 94
1406.	Jankowsky, Otto	Westpreussen	Geod.	1894-95 96	—	—	—	H. 96
1407.	Jansen, August	Rheinprovinz	Landw.	1869. 69 70	—	—	—	—
1408.	Jansen, Johann	Rheinprovinz	Geod.	1888-89 90	—	—	—	H. 90
1409.	Jansen, Karl Wilhelm	Rheinprovinz	Cult.	1883 84. 84	—	—	9 8. 84	—
1410.	Jansen, Willi	Rheinprovinz	Landw.	1887 88–90	—	—	—	—
1411.	Jansenius, Joseph	Rheinprovinz	Landw.	1880	—	—	—	—
1412.	Janzen, Reinhold	Westpreussen	Geod.	1895 96. 96	—	—	H. 96	H. 96
1413.	Japing, Rudolph	Hannover	Landw.	1861 62 bis 1862 63	—	13 3. 63	—	—
1414.	Jarchau, Wilhelm	Hamburg	Landw.	1887. 87 88	—	—	—	—
1415.	Jasper, Paul Bruno Wilmar	Sachsen	Cult.	1884. 84 85	—	—	17 3. 85	—
1416.	von Jaszewski, Stanislaus	Russland	Landw.	1868 69 bis 1869 70	—	—	—	—
1417.	Jedrzejewski, Stanislaus	Russland	Cult.	1893 94. 94	—	—	21 7. 94	—
1418.	Jeghers, Ernst	Rheinprovinz	Hosp.	1857 58. 58. 1859 60. 60 61	—	—	—	—
1419.	Jehlicka, Matthias	Posen	Cult.	1885. 85 86	—	—	13 3. 86	—
1420.	Jellinghaus, Ludwig	Rheinprovinz	Hosp.	1862	—	—	—	—
1421.	Jericke, Julius Gustav	Brandenburg	Landw.	1855. 55 56	—	28 2. 56	—	—
1422.	Jerrentrup, Hermann	Rheinprovinz	Geod.	1896. 96 97	—	—	—	—
1423.	Jeshewski, Nikolai	Russland	Landw.	1861. 61 62	—	—	—	—
1424.	Jespersen, Ernst	Pommern	Landw.	1864. 64 65	—	—	—	—
1425.	Jessen, Wilhelm	Westfalen	Cult.	1885. 85 86	—	—	13 3. 86	—
1426.	Joecken, Karl	Rheinprovinz	Geod.	1893-94 95	—	—	—	Fr. 95
1427.	Joergen, Julius	Rheinprovinz	Landw.	1873-74	—	—	—	—
1428.	Joergens, Wenzel	Westfalen	Cult.	1880 81. 81	—	—	8 8. 81	—
1429.	John, Adolf	Grssh. Mecklenburg-Schwerin	Landw.	1873 74. 74	—	—	—	—
1430.	Johnen, Wilhelm	Rheinprovinz	Cult.	1878 79. 79. 1880	—	—	—	—
1431.	Jolst, Matthias	Rheinprovinz	Landw.	1875 76 bis 1876 77	—	21/12. 78	—	—
1432.	Jonas, Ernst August	Westfalen	Landw.	1853 54. 54	—	29 7. 54	—	—
1433.	Joppe, Erich	Westpreussen	Geod.	1886. 86 87	—	—	—	—
1434.	Jordan, Adolf	Hannover	Geod.	1896. 96 97	—	—	—	—
1435.	von Jordan, Emil	Schlesien	Landw.	1862-63	—	—	—	—
1436.	Jordan, Oskar	Sachsen	Landw.	1864	—	—	—	—
1437.	von Jordans, Fritz	Rheinprovinz	Hosp.	1874 75	—	—	—	—
1438.	von Jordans, Karl	Rheinprovinz	Hosp.	1874 75	—	—	—	—
1439.	Jorissen, Viktor	Rheinprovinz	Hosp.	1864	—	—	—	—
1440.	Josten, Richard	Rheinprovinz	Landw.	1857 58 bis 1858 59	—	—	—	—
1441.	Jouanne, Heinrich	Posen	Landw.	1895 96	—	—	—	—
1442.	Jourdan, Otto	Grssh. Hessen	Landw.	1880-81 82	—	—	—	—
1443.	Jovy, Robert	Rheinprovinz	Geod.	1896. 96 97	—	—	—	—

Namens-Verzeichniss der Studirenden.

Laufende Nr.	Namen	Heimat	Studium	Studien-Semester	zum Lehrer der Landwirthschaft an Landwirthschaftsschulen	Landwirthschaftliche Abgangsprüfung	Culturtechnische Prüfung	Landmesser-Prüfung
					Abgelegte Prüfungen			
1444.	Jeencke, Gustav	Westpreussen	Landw.	1866-67	—	—	—	—
1445.	Juergens, Rudolf	Grsgh. Oldenburg	Landw.	1864 65-66	—	—	—	—
1446.	Jeergensen, Wilhelm	Schleswig-Holstein	Landw.	1883. 83 84	—	—	—	—
1447.	Joessen, Josef	Rheinprovinz	Landw.	1879-83 84. 1886 87. 87	—	10 3. 84	—	—
1448.	Jung, Albert	Rheinprovinz	Landw.	1880 81	—	—	—	—
1459.	Jung, Friedrich	Kgr. Sachsen	Landw.	1894	—	—	—	—
1450.	Jung, Julius	Rheinprovinz	Geod.	1894-96	—	—	24 7. 96	Fr. 96
1451.	Jung, Karl	Westfalen	Landw.	1859-60	—	10 8. 60	—	—
1452.	Jung, Rudolf	Rheinprovinz	Landw.	1850-52 53	—	—	—	—
1453.	Junker, Paul	Rheinprovinz	Hosp.	1875 76	—	—	—	—

K.

Laufende Nr.	Namen	Heimat	Studium	Studien-Semester				
1454.	Kaas, Peter	Rheinprovinz	Landw.	1895-96 97	—	6/3. 97	—	—
1455.	Kabitzsch, Emil	Kgr. Sachsen	Landw.	1863 64. 64	—	—	—	—
1456.	Kadelbach, Otto	Schlesien	Geod.	1886. 86 87. 1887 88	—	—	—	—
1457.	Kaegler, Hermann	Rheinprovinz	Geod.	1894-96 97	—	—	—	Fr. 97
1458.	von Kachne, Peter	Brandenburg	Landw.	1890	—	—	—	—
1459.	Kaemper, Heinrich	Hannover	Landw.	1861-62	—	—	—	—
1460.	Kaempffe, Otto	Brandenburg	Landw.	1857 58 bis 1858 59	—	—	—	—
1461.	Kaesewurm, Karl Joseph	Niederlande	Landw.	1852-53	—	—	—	—
1462.	Kaesewurm, Ernst	Ostpreussen	Cult.	1881-82 83	—	—	16 3. 83	—
1463.	Kaesewurm, Eugen	Ostpreussen	Hosp.	1853	—	—	—	—
1464.	Kaesewurm, Johann	Ostpreussen	Landw.	1855/56. 56	—	—	—	—
1465.	Kahle, Gustav	Schlesien	Landw.	1863 64 bis 1864/65	—	—	—	—
1466.	Kahler, Paul	Schlesien	Landw.	1866/67 bis 1867 68	—	—	—	—
1467.	von Kaiseeberg, Udo	Rheinprovinz	Landw.	1856/57 bis 1857 58	—	—	—	—
1468.	Kaiser, Bernhard	Hessen-Nassau	Cult.	1878. 79. 79	—	—	13 8. 79	—
1469.	Kaiser, Josef	Hessen-Nassau	Geod.	1896. 96 97	—	—	—	—
1470.	Kalantaroff, Wassily	Russland	Landw.	1876.77. 77	—	—	—	—
1471.	Kallake, Eugen	Schleswig-Holstein	Cult.	1885. 85 86	—	—	13 3. 86	—
1472.	von Kalkstein, Eduard	Westpreussen	Landw.	1848 49 bis 1849 50	—	—	—	—
1473.	von Kalkstein, Ulrich	Ostpreussen	Landw.	1870/71. 71	—	—	—	—
1474.	Kalt, Ferdinand	Rheinprovinz	Landw.	1865. 65 66	—	—	—	—
1475.	Kamp, Adalbert	Rheinprovinz	Landw.	1851/52. 52	—	—	—	—
1476.	Kampf, Julius	Rheinprovinz	Landw.	1861 62	—	—	—	—
1477.	von Kanne, Fritz	Westfalen	Landw.	1853 54	—	—	—	—
1478.	Kappe, Feodor	Posen	Landw.	1854/55. 55	—	—	—	—
1479.	Graf Karolyi, Emerich	Ungarn	Landw.	1893 94. 94	—	—	—	—
1480.	Graf Karolyi, Julius	Ungarn	Hosp.	1856-57	—	—	—	—
1481.	Graf Karolyi, Ludwig	Ungarn	Landw.	1893 94. 94	—	—	—	—
1482.	Graf Karolyi, Viktor	Ungarn	Landw.	1858 59 bis 1859 60	—	—	—	—
1483.	Karst, Rudolf	Hessen-Nassau	Geod.	1894-96	—	—	—	—
1484.	Karstedt, Paul	Brandenburg	Landw.	1855 56 bis 1856 57	—	—	—	—
1485.	Karsten, Wilhelm	Hamburg	Landw.	1855. 55 56	—	—	—	—
1486.	Kartels, J. H.	Rheinprovinz	Landw.	1875	—	—	—	—

Laufende Nr.	Namen	Heimat	Studium	Studien-Semester	zum Lehrer der Landwirthschaft an Landwirthschaftschulen	Landwirthschaftliche Abgangsprüfung	Culturtechnische Prüfung	Landmesser-Prüfung
					Abgelegte Prüfungen			
1487.	Kaspar, Vincenz	Österreich	Cult.	1885. 85 86	—	—	13 3. 86	—
1488.	Kauffberg, Hermann	Sachsen	Landw.	1862 63. 63	—	—	—	—
1489.	Kaufmann, Alfred	Rheinprovinz	Hosp.	1864 65	—	—	—	—
1490.	Kaufmann, Wilhelm	Schleswig-Holstein	Landw.	1877. 77 78	—	—	—	—
1491.	Kauschen, Karl	Russland	Landw.	1862	—	—	—	—
1492.	Katzer, Hugo	Schlesien	Landw.	1868. 68 69	—	—	—	—
1493.	Katzwinkel, Oskar	Rheinprovinz	Geod.	1893-94 95. 1895 96	—	—	Fr. 96	Fr. 95
1494.	Graf Keglewich, Imre	Ungarn	Landw.	1885 86-87	—	4 8. 87	—	—
1495.	Keibel, Paul	Berlin	Hosp.	1887 .	—	—	—	—
1496.	Keiper, Richard	Sachsen	Cult.	1881. 81 82	—	—	23/3. 82	—
1497.	Keiser, Paul	Rheinprovinz	Geod.	1893-96	—	—	—	Fr. 96
1498.	Keller, Caspar Josef	Rheinprovinz	Landw.	1847	—	—	—	—
1499.	Keller-Rolffs, Ernst	Rheinprovinz	Landw.	1869. 69 70	—	—	—	—
1500.	Kellinghusen, Broderus Johann	Hamburg	Landw.	1868 69-70	—	—	—	—
1501.	Kemper, William	Hannover	Landw.	1863. 63 64	—	—	—	—
1502.	von Kempis, Franz	Rheinprovinz	Landw.	1847-48 49	—	—	—	—
1503.	von Kempis, Karl	Rheinprovinz	Landw.	1863-64 65	—	—	—	—
1504.	von Kempis, Otto	Rheinprovinz	Landw.	1893-95	—	—	—	—
1505.	Kempke, Eduard	Posen	Cult.	1882 83. 83	—	—	11/8. 83	—
1506.	Kern, Gustav	Hannover	Landw.	1873	—	—	—	—
1507.	Kesselkaul, Otto	Rheinprovinz	Hosp.	1887	—	—	—	—
1508.	Kessler, Karl	Hessen-Nassau	Geod.	1894-96	—	—	Fr. 96	Fr. 96
1509.	Kessler, Ludwig	Hessen-Nassau	Cult.	1883 84. 84	—	—	9 8. 84	—
1510.	Ketter, Alfred	Hessen-Nassau	Geod.	1893-95 96	—	—	—	Fr. 95
1511.	Keuffel, Werner, Forsteleve	Rheinprovinz	Hosp.	1881 82	—	—	—	—
1512.	Keutmann, Wilhelm	Rheinprovinz	Landw.	1886. 86 87	—	—	—	—
1513.	Kiefer, Albrecht	Rheinprovinz	Landw.	1891. 91 92	—	—	—	—
1514.	Kiefer, Claudius	Rheinprovinz	Geod.	1894-96 97	—	—	—	—
1515.	Kiltz, Albert	Rheinprovinz	Landw.	1892 93	—	—	—	—
1516.	Kind, Karl	Rheinprovinz	Landw.	1847 48. 48	—	—	—	—
1517.	Kinkel, Andreas	Hessen-Nassau	Geod.	1893 94 bis 1894 95	—	—	—	Fr. 95
1518.	von Kintzel, Hugo	Hessen-Nassau	Landw.	1892 93. 93	—	—	—	—
1519.	Kipping, August	Rheinprovinz	Cult.	1886. 86 87	—	—	16/3. 87	—
1520.	Kirchberg, Hermann	Westfalen	Landw.	1866 67. 67	—	—	—	—
1521.	Kirchberg, Hermann	Frstth. Schwarzburg-Rudolstadt	Geod.	1896. 96 97	—	—	—	—
1522.	Kirchert, W., Brennereidirigent	Ostpreussen	Hosp.	1862	—	—	—	—
1523.	Kirchheim, Paul	Sachsen	Geod.	1895-96 97	—	—	Fr. 97	Fr. 97
1524.	Kirchhoff, Alfred	Sachsen	Hosp.	1860 61	—	—	—	—
1525.	Kirchhoff, Karl	Pommern	Cult.	1877. 77 78	—	—	12 3. 78	—
1526.	Kirsch, Anton	Rheinprovinz	Geod.	1889. 89 90 1891. 91 92	—	—	—	—
1527.	Kirschbaum, Ferdinand	Rheinprovinz	Landw.	1857. 57 58 1858 59	—	—	—	—
1528.	Kirschner, Julius	Schlesien	Landw.	1863-64	—	—	—	—
1529.	Kirstein, Ludwig	Rheinprovinz	Geod.	1895-96 97	—	—	—	—
1530.	Kirsten, Max	Schleswig-Holstein	Landw.	1888	—	—	—	—
1531.	Kirsten, Oskar	Schleswig-Holstein	Landw.	1888 89	—	—	—	—
1532.	Klet, Georg	Ostpreussen	Landw.	1864 65	—	—	—	—
1533.	von Klahr, Georg	Posen	Landw.	1874	—	—	—	—

Namens-Verzeichniss der Studirenden.

Laufende Nr.	Namen	Heimat	Studium	Studien-Semester	zum Lehrer der Landwirthschaft an Landwirthschaftsschulen	Landwirthschaftliche Abgangsprüfung	Culturtechnische Prüfung	Landmesser-Prüfung
1534.	Klamka, Emanuel	Schlesien	Geod.	1893-95/96	—	—	—	H. 95
1535.	Klamroth, Ernst	Brandenburg	Cult.	1882 83. 83	—	—	11/8. 83	—
1536.	Klander, Karl	Pommern	Cult.	1876. 76/77	—	—	9/3. 77	—
1537.	Klausa, Theodor	Schlesien	Landw.	1858. 58/59	—	—	—	—
1538.	Klee, Anton	Rheinprovinz	Landw.	1876/77-80	23 10. 80	—	—	—
1539.	Kleemann, Fritz	Rheinprovinz	Cult.	1884. 84/85	—	—	17 3. 85	—
1540.	Klees, Anton	Rheinprovinz	Geod.	1895-96/97	—	—	—	—
1541.	Klein, Andor	Ungarn	Landw.	1894/95. 95	—	—	—	—
1542.	Dr. Klein, Edmund Josef	Grssh. Luxemburg	Hosp.	1893	—	—	—	—
1543.	Klein, Karl	Rheinprovinz	Geod.	1892-94	—	—	—	H. 94
1544.	Klein, Josef	Rheinprovinz	Cult.	1888	—	—	—	—
1545.	Klein, Johann Julius	Rheinprovinz	Cult.	1885. 85/86	—	—	13 3. 86	—
1546.	Klein, Ludwig	Rheinprovinz	Geod.	1896/97	—	—	—	—
1547.	Kleine-Moellhof, Wilhelm	Rheinprovinz	Cult.	1882 83. 83	—	—	11 8. 83	—
1548.	Kleinschmidt, Karl	Rheinprovinz	Landw.	1874-75	—	—	—	—
1549.	Kleinschmidt, Karl	Rheinprovinz	Geod.	1885-87	—	—	—	Fr. 88
1550.	Kleinsorgen, Theodor	Westfalen	Geod.	1892-93/94	—	—	—	Fr. 94
1551.	Klemm, Eduard	Frstth. Schwarzburg-Sondershausen	Landw.	1860	—	—	—	—
1552.	Klemme, Gustav	Rheinprovinz	Landw.	1890. 90 91.96	—	—	—	—
1553.	Dr. Klepl, Max	Kgr. Sachsen	Cult.	1888	—	—	—	—
1554.	Kleudgen, Wilhelm	Rheinprovinz	Landw.	1886	—	—	—	—
1555.	Kligge, Albert	Westfalen	Landw.	1848 49. 49	—	—	—	—
1556.	Kligge, Karl	Rheinprovinz	Geod.	1896. 96/97	—	—	—	—
1557.	Klingholz, Ernst	Rheinprovinz	Hosp.	1885	—	—	—	—
1558.	Klinke, Maximilian	Schlesien	Geod.	1894/95. 95	—	—	—	H. 95
1559.	Klinkenberg, Johann	Hannover	Landw.	1877. 77/78	—	—	—	—
1560.	Kloepfer, Ernst	Rheinprovinz	Landw.	1886-87	—	5. 8. 87	—	—
1561.	Kloepper, Hermann	Westfalen	Geod.	1895-96/97	—	—	—	—
1562.	Kloevekorn, Karl, Forstcandidat	Westfalen	Hosp.	1873 74	—	—	—	—
1563.	Kloevekorn, Theobald	Westfalen	Landw.	1873	—	—	—	—
1564.	Klose, Ferdinand	Berlin	Landw.	1877 78	—	—	—	—
1565.	Klose, Oskar	Schlesien	Cult.	1878 79. 79	—	—	11 8. 79	—
1566.	Kloeppel, Robert	Rheinprovinz	Geod.	1889-90	—	—	—	Fr. 91
1567.	Kluewer, Heinrich	Westfalen	Geod.	1890-91 92	—	—	—	Fr. 92
1568.	Knaak, Johann	Grssh. Mecklenburg-Schwerin	Hosp.	1870. 71 72.73	—	—	—	—
1569.	Knaudt, Karl	Rheinprovinz	Landw.	1880 81	—	—	—	—
1570.	Knauer, Arthur	Hamburg	Hosp.	1857 58	—	—	—	—
1571.	Knebusch, Eduard	Grssh. Mecklenburg-Schwerin	Hosp.	1870	—	—	—	—
1572.	Knecht, Emil	Rheinprovinz	Geod.	1895-96/97	—	—	—	Fr. 97
1573.	Knell, Martin Eduard	Grssh. Hessen	Landw.	1879 80. 80	—	—	—	—
1574.	von dem Knesebeck, Berthold	Brandenburg	Landw.	1865-66	—	—	—	—
1575.	von Knigge, Begleiter des Erbprinzen zu Lippe	Hannover	Hosp.	1854 55 bis 1855 56	—	—	—	—
1576.	Knight, Frederic S.W.	England	Landw.	1871	—	—	—	—
1577.	Knittel, Gustav	Grssh. Mecklenburg-Schwerin	Cult.	1876 77. 77	—	—	31/7. 77	—
1578.	Knobbe, Max	Ostpreussen	Landw.	1880. 80 81	—	—	—	—
1579.	Knobloch, Wilhelm	Brandenburg	Landw.	1855 56	—	—	—	—
1580.	Knorre, Wilhelm	Grssh. Mecklenburg-Schwerin	Landw.	1867-68	—	—	—	—
1581.	Knüppelholz, Wilhelm	Brandenburg	Geod.	1894. 94/95	—	—	25/10. 95	Fr. 95
1582.	Graf Knyphausen	Hannover	Hosp.	1848/49	—	—	—	—

Laufende Nr.	Namen	Heimat	Studium	Studien-Semester	zum Lehrer der Landwirthschaft an Landwirthschaftsschulen	Landwirthschaftliche Abgangsprüfung	Culturtechnische Prüfung	Landmesser-Prüfung
1583.	Kobligk, Otto	Ostpreussen	Landw.	1857/58	—	—	—	—
1584.	Koch, Felix	Westfalen	Landw.	1893-93/94	—	11/5. 94	—	—
1585.	Koch, Franz	Rheinprovinz	Hosp.	1857/58	—	—	—	—
1586.	Koch, Gustav	Rheinprovinz	Hosp.	1857/58 bis 1858/59. 1859/60	—	—	—	—
1587.	von Koch, Heinrich	Kgr. Bayern	Landw.	1869/70	—	—	—	—
1588.	Koch, Heribert	Westfalen	Geod.	1889-90/91	—	—	—	Fr. 91
1589.	Koch, Leonhard	Rheinprovinz	Geod.	1893-94	—	—	—	Fr. 94
1590.	Koch, Otto	Grssh. Mecklenburg Schwerin	Geod.	1893-94/95	—	—	16/1. 95	Fr. 95
1591.	Koebcke, Wilhelm	Pommern	Landw.	1880/81	—	—	—	—
1592.	Kockerols, Johann	Rheinprovinz	Landw.	1896/97	—	—	—	—
1593.	von Kosskritz, Hans	Rheinprovinz	Landw.	1881. 81/82	—	—	—	—
1594.	Koehler, August	Rheinprovinz	Landw.	1858/59 bis 1859/60	—	—	—	—
1595.	Koehler, Otto	Schlesien	Cult.	1876 77. 77	—	—	31/7. 77	—
1596.	Koellmann, Adolf	Hannover	Landw.	1861. 61/62	—	—	—	—
1597.	Koenemann, Alexander	Rheinprovinz	Landw.	1859/60. 60. 1868/69 bis 1869/70	—	—	—	—
1598.	Koenemund, Hermann	Rheinprovinz	Geod.	1893/94 bis 1895/96	—	—	—	—
1599.	Koenen, Josef	Rheinprovinz	Geod.	1893-94/95	—	—	—	Fr. 95
1600.	Koenig, Alfred	Rheinprovinz	Landw.	1881/82	—	—	—	—
1601.	Koenig, Heinrich	Ostpreussen	Landw.	1849	—	—	—	—
1602.	Koenig, Fabrikant	Russland	Hosp.	1869/70	—	—	—	—
1603.	Koenig, Techniker	Russland	Hosp.	1869/70	—	—	—	—
1604.	von Koenneritz, Julius	Kgr. Sachsen	Landw.	1848/49 bis 1849/50	—	—	—	—
1605.	von Koenneritz, Karl	Schlesien	Hosp.	1855/56	—	—	—	—
1606.	Koep, Engelbert	Rheinprovinz	Landw.	1895/96. 96	—	—	—	—
1607.	Koeppe, Adolf	Sachsen	Landw.	1856/57. 57	—	—	—	—
1608.	Koerner, Eduard Otto Theodor	Westpreussen	Hosp.	1857/58	—	—	—	—
1609.	Koester, Paul	Westfalen	Landw.	1868-69	—	7/8. 69	—	—
1610.	Koester, Viktor	Westfalen	Landw.	1895/96	—	—	—	—
1611.	Koettgen, Else	Westfalen	Hospitantin	1896/97	—	—	—	—
1612.	Kolbe, Friedrich	Pommern	Landw.	1865	—	—	—	—
1613.	Kohlkopp, August	Hessen-Nassau	Cult.	1883. 83/84	—	—	15. 3. 84	—
1614.	Kohorst, Ignaz	Grssh. Oldenburg	Landw.	1896. 96/97	—	—	—	—
1615.	Kolmar, Alfred	Ostpreussen	Landw.	1863/64. 64	—	—	—	—
1616.	Kollmann, Konrad	Hessen-Nassau	Geod.	1895/96 bis 1896/97	—	—	—	Fr. 97
1617.	Kolter, Lukas	Rheinprovinz	Geod.	1889-90/91	—	—	—	Fr. 91
1618.	von Komáromy, Andor	Ungarn	Landw.	1859/60. 60	—	—	—	—
1619.	Kominek, Rudolf	Berlin	Cult.	1879 80. 80	—	—	4/8. 80	—
1620.	Konegen, Erich	Ostpreussen	Geod.	1887-88/89	—	—	—	Fr. 89
1621.	Koops, Emil	Schleswig-Holstein	Geod.	1896. 96/97	—	—	—	—
1622.	Kopp, Heinrich	Rheinprovinz	Hosp.	1853/54	—	—	—	—
1623.	Koppe, Heinrich	Westfalen	Hosp.	1872	—	—	—	—
1624.	Koppen, Fritz	Hannover	Geod.	1890/91-93	—	—	18 4. 93	Fr. 93
1625.	Frhr. von Korff, Max	Westfalen	Hosp.	1866/67	—	—	—	—
1626.	Baron von Korff, Michael	Russland	Landw.	1860/61	—	—	—	—
1627.	Korn, Paul	Schlesien	Hosp.	1857/58	—	—	—	—
1628.	Korte, Adolf	Westfalen	Geod.	1896. 96/97	—	—	—	—

Namens-Verzeichniss der Studirenden.

Laufende Nr.	Namen	Heimat	Studium	Studien-Semester	Abgelegte Prüfungen			
					zum Lehrer der Landwirthschaft an Landwirthschaftsschulen	Landwirthschaftliche Abgangsprüfung	Culturtechnische Prüfung	Landmesser-Prüfung
1629.	Keschiok, Adolf	Hessen-Nassau	Geod.	1896. 96 97	—	—	—	—
1630.	Keselke, August	Westpreussen	Cult.	1881 82. 82	—	—	22 8. 82	—
1631.	Kossuth, Premysl	Rheinprovinz	Landw.	1884-85 86	—	10/3. 87	—	—
1632.	Kester, Karl	Rheinprovinz	Geod.	1893-94 95	—	—	—	Fr. 95
1633.	Kothe, Karl Ernst	Sachsen	Cult.	1877. 77 78	—	—	2 5. 78	—
1634.	Kotschedoff, Adolf	Sachsen	Landw.	1856-57	—	8 8. 57	—	—
1635.	von Kettwitz, Alfred	Schlesien	Landw.	1853 54. 54	—	—	—	—
1636.	von Kettwitz, Ernst	Berlin	Hosp.	1857	—	—	—	—
1637.	von Kettwitz	Schlesien	Hosp.	1857 58	—	—	—	—
1638.	von Ketzau, Hans	Kgr. Sachsen	Landw.	1850 51	—	—	—	—
1639.	Kraaz, Albert	Hzgth. Anhalt	Landw.	1862 63 bis 1863 64	—	—	—	—
1640.	Kracht, Heinrich	Westfalen	Cult.	1877 78. 78	—	—	24 10. 78	—
1641.	Kracke, Hugo	Rheinprovinz	Geod.	1893. 93 94	—	—	—	Fr. 94
1642.	Kraemer, Hermann	Rheinprovinz	Geod.	1894-96	—	—	—	—
1643.	Kraemer, Julius	Westfalen	Geod.	1888-90	—	—	—	Fr. 91
1644.	Krafft, Emil	Frstth. Waldeck	Geod.	1894-96 97	—	—	Fr. 97	H. 96
1645.	Krafft, Wilhelm	Rheinprovinz	Landw.	1890 91-93	—	—	—	—
1646.	von Kraft, Robert	Rheinprovinz	Landw.	1890	—	—	—	—
1647.	Krahl, Karl	Hessen-Nassau	Geod.	1894-95 96	—	—	Fr. 96	Fr. 96
1648.	Kraiger, Aloys	Hessen-Nassau	Geod.	1893-94 95	—	—	—	Fr. 95
1649.	von Krane, Alexander	Westfalen	Landw.	1856 57. 57	—	—	—	—
1650.	von Krane-Matena, Ernst	Westfalen	Landw.	1862 63. 1868 69. 69	—	—	—	—
1651.	von Kraszewski, Johannes	Posen	Landw.	1857. 57 58	—	—	—	—
1652.	Kratzenberg, Hubert	Rheinprovinz	Landw.	1857 58	—	—	—	—
1653.	Dr. Kraus, Gregor	Kgr. Bayern	Hosp.	1866	—	—	—	—
1654.	Kraus, Reinhard	Hessen-Nassau	Landw.	1866 67. 67	—	—	—	—
1655.	Kraus, Theodor	Rheinprovinz	Landw.	1872 73 bis 1876 77	—	—	—	—
1656.	Kraus, Lehrer	Rheinprovinz	Hosp.	1872	—	—	—	—
1657.	Krause, Emil Louis Otto	Kgr. Sachsen	Cult.	1879. 79 80	—	—	12 3. 80	--
1658.	Krause, Hermann	Rheinprovinz	Landw.	1879 80-81	—	4 8. 81	—	—
1659.	Krause, Hugo	Westpreussen	Landw.	1854 55-56	—	—	—	—
1660.	Krause, Ernst Johannes	Sachsen	Geod.	1888-89 90	—	—	—	Fr. 90
1661.	Krause, Emil Karl	Brandenburg	Cult.	1883 84 bis 1884 85	—	—	17 3. 85	—
1662.	Krause, Lothar	Westfalen	Cult.	1884. 84 85	—	—	17/3. 85	—
1663.	Krause, Max	Schlesien	Cult.	1878. 78 79	—	—	12 3. 79	—
1664.	von Krause, Wilhelm	Russland	Landw.	1894 95-96	—	—	—	—
1665.	Kraushaar, Max	Rheinprovinz	Landw.	1894 95 bis 1895 96	—	—	—	—
1666.	Krauss, Gustav	Grsh. Hessen	Landw.	1866 67. 67	—	—	—	—
1667.	Krebs, Karl	Rheinprovinz	Geod.	1892-93 94	—	—	—	Fr. 94
1668.	Kreckwitz, Paul	Schlesien	Cult.	1880 81. 81	—	—	9 8. 81	—
1669.	Kreiner, Georg	Rheinprovinz	Geod.	1896. 96 97	—	—	—	—
1670.	Kreis, Eduard	Hessen-Nassau	Geod.	1890-91 92	—	—	—	Fr. 92
1671.	Kreis, Josef	Hessen-Nassau	Geod.	1889-91	—	—	—	Fr. 91
1672.	Kreisch, Ewald	Rheinprovinz	Hosp.	1891. 91 92	—	—	—	—
1673.	Kreitz, Karl	Hessen-Nassau	Hosp.	1890-91	—	—	—	—
1674.	Kremer, Wilhelm	Hessen-Nassau	Geod.	1892-93 94	—	—	—	Fr. 94
1675.	Kremer, Wilhelm	Westfalen	Geod.	1896. 96 97	—	—	—	—
1676.	Kremers, Heinrich	Rheinprovinz	Geod.	1889 90 bis 1891 92	—	—	—	H. 91
1677.	Kremers, Jakob	Rheinprovinz	Landw.	1889 90 bis 1890 91	—	—	—	—
1678.	Kreplin, Fritz	Hannover	Geod.	1892. 92 93	—	—	—	—
1679.	Kres, Franz	Rheinprovinz	Landw.	1887. 87 88	—	—	—	—
1680.	Kretschmer, Karl	Schlesien	Geod.	1894-95	—	—	—	H. 95

Festschrift.

Laufende Nr.	Namen	Heimat	Studium	Studien-Semester	zum Lehrer der Landwirthschaft an Landwirthschaftsschulen	Landwirthschaftliche Abgangsprüfung	Culturtechnische Prüfung	Landmesser-Prüfung
1681.	von Kreusch, Alfred	Russland	Landw.	1883. 83/84	—	—	—	—
1682.	Kreusler, Hans	Rheinprovinz	Hosp.	1894-95	—	—	—	—
1683.	Kreutz, Michael	Rheinprovinz	Landw.	1872/73. 1873. 78	—	5/8. 78	—	—
1684.	Kreutzträger, Georg	Hannover	Cult.	1876 77. 77	—	—	31/7. 77	—
1685.	Kreuz, Theodor	Westfalen	Geod.	1892-94 95	—	—	—	II. 94
1686.	Krewel, Jerome	Rheinprovinz	Landw.	1871/72	—	—	—	—
1687.	Krewel, Karl	Rheinprovinz	Landw.	1884 85. 85	—	—	—	—
1688.	Kriechel, Peter	Rheinprovinz	Geod.	1896. 96/97	—	—	—	—
1689.	Kriege, Georg	Grssh. Oldenburg	Landw.	1849/50. 50	—	—	—	—
1690.	Krieger, Franz	Rheinprovinz	Geod.	1894/95 bis 1896 97	—	—	—	Fr. 97
1691.	Krieger, Julius	Kgr. Bayern	Landw.	1888 89. 89	—	—	—	—
1692.	von Kries I, Otto	Ostpreussen	Landw.	1860 61. 61	—	—	—	—
1693.	von Kries II, Otto	Ostpreussen	Landw.	1860 61. 61	—	—	—	—
1694.	Kristemeyer, August	Westfalen	Geod.	1889-90/91	—	—	—	Fr. 91
1695.	Krocker, Ernst	Schlesien	Landw.	1878/79. 79	—	—	—	—
1696.	Kroeck, Adolf	Hessen-Nassau	Geod.	1895-96/97	—	—	—	—
1697.	Kroeger, Heinrich	Rheinprovinz	Geod.	1895-96 97	—	—	—	Fr. 97
1698.	Kroenlein, Ernst	Rheinprovinz	Landw.	1865 66. 66	—	—	—	—
1699.	von Krohn, Karl	Westpreussen	Landw.	1853 54. 54	—	—	—	—
1700.	Krohn,	Russland	Landw.	1851	—	—	—	—
1701.	Kroll, Günther	Schlesien	Geod.	1896. 96,97	—	—	—	—
1702.	Kroll, Karl Ludwig	Rheinprovinz	Cult.	1887. 87/88	—	—	19/3. 88	—
1703.	Kronenberg, Leopold	Russland	Landw.	1867/68. 68	—	—	—	—
1704.	Kropp, Hermann	Rheinprovinz	Geod.	1889-90/91	—	—	—	Fr. 91
1705.	Kruedwig, Wilhelm	Rheinprovinz	Geod.	1893-95 96	—	—	Fr. 96	Fr. 95
1706.	Krueger, Emil	Hannover	Geod.	1888-89 90. 1892	—	—	—	II. 92
1707.	Krueger, Fritz	Brandenburg	Geod.	1893-95	—	—	—	—
1708.	Krueger, Wilhelm	Pommern	Geod.	1894. 94 95	—	—	—	—
1709.	Krueger-Velthusen, Richard	Rheinprovinz	Geod.	1890-92	—	—	—	II. 92
1710.	Kruempel, August	Hannover	Geod.	1893-94 95	—	—	—	Fr. 95
1711.	Krueper, Hermann	Westfalen	Geod.	1890-93	—	—	—	Fr. 93
1712.	Krumböhmer, Bernhard	Westfalen	Landw.	1896 97	—	—	—	—
1713.	Krumm, Ferdinand	Westfalen	Landw.	1861. 61/62	—	—	—	—
1714.	Krumme, Wilhelm	Rheinprovinz	Hosp.	1857. 57/58	—	—	—	—
1715.	Krummenacker, Anton	Elsass-Lothringen	Hosp.	1892	—	—	—	—
1716.	Kublckl, Vitalis	Posen	Cult.	1877 78. 78	—	—	9/8. 78	—
1717.	Kuebelstein, Hermann	Sachsen	Geod.	1894-96/97	—	—	1/5. 97	Fr. 96
1718.	Kuehbacher, Franz	Rheinprovinz	Hosp.	1890 91	—	—	—	—
1719.	Kuehl, Otto	Grssh. Mecklenburg-Schwerin	Landw.	1863 64. 64	—	—	—	—
1720.	Kuehl, Wilhelm	Grssh. Mecklenburg-Schwerin	Landw.	1860 61. 61	—	—	—	—
1721.	Kuehn, Alfred	Ostpreussen	Hosp.	1851 52 bis 1852 53	—	—	—	—
1722.	Kuehn, Georg	Ostpreussen	Landw.	1867 68. 68	—	—	—	—
1723.	Kuehn, Julius	Schlesien	Landw.	1855 56. 56	—	22/7. 56	—	—
1724.	Kuehne, Max	Sachsen	Landw.	1857-58	—	—	—	—
1725.	Kuehne, Robert	Hannover	Geod.	1895-96 97	—	—	—	Fr. 97
1726.	Kuehnel, Paul	Brandenburg	Hosp.	1895 96. 96	—	—	—	—
1727.	Kuehnelt, Hermann	Schlesien	Cult.	1881 82. 82	—	—	7/8. 82	—
1728.	Kuelpmann, Karl	Rheinprovinz	Geod.	1896. 96 97	—	—	—	—
1729.	Kuenoldt, Hermann	Grssh. Oldenburg	Geod.	1895-96 97	—	—	Fr. 97	Fr. 97
1730.	Kueppers, Georg	Rheinprovinz	Landw.	1880 81	—	—	—	—

Namens-Verzeichniss der Studirenden.

Laufende Nr.	Namen	Heimat	Studium	Studien-Semester	zum Lehrer der Landwirthschaft an Landwirthschaftsschulen	Landwirthschaftliche Abgangsprüfung	Culturtechnische Prüfung	Landmesser-Prüfung
					Abgelegte Prüfungen			
1731.	Kaerchhoff, Karl	Grsh. Sachsen-Weimar	Landw.	1857	—	—	—	—
1732.	Kaerle, Jean	Hessen-Nassau	Hosp.	1895	—	—	—	—
1733.	Kaerschner, Karl	Hessen-Nassau	Geod.	1896. 96/97	—	—	—	—
1734.	Kaerten, Karl	Rheinprovinz	Landw.	1894	—	—	—	—
1735.	Kaeseler, Heinrich	Schleswig-Holstein	Landw.	1873/74. 74	—	—	—	—
1736.	Kaester, Albert	Rheinprovinz	Hosp.	1853/54	—	—	—	—
1737.	Kahl, Bernhard	Rheinprovinz	Geod.	1889-93/94	—	—	—	Fr. 93
1738.	Kahler, Adolf	Rheinprovinz	Geod.	1891-92/93	—	—	—	Fr. 93
1739.	Kahlhoff, Georg	Rheinprovinz	Hosp.	1869/70	—	—	—	—
1740.	Kahlmann, Friedrich	Rheinprovinz	Cult.	1886. 86/87	—	—	16/3. 87	—
1741.	Kahlmann, Johann	Westfalen	Landw.	1892-94/95	—	—	—	—
1742.	Kahlmann, Johann	Westfalen	Landw.	1896/97	—	—	—	—
1743.	Kahn, Michael	Westpreussen	Cult.	1876/77	—	—	—	—
1744.	von Kulkowski, Albert	Russland	Landw.	1867/68-69	—	—	—	—
1745.	Kallmann, Hermann	Hessen-Nassau	Geod.	1894. 94/95	—	—	—	—
1746.	Kambruch, Karl	Rheinprovinz	Landw.	1861/62. 62	—	—	—	—
1747.	Kummer, Hugo	Sachsen	Geod.	1894-96	—	—	—	—
1748.	von Kammer, Karl	Westfalen	Landw.	1853/54	—	—	—	—
1749.	Kanckell, Heinrich	Sachsen	Landw.	1864	—	—	—	—
1750.	Kanert, August	Rheinprovinz	Geod.	1888-90/91	—	—	—	Fr. 91
1751.	Kantze, Emil	Posen	Geod.	1894-95	—	—	—	Fr. 95
1752.	Kantze, Paul	Sachsen	Landw.	1882/83	—	—	—	—
1753.	Kantze, Rudolf	Hamburg	Landw.	1862-63/64	—	5/3. 64	—	—
1754.	Kantzen, Richard	Hzgth. Braunschweig	Landw.	1868/69 bis 1869/70	—	—	—	—
1755.	Kanz, Emil	Westfalen	Cult.	1886. 86/87	—	—	16/3. 87	—
1756.	Kanz, Friedrich	Rheinprovinz	Geod.	1895/96 bis 1896/97	—	—	—	—
1757.	Kanz, Gustav	Rheinprovinz	Cult.	1885. 85/86	—	—	13/3. 86	—
1758.	Kanze, Franz	Schlesien	Cult.	1881/82. 82	—	—	21/8. 82	—
1759.	Kanze, Hermann	Hzgth. Sachsen-Altenburg	Landw.	1893-94-95	—	22/10. 95	—	—
1760.	Kapka, Johann	Österreich	Landw.	1880/81 bis 1881/82	—	—	—	—
1761.	von Karnatowski, Sigismund	Posen	Landw.	1882/83	—	—	—	—
1762.	Karth, Theodor	Rheinprovinz	Landw.	1885/86-87	—	10/3. 88	—	—
1763.	Kartz, Jakob	Grsh. Hessen	Landw.	1886. 86/87	—	—	—	—
1764.	Karz, Armand	Schlesien	Cult.	1880/81. 81	—	—	—	—
1765.	Karzius, Ernst	Sachsen	Geod.	1890/91-93	—	—	—	H. 92
1766.	Kassie, Wilhelm	Ostpreussen	Cult.	1881/82. 82	—	—	4/8. 82	—
1767.	Kath, Josef	Rheinprovinz	Landw.	1854/55	—	—	—	—
1768.	Kutzen, Stephan	Schlesien	Landw.	1869/70. 70	—	—	—	—
1769.	Kyllmann, Eduard	Rheinprovinz	Landw.	1858. 58/59	—	—	—	—

L.

1770.	van der Laan, Anton	Hannover	Geod.	1893-94	—	—	—	H. 94
1771.	Labesius, Georg	Brandenburg	Landw.	1862/63. 63	—	—	—	—
1772.	Lablen, Georg	Rheinprovinz	Landw.	1896. 96/97	—	—	—	—
1773.	Lachmann, Rudolf	Hzgth. Braunschweig	Landw.	1857. 57/58	—	—	—	—
1774.	Lack, Heinrich	Westfalen	Geod.	1889-90/91	—	—	—	Fr. 91
1775.	von Laczyski, Eduard	Russland	Hosp.	1863	—	—	—	—
1776.	Graf von Laczyski, Ladislaus	Russland	Hosp.	1859 u. 60	—	—	—	—
1777.	Lade, Friedrich	Hessen-Nassau	Landw.	1872/73	—	—	—	—

Laufende Nr.	Namen	Heimat	Studium	Studien-Semester	zum Lehrer der Landwirthschaft an Landwirthschaftsschulen	Landwirthschaftliche Abgangsprüfung	Culturtechnische Prüfung	Landmesser-Prüfung
1778.	von Ladiges, Karl	Pommern	Landw.	1861. 61 62	—	—	—	—
1779.	Lahusen, Gustav	Bremen	Landw.	1874-75	—	—	—	—
1780.	Lamm, Louis	Berlin	Landw.	1861 62	—	—	—	—
1781.	Dr. Lampe, Karl	Rheinprovinz	Hosp.	1858	—	—	—	—
1782.	von der Lancken-Plüggentin, Fritz	Pommern	Landw.	1888	—	—	—	—
1783.	Landfermann, Hugo	Westfalen	Landw.	1880 81. 81	—	—	—	—
1784.	Frhr. von Landsberg-Velen, Friedrich	Westfalen	Hosp.	1872. 72 73	—	—	—	—
1785.	von Landsberg-Velen, Engelbert	Westfalen	Hosp.	1885	—	—	—	—
1786.	Lancelle, Marx	Rheinprovinz	Landw.	1851 52. 52	—	—	—	—
1787.	Lang, Josef	Rheinprovinz	Geod.	1895-96 97	—	—	—	Fr. 97
1788.	Lang, Otto	Rheinprovinz	Cult.	1890. 90 91	—	—	—	—
1789.	Lange, Alfred	Rheinprovinz	Cult.	1886. 86 87	—	—	16 3. 87	—
1790.	Lange, Karl	Bremen	Landw.	1867 68 bis 1868 69	—	—	—	—
1791.	Lange, Max	Posen	Landw.	1873 74. 74	—	—	—	—
1792.	Langeletz, Friedrich	Hannover	Landw.	1861. 61 62	—	—	—	—
1793.	Langen, Heinrich	Rheinprovinz	Landw.	1867 68. 68	—	—	—	—
1794.	Langen, Hermann	Rheinprovinz	Landw.	1883 84	—	—	—	—
1795.	Langer, Max	Brandenburg	Cult.	1884. 84 85	—	—	25 4. 85	—
1796.	Laspeyres, Walter	Rheinprovinz	Hosp.	1894 95. 1896 97	—	—	—	—
1797.	Laubert, Heinrich	Hannover	Geod.	1896-96 97	—	—	—	—
1798.	Laubmeyer, Anton	Ostpreussen	Landw.	1888	—	—	—	—
1799.	Laude, Georg	Frankreich	Hosp.	1857 58. 58	—	—	—	—
1800.	Lauenstein, Otto	Hannover	Landw.	1865. 65 66	—	—	—	—
1801.	Lauer, Johann	Rheinprovinz	Geod.	1893-94	—	—	—	—
1802.	Laurock, Robert	Westfalen	Geod.	1891-92 93	—	—	—	Fr. 93
1803.	Lausberg, Otto	Hannover	Geod.	1892-93 94	—	—	—	Fr. 94
1804.	Lavalle, Alfred	Berlin	Landw.	1892-94 95	—	11 5. 94	—	—
1805.	Lechner, Edmund	Ungarn	Landw.	1892 93-94	—	28/7. 94	—	—
1806.	Leede, Hermann	Westfalen	Cult.	1884. 84 85	—	—	17 3. 85	—
1807.	Leembruggen, Wilhelm	Niederlande	Landw.	1871	—	—	—	—
1808.	Lehmann, Franz Karl	Berlin	Hosp.	1856	—	—	—	—
1809.	Lehmann, Otto	Rheinprovinz	Landw.	1861-63	—	—	—	—
1810.	Lehmann, Robert	Schleswig-Holstein	Geod.	1892-93/94	—	—	—	—
1811.	Lehmann, Wilhelm	Rheinprovinz	Hosp.	1885	—	—	—	—
1812.	Lehmer, Gilbert	Ver. Staaten v. N.-America	Hosp.	1872	—	—	—	—
1813.	Lehrke, Johannes	Hessen-Nassau	Cult.	1885. 85/86	—	—	13 3. 86	—
1814.	von Leheten, Wilhelm	Hannover	Landw.	1847	—	—	—	—
1815.	Leinemann, Gustav	Brandenburg	Geod.	1892 93 bis 1895 96	—	—	—	H. 95
1816.	Leinen, Simon	Rheinprovinz	Landw.	1889 90-91	—	19/10. 91	19 10. 91	—
1817.	Leisewitz, Karl	Hannover	Landw.	1857-58	—	7. 8. 58	—	—
1818.	Frhr. von Leitenberger, Friedrich	Posen	Landw.	1885 86	—	—	—	—
1819.	Leithoff, Gustav Hermann Friedrich	Sachsen	Landw.	1853. 53 54	—	—	—	—
1820.	Lemboer, Julius	Schlesien	Geod.	1892 93 bis 1895 96	—	—	—	—
1821.	Lenders, Heinrich	Rheinprovinz	Landw.	1866 67-68	—	—	—	—
1822.	Lenders, Josef	Rheinprovinz	Hosp.	1856 57	—	—	—	—
1823.	Lenders, Wilhelm	Rheinprovinz	Landw.	1890 91	—	—	—	—
1824.	Lensartz, Johann Baptist	Rheinprovinz	Landw.	1851 52	—	—	—	—
1825.	von Lenski, Max	Ostpreussen	Landw.	1879	—	—	—	—

Namens-Verzeichniss der Studirenden. 163

Laufende Nr.	Namen	Heimat	Studium	Studien-Semester	zum Lehrer der Landwirthschaft an Landwirthschaftsschulen	Landwirthschaftliche Abgangsprüfung	Culturtechnische Prüfung	Landmesserprüfung
				Abgelegte Prüfungen				
1826.	Lent, Karl	Westfalen	Landw.	1852	—	—	—	—
1827.	Lentze, Leopold	Sachsen	Landw.	1852/53-55	—	—	—	—
1828.	Lenz, Emil	Rheinprovinz	Geod.	1894/95 bis 1896/97	—	—	1/5. 97	H. 96
1829.	Leonhardt, Reinhold	Hessen-Nassau	Geod.	1894/95 bis 1896/97	—	—	—	—
1830.	Lepier, Fritz	Westfalen	Geod.	1891-92	—	—	—	H. 92
1831.	Lessenthien, Berthold	Schlesien	Landw.	1863. 63/64	—	—	—	—
1832.	Lessing, Bernhard	Rheinprovinz	Hosp.	1888	—	—	—	—
1833.	Leszczynski, Alexander	Posen	Landw.	1858	—	—	—	—
1834.	von Loth, Vincent Steensen	Dänemark	Hosp.	1862/63	—	—	—	—
1835.	Leuchter, Max	Schlesien	Landw.	1868 69	—	—	—	—
1836.	Leutiger, Oswald Reinhold	Schlesien	Cult.	1884. 84/85	—	—	17/3. 85	—
1837.	Levin, Arthur	Berlin	Landw.	1881/82	—	—	—	—
1838.	Lewinstein, Paul	Berlin	Landw.	1856/57. 57	—	—	—	—
1839.	Lex, Josef	Rheinprovinz	Geod.	1885-86/87	—	—	—	Fr. 87
1840.	Ley, Engelbert	Westfalen	Landw.	1856/57 bis 1857/58	—	—	—	—
1841.	von Ley, Karl	Rheinprovinz	Hosp.	1888	—	—	—	—
1842.	Ley, Matthias	Grssh. Luxemburg	Landw.	1896/97	—	—	—	—
1843.	Leydel, Baptist	Rheinprovinz	Landw.	1861/62. 62	—	—	—	—
1844.	Leyderff, Heinrich	Rheinprovinz	Landw.	1851-52	—	—	—	—
1845.	von der Leyen, Friedrich	Rheinprovinz	Landw.	1868 69. 69	—	—	—	—
1846.	von der Leyen, Emil	Rheinprovinz	Hosp.	1879 80	—	—	—	—
1847.	Leyendecker, Lehrer	Rheinprovinz	Hosp.	1857/58 bis 1858/59	—	—	—	—
1848.	Libert, Franz	Rheinprovinz	Geod.	1896-96/97	—	—	—	—
1849.	Lichts, Karl	Westfalen	Geod.	1891/92 bis 1893 94	—	—	—	H. 93
1850.	Lichtenberg, Josef	Rheinprovinz	Cult.	1877/78. 78	—	—	8/8. 78	—
1851.	Lichtenfelt, Hans	Hzgth. Anhalt	Landw.	1882/83 bis 1885 86	—	—	—	—
1852.	Lichtenthäler, Techniker	Rheinprovinz	Hosp.	1860/61	—	—	—	—
1853.	Licka, Josef Leopold	Österreich	Landw.	1882/83. 83	—	7/9. 83	11/8. 83	—
1854.	Liddell, Henry	England	Hosp.	1877/78	—	—	—	—
1855.	von Liebermann, Cäsar	Posen	Cult.	1881/82. 82	—	—	22 8. 82	—
1856.	Liebig, Otto	Österreich	Landw.	1883. 83/84	—	—	—	—
1857.	Liedtke, Emil	Ostpreussen	Cult.	1881/82. 82	—	—	21 8. 82	—
1858.	Liefrecht, August	Westfalen	Geod.	1888/89 bis 1890/91	—	—	—	Fr. 91
1859.	Lietz, Reinhold	Westpreussen	Landw.	1857-59	—	24/3. 59	—	—
1860.	Lieven, Ferdinand	Rheinprovinz	Landw.	1858/59. 59	—	—	—	—
1861.	Lille, Karl	Frstth. Schwarzburg-Sondershausen	Geod.	1896-96/97	—	—	—	Fr. 97
1862.	Limbach, Wilhelm	Westfalen	Geod.	1894-95/96	—	—	—	Fr. 96
1863.	von Limburg, Louis	Hannover	Landw.	1859/60. 60	—	—	—	—
1864.	Linck, Julius	Hessen-Nassau	Landw.	1881. 81/82	—	—	—	—
1865.	Linckels, Johann Peter	Belgien	Landw.	1860/61. 61	—	—	—	—
1866.	von Lincker, Albert	Westfalen	Geod.	1886	—	—	—	—
1867.	Lind, Ferdinand	Venezuela	Hosp.	1869-70/71	—	—	—	—
1868.	Lind, Karl	Rheinprovinz	Landw.	1872. 72/73	—	—	—	—
1869.	Frhr. von Linde, Balduin, Rentner	Rheinprovinz	Hosp.	1871/72. 72	—	—	—	—
1870.	Frhr. von Lindelof, Heinrich	Ungarn	Hosp.	1894	—	—	—	—
1871.	Lindemann, Adolf	Hessen-Nassau	Geod.	1892-93/94	—	—	—	Fr. 94
1872.	Lindemann, Adolf	Hessen-Nassau	Geod.	1894-96 97	—	—	—	Fr. 97
1873.	Lindemann, Hermann	Westfalen	Landw.	1864-65 66	—	—	—	—

11*

Laufende Nr.	Namen	Heimat	Studium	Studien-Semester	zum Lehrer der Landwirthschaft an Landwirthschaftsschulen	Landwirthschaftliche Abgangsprüfung	Culturtechnische Prüfung	Landmesser-Prüfung
1874.	Lindemeier, Karl	Frstth. Lippe	Geod.	1891/92 bis 1893/94	—	—	—	H. 93
1875.	Lindgens, Hugo	Rheinprovinz	Landw.	1888. 88/89	—	—	—	—
1876.	Lindgens, Oskar	Rheinprovinz	Landw.	1851-52	—	—	—	—
1877.	Lindholmer, Wilhelm	Hessen-Nassau	Landw.	1867/68 bis 1868/69	—	—	—	—
1878.	Lingens, Karl	Rheinprovinz	Landw.	1860/61. 1863/64. 64	—	—	—	—
1879.	Linnig, Wilhelm	Rheinprovinz	Geod.	1892-93/94	—	—	—	Fr. 94
1880.	Liphart, Friedrich	Berlin	Landw.	1861-62	—	2/8. 62	—	—
1881.	Lisco, Johannes	Berlin	Landw.	1853. 53/54	—	8/3. 54	—	—
1882.	Lisser, Albert	Rheinprovinz	Geod.	1885	—	—	—	—
1883.	Lisse, Richard	Schlesien	Geod.	1887. 87/88	—	—	—	Fr. 89
1884.	Dr. List, Rudolf	Ostpreussen	Landw.	1867/68	—	—	—	—
1885.	Litz, Ludwig	Rheinprovinz	Landw.	1869-70	—	—	—	—
1886.	Loch, Johann	Westfalen	Cult.	1886. 86/87	—	—	16/3. 87	—
1887.	Freiherr von Loequenghien, C., Gutsbesitzer	Rheinprovinz	Hosp.	1858. 58/59	—	—	—	—
1888.	von Loequenghien, Ernst Wilhelm	Rheinprovinz	Landw.	1852/53-54	—	—	—	—
1889.	Lodge, Johann, Techniker	England	Hosp.	1870/71	—	—	—	—
1890.	Frhr. von Loë, Clemens	Rheinprovinz	Landw.	1890	—	—	—	—
1891.	Frhr. von Loë, F.	Rheinprovinz	Hosp.	1861	—	—	—	—
1892.	Loebbecke, Robert	Hannover	Landw.	1865/66. 66	—	—	—	—
1893.	Loebe, Ernst	Hessen-Nassau	Geod.	1892-93/94	—	—	—	Fr. 94
1894.	Loehr, Gutsbesitzer	Rheinprovinz	Hosp.	1860/61	—	—	—	—
1895.	Loerke, Richard	Brandenburg	Geod.	1893-94 95	—	—	—	Fr. 95
1896.	Loerkens, Mattias	Rheinprovinz	Geod.	1894/95. 95	—	—	—	H. 96
1897.	Loers, Gutsbesitzer	Rheinprovinz	Hosp.	1859 60. 60	—	—	—	—
1898.	Loesch, Heinrich	Schlesien	Landw.	1861 62. 62	—	—	—	—
1899.	Loesch, Julius	Berlin	Landw.	1852. 52/53	—	—	—	—
1900.	Loevenich, Gustav	Rheinprovinz	Geod.	1895-96 97	—	—	—	—
1901.	Loewe, Johann	Brandenburg	Cult.	1882. 82 83	—	—	16 3. 83	—
1902.	Loewen, Karl	Rheinprovinz	Geod.	1893-94 95	—	—	—	Fr. 95
1903.	Prinz von Loewenstein-Wertheim-Freudenstadt	Grsh. Baden	Hosp.	1880 81	—	—	—	—
1904.	Lohaus, Wilhelm	Westfalen	Landw.	1882 83-84	—	4/8. 84	—	—
1905.	Lohmann, Franz	Westfalen	Geod.	1895-96 bis 1896/97	—	—	1/5. 97	Fr. 97
1906.	Lohmann, Fritz	Westfalen	Geod.	1894-96	—	—	Fr. 96	Fr. 96
1907.	Lohrberg, Karl	Hannover	Geod.	1895 96 bis 1896 97	—	—	—	—
1908.	Lohse, Hermann	Rheinprovinz	Landw.	1888 89	—	—	—	—
1909.	von Lonyay, Georg	Ungarn	Hosp.	1853 54	—	—	—	—
1910.	Loosch, Robert	Brandenburg	Cult.	1881 82. 82	—	—	7/8. 82	—
1911.	Lorenz, Edmund	Sachsen	Landw.	1879 80. 80	—	—	—	—
1912.	Lorenz, Hermann	Sachsen	Geod.	1896-96/97	—	—	—	—
1913.	Lorenz, Theodor	Grsh. Hessen	Landw.	1874/75	—	—	—	—
1914.	Dr. Loretz, Hermann	Hessen-Nassau	Landw.	1866 67	—	—	—	—
1915.	Lortzing, Emil	Brandenburg	Cult.	1879 80. 80	—	—	11/8. 80	—
1916.	Losch, Hans	Hessen-Nassau	Hosp.	1887	—	—	—	—
1917.	Lossen, Wilhelm	Berlin	Hosp.	1892	—	—	—	—
1918.	Lottermoser, Gustav	Ostpreussen	Landw.	1861/62. 62	—	—	—	—
1919.	Louis, Josef	Rheinprovinz	Cult.	1878 79. 79	—	—	11/8. 79	—
1920.	Louis, Karl	Westfalen	Geod.	1895-96/97	—	—	Fr. 97	Fr. 97
1921.	Graf von Lubienski, Franz	Posen	Landw.	1855 56	—	—	—	—
1922.	Lucas, Hermann	Rheinprovinz	Geod.	1893-95/96	—	—	Fr. 96	Fr. 95
1923.	Lucas, Johann Theodor Hubert	Rheinprovinz	Landw.	1870	—	—	—	—

Namens-Verzeichniss der Studirenden. 165

Laufende Nr.	Namen	Heimat	Studium	Studien-Semester	zum Lehrer der Landwirthschaft an Landwirthschaftsschulen	Landwirthschaftliche Abgangsprüfung	Culturtechnische Prüfung	Landmesser-Prüfung
1924.	Lechte, Wilhelm	Westfalen	Geod.	1892–94/95	—	—	—	—
1925.	Leckow, Karl Gottfried	Rheinprovinz	Landw.	1852-54	—	—	—	—
1926.	Lecks, Karl	Pommern	Landw.	1871/72. 72	—	—	—	—
1927.	Ledewiol, Walther, Forsteleve	Rheinprovinz	Hosp.	1871/72	—	—	—	—
1928.	Ludwig, Adolf, aus Kyllburg	Rheinprovinz	Geod.	1892. 92/93. 1895. 95/96	—	—	—	—
1929.	Ludwig, Adolf, aus Thalfang	Rheinprovinz	Geod.	1892/93 bis 1894/95	—	—	—	Fr. 95
1930.	Luebeck, Hugo	Ostpreussen	Cult.	1881. 81/82	—	—	10. 3. 82	—
1931.	Lueck, Paul	Rheinprovinz	Landw.	1894. 94/95	—	—	—	—
1932.	Luecke, Rudolf	Hannover	Hosp.	1848/49	—	—	—	—
1933.	Luedecke, August	Brandenburg	Hosp.	1854/55	—	—	—	—
1934.	Luedecke, Karl	Sachsen	Landw.	1878. 78/79. 1879/80. 80	—	2/8. 80	12/3. 79	—
1935.	Luederssen, Theodor	Hzgth. Braunschweig	Landw.	1852–54	—	—	—	—
1936.	Luedke, Bernhard	Pommern	Landw.	1886	—	—	—	—
1937.	Dr. Luedtke, Gustav	Pommern	Hosp.	1884. 84/85	—	—	—	—
1938.	Luedtke, Theodor	Westfalen	Cult.	1885. 85/86	—	—	13 3. 86	—
1939.	Luenemann, Adolf	Hannover	Landw.	1888	—	—	—	—
1940.	Luops, Gerhard	Belgien	Landw.	1889/90	—	—	—	—
1941.	Luepe, Johannes Heinrich	Rheinprovinz	Landw.	1885	—	—	—	—
1942.	Luetkens, Johannes	Russland	Cult.	1894. 94/95	—	—	1 3. 95	—
1943.	Luettich, Emil	Sachsen	Landw.	1862	—	—	—	—
1944.	Luettich, Julius	Westfalen	Landw.	1857/58	—	—	—	—
1945.	von Lutz, Eduard	Kgr. Bayern	Landw.	1892 93	—	—	—	—

M.

1946.	Maas, Josef	Rheinprovinz	Landw.	1853. 53 54	—	—	—	—
1947.	Maass, Leonhard	Rheinprovinz	Geod.	1889–91/92	—	—	—	Fr. 91
1948.	Macdonald, Charles	England	Hosp.	1889–90	—	—	—	—
1949.	Mac-Lean, Archibald	Ostpreussen	Landw.	1862/63. 63	—	—	—	—
1950.	Mac-Lean, L.	Westpreussen	Hosp.	1865 66	—	—	—	—
1951.	Mackeldey, Friedrich Wilhelm	Rheinprovinz	Landw.	1847–48/49	—	—	—	—
1952.	Mackeldey, Wilhelm	Rheinprovinz	Landw.	1850/51-52	—	—	—	—
1953.	Mackeprang, Hermann	Schleswig-Holstein	Landw.	1866 67. 67	—	—	—	—
1954.	Madert, Karl	Frstth. Schaumburg-Lippe	Cult.	1880 81. 81	—	—	25 3. 82	—
1955.	Maeusel, Heinrich	Posen	Landw.	1896	—	—	—	—
1956.	Magnus, Heinrich	Brandenburg	Landw.	1859/60 bis 1860 61	—	—	—	—
1957.	Magnus, Max	Ostpreussen	Landw.	1863 64	—	—	—	—
1958.	Mahlich, Oskar	Rheinprovinz	Geod.	1896. 96 97	—	—	—	Fr. 97
1959.	Malweg, Rudolf	Rheinprovinz	Hosp.	1887	—	—	—	—
1960.	Malchus, Florenz	Westfalen	Cult.	1880. 80 81	—	—	14 3. 81	—
1961.	Mallin, Gustav	Hessen-Nassau	Cult.	1876 77. 77	—	—	30/7. 77	—
1962.	Malinckrodt, Felix	Rheinprovinz	Landw.	1893 94	—	—	—	—
1963.	Frhr. von Maltzan, Ulrich	Brandenburg	Hosp.	1867	—	—	—	—
1964.	Mamroth, Karl	Berlin	Hosp.	1885	—	—	—	—
1965.	Frhr. von Manteuffel, Karl	Russland	Hosp.	1890 91	—	—	—	—
1966.	Frhr. von Manteuffel, Nikolaus	Russland	Landw.	1890. 90 91	—	—	—	—
1967.	Frhr. von Maasberg, Ernst	Hzgth. Braunschweig	Landw.	1867. 67 68	—	—	—	—

Festschrift.

Laufende Nr.	Namen	Heimat	Studium	Studien-Semester	zum Lehrer der Landwirthschaft an Landwirthschaftsschulen	Landwirthschaftliche Abgangsprüfung	Culturtechnische Prüfung	Landmesser-Prüfung
					Abgelegte Prüfungen			
1968.	von Manteuffel, Rudolf	Pommern	Landw.	1858/59	—	—	—	—
1969.	Maranz, Jacques	Russland	Landw.	1879. 79/80	—	—	—	—
1970.	Marc, Moritz	Frstth. Waldeck	Landw.	1863. 63/64	—	—	—	—
1971.	Marckscheffel, Hermann	Frstth. Schwarzburg-Sondershausen	Geod.	1896. 96/97	—	—	—	—
1972.	Marckwald, Emil	Berlin	Landw.	1867/68. 68	—	—	—	—
1973.	Marckwald, Otto	Berlin	Landw.	1858. 59. 59	—	—	—	—
1974.	von Marcinkowsky, Alex	Russland	Landw.	1864. 65-66	—	—	—	—
1975.	Marks, Julius	Westfalen	Cult.	1877/78 bis 1878/79	—	—	12. 3. 79	—
1976.	Marten, Leopold	Hannover	Geod.	1896. 96, 97	—	—	—	—
1977.	Martens, Georg	Hannover	Landw.	1866. 67-68	—	—	—	—
1978.	Martheus, Georg	Rheinprovinz	Cult.	1881. 81/82	—	—	10. 3. 82	—
1979.	Martin, Heinrich	Rheinprovinz	Geod.	1892-93/94	—	—	—	Fr. 94
1980.	Martineage, Otto	Rheinprovinz	Landw.	1883/84.87/88	—	—	—	—
1981.	Martini, Peter	Rheinprovinz	Hosp.	1860	—	—	—	—
1982.	Martins, Peter	Rheinprovinz	Cult.	1882/83-84	—	—	—	—
1983.	Marx		Hosp.	1849	—	—	—	—
1984.	Marx, Franz	Rheinprovinz	Geod.	1892/93 bis 1894/95	—	—	—	H. 94
1985.	Marx, Theodor	Schleswig-Holstein	Geod.	1896. 96/97	—	—	—	—
1986.	Masslag, Wilhelm	Rheinprovinz	Geod.	1889-91	—	—	—	Fr. 91
1987.	Massmann, Friedrich	Sachsen	Geod.	1896. 96/97	—	—	—	—
1988.	von Massow, Gouverneur Sr. K. H. des Prinzen Albrecht von Preussen	Berlin	Hosp.	1856/57	—	—	—	—
1989.	Mater, Heinrich	Hessen-Nassau	Geod.	1892-95/96	—	—	—	H. 94
1990.	Mater, Paul	Ostpreussen	Cult.	1881/82. 82	—	—	4. 8. 82	—
1991.	Mathe, Richard	Sachsen	Landw.	1885/86. 86	—	—	—	—
1992.	Mathieu, Willy	Westfalen	Landw.	1884/85. 85	—	—	—	—
1993.	Matthes, Johannes	Pommern	Landw.	1851-52	—	—	—	—
1994.	Mattiass, Erich	Pommern	Cult.	1882-83/84	—	—	11. 8. 83	—
1995.	Matzerath, Otto	Rheinprovinz	Landw.	1856/57 bis 1857/58	—	—	—	—
1996.	Maul, Karl	Ostpreussen	Landw.	1857. 57/58	—	—	—	—
1997.	Maurer, Friedrich	Rheinprovinz	Geod.	1886-87/88	—	—	—	Fr. 88
1998.	Maurer, Willy	Berlin	Landw.	1881/82. 82	—	—	—	—
1999.	Mauve, Otto	Posen	Geod.	1896/97	—	—	—	—
2000.	Maxen, Ernst	Hannover	Geod.	1893-94/95	—	—	—	Fr. 95
2001.	May, Albert	Hessen-Nassau	Geod.	1891-92/93	—	—	—	Fr. 93
2002.	Mayer, Benjamin	Ver. Staaten v. N.-America	Hosp.	1878/79	—	—	—	—
2003.	Mayer, Emil	Grssh. Baden	Landw.	1892/93. 93	—	—	—	—
2004.	Mayer, Felix	Rheinprovinz	Landw.	1889	—	—	—	—
2005.	Mayer, Felix	Rheinprovinz	Hosp.	1893/94	—	—	—	—
2006.	Mayer, Gustav	Rheinprovinz	Landw.	1848/49 und 1849/50	—	—	—	—
2007.	Mayer, Jakob	Rheinprovinz	La w.	1866-68/69. 1872/73 bis 1873/74	9/1. 74	—	—	—
2008.	Mayer, Nikolaus	Elsass-Lothringen	Landw.	1895-96/97	—	—	—	—
2009.	Mecke, Bernward	Hannover	Geod.	1894-95/96	—	—	Fr. 96	Fr. 96
2010.	Meerbach, Otto	Sachsen	Geod.	1893-94/95	—	—	11. 5. 95	Fr. 95
2011.	Meerbach, Walter	Sachsen	Geod.	1895-96/97	—	—	—	Fr. 97
2012.	de Meester, Arthur	Belgien	Hosp.	1864	—	—	—	—
2013.	Mehlhose, Otto	Hannover	Geod.	1895/96. 96	—	—	—	—

Namens-Verzeichniss der Studirenden. 167

Laufende Nr.	Namen	Heimat	Studium	Studien-Semester	zum Lehrer der Landwirthschaft an Landwirthschaftsschulen	Landwirthschaftliche Abgangsprüfung	Culturtechnische Prüfung	Landmesserprüfung
2014.	Mehring, Heinrich	Hannover	Hosp.	1894	—	—	—	—
2015.	Mehrlein, Gustav	Westpreussen	Landw.	1862/63. 63	—	—	—	—
2016.	Meier, Hubert	Grssh. Oldenburg	Landw.	1890/91	—	—	—	—
2017.	Meincke, Ludwig	Grssh. Mecklenburg-Strelitz	Landw.	1874	—	—	—	—
2018.	Meininghaus	Rheinprovinz	Hosp.	1851/52	—	—	—	—
2019.	Meissner, Karl Wilhelm	Sachsen	Landw.	1854-55	—	—	—	—
2020.	Meister, Magnus	Hessen-Nassau	Geod.	1896. 96/97	—	—	—	—
2021.	Meister, Rudolf	Pommern	Landw.	1864/65	—	—	—	—
2022.	Mejer, Eberhard	Hannover	Landw.	1858/59	—	—	—	—
2023.	Melms, Malte	Pommern	Hosp.	1863	—	—	—	—
2024.	Mencke, Theodor	Westfalen	Geod.	1895-96/97	—	—	—	—
2025.	Mendelssohn, Franz	Berlin	Hosp.	1847/48	—	—	—	—
2026.	Baron von Mengden, Otto	Russland	Landw.	1861/62	—	—	—	—
2027.	Mengelberg, Max	Rheinprovinz	Hosp.	1893/94	—	—	—	—
2028.	Menne, Johannes	Westfalen	Geod.	1895-96/97	—	—	Fr. 97	Fr. 97
2029.	Mennecke, Adolf	Hannover	Geod.	1894/95 bis 1896/97	—	—	Fr. 97	H. 96
2030.	Mentzel, Friedrich August	Schlesien	Landw.	1852/53 bis 1853/54	—	—	—	—
2031.	Mentzel, Oskar	Schlesien	Landw.	1864/65	—	—	—	—
2032.	Menzel, Albrecht	Rheinprovinz	Cult.	1886. 86/87	—	—	16 3. 87	—
2033.	Merck, Heinrich	Hamburg	Landw.	1862/63 bis 1863/64	—	—	—	—
2034.	Merckel, Gustav	Frsth. Lippe	Landw.	1868-69 70	—	—	—	—
2035.	Merckens, Wilhelm	Westfalen	Hosp.	1858	—	—	—	—
2036.	Merénsky, Kurt	Berlin	Geod.	1894/95 bis 1895/96	—	—	—	H. 95
2037.	Merforth, Eduard	Schlesien	Geod.	1893. 93/94	—	—	—	Fr. 94
2038.	Mergelsberg, Friedrich	Rheinprovinz	Cult.	1887/88. 88	—	—	9 8. 88	—
2039.	Merkens, Erich	Rheinprovinz	Landw.	1882/83. 83	—	—	—	—
2040.	Merker, Hermann	Grssh. Mecklenburg-Schwerin	Landw.	1859/60. 60	—	—	—	—
2041.	Merten, Eugen	Hessen-Nassau	Cult.	1886. 86/87	—	—	16.3. 87	—
2042.	Merten, Gustav	Rheinprovinz	Cult.	1881/82. 82	—	—	5 8. 82	—
2043.	Mertens, Paul	Rheinprovinz	Geod.	1890-92 93. 1894. 94/95	—	—	—	Fr. 95
2044.	Mertz, August	Hessen-Nassau	Geod.	1894-96	—	—	—	H. 96
2045.	von Mestral, Heinrich	Schweiz	Landw.	1870/71-72	—	—	—	—
2046.	Metelmann, Karl	Grssh. Mecklenburg-Schwerin	Landw.	1871	—	—	—	—
2047.	Metscher, Alexander	Schlesien	Landw.	1867/68. 68	—	—	—	—
2048.	Mettegang, Friedrich	Westfalen	Landw.	1855. 55/56	—	—	—	—
2049.	Metz, Paul	Hannover	Landw.	1893/94-94	—	—	23 10. 94	—
2050.	von Metzen, A., Forsteleve	Rheinprovinz	Hosp.	1862	—	—	—	—
2051.	Metzler, Peter	Grssh. Luxemburg	Landw.	1856/57	—	—	—	—
2052.	Meusser, Adam	Rheinprovinz	Cult.	1883. 83/84	—	—	—	—
2053.	Meybohm, Adolf	Westpreussen	Cult.	1882. 82/83	—	—	—	—
2054.	Meyen, Erich	Berlin	Landw.	1889/90. 90	—	—	—	—
2055.	Meyer, Albert	Hannover	Landw.	1868	—	—	—	—
2056.	Meyer, Albrecht	Hannover	Landw.	1850/51	—	—	—	—
2057.	Meyer, Benno	Grssh. Oldenburg	Landw.	1862	—	—	—	—
2058.	Meyer, Ernst	Rheinprovinz	Landw.	1891/92 bis 1893/94	—	24/4. 93	—	—
2059.	Meyer, Eugen	Grssh. Oldenburg	Landw.	1857	—	—	—	—

Laufende Nr.	Namen	Heimat	Studium	Studien-Semester	zum Lehrer der Landwirthschaft an Landwirthschaftsschulen	Landwirthschaftliche Abgangsprüfung	Culturtechnische Prüfung	Landmesser Prüfung
2060.	Meyer, Friedrich	Hannover	Landw.	1862/63. 63	—	—	—	—
2061.	Meyer, Fritz	Ostpreussen	Landw.	1862. 62/63	—	—	—	—
2062.	Meyer, Heinrich	Hannover	Geod.	1892-93 94	—	—	—	Fr. 94
2063.	Meyer, Hermann Heinrich	Hannover	Hosp.	1855 56 bis 1856 57	—	—	—	—
2064.	Meyer, Hugo	Hannover	Landw.	1869. 70. 70	—	—	—	—
2065.	Meyer, Johann	Kgr. Sachsen	Landw.	1865 66. 66. 1867/68	—	—	—	—
2066.	Meyer, Julius	Sachsen	Landw.	1864/65 bis 1865 66	—	—	—	—
2067.	Meyer, Karl	Rheinprovinz	Landw.	1893 94	—	—	—	—
2068.	Meyer, Max	Frstth.Schwarz-burg-Sondershausen	Landw.	1879 80 bis 1880 81	—	—	—	—
2069.	Meyer, Otto	Schleswig-Holstein	Geod.	1896. 96/97	—	—	—	—
2070.	Meyer, Paul	Rheinprovinz	Landw.	1892/93 bis 1895 96	—	27/10. 94	—	—
2071.	Meyer, Robert	Sachsen	Landw.	1851 52	—	—	—	—
2072.	Meyer, Siegmund	Berlin	Landw.	1865 66. 66	—	—	—	—
2073.	Meyer, Wilhelm, aus Ihlienworth	Hannover	Geod.	1895-96 97	—	—	—	Fr. 97
2074.	Meyer, Wilhelm, aus Oldendorf	Hannover	Geod.	1895-96 97	—	—	—	Fr. 97
2075.	Meyer, Willibald	Rheinprovinz	Landw.	1862 63 bis 1863/64	—	—	—	—
2076.	Meyer-Holzgräfe, Bernard	Posen	Cult.	1878 79. 79	—	—	—	—
2077.	Meyne, Julius	Rheinprovinz	Landw.	1853 54	—	—	—	—
2078.	von Michael, August	Grssh. Mecklenburg-Strelitz	Landw.	1861	—	—	—	—
2079.	Michael, Emil	Kgr. Sachsen	Cult.	1893	—	—	—	—
2080.	von Michael, Heinrich	Grssh. Mecklenburg-Strelitz	Landw.	1856. 56 57	—	—	—	—
2081.	von Michalski, Felician	Russland	Landw.	1864 65 bis 1865 66	—	—	—	—
2082.	Michel, Johann	Rheinprovinz	Cult.	1891-92 93	—	—	—	Fr. 93
2083.	Micheli, Markus	Schweiz	Hosp.	1866 67	—	—	—	—
2084.	Michelmann, Karl	Hzgth. Anhalt	Landw.	1873 74 bis 1874 75	—	—	—	—
2085.	Dr. Michl	Österreich	Hosp.	1855	—	—	—	—
2086.	Middeldorf, Heinrich	Westfalen	Landw.	1883	—	—	—	—
2087.	Miele, Franz	Westfalen	Landw.	1895 96 bis 1896 97	—	—	—	—
2088.	Miketta, Felix	Schlesien	Geod.	1894 95-96 97	—	—	—	—
2089.	Mikulowski, Felix	Schlesien	Landw.	1858 59. 59	—	—	—	—
2090.	Milchsack, Gustav	Westfalen	Landw.	1848 49-50	—	—	—	—
2091.	Milchsack, Rudolf	Westfalen	Landw.	1856 57-58	—	—	—	—
2092.	Militz, Christian	Grssh. Mecklenburg-Schwerin	Landw.	1864 65	—	—	—	—
2093.	Milkau, Benjamin	Ostpreussen	Geod.	1892-93 94	—	—	—	Fr. 94
2094.	Milz, Josef	Rheinprovinz	Landw.	1889. 89 90	—	—	—	—
2095.	Mistrop, Wilhelm	Rheinprovinz	Landw.	1895-96 97	—	24/4. 97	—	—
2096.	Mirgen, Eugen	Rheinprovinz	Geod.	1889-90 91	—	—	—	Fr. 91
2097.	Mirsberger, Johann Georg	Hessen-Nassau	Cult.	1881 82. 82	—	—	3 8. 82	—
2098.	Mislakiewicz, Julius	Österreich	Cult.	1892 93. 93	—	—	24 7. 93	—
2099.	Mittag, Ernst	Sachsen	Landw	1877 78. 78	—	—	—	—
2100.	Mittelstaedt, Paul	Posen	Cult.	1882 83. 83	—	—	11 8. 83	—
2101.	Mittweg, Eduard	Hannover	Landw.	1892 93	—	—	—	—
2102.	Mix, Otto	Rheinprovinz	Geod.	1893-94 95	—	—	—	Fr. 95

Namens-Verzeichniss der Studirenden.

Laufende Nr.	Namen	Heimat	Studium	Studien-Semester	zum Lehrer der Landwirthschaft an Landwirthschaftsschulen	Landwirthschaftliche Abgangsprüfung	Culturtechnische Prüfung	Landmesser-Prüfung
2103.	Moegling, Karl	Rheinprovinz	Landw.	1852/53	—	—	—	—
2104.	Moellenhoff, Max	Ostpreussen	Geod.	1892–93/94	—	—	—	Fr. 94
2105.	Möller, Ernst	Westfalen	Landw.	1896. 96/97	—	—	—	—
2106.	Möller, Karl	Frstth. Schaumburg-Lippe	Geod.	1894–96	—	—	—	Fr. 96
2107.	Möller, Peter	Schweden	Landw.	1860/61. 61	—	—	—	—
2108.	Möltgen, Peter	Rheinprovinz	Geod.	1896. 96/97	—	—	—	—
2109.	Mösting, Ernst	Westfalen	Landw.	1882 83–84	—	—	—	—
2110.	Mörels, Josef	Rheinprovinz	Geod.	1894–95 96	—	—	—	Fr. 96
2111.	Mörs, Emil	Rheinprovinz	Landw.	1863/64. 64	—	—	—	—
2112.	Mohr, Leopold	Schleswig-Holstein	Cult.	1878. 78/79	—	—	12.3. 79	—
2113.	Mohrmann, Otto	Grssh. Mecklenburg-Schwerin	Landw.	1866 67–68	—	—	—	—
2114.	von Moisy, Gustav	Sachsen	Landw.	1849/50. 50	—	—	—	—
2115.	Moll, A., Gutsbesitzer	Rheinprovinz	Hosp.	1858. 58/59. 1859 60	—	—	—	—
2116.	Mollard, Max	Berlin	Hosp.	1857/58	—	—	—	—
2117.	Mosed, Henry	Schweiz	Landw.	1871. 71/72	—	—	—	—
2118.	von Monschaw, Otto	Rheinprovinz	Hosp.	1853	—	—	—	—
2119.	von Monschaw, Rudolf	Rheinprovinz	Landw.	1851 52. 52	—	—	—	—
2120.	Monstadt, Wilhelm	Westfalen	Landw.	1878–79/80	—	—	—	—
2121.	von Moock, Walter	Rheinprovinz	Geod.	1896. 96/97	—	—	—	—
2122.	Moormann, Rudolf	Westfalen	Landw.	1855–56/57	—	10/3. 57	—	—
2123.	Mordhorst, Johannes	Hannover	Geod.	1896. 96/97	—	—	—	—
2124.	Morgan, William	Ver. Staaten v. N.-America	Landw.	1876/77 bis 1877 78	—	13/3. 78	—	—
2125.	Merkel, Ferdinand	Hessen-Nassau	Geod.	1895. 95/96	—	—	—	—
2126.	Morsbach, Reinhold	Westfalen	Hosp.	1886 87	—	—	—	—
2127.	von Merstein, August	Ostpreussen	Landw.	1859. 59 60	—	—	—	—
2128.	von der Mosel, Otto	Rheinprovinz	Hosp.	1887 88	—	—	—	—
2129.	Dr. von Mosengell	Westfalen	Hosp.	1865	—	—	—	—
2130.	Moser, Ernst	Rheinprovinz	Landw.	1893 94	—	—	—	—
2131.	Frhr. von Moser, Karl	Österreich	Landw.	1862 63–64	—	—	—	—
2132.	Moser, Karl	Hessen-Nassau	Landw.	1895 96 bis 1896 97	—	—	—	—
2133.	Most, Adam	Hessen-Nassau	Geod.	1896. 96/97	—	—	—	—
2134.	la Motte, Ferdinand Friedrich	Bremen	Landw.	1858/59 bis 1859 60	—	—	—	—
2135.	Moureau, Gustav	Hessen-Nassau	Landw.	1884	—	—	—	—
2136.	Moolurljewski, Felix	Russland	Landw.	1867 68	—	—	—	—
2137.	Mück, Ernst	Ostpreussen	Landw.	1877. 77/78	—	—	—	—
2138.	Mücke, Theodor	Schlesien	Geod.	1891–92 93	—	—	—	Fr. 93
2139.	Mühlbach, August	Hannover	Geod.	1888–89/90	—	—	—	Fr. 90
2140.	Mühlberg, Paul	Berlin	Hosp.	1866. 66 67	—	—	—	—
2141.	Mühlenbeck, Emil Heinrich	Rheinprovinz	Landw.	1855 56 bis 1856 57	—	—	—	—
2142.	Mühlenbruch, Louis	Grssh. Mecklenburg-Schwerin	Landw.	1875	—	—	—	—
2143.	Mühlfeld, Friedrich	Westfalen	Geod.	1894–95 96	—	—	Fr. 96	Fr. 96
2144.	Mühmler, Max	Schlesien	Cult.	1882. 82 83	—	—	16. 3. 83	—
2145.	Mühring, Paul	Posen	Geod.	1895	—	—	—	—
2146.	Mülhaupt, Friedrich	Grssh. Baden	Hosp.	1894	—	—	—	—
2147.	Müllenbach, Karl	Rheinprovinz	Hosp.	1867 68. 68	—	—	—	—
2148.	Müller, Adolf	Berlin	Landw.	1863 64	—	—	—	—
2149.	Müller, Alexander	Russland	Landw.	1866 67 bis 1867 68	—	—	—	—
2150.	Müller, Arthur	Hannover	Geod.	1894–95/96	—	—	Fr. 96	Fr. 96
2151.	Müller, August	Hannover	Landw.	1862–63 64	—	5./3. 64	—	—

Laufende Nr.	Namen	Heimat	Studium	Studien-Semester	zum Lehrer der Landwirthschaft an Landwirthschaftsschulen	Landwirthschaftliche Abgangsprüfung	Culturtechnische Prüfung	Landmesserprüfung
					Abgelegte Prüfungen			
2152.	Müller, August	Posen	Cult.	1881. 81 82	—	—	24. 3. 82	—
2153.	Müller, Boleslaus	Posen	Cult.	1884	—	—	—	—
2154.	Müller, Caspar Anton	Rheinprovinz	Landw.	1856 57. 57 1858 59 bis 1859 60 u. 62	—	17. 3. 60	—	—
2155.	Müller, Eduard	Brandenburg	Cult.	1882 83. 83	—	—	11. 8. 83	—
2156.	Müller, Ernst	Pommern	Landw.	1865. 69 70 1870	—	—	—	—
2157.	Müller, Ernst	Hessen-Nassau	Cult.	1877 78. 78	—	—	24. 10. 78	—
2158.	Müller, Franz	Schweiz	Hosp.	1864	—	—	—	—
2159.	Müller, Friedrich Wilhelm	Rheinprovinz	Geod.	1888-89 90	—	—	—	Fr. 90
2160.	Müller, Guido	Westfalen	Landw.	1853 54. 54	—	—	—	—
2161.	Müller, Heinrich	Hannover	Geod.	1895-96 97	—	—	—	Fr. 97
2162.	Müller, Johann	Rheinprovinz	Geod.	1895-96 97	—	—	—	—
2163.	Müller, Johann Peter	Hessen-Nassau	Cult.	1885 86. 86	—	—	11. 8. 86	—
2164.	Müller, Max	Schlesien	Landw.	1862 63 bis 1863 64	—	—	—	—
2165.	Müller, Otto Albert	Hzgth. Sachsen-Coburg-Gotha	Landw.	1877. 77 78	—	—	—	—
2166.	Müller, Paul	Rheinprovinz	Cult.	1884 85. 85	—	—	8. 8. 85	—
2167.	Müller, Peter	Rheinprovinz	Landw.	1887 88 bis 1889/90	—	—	—	—
2168.	Müller, Richard	Ostpreussen	Geod.	1891-93	—	—	—	Fr. 93
2169.	Müller, Waldemar	Sachsen	Cult.	1876. 76/77	—	—	28. 4. 77	—
2170.	Müller, Wilhelm	Rheinprovinz	Geod.	1892-93 94	—	—	—	Fr. 94
2171.	Müller, Wilhelm	Rheinprovinz	Geod.	1895-96/97	—	—	—	—
2172.	Müller, Wilhelm	Rheinprovinz	Geod.	1896. 96 97	—	—	—	—
2173.	Münch, Hans	Kgr. Bayern	Landw.	1872/73. 73	—	—	—	—
2174.	Münster, Friedrich	Rheinprovinz	Landw.	1858 59 bis 1860	—	—	—	—
2175.	Mürriger, Heinrich	Rheinprovinz	Geod.	1890-91/92	—	—	—	Fr. 92
2176.	von Mumm, Hugo	Rheinprovinz	Landw.	1889	—	—	—	—
2177.	Mund, Hugo	Hannover	Geod.	1895-96 97	—	—	—	Fr. 97
2178.	Munk, Erwin	Rheinprovinz	Landw.	1896. 96/97	—	—	—	—
2179.	Munscheid, Ewald	Westfalen	Geod.	1892-94/95 u. 1896	—	—	—	H. 96
2180.	Murzel, Peter Josef	Rheinprovinz	Landw.	1873/74-75	—	2. 8. 75	—	—
2181.	Musculus, Ludwig	Rheinprovinz	Landw.	1849/50	—	—	—	—
2182.	Muss, Peter	Rheinprovinz	Cult.	1889-90	—	—	—	—
2183.	Musseleck, Paul	Rheinprovinz	Landw.	1895/96 bis 1896/97	—	—	—	—

N.

2184.	Nacke, Leo	Westfalen	Cult.	1881 82 bis 1882 83	—	—	16 3. 83	—
2185.	Nacken, Oskar	Rheinprovinz	Landw.	1891 92	—	—	—	—
2186.	Nafziger, Otto	Hessen-Nassau	Landw.	1880. 80 81	—	—	—	—
2187.	Nagel, Christian	Sachsen	Geod.	1894-96	—	—	24 7. 96	Fr. 96
2188.	Nathan, August Heinrich	Rheinprovinz	Landw.	1849 50 bis 1851 52	—	—	—	—
2189.	Nauhaus, Max	Sachsen	Geod.	1893-94/95	—	—	18 1. 95	Fr. 95
2190.	Naumann, Heinrich	Posen	Landw.	1869. 69 70	—	—	—	H. 94
2191.	Nausester, Fritz	Rheinprovinz	Geod.	1892-94	—	—	—	—
2192.	Nebelung, Karl	Hzgth. Sachsen-Meiningen	Cult.	1881 82. 82	—	—	21 8. 82	—
2193.	Nebelung, Oskar	Hzgth. Sachsen-Meiningen	Landw.	1879 80-81	—	4 8. 81	9 8. 80	—

Namens-Verzeichniss der Studirenden. 171

Laufende Nr.	Namen	Heimat	Studium	Studien-Semester	zum Lehrer der Landwirthschaft an Landwirthschaftsschulen	Landwirthschaftliche Abgangsprüfung	Culturtechnische Prüfung	Landmessserprüfung
2194.	Neckel, Johannes	Grssh. Mecklenburg-Schwerin	Landw.	1861/62. 62	—	—	—	—
2195.	von Neergaardt, Theodor	Schleswig-Holstein	Cult.	1879-80	—	—	13.3.80	—
2196.	Nehm, Wilhelm	Hessen-Nassau	Geod.	1890-91/92	—	—	—	Fr. 92
2197.	Nell, Ludwig	Sachsen	Geod.	1894-95/96	—	—	—	Fr. 96
2198.	Nemec, A., Ingenieur	Österreich	Cult.	1880/81	—	—	—	—
2199.	Nepper, Dominik	Grssh. Luxemburg	Landw.	1895/96 bis 1896/97	—	—	—	—
2200.	Nerger, Rudolf	Westpreussen	Landw.	1860/61 bis 1861/62	—	15.3.62	—	—
2201.	Nette, Georg	Hzgth. Anhalt	Landw.	1861. 61/62	—	—	—	—
2202.	Nette, Otto	Hzgth. Anhalt	Landw.	1861. 61/62	—	—	—	—
2203.	Netz, Peter	Rheinprovinz	Geod.	1896. 96/97	—	—	—	—
2204.	Neubaur, August	Ostpreussen	Cult.	1881/82. 82	—	—	3.8.82	—
2205.	Neubert, Eustachius Ladislaus	Böhmen	Hosp.	1879/80	—	—	—	—
2206.	Neuenschwander, Eugen	Österreich	Landw.	1864/65-66	—	—	—	—
2207.	von Neufville, Rittergutsbesitzer	Rheinprovinz	Hosp.	1858/59 u. 59/60-60/61	—	—	—	—
2208.	Neupert, Franz	Hannover	Geod.	1894-95/96	—	—	Fr. 96	Fr. 96
2209.	Neupert, Gerhard Wilhelm	Hannover	Landw.	1853/54 bis 1854/55	—	—	—	—
2210.	Neupert, Konrad	Hannover	Landw.	1866/67 bis 1867/68	—	—	—	—
2211.	Neusser, Franz	Rheinprovinz	Hosp.	1854. 54/55	—	—	—	—
2212.	Nickau, Fritz	Schlesien	Geod.	1885-86	—	—	—	—
2213.	von Nickisch-Rosenegk, Friedrich	Schlesien	Landw.	1869-70	—	—	—	—
2214.	Nicolai, Hermann	Brandenburg	Landw.	1867. 67/68	—	—	—	—
2215.	Nicolai, Paul	Rheinprovinz	Landw.	1895/96 bis 1896/97	—	—	—	—
2216.	Nicolay, Hubert	Westfalen	Landw.	1863/64 bis 1864/65	—	—	—	—
2217.	von Niebelschütz, Felix	Schlesien	Hosp.	1857	—	—	—	—
2218.	Niedling, Richard	Hessen-Nassau	Geod.	1890-91/92	—	—	—	Fr. 92
2219.	Niemeyer, Eduard	Frstth. Lippe	Landw.	1859. 59/60	—	—	—	—
2220.	Nilkens, Alfons	Hessen-Nassau	Landw.	1867/68. 68	—	—	—	—
2221.	Niesen, August	Hessen-Nassau	Geod.	1896. 96/97	—	—	—	—
2222.	Niesen, Franz	Hessen-Nassau	Geod.	1896/97	—	—	—	—
2223.	Niessen, Johann	Rheinprovinz	Cult.	1879/80. 80	—	—	10.8.80	—
2224.	Nitsche, Rudolf	Schlesien	Landw.	1873-74	—	—	—	—
2225.	Nix, Barthel	Rheinprovinz	Hosp.	1896	—	—	—	—
2226.	Nobbe, Hermann	Pommern	Landw.	1874	—	—	—	—
2227.	Nobiling, Eugen	Berlin	Landw.	1857-58	—	—	—	—
2228.	Nobiling, Theodor	Rheinprovinz	Landw.	1856/57. 58	—	—	—	—
2229.	Nobiling, Wilhelm	Hzgth. Anhalt	Landw.	1875-76	—	—	—	—
2230.	Noeggerath, Karl	Hessen-Nassau	Hosp.	1895	—	—	—	—
2231.	Noeggerath, Maximilian	Westfalen	Hosp.	1885	—	—	—	—
2232.	Noell, Hermann	Rheinprovinz	Landw.	1891/92	—	—	—	—
2233.	Noell, Karl	Hessen-Nassau	Geod.	1890	—	—	—	—
2234.	Noelle, Robert	Westfalen	Geod.	1895-96/97	—	—	—	Fr. 97
2235.	Noelle-Wyling, Friedrich	Westfalen	Landw.	1883. 83/84	—	—	—	—
2236.	Nolain, Kurt	Kgr. Sachsen	Geod.	1892-93/94	—	—	—	Fr. 94
2237.	Nolte, August	Westfalen	Geod.	1894-96	—	—	—	—
2238.	Nolting, Fritz	Westfalen	Geod.	1893/94 bis 1896/97	—	—	—	Fr. 97
2239.	Nonhoff, Anton	Westfalen	Geod.	1895-96/97	—	—	—	Fr. 97
2240.	Nonne, Albrecht	Hannover	Geod.	1893-94/95	—	—	—	Fr. 95

Laufende Nr.	Namen	Heimat	Studium	Studien-Semester	zum Lehrer der Landwirthschaft an Landwirthschaftsschulen Abgangsprüfung	Landwirthschaftliche Abgangsprüfung	Culturtechnische Prüfung	Landmesser-Prüfung
2241.	von Nordeck, Rudolf Karl Friedrich Wilhelm	Rheinprovinz	Hosp.	1857	—	—	—	—
2242.	Nordmann, Konstantin	Hannover	Landw.	1869/70	—	—	—	—
2243.	Nourney, Karl	Rheinprovinz	Landw.	1854/55	—	—	—	—
2244.	Nowack, Michael	Schlesien	Cult.	1879/80. 80	—	—	3/8. 80	—
2245.	Nusoker, Hermann	Rheinprovinz	Landw.	1857 u. 59/60 bis 1860/61	—	12/3. 61	—	—
2246.	Nuelle, Johannes	Hannover	Landw.	1882/83	—	—	—	—
2247.	Nunnecke, Karl	Pommern	Landw.	1853/54. 54	—	29/7. 54	—	—
2248.	Nuenning, Philipp	Rheinprovinz	Landw.	1862/63-64	—	—	—	—
2249.	Nusser, Heinrich	Rheinprovinz	Geod.	1889-90/91	—	—	—	—
2250.	von Nemers, Bertram	Russland	Cult.	1894/95-96	—	—	3/8. 96	—
2251.	Nyström, Axel	Schweden	Landw.	1861/62. 62	—	—	—	—

O.

Laufende Nr.	Namen	Heimat	Studium	Studien-Semester	zum Lehrer	Landw.	Culturtechn.	Landmesser
2252.	Oberbeck, Hermann	Hzgth. Braunschweig	Landw.	1885/86. 86	—	—	—	—
2253.	Oberbeck, Josef	Westfalen	Geod.	1893-95/96 u. 1896/97	—	—	1/5. 97	H. 95
2254.	Oberdick, Josef	Westfalen	Landw.	1887/88 bis 1890/91	—	8/3. 90	—	—
2255.	Obermark, Hermann	Westfalen	Geod.	1894-96/97	—	—	—	—
2256.	Obermüller, Wilhelm	Hessen-Nassau	Cult.	1884/85. 85	—	—	8/8. 85	—
2257.	Oberwittler, Gustav	Westfalen	Geod.	1883. 83/84	—	—	—	Fr. 84
2258.	Obladen, Franz	Hannover	Geod.	1894-96	—	—	H. 96	Fr. 96
2259.	Obladen, Johann	Rheinprovinz	Geod.	1890-95	—	—	—	—
2260.	Ochs, Ferdinand	Rheinprovinz	Geod.	1893-96	—	—	—	—
2261.	Ochs, Karl	Hessen-Nassau	Geod.	1894-95/96	—	—	Fr. 96	Fr. 96
2262.	Oechsner, Valentin	Grssh. Baden	Landw.	1896/97	—	—	—	—
2263.	Oehmichen, Heinrich Konrad	Kgr. Sachsen	Landw.	1861-62/63	—	13/3. 63	—	—
2264.	Oelert, Eduard	Sachsen	Landw.	1861. 61/62	—	—	—	—
2265.	von Oelsen, Karl	Russland	Landw.	1858/59	—	—	—	—
2266.	Frhr. von Oer, Friedrich	Westfalen	Hosp.	1884/85. 85	—	—	—	—
2267.	Oergel, Paul	Westpreussen	Geod.	1892/93. 93	—	—	—	H. 93
2268.	Oessenich, Nikolaus	Rheinprovinz	Geod.	1891-93	—	—	—	Fr. 93
2269.	Fürst von Oettingen-Wallerstein,	Kgr. Bayern	Hosp.	1858	—	—	—	—
2270.	Offe, Viktor	Russland	Landw.	1868/69-70	—	28/7. 70	—	—
2271.	Offermann, Heinrich	Rheinprovinz	Landw.	1889/90-91	—	—	—	—
2272.	Ohagen, Georg	Schlesien	Landw.	1877	—	—	—	—
2273.	von Ohelmb, P.	Frstth. Schaumburg-Lippe	Landw.	1862-63	—	—	—	—
2274.	Ohl, Thomas	Hessen-Nassau	Geod.	1894-96/97	—	—	—	—
2275.	von Ohlendorff, Eduard	Hamburg	Landw.	1879-80	—	—	—	—
2276.	Ohlsen, Karl	Italien	Landw.	1856/57	—	—	—	—
2277.	Ohrenberg, Bernhard	Schlesien	Landw.	1860/61	—	—	—	—
2278.	von Okecki, Constantin	Russland	Landw.	1889/90-91	—	1/8. 91	—	—
2279.	Herzog von Oldenburg, Georg Ludwig	Grssh. Oldenburg	Hosp.	1877. 77/78	—	—	—	—
2280.	d'Oliveira, Antonio	Brasilien	Hosp.	1875	—	—	—	—
2281.	von Olloch, Hermann	Berlin	Landw.	1877-79/80	24/4. 80	10/3. 79	—	—
2282.	Olzewski, Max	Ostpreussen	Landw.	1867/68	—	—	—	—
2283.	Opfergelt, Michael	Rheinprovinz	Landw.	1889-90	—	—	—	—
2284.	von Oppen, Friedrich	Posen	Hosp.	1856/57	—	—	—	—
2285.	Frhr. von Oppenheim,	Rheinprovinz	Landw.	1869/70	—	—	—	—
2286.	Frhr. von Oppenheim, Paul	Rheinprovinz	Landw.	1881/82. 82	—	—	—	—

Namens-Verzeichniss der Studirenden. 173

Laufende Nr.	Namen	Heimat	Studium	Studien-Semester	zum Lehrer der Landwirthschaft an Landwirthschaftsschulen	Landwirthschaftliche Abgangsprüfung	Culturtechnische Prüfung	Landmesser-Prüfung
2287.	Oppenheim, Ferdinand	Hamburg	Landw.	1871/72. 72	—	—	—	—
2288.	Orb, Heinrich	Westfalen	Landw.	1860 61. 61	—	—	—	—
2289.	Orb, Ph. Heinrich	Westfalen	Landw.	1860 61. 61	—	—	—	—
2290.	von Oetas, Heinrich	Berlin	Landw.	1858	—	—	—	—
2291.	Ostendorf, Heinrich	Westfalen	Landw.	1896/97	—	—	—	—
2292.	Oster, Josef	Rheinprovinz	Hosp.	1869 70	—	—	—	—
2293.	Osteroth, Friedrich	Brandenburg	Landw.	1852/53	—	—	—	—
2294.	Osterspey, Josef	Rheinprovinz	Landw.	1890/91-92 u. 1894	—	8/8. 92	—	—
2295.	von Ostrowski, Jochan	Russland	Landw.	1859/60-61	—	—	—	—
2296.	Ota, Inzo	Japan	Hosp.	1887/88. 88	—	—	—	—
2297.	Ott, Arthur	Rheinprovinz	Geod.	1893-96/97	—	—	—	H. 96
2298.	Otten, Gustav	Rheinprovinz	Geod.	1892-93/94	—	—	—	Fr. 94
2299.	Otten, Max	Hamburg	Landw.	1855. 55/56	—	—	—	—
2300.	Ottersbach, Wilhelm	Rheinprovinz	Geod.	1893-95	—	—	—	Fr. 95
2301.	Otto, Adolf	Rheinprovinz	Landw.	1848 49-50	—	—	—	—
2302.	Otto, Friedrich	Hessen-Nassau	Landw.	1885/86 bis 1887/88	—	5/8. 87	5/5. 88	—
2303.	Otto, Fritz	Sachsen	Landw.	1892	—	—	—	—
2304.	Otto, Heinrich	Rheinprovinz	Landw.	1854/55 bis 1855/56	—	—	—	—
2305.	Otto, Johannes	Pommern	Geod.	1895/96. 96	—	—	—	H. 96
2306.	von Ovea, Alfred	Posen	Landw.	1858	—	—	—	—
2307.	Overbeck, Johannes	Rheinprovinz	Geod.	1885 u. 86/87 bis 1888	—	—	9 8. 88	H. 88
2308.	Overbeck, Julius	Rheinprovinz	Landw.	1866-67/68	—	—	—	—
2309.	Overbruch, Eduard	Rheinprovinz	Landw.	1878-79. 84. 1884/85	—	9/3. 85	—	—
2310.	Overhamm, Ferdinand	Rheinprovinz	Geod.	1891-93/94	—	—	—	—
2311.	Overweg, Julius	Westfalen	Landw.	1865/66	—	—	—	—

P.

2312.	Pache, Alfred	Posen	Geod.	1896. 96 97	—	—	—	—
2313.	Pack, Friedrich	Rheinprovinz	Geod.	1891-92/93	—	—	—	Fr. 93
2314.	Pade, Robert	Posen	Cult.	1882/83. 83	—	—	—	—
2315.	Paetz, Hermann	Hzgth. Braunschweig	Geod.	1895 96. 96	—	—	—	H. 96
2316.	Paetz, Josef	Rheinprovinz	Geod.	1894-95	—	—	25/10.95	Fr. 95
2317.	Pagenstecher, Werner	Rheinprovinz	Landw.	1887/88	—	—	—	—
2318.	Pannes, Jacob	Rheinprovinz	Landw.	1850 51-52	—	—	—	—
2319.	Pape, G., Ökonom	Rheinprovinz	Hosp.	1862 63	—	—	—	—
2320.	Pape, Paul Eduard	Rheinprovinz	Hosp.	1858-59	—	—	—	—
2321.	Pape, Rudolf	Rheinprovinz	Landw.	1853 54. 54. 1855-57 und 1858/59. 63. 1863 64	—	—	—	—
2322.	von Papen, Friedrich, aus Westrich	Westfalen	Landw.	1857 58 bis 1858 59	—	—	—	—
2323.	von Papen, Friedrich, aus Werl	Westfalen	Landw.	1861 62 bis 1863 64	—	—	—	—
2324.	Parmentier, Johann Eduard	Rheinprovinz	Landw.	1853 54 bis 1854/55	—	7/3. 55	—	—
2325.	von Parpart, Emil	Westpreussen	Landw.	1860 61	—	—	—	—
2326.	de la Parra, Otto	Rheinprovinz	Landw.	1859 60-61	—	8/8. 61	—	—
2327.	Passmann, August	Westfalen	Landw.	1886/87	—	—	—	—
2328.	Passmann, Hermann	Westfalen	Landw.	1886 87	—	—	—	—
2329.	von Pastau, Hugo	Ostpreussen	Cult.	1888. 88 89	—	—	16/3. 89	—

Laufende Nr.	Namen	Heimat	Studium	Studien-Semester	zum Lehrer der Landwirthschaft an Landwirthschaftsschulen	Landwirthschaftliche Abgangsprüfung	Culturtechnische Prüfung	Landmesser Prüfung
2330.	Pastors, Wilhelm	Grssh. Luxemburg	Landw.	1848 49. 49	—	—	—	—
2331.	Paton, James	England	Landw.	1876. 76 77	—	—	—	—
2332.	Patt, Heinrich	Rheinprovinz	Landw.	1896 97	—	—	—	—
2333.	Patzelt, Hermann	Rheinprovinz	Geod.	1894-96	—	—	—	Fr. 96
2334.	Paul, Askan Wilhelm	Hamburg	Landw.	1867 68-69	—	—	—	—
2335.	Paulus, Josef	Hessen-Nassau	Geod.	1896. 96/97	—	—	—	—
2336.	Pauly, Albert	Rheinprovinz	Hosp.	1878	—	—	—	—
2337.	von Pawlizinsky, Ladislaus	Russland	Landw.	1863 64	—	—	—	—
2338.	Peetz, Albert	Hzgth. Sachsen-Meiningen	Geod.	1896 97	—	—	—	—
2339.	Peiffer, Hubert	Rheinprovinz	Geod.	1896. 96 97	—	—	—	—
2340.	Peill, H., Gutsbesitzer	Rheinprovinz	Hosp.	1860 61. 61. 1862 63. 63	—	—	—	—
2341.	Peipers, Paul	Rheinprovinz	Landw.	1861 62. 62	—	—	—	—
2342.	Pereleschin, Wladimir	Russland	Landw.	1892-93 94	—	—	—	—
2343.	Peschken, August	Rheinprovinz	Landw.	1886 87-88	—	7/1. 89	—	—
2344.	Peter, Leopold Adam	Hzgth. Braunschweig	Cult.	1885 86. 86	—	—	11 8. 86	—
2345.	Dr. Petermann, Karl	Kgr. Sachsen	Cult.	1888	—	—	—	—
2346.	Peters, Bernhard	Grssh. Oldenburg	Landw.	1869. 69 70	—	—	—	—
2347.	Peters, Christian	Schleswig-Holstein	Geod.	1888-89 90	—	—	—	Fr. 90
2348.	Peters, Heinrich	Westfalen	Landw.	1884-85 86	—	4/5. 86	—	—
2349.	Peters, Josef, aus Emming	Rheinprovinz	Landw.	1891 92	—	—	—	—
2350.	Peters, Josef, aus Kalterherberg	Rheinprovinz	Landw.	1896	—	—	—	—
2351.	Peters, Oskar	Hannover	Cult.	1878. 78 79	—	—	13/3. 79	—
2352.	Peters, Theodor	Rheinprovinz	Geod.	1894. 95. 96. 1896 97	—	—	—	—
2353.	Petersen, Karl	Schleswig-Holstein	Geod.	1890-91 92	—	—	—	Fr. 92
2354.	Petersen, Max	Lübeck	Landw.	1894	—	—	—	—
2355.	Petri, Heinrich	Hessen-Nassau	Geod.	1894-95 96	—	—	—	—
2356.	Petry, Hubert	Grssh. Luxemburg	Geod.	1890 91-92	—	—	—	—
2357.	Petry, Jakob	Westfalen	Landw.	1859 60 bis 1860 61	—	12/3. 61	—	—
2358.	Petry, Johann	Rheinprovinz	Landw.	1895/96 bis 1896 97	—	—	—	—
2359.	Petsch, Bodo	Sachsen	Landw.	1863 64	—	—	—	—
2360.	Petsch, Friedrich	Westfalen	Geod.	1895-96 97	—	—	—	Fr. 97
2361.	Petsch, Hermann	Hzgth. Anhalt	Landw.	1854. 54/55	—	—	—	—
2362.	Petzsch, Rudolf	Sachsen	Landw.	1857 58. 58	—	—	—	—
2363.	Pfafferoth, Adolf	Grssh. Baden	Landw.	1860 61. 61	—	8/8. 61	—	—
2364.	Pfahler, Johannes	Schleswig-Holstein	Landw.	1867 68. 68	—	—	—	—
2365.	Pfannkuche, Ernst	Bremen	Landw.	1868-69	—	—	—	—
2366.	Pfeifer, Georg	Hzgth. Sachsen-Meiningen	Geod.	1891-93 94	—	—	—	Fr. 93
2367.	Pfeifer, Valentin	Rheinprovinz	Landw.	1861 62. 62	—	—	—	—
2368.	Pfeiffer, Bürgermeister	Rheinprovinz	Landw.	1859 60. 60	—	—	—	—
2369.	Pfeiffer, Karl	Hessen-Nassau	Cult.	1881. 81 82	—	—	24/3. 82	—
2370.	Pfister, Rudolf	Österreich	Cult.	1878 79. 79	—	—	14/8. 79	—
2371.	Pflueger, Wilhelm	Rheinprovinz	Landw.	1896 97	—	—	—	—
2372.	Pflug, Emil	Berlin	Landw.	1868-69	—	—	—	—
2373.	Pflug, Friedrich	Rheinprovinz	Landw.	1864 65 bis 1865 66	—	—	—	—

Namens-Verzeichniss der Studirenden.

Laufende Nr.	Namen	Heimat	Studium	Studien-Semester	Abgelegte Prüfungen zum Lehrer der Landwirthschaft an Landwirthschaftsschulen	Landwirthschaftliche Abgangsprüfung	Culturtechnische Prüfung	Landmesser-Prüfung
2374.	Philippi, Theodor	Schlesien	Landw.	1863. 63 64	—	—	—	—
2375.	Picard, Karl	Frstth.Schwarzburg-Sondershausen	Geod.	1891–93	—	—	—	Fr. 93
2376.	Pickelt, Wilhelm	Sachsen	Geod.	1894–95 96	—	—	Fr. 96	Fr. 96
2377.	Pieler, Aloys	Westfalen	Landw.	1860	—	—	—	—
2378.	Piemann, Johannes	Posen	Geod.	1893 94 bis 1895 96	—	—	—	Fr. 96
2379.	Piepenbrock, Karl	Westfalen	Geod.	1895 96 bis 1896 97	—	—	—	—
2380.	Pieper, Friedrich	Westfalen	Cult.	1886 87. 87	—	—	11/8. 87	—
2381.	Pieper, Wilhelm	Westfalen	Landw.	1894 95	—	—	—	—
2382.	Pieperbeck, Johann	Rheinprovinz	Geod.	1883. 83 84	—	—	—	Fr. 84
2383.	von Pieschel, Karl	Sachsen	Landw.	1871 72	—	—	—	—
2384.	Pieschel, Georg	Sachsen	Landw.	1873 74. 74	—	—	—	—
2385.	Pietsch, Alexander	Westfalen	Landw.	1853–54/55	—	8/3. 54	—	—
2386.	Frhr. von Pilaski	Posen	Hosp.	1860 61	—	—	—	—
2387.	Pilgram, Louis	Rheinprovinz	Landw.	1864. 64 65	—	—	—	—
2388.	Pilz, Theodor	Kgr. Sachsen	Landw.	1893–96	—	10/5. 94	22 10. 95	—
2389.	Pianago. Juan Basilio	Venezuela	Landw.	1849 50	—	—	—	—
2390.	Pingen, Josef, aus Widdersdorf	Rheinprovinz	Landw.	1858 59. 59	—	—	—	—
2391.	Pingen, Josef, aus Geilrath	Rheinprovinz	Landw.	1866 67. 67	—	—	—	—
2392.	Graf von Pinto, Heinrich	Belgien	Landw.	1874 75–76	—	7/8. 76	—	—
2393.	Pirs, Ludwig Aloys	Rheinprovinz	Geod.	1888–89	—	—	—	Fr. 90
2394.	von Pistohlkors, Harry	Russland	Cult.	1894 95 bis 1896 97	—	—	—	—
2395.	Pitsch, Otto	Westfalen	Landw.	1865 66 bis 1867 68	—	9/8. 67	—	—
2396.	Plachn, Martin	Rheinprovinz	Cult.	1879 80. 80	—	—	11/8. 80	—
2397.	Plate, Albert	Westfalen	Geod.	1894–95 96	—	—	Fr. 96	Fr. 96
2398.	Plate, August	Rheinprovinz	Geod.	1895–96 97	—	—	—	—
2399.	Platheer, August	Hannover	Geod.	1891–92	—	—	—	Fr. 94
2400.	Platte, Johann	Rheinprovinz	Landw.	1848 49–50	—	—	—	—
2401.	Plettner, Otto	Sachsen	Geod.	1896. 96 97	—	—	—	—
2402.	Pleyte, Johann	Niederlande	Landw.	1878 79 bis 1879 80	—	—	—	—
2403.	von Ploetz, Hilmar	Sachsen	Landw.	1849	—	—	—	—
2404.	Plueoker, Albert	Rheinprovinz	Landw.	1859 60–61. 1868 69. 69	—	—	—	—
2405.	von Podewils, Bogislaw	Ostpreussen	Landw.	1857/58	—	—	—	—
2406.	Poensgen, Albert	Rheinprovinz	Landw.	1894	—	—	—	—
2407.	Poensgen, Paul	Rheinprovinz	Landw.	1882–83/84. 1885 86. 86	—	—	—	—
2408.	Poetsch, Max	Hzgth. Anhalt	Landw.	1877 78. 78	—	—	—	—
2409.	Poetter, Ernst	Posen	Geod.	1893. 93 94	—	—	—	Fr. 94
2410.	Pogge, Paul	Pommern	Landw.	1866	—	—	—	—
2411.	Poll, Albert	Pommern	Landw.	1868 69. 69	—	—	—	—
2412.	Pollack, Bruno	Posen	Geod.	1894–95	—	—	—	—
2413.	Pomierski, Leonhard	Westpreussen	Landw.	1890 91–92	—	8/8. 92	—	—
2414.	Pomme, Botho	Sachsen	Landw.	1853 54 bis 1854 55	—	—	—	—
2415.	Ponath, Karl	Pommern	Cult.	1887. 87 88	—	—	19 3. 88	—
2416.	Pontani, Bernhard	Rheinprovinz	Hosp.	1868	—	—	—	—
2417.	Popp, Hermann	Sachsen	Landw.	1864	—	—	—	—
2418.	Porcher, Hermann	Grssh. Baden	Landw.	1863 64	—	—	—	—
2419.	Graf von Posadowsky,	Schlesien	Landw.	1848 49	—	—	—	—
2420.	Ritter von Poschlager, Edmund	Kgr. Bayern	Landw.	1894	—	—	—	—

Laufende Nr.	Namen	Heimat	Studium	Studien-Semester	zum Lehrer der Landwirthschaft an Landwirthschaftsschulen	Landwirthschaftliche Abgangsprüfung	Culturtechnische Prüfung	Landmesser. Prüfung
					Abgelegte Prüfungen			
2421.	von Pesern, Georg	Kgr. Sachsen	Landw.	1864/65 bis 1865/66	—	—	—	—
2422.	Dr. Pott, Robert	Sachsen	Hosp.	1869	—	—	—	—
2423.	Potthast, Johann	Westfalen	Landw.	1880. 80/81	11/3. 81	—	—	—
2424.	Potthoff, Ernst	Rheinprovinz	Landw.	1869/70	—	—	—	—
2425.	Graf von Pourtales, Edmund	Schweiz	Hosp.	1848/49	—	—	—	—
2426.	Prantschoff, Georg	Bulgarien	Hosp.	1885	—	—	—	—
2427.	Presch, Adolf	Berlin	Landw.	1856/57. 57	—	—	—	—
2428.	Preuss, Emil	Schlesien	Cult.	1876/77. 77	—	—	30/7. 77	—
2429.	Preusse, Fritz	Sachsen	Geod.	1894. 94/95	—	—	—	—
2430.	Prietzschk, Karl	Sachsen	Geod.	1896. 96/97	—	—	—	—
2431.	Pringsheim, Siegfried	Schlesien	Landw.	1849	—	—	—	—
2432.	Prinz, Otto	Rheinprovinz	Landw.	1865-66	—	—	—	—
2433.	von Prittwitz, Bernhard	Schlesien	Landw.	1873	—	—	—	—
2434.	von Prittwitz, Erdmann	Schlesien	Landw.	1873	—	—	—	—
2435.	Probst, Hermann	Ostpreussen	Cult.	1882. 82/83	—	—	16/3. 83	—
2436.	Probsthain, Alfred	Sachsen	Geod.	1894-95/96	—	—	Fr. 96	Fr. 96
2437.	Frhr. von Proff-Irnich, Ferdinand	Rheinprovinz	Hosp.	1894/95	—	—	—	—
2438.	Propping, Julius	Westfalen	Geod.	1889-90/91	—	—	—	Fr. 91
2439.	Prütz, August	Grssh. Mecklenburg-Schwerin	Landw.	1859/60. 60	—	—	—	—
2440.	Prym, Arthur	Rheinprovinz	Landw.	1893	—	—	—	—
2441.	von Przylubski, Leo	Russland	Landw.	1886/87 bis 1887/88	—	—	—	—
2442.	Erbgraf zu Pückler-Limpurg, Gottfried	Kgr. Bayern	Hosp.	1896. 96/97	—	—	—	—
2443.	Puist, Rudolf	Schlesien	Landw.	1860/61. 61	—	—	—	—
2444.	Puffe, Max	Kgr. Sachsen	Landw.	1893/94	—	—	—	—
2445.	Pustkuchen, Theodor	Frstth. Lippe	Cult.	1883/84. 1884 u. 85	—	—	8/8. 85	—
2446.	Pychlau, Emil	Russland	Landw.	1888/89. 89	—	—	—	—

Q.

2447.	Quartmann, Ferdinand	Grssh. Oldenburg	Landw.	1852-53	—	—	—	—
2448.	Quassowski, Max	Ostpreussen	Cult.	1878/79. 79	—	—	12/8. 79	—
2449.	von Quast, Siegfried, Gutsbesitzer	Brandenburg	Hosp.	1862	—	—	—	—
2450.	Quincke, Gustav	Westfalen	Hosp.	1858	—	—	—	—

R.

2451.	Raab, Johann	Rheinprovinz	Geod.	1889-90/91	—	—	—	Fr. 91
2452.	Rabe, Paul	Sachsen	Landw.	1884-85	—	—	—	—
2453.	Radloff, Friedrich Martin	Ostpreussen	Landw.	1853	—	—	—	—
2454.	Rademacher, Wilhelm	Grssh. Oldenburg	Geod.	1896. 96/97	—	—	—	—
2455.	Radermacher, Wilhelm	Rheinprovinz	Geod.	1896. 96/97	—	—	—	—
2456.	Prinz Radziwill, Albert	Russland	Landw.	1893/94	—	—	—	—
2457.	Raeder, Johann	Rheinprovinz	Landw.	1848/49 bis 1849/50	—	—	—	—
2458.	von Rasfeld, Friedrich	Westpreussen	Landw.	1855/56. 56	—	—	—	—
2459.	Raess, Hubert	Rheinprovinz	Hosp.	1873/74	—	—	—	—
2460.	Raht, Georg	Posen	Landw.	1858-59	—	—	—	—

Namens-Verzeichniss der Studirenden.

Laufende Nr.	Namen	Heimat	Studium	Studien-Semester	Abgelegte Prüfungen			
					zum Lehrer der Landwirthschaft an Landwirthschaftsschulen	Landwirthschaftliche Abgangsprüfung	Culturtechnische Prüfung	Landmesserprüfung
2461.	Rabesen, Eduard	Westfalen	Landw.	1859 60-61	—	—	—	—
2462.	Rabesen, Maximilian	Hannover	Landw	1867-69	—	—	—	—
2463.	Rabesen, Nikolaus	Westfalen	Landw.	1863 64-65	—	—	—	—
2464.	von Raits, Wladimir	Österreich	Landw.	1882	—	—	—	—
2465.	Rakow, Hermann	Ostpreussen	Landw.	1880 81. 81	—	—	—	—
2466.	Ramann, August	Hessen-Nassau	Cult.	1879 80. 80	—	—	4 8. 80	—
2467.	Ramel, Heinrich	Schweden	Landw.	1874	—	—	—	—
2468.	Randel, Wilhelm	Belgien	Landw.	1895 96	—	—	—	—
2469.	van Randenborgh, Gustav	Rheinprovinz	Hosp.	1887	—	—	—	—
2470.	Rang, Adolf	Hessen-Nassau	Geod.	1893. 93 94	—	—	—	—
2471.	von Rappard, Rittmeister a. D.	Rheinprovinz	Hosp.	1857 58. 58. 1860. 60 61. 1862	—	—	—	—
2472.	von Rappard, Conrad	Berlin	Landw.	1864 65 bis 1866 67	—	4 8. 66	—	—
2473.	von Rappard, Georg	Hannover	Landw.	1874	—	—	—	—
2474.	Rasch, Arthur	Schlesien	Geod.	1883	—	—	—	—
2475.	Rasmus, Hermann	Brandenburg	Landw.	1888	—	—	—	—
2476.	Rasquin, Edmund	Belgien	Hosp.	1877. 77 78	—	—	—	—
2477.	Rassmann, Gustav	Schlesien	Geod.	1893 94. 94	—	—	—	H. 94
2478.	von Rath, Alexander	Rheinprovinz	Landw.	1870 71 bis 1871 72	—	—	—	—
2479.	von Rath, Hermann	Rheinprovinz	Landw.	1890 91	—	—	—	—
2480.	Dr. Rathke, Fritz	Rheinprovinz	Geod.	1891-92	—	—	—	—
2481.	Rathke, Gustav	Berlin	Landw.	1873	—	—	—	—
2482.	von Ratkowsky, Matthias Georg	Österreich	Landw.	1857 u. 58	—	—	—	—
2483.	Raude, Ernst	Westfalen	Cult.	1884 85 bis 1885 86	—	—	13 3. 86	—
2484.	Rautenstrauch, Wilhelm	Rheinprovinz	Landw.	1858 59. 59	—	—	—	—
2485.	Rech, Christian	Rheinprovinz	Landw.	1895 96. 96	—	—	—	—
2486.	von Recklinghausen, August	Rheinprovinz	Landw.	1890 91 u. 1893 94	—	—	—	—
2487.	Reckzeh, Adolf	Rheinprovinz	Geod.	1894. 95 bis 1896 97	—	—	1 5. 97	H. 96
2488.	Redlich, Walter	Rheinprovinz	Landw.	1894. 94 95 u. 1895 96 bis 1896 97	—	—	—	—
2489.	Rehfeldt, Gustav	Berlin	Landw.	1864. 64 65	—	—	—	—
2490.	Rehfeldt, Rudolf	Berlin	Landw.	1864 65. 65	—	—	—	—
2491.	Reich, Albert	Westpreussen	Cult.	1880 81 bis 1881 82	—	—	6 8. 81	—
2492.	von Reichardt, Heinrich	Posen	Cult.	1881. 81 82	—	—	11 3. 82	—
2493.	Reiche, Otto	Sachsen	Landw.	1877 78	—	—	—	—
2494.	Reichert, Richard	Schlesien	Cult.	1881 82 bis 1882 83	—	—	26 10. 82	—
2495.	Reiffen, Heinrich	Rheinprovinz	Geod.	1890-91 92	—	—	—	Fr. 92
2496.	von Reimann, August	Rheinprovinz	Landw.	1866. 66 67	—	—	—	—
2497.	Reimer, Bernhard	Brandenburg	Landw.	1847 48-49	—	—	—	—
2498.	Reimerdes, Hermann	Hessen-Nassau	Landw.	1891 92 bis 1892 93	—	—	—	—
2499.	Reinartz, Cornelius	Rheinprovinz	Landw.	1871 72	—	—	—	—
2500.	Reinecke, Anton	Hannover	Geod.	1889 90-93	—	—	—	—
2501.	Reinhard, Friedrich	Hessen-Nassau	Geod.	1895 96 bis 1896 97	—	—	—	—
2502.	Reinhard, Karl	Hessen-Nassau	Geod.	1893-94 95	—	—	18 1. 95	Fr. 95
2503.	Reinhardt, Otto	Grssh. Baden	Landw.	1858-59	—	—	—	—
2504.	Reinhart, Hermann	Hessen-Nassau	Cult.	1883. 83 84	—	—	15 3. 84	—
2505.	Reinhold, Johann	Rheinprovinz	Hosp.	1885	—	—	—	—

Festschrift.

Laufende Nr.	Namen	Heimat	Studium	Studien-Semester	zum Lehrer der Landwirthschaft an Landwirthschafts-schulen	Landwirth-schaftliche Abgangs-prüfung	Cultur-technische Prüfung	Landmesser-Prüfung
2506.	Reinicke, Emil	Ostpreussen	Landw.	1857/58	—	—	—	—
2507.	Reinshagen, August	Rheinprovinz	Landw.	1895/96.96	—	—	—	—
2508.	Reintgen, Peter	Rheinprovinz	Geod.	1894-96	—	—	—	Fr. 96
2509.	Reis, Hubert	Rheinprovinz	Cult.	1881.82.82	—	—	7/8.82	—
2510.	Reis, Jakob	Rheinprovinz	Geod.	1896.96 97	—	—	—	—
2511.	Reisch, Alfons	Schlesien	Geod.	1892-93 94	—	—	—	Fr. 94
2512.	Reisner, Udo	Sachsen	Landw.	1862 63. 63	—	—	—	—
2513.	Reiter, Albert	Ostpreussen	Cult.	1879 80. 80	—	—	3/8.80	—
2514.	Reiter, Alfred	Rheinprovinz	Geod.	1893 94-95	—	—	—	H. 95
2515.	Reiter, August	Rheinprovinz	Geod.	1896. 96 97	—	—	—	—
2516.	Reiter, Hubert	Westfalen	Geod.	1893-94 95	—	—	—	Fr. 95
2517.	Reith, Philipp	Rheinprovinz	Geod.	1889-90 91	—	—	—	Fr. 91
2518.	Frhr. Reitz von Frentz, Maximilian	Rheinprovinz	Hosp.	1892	—	—	—	—
2519.	Remacly, Richard	Rheinprovinz	Hosp.	1869 70. 70	—	—	—	—
2520.	Remy, August	Hessen-Nassau	Geod.	1895-96 97	—	—	—	—
2521.	Remy, Heinrich	Rheinprovinz	Landw.	1858 59 bis 1859 60	—	—	—	—
2522.	Remy, Theodor	Rheinprovinz	Landw.	1891-92 93	—	4/3.93	—	—
2523.	Renard, Fritz, Forsteleve	Grssh. Mecklenburg-Schwerin	Hosp.	1873	—	—	—	—
2524.	Rennenberg, Anton	Rheinprovinz	Cult.	1886 87. 87	—	—	11/8.87	—
2525.	Rensing, Bernhard	Westfalen	Geod.	1895-96 97	—	—	—	Fr. 97
2526.	Rentrop, Paul	Rheinprovinz	Geod.	1895-96 97	—	—	—	—
2527.	Retz, Hilary	Posen	Landw.	1869 70. 70	—	—	—	—
2528.	Reusch, Wilhelm	Hessen-Nassau	Cult.	1885 86. 86	—	—	11/8.86	—
2529.	Reuter, Rudolf	Rheinprovinz	Landw.	1887	—	—	—	—
2530.	Rexrodt, Karl	Hessen-Nassau	Geod.	1894-96 97	—	—	—	—
2531.	von Rheinbaben, Gouverneur Sr.K.H. des Prinzen Albrecht von Preussen	Berlin	Hosp.	1856 57	—	—	—	—
2532.	Rheindorf, Adolf	Rheinprovinz	Landw.	1883	—	—	—	—
2533.	Rheindorf, Hubert	Rheinprovinz	Landw.	1887 88 bis 1888 89	—	—	—	—
2534.	Rheindorff, Eugen	Ostpreussen	Cult.	1881-82	—	—	26/10.82	—
2535.	Rheinen, Hugo	Rheinprovinz	Hosp.	1885	—	—	—	—
2536.	Rheinländer, Hubert	Sachsen	Geod.	1896. 96 97	—	—	—	—
2537.	Rhenius, Wilhelm	Rheinprovinz	Landw.	1895 96	—	—	—	—
2538.	Rhode, Leo	Hannover	Geod.	1895-96 97	—	—	—	Fr. 97
2539.	Ribbentrop, Bernhard	Sachsen	Landw.	1866 67-68	—	—	—	—
2540.	Richter, Anton	Rheinprovinz	Geod.	1896	—	—	—	—
2541.	Richter, August	Hannover	Cult.	1883. 83 84	—	—	15/3.84	—
2542.	Richter, Eduard	Ostpreussen	Landw.	1867 68-69	—	7/8.69	—	—
2543.	Richter, Ernst	Sachsen	Geod.	1893-94 95	—	—	9/1.95	Fr. 95
2544.	Richter, Eugen	Rheinprovinz	Hosp.	1859	—	—	—	—
2545.	Richter, Gustav	Berlin	Landw.	1863 64. 64	—	—	—	—
2546.	Richter, Heinrich	Westfalen	Landw.	1881-82	—	—	—	—
2547.	Richter, Hubert	Rheinprovinz	Landw.	1885 86 bis 1887 88	—	10/3.88	—	—
2548.	Richter, Karl	Brandenburg	Landw.	1850	—	—	—	—
2549.	Rick, Jakob, Forsteleve	Rheinprovinz	Hosp.	1869 70	—	—	—	—
2550.	Rieckhoff, Georg	Schleswig-Holstein	Geod.	1890 91 bis 1895 96	—	—	—	—
2551.	Riedel, Ludwig	Grssh. Mecklenburg-Schwerin	Landw.	1861 62. 62	—	—	—	—
2552.	Riema, Karl	Rheinprovinz	Hosp.	1879	—	—	—	—
2553.	Riemann, Ferdinand	Sachsen	Cult.	1878 79. 79	—	—	11/8.79	—
2554.	Riep, Julius	Brandenburg	Landw.	1857-58	—	7/8.58	—	—
2555.	Riesen, Franz	Rheinprovinz	Landw.	1856 57	—	—	—	—

Namens-Verzeichniss der Studirenden. 179

Laufende Nr.	Namen	Heimat	Studium	Studien-Semester	zum Lehrer der Landwirthschaft an Landwirthschaftsschulen	Landwirthschaftliche Abgangsprüfung	Culturtechnische Prüfung	Landmesserprüfung
2556.	Rieth, Michael	Rheinprovinz	Landw.	1868/69 bis 1870/71	—	—	—	—
2557.	Rieth, Reiner	Rheinprovinz	Hosp.	1857/58	—	—	—	—
2558.	Frhr. von Rigal, Franz	Rheinprovinz	Landw.	1885/86 bis 1886/87. 1887/88 u. 1889-90	—	—	—	—
2559.	Rimpau, Wilhelm	Sachsen	Landw.	1861/62-63	—	8/8. 63	—	—
2560.	Rieck, Arthur	Grssh. Oldenburg	Geod.	1892/93 bis 1894/95 u. 1895/96	—	—	—	H. 94
2561.	Riegewaldt, Bruno	Brandenburg	Geod.	1892-94	—	—	—	Fr. 94
2562.	Rings, Otto	Rheinprovinz	Landw.	1896. 96/97	—	—	—	—
2563.	Rintelen, Karl	Westfalen	Geod.	1886	—	—	—	—
2564.	del Rio, Alejandro	Mexico	Landw.	1895. 95/96	—	—	—	—
2565.	Ritges, Karl	Rheinprovinz	Landw.	1894/95 bis 1896/97	—	25/2. 97	—	—
2566.	Ritters, Kersten	Schleswig-Holstein	Cult.	1881/82	—	—	—	—
2567.	Rittershaus, Eugen	Westfalen	Landw.	1890	—	—	—	—
2568.	Robbers, Wilhelm	Rheinprovinz	Landw.	1857/58-59	—	—	—	—
2569.	Robeck, Ernst	Westfalen	Geod.	1889/90. 90	—	—	—	H. 90
2570.	Robeck, Franz	Westpreussen	Geod.	1895	—	—	—	—
2571.	Robinson, Gustav	Rheinprovinz	Landw.	1893	—	—	—	—
2572.	Rochell, August	Westfalen	Cult.	1882. 82/83	—	—	16/3. 83	—
2573.	Rodde, Karl	Schleswig-Holstein	Landw.	1867/68. 68	—	—	—	—
2574.	Roscher, Johann Anton	Westfalen	Landw.	1883/84. 84	—	—	—	—
2575.	Rodder, Heinrich	Ostpreussen	Cult.	1884/85. 85	—	—	8/8. 85	—
2576.	Roeder, August	Sachsen	Cult.	1880/81. 81	—	—	25/10. 81	—
2577.	von Roehl, Otto	Rheinprovinz	Hosp.	1882/83. 83	—	—	—	—
2578.	Roehr, Alfred	Schlesien	Geod.	1887-88/89	—	—	—	Fr. 89
2579.	Roehrs, Ferdinand	Westfalen	Landw.	1887/88	—	—	—	—
2580.	Roelgen, Franz	Rheinprovinz	Landw.	1893/94	—	—	—	—
2581.	Roellinghoff, Paul	Westfalen	Geod.	1894-96	—	—	—	H. 96
2582.	Roemer, Erwin	Grssh. Hessen	Landw.	1890/91-92	—	—	—	—
2583.	Roesing, Gustav	Grssh. Mecklenburg-Schwerin	Landw.	1856. 56/57	—	—	—	—
2584.	Roesingh, Paul	Hannover	Landw.	1863. 63/64	—	—	—	—
2585.	Roessler, Gustav	Hessen-Nassau	Geod.	1894-96/97	—	—	—	H. 96
2586.	Roettger, Josef	Westfalen	Geod.	1893-94/95	—	—	—	Fr. 95
2587.	Roettgers, Franz	Westfalen	Landw.	1892/93. 93	—	—	—	—
2588.	Roezel, Ernst Otto, Forsteleve	Rheinprovinz	Hosp.	1882/83	—	—	—	—
2589.	von Rogowsksi, Jakob	Russland	Landw.	1875 u. 76/77	—	—	—	—
2590.	Rogge, Hermann	Frstth. Waldeck	Geod.	1890-92	—	—	—	Fr. 92
2591.	Rogozinsky, Kasimir	Österreich	Cult.	1892/93. 93	—	—	—	—
2592.	Rohardt, Gustav Heinrich Peter	Schleswig-Holstein	Cult.	1883-84	—	—	9/8. 84	—
2593.	Rohde, Emil	Hannover	Geod.	1896. 96/97	—	—	—	—
2594.	Rohde, Gustav	Schlesien	Landw.	1861/62 bis 1863/64	—	13/3. 63	—	—
2595.	Rohde, G. Theodor	Schlesien	Cult.	1884/85. 85	—	—	8/8. 85	—
2596.	Rohde, Hermann	Hessen-Nassau	Geod.	1892-95/96	—	—	—	Fr. 96
2597.	Rolffs, Ernst	Rheinprovinz	Hosp.	1855/56	—	—	—	—
2598.	Roishoven, Peter	Rheinprovinz	Landw.	1851/52. 52	—	—	—	—
2599.	Roishoven, Wilhelm	Rheinprovinz	Landw.	1861-62	—	—	—	—
2600.	Romeyke, Ernst	Pommern	Landw.	1851-52	—	4/8. 52	—	—

12*

Laufende Nr.	Namen	Heimat	Studium	Studien-Semester	zum Lehrer der Landwirthschaft an Landwirthschaftsschulen	Landwirthschaftliche Abgangsprüfung	Culturtechnische Prüfung	Landmesserprüfung
					Abgelegte Prüfungen			
2601.	Remeyke, Heinrich	Grssh. Sachsen-Weimar	Landw.	1848 49	—	—	—	—
2602.	Remmeise, Hugo	Hzgth. Sachsen-Coburg-Gotha	Geod.	1892-93 94	—	—	—	Fr. 94
2603.	Roos, Daniel	Rheinprovinz	Landw.	1868 69. 69	—	—	—	—
2604.	Rose, Paul	Westfalen	Geod.	1896. 96 97	—	—	—	—
2605.	v. Rosenberg-Gruszczynski, Fritz, Lieutenant a. D.	Rheinprovinz	Hosp.	1874 75-77	—	—	—	—
2606.	Rosencrantz, Otto	Westpreussen	Cult.	1885 86. 86	—	—	11 8.86	—
2607.	Rosenhagen, Karl	Posen	Cult.	1882 83. 83	—	—	15 3. 84	—
2608.	Rossmann, Bernhard	Brandenburg	Hosp.	1886	—	—	—	—
2609.	Rost, Gustav	Hannover	Geod.	1891-92 93	—	—	—	Fr. 93
2610.	Roszinsky, Julius	Ostpreussen	Landw.	1856-57	—	—	—	—
2611.	Roth, Wilhelm	Hzgth. Anhalt	Landw.	1859 60 bis 1860 61	—	—	—	—
2612.	von Rother, Willy	Schlesien	Hosp.	1891 92	—	—	—	—
2613.	Rothhöft, Otto	Westfalen	Landw.	1888 89. 89	—	—	—	—
2614.	Rothschild, Gabriel	Rheinprovinz	Landw.	1872 73	—	—	—	—
2615.	Roullot, Aloys	Frankreich	Hosp.	1880 81	—	—	—	—
2616.	Roux, Richard	Hzgth. Sachsen-Meiningen	Geod.	1895-96 97	—	—	—	—
2617.	Rubach, Emil	Rheinprovinz	Hosp.	1848	—	—	—	—
2618.	Rubarth, Robert Anton	Rheinprovinz	Landw.	1859 60. 60	—	—	—	—
2619.	Ruebe, Paul	Sachsen	Geod.	1892-93	—	—	—	H. 93
2620.	Rueben, August, Rentner	Rheinprovinz	Hosp.	1878 79- 79	—	—	—	—
2621.	Ruebesam, Wilhelm	Hessen-Nassau	Cult.	1883. 83 84	—	—	15 3. 84	—
2622.	Ruecker, Fritz	Grssh. Baden	Landw.	1863 64 bis 1864 65	—	—	—	—
2623.	Rueder, Otto	Ostpreussen	Geod.	1896. 96 97	—	—	—	Fr. 97
2624.	Ruehland, Karl	Hzgth. Braunschweig	Landw.	1859. 59 60	—	—	—	—
2625.	Ruetz, August	Russland	Landw.	1864 65. 65	—	—	—	—
2626.	Frhr. von Ruexleben, Otto	Frstth. Schwarzburg-Rudolstadt	Landw.	1864. 64 65	—	—	—	—
2627.	von Ruexleben, Paul	Frstth. Schwarzburg-Rudolstadt	Landw.	1874 75 bis 1875 76	—	—	—	—
2628.	Ruffmann, Julius	Sachsen	Cult.	1881 82. 82	—	—	—	—
2629.	Ruge, Albert	Hzgth. Sachsen-Coburg-Gotha	Landw.	1862-63	—	—	—	—
2630.	Ruhlg, Friedrich	Rheinprovinz	Landw.	1872-73 74	—	—	—	—
2631.	Ruland, Heinrich	Rheinprovinz	Cult.	1883 84. 84	—	—	9 8. 84	—
2632.	Ruland, Richard	Rheinprovinz	Geod.	1888-89 90. 1891 92	—	—	—	Fr. 93
2633.	Ruland, W., Forsteleve	Rheinprovinz	Hosp.	1865-66	—	—	—	—
2634.	Rumker, Karl	Westpreussen	Hosp.	1882	—	—	—	—
2635.	Rumler, Moritz	Rheinprovinz	Hosp.	1895 96	—	—	—	—
2636.	Runde, Emil	Sachsen	Cult.	1884. 84 85	—	—	17/3. 85	—
2637.	Runge, Ferdinand	Hessen-Nassau	Geod.	1894-95 96	—	—	—	Fr. 96
2638.	Rupp, Peter	Rheinprovinz	Geod.	1894-96	—	—	H. 96	H. 96
2639.	Rusche, Albert	Schlesien	Landw.	1880	—	—	—	—
2640.	Ruschhaupt, Walter	Rheinprovinz	Hosp.	1894	—	—	—	—
2641.	Russeok, Karl Albert	Schlesien	Cult.	1882 83. 83	—	—	11 8. 83	—
	S.							
2642.	Saal, Josef	Rheinprovinz	Hosp.	1891	—	—	—	—
2643.	Saalmann, Eugen	Rheinprovinz	Landw.	1894-95 96	—	7/3. 96	—	—
2644.	Saatz, Gustav	Schlesien	Cult.	1876 77. 77	—	—	30/7. 77	—

Namens-Verzeichniss der Studirenden.

Laufende Nr.	Namen	Heimat	Studium	Studien-Semester	zum Lehrer der Landwirthschaft an Landwirthschaftsschulen	Landwirthschaftliche Abgangsprüfung	Culturtechnische Prüfung	Landmesser-Prüfung
					Abgelegte Prüfungen			
2645.	Sabarth, Theodor	Schlesien	Landw.	1854/55. 55	—	—	—	—
2646.	Sachse, Karl	Westfalen	Cult.	1876/77. 77	—	—	1/8. 77	—
2647.	Prinz von Sachsen-Coburg-Gotha, Philipp	Österreich	Landw.	1863	—	—	—	—
2648.	Sachsenroeder, Otto	Brandenburg	Landw.	1867/68 bis 1868/69	—	6/3. 69	—	—
2649.	Sachse, Willi	Rheinprovinz	Landw.	1887/88. 88	—	—	—	—
2650.	Saamisch, Moritz	Rheinprovinz	Hosp.	1893 u. 96/97	—	—	—	—
2651.	Saenger, Franz	Posen	Landw.	1860/61. 61	—	—	—	—
2652.	Saeuberlich, Friedrich	Hzgth. Anhalt	Landw.	1869. 69/70	—	—	—	—
2653.	Sakowski, Otto	Posen	Cult.	1881/82. 82	—	—	7/8. 82	—
2654.	Graf Salm-Hoogstraeten	Rheinprovinz	Landw.	1852/53 bis 1853/54	—	—	—	—
2655.	Prinz zu Salm-Horstmar	Westfalen	Hosp.	1856	—	—	—	—
2656.	Prinz Salm-Salm	Westfalen	Hosp.	1867	—	—	—	—
2657.	Salmuth, Ludwig	Hzgth. Anhalt	Landw.	1868	—	—	—	—
2658.	Salowsky, Friedrich	Rheinprovinz	Geod.	1896. 96/97	—	—	—	—
2659.	von Salviati, Adalbert	Brandenburg	Hosp.	1854	—	—	—	—
2660.	Samos, Karl	Rheinprovinz	Landw.	1868-69	—	—	—	—
2661.	von der Saade, Jan	Niederlande	Landw.	1885. 85/86	—	—	—	—
2662.	Sander, Theodor	Elsass-Lothringen	Geod.	1888. 88/89	—	—	—	Fr. 89
2663.	Sander, Julius	Hannover	Landw.	1860	—	—	—	—
2664.	Sander, Karl	Hannover	Landw.	1870 u. 71/72 bis 1873	—	8/3. 73	—	—
2665.	Sander, Otto	Hannover	Landw.	1866-67	—	—	—	—
2666.	von Sandersleben, Hans	Kgr. Sachsen	Landw.	1876	—	—	—	—
2667.	Graf von Sandreczky, Hans	Schlesien	Landw.	1864/65. 65	—	—	—	—
2668.	de San-Mamede, Rodrigo Felicio	Brasilien	Hosp.	1879. 79/80	—	—	—	—
2669.	de Santamaria, Luis Sanz.	Columbia S.-America	Landw.	1880/81. 81	—	—	—	—
2670.	Santruscok, Richard	Österreich	Cult.	1884. 84/85	—	—	17/3. 85	—
2671.	Sardemann, Hermann	Rheinprovinz	Geod.	1894-96	—	—	11. 96	Fr. 96
2672.	Sarter, Eberhard	Rheinprovinz	Landw.	1858-59	—	—	—	—
2673.	Sauer, Georg	Hessen-Nassau	Geod.	1891/92 bis 1892/93	—	—	—	Fr. 93
2674.	Sauer, Heinrich	Hessen-Nassau	Geod.	1894-96/97	—	—	Fr. 96	—
2675.	Sauer, Wilhelm	Rheinprovinz	Hosp.	1848/49	—	—	—	—
2676.	Sauermann, Ludwig	Schlesien	Geod.	1892-93	—	—	—	Fr. 93
2677.	Sasrmann, Karl	Grsh. Baden	Landw.	1858-59/60	—	—	—	—
2678.	von Savigny, Karl	Grsh. Baden	Hosp.	1876/77. 77	—	—	—	—
2679.	von Sawitzki, Johannes	Posen	Hosp.	1857/58	—	—	—	—
2680.	Erbprinz zu Sayn-Wittgenstein-Berleburg	Westfalen	Hosp.	1853	—	—	—	—
2681.	Prinz zu Sayn-Wittgenstein-Hohenstein, Hermann	Westfalen	Landw.	1865. 65/66	—	—	—	—
2682.	Schaab, Heinrich	Hessen-Nassau	Geod.	1890-91/92. 1893/94. 94	—	—	—	—
2683.	Schaafhausen, Ludwig	Westfalen	Cult.	1881. 81/82	—	—	11. 3. 82	—
2684.	Schaafhausen, Theodor	Rheinprovinz	Landw.	1848/49 bis 1849/50 u. 57	—	—	—	—
2685.	Schaar, Max	Sachsen	Geod.	1894/95-96	—	—	—	11. 96
2686.	Schade, Kurt	Brandenburg	Cult.	1881. 81/82	—	—	24. 3. 82	—
2687.	Schadl, Johann	Ungarn	Cult.	1878/79	—	—	14. 3. 79	—
2688.	Schäfer, Hermann	Rheinprovinz	Hosp.	1853	—	—	—	—
2689.	Schäfer, Hubert	Rheinprovinz	Landw.	1857/58. 58	—	—	—	—
2690.	Schäfer, Otto	Rheinprovinz	Geod.	1892-93/94	—	—	—	Fr. 94

Laufende Nr.	Namen	Heimat	Studium	Studien-Semester	zum Lehrer der Landwirthschaft an Landwirthschaftsschulen	Landwirthschaftliche Abgangsprüfung	Culturtechnische Prüfung	Landmesserprüfung
2691.	Schäfer, Sherard	Rheinprovinz	Landw.	1874-75 76	—	—	—	—
2692.	Schäfer, Lehrer	Rheinprovinz	Hosp.	1872	—	—	—	—
2693.	Schäfers, Anton	Westfalen	Geod.	1888-90 91	—	—	—	Fr. 91
2694.	Schäffer, Friedrich, Forsteleve	Rheinprovinz	Hosp.	1870. 70 71	—	—	—	—
2695.	Schäffer, Paul	Schlesien	Landw.	1892	—	—	—	—
2696.	Schäper, Albert	Sachsen	Landw.	1864 65	—	—	—	—
2697.	Schäper, Gustav	Sachsen	Landw.	1858-59	—	—	—	—
2698.	von Schaesenbach, Richard	Pommern	Landw.	1869 70. 70	—	—	—	—
2699.	Schalburg, Robert	Grssh. Mecklenburg-Schwerin	Hosp.	1853	—	—	—	—
2700.	Schaltenberg, Franz	Westfalen	Landw.	1854	—	—	—	—
2701.	Schaltenbrand, Ludwig	Rheinprovinz	Landw.	1885 86-87	—	26./10.87	—	—
2702.	Schanden, Karl	Hessen-Nassau	Geod.	1895-96 97	—	—	Fr. 97	Fr. 97
2703.	Schapper, Karl	Rheinprovinz	Landw.	1869 70. 70	—	—	—	—
2704.	Scharf, Kurt	Sachsen	Geod.	1893-94 95	—	—	16. 1. 95	Fr. 95
2705.	Scharfenberg, Karl, Gutsbesitzer	Bremen	Hosp.	1867 68. 1868 69. 69	—	—	—	—
2706.	Schaubert, Max	Schlesien	Landw.	1862 63. 63	—	—	—	—
2707.	Prinz zu Schaumburg-Lippe, Adolf	Frsth. Schaumburg-Lippe	Hosp.	1881. 82. 82	--	—	—	—
2708.	Scheck, Rentner	Ver. Staaten v. N.-America	Hosp.	1867	—	—	—	—
2709.	Scheele, Karl	Hannover	Geod.	1895-96 97	—	—	—	Fr. 97
2710.	Scheffer-Boichorst, Theodor	Westfalen	Landw.	1860 61. 61	—	—	—	—
2711.	Scheidemann, Karl	Hannover	Landw.	1880 81. 81	—	—	—	—
2712.	Scheidemantel, Friedrich	Pommern	Geod.	1895 96. 96	—	—	—	H. 96
2713.	Scheldt, Emil	Westfalen	Geod.	1893-96	—	—	—	H. 96
2714.	Scheldt, Ernst, Techniker	Ver. Staaten v. N.-America	Hosp.	1863	—	—	—	—
2715.	Schellens, Franz	Rheinprovinz	Geod.	1895-96 97	—	—	—	Fr. 97
2716.	Schenck, Hermann	Ostpreussen	Landw.	1857 58. 58	—	—	—	—
2717.	Schenck, Johann	Pommern	Landw.	1861 62. 62	—	—	—	—
2718.	Scherer, Franz	Rheinprovinz	Geod.	1890-91 92	—	—	—	Fr. 92
2719.	Scherer, Robert	Rheinprovinz	Geod.	1890-93	—	—	—	Fr. 92
2720.	Scherf, Karl	Hannover	Geod.	1894. 94 95	—	—	—	Fr. 95
2721.	Schermer, Paul	Sachsen	Geod.	1896. 96 97	—	—	—	—
2722.	Scheuch, Julius	Hessen-Nassau	Geod.	1896. 96 97	—	—	—	—
2723.	Scheuren, Julius	Rheinprovinz	Landw.	1862. 62 63	—	—	—	—
2724.	Schewior, Georg	Schlesien	Geod.	1894-95 96	—	—	Fr. 96	Fr. 96
2725.	Schey, Fritz	Hannover	Landw.	1874 75. 75	—	—	—	—
2726.	Schick, Leonhard	Rheinprovinz	Landw.	1875 76 bis 1877 78	—	—	—	—
2727.	Schiebler, Arthur	Kgr. Sachsen	Landw.	1888	—	—	—	—
2728.	Schiefferdecker, Wilhelm	Frsth. Waldeck	Geod.	1890-93 94	—	—	—	Fr. 93
2729.	Schierholz, Erwin	Westfalen	Landw.	1869 70	—	—	—	—
2730.	Schikora, Johann	Schlesien	Cult.	1882 83 bis 1884 85	—	—	17 3. 85	—
2731.	Schilling, Johannes	Rheinprovinz	Landw.	1896 97	—	—	—	—
2732.	Schillings, Schulamts-Candidat	Rheinprovinz	Hosp.	1857 58	—	—	—	—
2733.	Schillings, Karl	Rheinprovinz	Landw.	1852. 52 53 u. 1854	—	—	—	—
2734.	Schillings, Karl	Rheinprovinz	Landw.	1883 84-85	—	—	—	—
2735.	Schimbke, Oskar	Schlesien	Cult.	1876 77 bis 1877 78	—	—	12. 3. 78	—
2736.	Schimmelpfennig, Ernst	Pommern	Landw.	1869. 69 70	—	—	—	—

Laufende Nr.	Namen	Heimat	Studium	Studien-Semester	zum Lehrer der Landwirthschaft an Landwirthschaftsschulen	Landwirthschaftliche Abgangsprüfung	Culturtechnische Prüfung	Landmesserprüfung
2737.	von Schindel, Otto August Ferdinand	Schlesien	Hosp.	1854 55 u. 1856 57	—	—	—	—
2738.	Schindler, Adolf	Hessen-Nassau	Landw.	1850 51	—	—	—	—
2739.	Schindling, Karl	Hessen-Nassau	Geod.	1893-95	—	—	Fr. 96	H. 95
2740.	Schipper, Eduard	Westfalen	Landw.	1876	—	—	—	—
2741.	Schippers, Paul	Rheinprovinz	Geod.	1893 94-95	—	—	—	—
2742.	Schlabitz, Alexander	Schlesien	Cult.	1880 81. 81	—	—	5 8. 81	—
2743.	Graf von Schlabrendorf, Alfred	Schlesien	Landw.	1850 51	—	—	—	—
2744.	Schlachter, Gustav	Rheinprovinz	Landw.	1888 89. 89	—	—	—	—
2745.	Schlecht, Jakob	Rheinprovinz	Landw.	1864 65	—	—	—	—
2746.	Schlegelmilch, Karl	Berlin	Geod.	1893 94. 94	—	—	—	Fr. 94
2747.	Schlemmer, Ernst	Ostpreussen	Cult.	1879. 79 80	—	—	11/3. 80	—
2748.	Schlemmer, Ferdinand	Hessen-Nassau	Geod.	1895-96 97	—	—	—	—
2749.	Schlemmer, Hermann	Hessen-Nassau	Geod.	1895-96 97	—	—	Fr. 97	Fr. 97
2750.	Schlemmer, Max	Rheinprovinz	Cult.	1879. 79 80	—	—	12 3. 80	—
2751.	Schlenkhoff, Heinrich	Westfalen	Geod.	1896. 96 97	—	—	—	—
2752.	Schlettwein, Adolf	Grssh. Mecklenburg-Schwerin	Landw.	1863-64 65	—	—	—	—
2753.	Schlesing, Heinrich	Rheinprovinz	Landw.	1854 55	—	—	—	—
2754.	Schleper, Adolf	Rheinprovinz	Landw.	1891 92-93	—	22 12. 93	—	—
2755.	Schleper, Emil	Rheinprovinz	Landw.	1856 57	—	—	—	—
2756.	Schleper, Paul	Rheinprovinz	Landw.	1876 77	—	—	—	—
2757.	Schliephacke, Julius	Sachsen	Landw.	1859 60	—	—	—	—
2758.	Schlinke, Max	Posen	Geod.	1892 93-94	—	—	23 10. 94	H. 94
2759.	Schlitt, Josef	Hessen-Nassau	Geod.	1895-96 97	—	—	1. 5. 97	Fr. 97
2760.	Schlitte, Engelhard	Sachsen	Landw.	1866. 66 67	—	—	—	—
2761.	Schlitz, Josef	Hessen-Nassau	Landw.	1880 81	—	—	—	—
2762.	Schloesser, Franz	Westfalen	Landw.	1870 71 bis 1872 73 u. 1879 80. 80	—	16/11. 72	10 8. 80	—
2763.	Schlosser, Josef	Schlesien	Landw.	1864 65. 65	—	—	—	—
2764.	Schluenkes, Ferdinand	Rheinprovinz	Landw.	1887	—	—	—	—
2765.	Schlueter, Adolf	Hannover	Landw.	1857. 57 58	—	—	—	—
2766.	Schlueter, Engelbert	Westfalen	Geod.	1895-96 97	—	—	—	Fr. 97
2767.	Schlueter, Georg	Hannover	Landw.	1859. 59 60	—	—	—	—
2768.	Schluss, Franz	Sachsen	Landw.	1869 70. 70	—	—	—	—
2769.	Schmalz, Max	Sachsen	Landw.	1885 86-87	—	—	—	—
2770.	Schmanck, Vincenz	Westfalen	Hosp.	1886	—	—	—	—
2771.	Schmelzer, Oskar	Rheinprovinz	Landw.	1874 75	—	—	—	—
2772.	Schmidt, Antonios	Griechenland	Landw.	1894	—	24 7. 94	—	—
2773.	Schmidt, Baptist	Hessen-Nassau	Geod.	1895-96 97	—	—	—	—
2774.	Schmidt, Cuno	Rheinprovinz	Cult.	1881 82. 82	—	—	3 8. 82	—
2775.	Schmidt, Ernst	Grssh. Mecklenburg-Schwerin	Landw.	1896 97	—	—	—	—
2776.	Schmidt, Eugen	Rheinprovinz	Landw.	1878 79. 79	—	—	—	—
2777.	Schmidt, Franz	Schlesien	Cult.	1880 81. 81 u. 1883 84	—	—	—	—
2778.	Schmidt, Franz	Westpreussen	Geod.	1894. 94 95	—	—	—	—
2779.	Schmidt, Gustav	Sachsen	Landw.	1865. 65 66	—	—	—	—
2780.	Schmidt, Hermann, Rentner	Rheinprovinz	Hosp.	1865 66	—	—	—	—
2781.	Schmidt, Hermann	Rheinprovinz	Geod.	1894 95 bis 1896 97	—	—	—	—
2782.	Schmidt, Heinrich Wilhelm	Hamburg	Landw.	1867 68-69	—	—	—	—
2783.	Schmidt, Hugo	Brandenburg	Landw.	1891	—	—	—	—
2784.	Schmidt, Julius	Frstth. Lippe	Landw.	1858 59-60	—	10. 8. 60	—	—
2785.	Schmidt, Karl	Hessen-Nassau	Hosp.	1891 92	—	—	—	—
2786.	Schmidt, Oskar	Posen	Landw.	1855	—	—	—	—
2787.	Schmidt, Oswald	Ostpreussen	Landw.	1854-55 56	—	28 2. 56	—	—

184 Festschrift.

Laufende Nr.	Namen	Heimat	Studium	Studien-Semester	zum Lehrer der Landwirthschaft an Landwirthschaftsschulen	Landwirthschaftliche Abgangsprüfung	Culturtechnische Prüfung	Landmesserprüfung
					Abgelegte Prüfungen			
2788.	Schmidt, Otto	Hessen-Nassau	Geod.	1896. 96 97	—	—	—	—
2789.	Schmidt, Reinhard	Schlesien	Geod.	1894	—	—	—	—
2790.	Schmidt, Richard	Sachsen	Geod.	1893. 93 94	—	—	—	Fr. 94
2791.	Schmidt, Robert	Chile	Landw.	1895 96 bis 1896 97	—	—	—	—
2792.	Schmidt, Theodor	Grsh. Hessen	Cult.	1882–83	—	—	16 3. 83	—
2793.	Schmidt, Wilhelm	Sachsen	Landw.	1863 64. 64	—	—	—	—
2794.	Schmidtmann, Friedrich	Westfalen	Geod.	1883–84 85	—	—	17 3. 85	Fr. 84
2795.	Schmidtmann, Ludwig	Hannover	Landw.	1855. 55 56	—	—	—	—
2796.	Schmidt von Schmiedeseck, Karl	Rheinprovinz	Geod.	1891	—	—	—	—
2797.	Schmiedtgen, Otto	Grsh. Sachsen-Weimar	Cult.	1877. 77 78	—	—	2 5. 78	—
2798.	Schmillen, Karl	Rheinprovinz	Geod.	1894–95 96	—	—	—	Fr. 96
2799.	Schmitt, Anton	Rheinprovinz	Hosp.	1848 49. 49	—	—	—	—
2800.	Schmitt, Johann	Rheinprovinz	Geod.	1896. 96 97	—	—	—	—
2801.	Schmitt, Josef	Rheinprovinz	Geod.	1894 95–96	—	—	—	—
2802.	Schmittdiel, Anton	Rheinprovinz	Cult.	1881 82. 82	—	—	26 10. 82	—
2803.	Schmitt-Manderbach, Hermann	Hessen-Nassau	Geod.	1896. 96 97	—	—	—	—
2804.	Schmitz, Anton	Rheinprovinz	Hosp.	1870 u. 72 73	—	—	—	—
2805.	Schmitz, August	Rheinprovinz	Cult.	1880 81. 81	—	—	6 8. 81	—
2806.	Schmitz, Johann	Rheinprovinz	Geod.	1890–92	—	—	—	Fr. 92
2807.	Schmitz, Josef	Rheinprovinz	Landw.	1858. 58 59	—	—	—	—
2808.	Schmitz, Josef, Forsteleve	Rheinprovinz	Hosp.	1869 70	—	—	—	—
2809.	Schmitz, Ludwig	Rheinprovinz	Landw.	1857 58–59	—	—	—	—
2810.	Schmitz, Max	Rheinprovinz	Landw.	1875 76	—	—	—	—
2811.	Schmitz, Wilhelm	Rheinprovinz	Landw.	1860. 61 62 bis 1862 63	—	—	—	—
2812.	von Schmitz, Ludwig	Westfalen	Cult.	1883 84. 84	—	—	9 8. 84	—
2813.	Schnackenberg, Ferdinand	Berlin	Landw.	1851 52–53	—	—	—	—
2814.	Schnackenberg, Otto	Westpreussen	Landw.	1856 57	—	—	—	—
2815.	von Schneck, Hermann	Westfalen	Hosp.	1857 58	—	—	—	—
2816.	Schneider, Baptist	Rheinprovinz	Geod.	1890–91 92	—	—	—	Fr. 92
2817.	Schneider, Clemens	Rheinprovinz	Geod.	1891–93	—	—	—	Fr. 93
2818.	Schneider, Hugo	Schlesien	Landw.	1864. 65	—	—	—	—
2819.	Schneider, Karl	Kgr. Bayern	Landw.	1888–89 90	8 3. 90	—	—	—
2820.	Schneider, Ludwig	Rheinprovinz	Cult.	1883 84. 84	—	—	9 8. 84	—
2821.	Schneider, Max	Schlesien	Landw.	1879 80–81	—	—	—	—
2822.	Schneider, Reinhard	Grsh. Oldenburg	Geod.	1889–91	—	—	—	Fr. 91
2823.	Schneiders, Hubert	Rheinprovinz	Landw.	1864 65–66	—	—	—	—
2824.	Schneppat, Emil	Ostpreussen	Hosp.	1888	—	—	—	—
2825.	von Schnesen, Louis	Hannover	Landw.	1852–53	—	—	—	—
2826.	Schnutenhaus, Richard	Rheinprovinz	Landw.	1869 70 bis 1870 71	—	—	—	—
2827.	Schoeber, Philipp Daniel	Hessen-Nassau	Cult.	1883 84	—	—	—	—
2828.	Schoeler, Friedrich	Rheinprovinz	Landw.	1891–92 93	—	—	—	—
2829.	Schoeler, Rudolf	Ostpreussen	Landw.	1857 58 bis 1858 59	—	—	—	—
2830.	Schoeller, Edgar	Rheinprovinz	Hosp.	1887 88	—	—	—	—
2831.	Schoeller, Eugen	Kgr. Württemberg	Landw.	1887–88	—	—	—	—
2832.	Schoeller, Leopold	Rheinprovinz	Landw.	1847 48. 48	—	—	—	—
2833.	Schoenberger, Eugen	Rheinprovinz	Geod.	1893–95 96	—	—	—	Fr. 95
2834.	von Schoening, Hans	Pommern	Landw.	1883	—	—	—	—
2835.	Schoenlein, Franz	Westpreussen	Hosp.	1857 58	—	—	—	—
2836.	Scholl, Rudolf	Italien	Landw.	1893/94	—	—	—	—
2837.	Scholz, Fritz	Schlesien	Cult.	1895. 95 96	—	—	—	—

Namens-Verzeichniss der Studirenden. 185

Laufende Nr.	Namen	Heimat	Studium	Studien-Semester	zum Lehrer der Landwirthschaft an Landwirthschaftschulen	Landwirthschaftliche Abgangsprüfung	Culturtechnische Prüfung	Landmesserprüfung
2838.	Scholz, Jakob	Rheinprovinz	Cult.	1881. 81/82	—	—	11/3. 82	—
2839.	Schomann, Hans	Grsh. Mecklenburg-Schwerin	Landw.	1863 64 bis 1864 65	—	—	—	—
2840.	Schomberg, Albert	Westfalen	Geod.	1894-96 97	—	—	—	—
2841.	Schomers, Hubert	Rheinprovinz	Landw.	1879	—	—	—	—
2842.	Schommer, Josef	Rheinprovinz	Landw.	1892	—	—	—	—
2843.	Schoof, Adolf	Hessen-Nassau	Geod.	1889-91	—	—	—	Fr. 91
2844.	Schoppmann, Bernhard	Westfalen	Landw.	1888-89 u. 90	—	23/10. 89	—	—
2845.	Scherer, Gottfried	Lübeck	Landw.	1871	—	—	—	—
2846.	Schorlemmer, Fritz	Rheinprovinz	Landw.	1893. 93 94	—	—	—	—
2847.	Schorn, Theodor	Rheinprovinz	Landw.	1861-62	—	—	—	—
2848.	Schottin, Karl	Frstth. Reuss j. L.	Landw.	1891	—	—	—	—
2849.	Schouler, Hermann	Hessen-Nassau	Cult.	1878 79. 79	—	—	12 8. 79	—
2850.	Schrader, Erdmann	Grsh. Mecklenburg-Strelitz	Landw.	1859. 59 60	—	—	—	—
2851.	Schrader, Hilmar	Hannover	Cult.	1876. 76 77	—	—	28 4. 77	—
2852.	Schreinemachers, Hubert	Rheinprovinz	Geod.	1895 96 bis 1896 97	—	—	—	—
2853.	Schrock, Karl	Rheinprovinz	Landw.	1857-58 59	—	—	—	—
2854.	Schröder, Albert	Sachsen	Landw.	1864	—	—	—	—
2855.	Schröder, Anton	Hamburg	Landw.	1866. 66 67	—	—	—	—
2856.	Schröder, Ernst	Schlesien	Cult.	1882 83. 83	—	—	11 8. 83	—
2857.	Schröder, Friedrich	Sachsen	Landw.	1860 61. 61	—	—	—	—
2858.	Schröder, Heinrich	Pommern	Landw.	1850	—	—	—	—
2859.	Schröder, Heinrich	Westfalen	Geod.	1894-96	—	—	—	Fr. 96
2860.	Schrödter, Otto	Hessen-Nassau	Cult.	1883 84. 84	—	—	9 8. 84	—
2861.	Schröll, Heinrich	Luxemburg	Hosp.	1866	—	—	—	—
2862.	Schröter, Hugo	Frstth. Waldeck	Hosp.	1852. 53	—	—	—	—
2863.	Schröter, Max	Berlin	Geod.	1895-96 97	—	—	H. 96	Fr. 97
2864.	Schubbeus, Karl	Rheinprovinz	Cult.	1885 86. 86	—	—	11 8. 86	—
2865.	Schubert, Alfred	Rheinprovinz	Cult.	1876/77. 77	—	—	—	—
2866.	Schubert, Emil	Ostpreussen	Landw.	1862 63. 63	—	—	—	—
2867.	Schuchardt, Alexander, Gutsbesitzer	Rheinprovinz	Hosp.	1860 61	—	—	—	—
2868.	Schuchardt, Heinrich	Ostpreussen	Landw.	1867-68	—	—	—	—
2869.	Schueler, Friedrich Max	Hzgth. Sachsen-Meiningen	Cult.	1883 84. 84	—	—	9 8. 84	—
2870.	Schueler, Wilhelm	Hessen-Nassau	Cult.	1886 87. 87	—	—	11 8. 87	—
2871.	Schüller, Johann Hubert	Rheinprovinz	Hosp.	1867 68. 68	—	—	—	—
2872.	Schiller, Wilhelm	Rheinprovinz	Geod.	1894-96	—	—	—	H. 96
2873.	Schürmann, Heinrich	Rheinprovinz	Hosp.	1887 88-90. 1891. 91 92	—	—	—	—
2874.	Schürmann, Heinrich	Westfalen	Geod.	1895-96 97	—	—	—	—
2875.	Schütt, Josef	Rheinprovinz	Geod.	1894-96	—	—	—	H. 96
2876.	Schütt, Paul	Lübeck	Landw.	1866 67-68	—	—	—	—
2877.	Schütte, August	Bremen	Landw.	1866. 66 67	—	—	—	—
2878.	Schlütter, Wilhelm	Rheinprovinz	Geod.	1888-89 90	—	—	—	H. 91
2879.	Schütz, Max	Rheinprovinz	Geod.	1894-95 96 u. 1896 97	—	—	—	Fr. 96
2880.	Schütz, Oskar	Kgr. Sachsen	Landw.	1865 66. 66	—	—	—	—
2881.	Schütz, Theodor	Rheinprovinz	Geod.	1892 93-95 u. 1896	—	—	—	H. 96
2882.	Schütze, Josef	Westpreussen	Cult.	1878 79 u. 80	—	—	9 8. 80	—
2883.	Schugt, Heinrich	Rheinprovinz	Landw.	1858 59-61	—	—	—	—
2884.	Schugt, Peter	Rheinprovinz	Landw.	1852 53. 53	—	—	—	—
2885.	Schuhart, Otto	Sachsen	Landw.	1854	—	—	—	—
2886.	Graf von der Schulenburg, Karl	Sachsen	Landw.	1858 59	—	—	—	—

Laufende Nr.	Namen	Heimat	Studium	Studien-Semester	zum Lehrer der Landwirthschaft an Landwirthschaftsschulen	Landwirthschaftliche Abgangsprüfung	Culturtechnische Prüfung	Landmesserprüfung
2887.	Schuler, Max	Grssh. Oldenburg	Geod.	1885-86 87	—	—	—	Fr. 88
2888.	Schulte, F.	Rheinprovinz	Landw.	1880 81. 81	—	—	—	—
2889.	Schulte, Fritz	Rheinprovinz	Landw.	1894 95	—	—	—	—
2890.	Schulte, Wilhelm	Westfalen	Geod.	1890-92	—	—	—	Fr. 93
2891.	Schulte-Grosshelmann, Hugo	Rheinprovinz	Geod.	1896. 96 97	—	—	—	—
2892.	Schulte-Kalthoff, Friedrich	Westfalen	Landw.	1878 79 bis 1879 80	—	—	—	—
2893.	Schulte-Witten, Heinrich	Westfalen	Landw.	1871 72-73	—	—	—	—
2894.	Schulten, Bernhard	Belgien	Landw.	1852-53	—	—	—	—
2895.	Schultes, Ernst Moritz	Hessen-Nassau	Cult.	1877 78. 78	—	—	8 8. 78	—
2896.	Schultz, Carl	Hessen-Nassau	Landw.	1868 69	—	—	—	—
2897.	Schultz, Hugo	Frankreich	Landw.	1890-91 92	—	—	—	—
2898.	Schultz, Leopold	Ostpreussen	Landw.	1878 79. 79	—	—	—	—
2899.	Schultze, Eduard	Rheinprovinz	Hosp.	1857 58. 58	—	—	—	—
2900.	Schultze, Friedrich	Berlin	Landw.	1872 73	—	—	—	—
2901.	Schultze, Wilhelm	Berlin	Landw.	1864 65. 65	—	—	—	—
2902.	Schulz, Erich	Brandenburg	Hosp.	1887	—	—	—	—
2903.	Schulz, Hermann	Sachsen	Geod.	1893-94 95	—	—	9 1. 95	Fr. 95
2904.	Schulz, Hermann	Posen	Cult.	1880 81 bis 1881 82	—	—	—	—
2905.	Schulz, Max	Westpreussen	Landw.	1858 59. 59	—	—	—	—
2906.	Schulz, Max	Brandenburg	Landw.	1882	—	—	—	—
2907.	Schulz, Albert	Pommern	Landw.	1863 64 bis 1864 65	—	—	—	—
2908.	Schulze, August	Pommern	Landw.	1863 64 bis 1864 65	—	—	—	—
2909.	Schulze, Georg	Pommern	Landw.	1863 64	—	—	—	—
2910.	Schulze, Gustav	Kgr. Bayern	Geod.	1894-95 96	—	—	Fr. 96	Fr. 96
2911.	Schulze, Heinrich	Hannover	Geod.	1896. 96 97	—	—	—	—
2912.	Schulze, Otto	Brandenburg	Landw.	1853. 53 54	—	8 3. 54	—	—
2913.	Schulze, Paul	Pommern	Geod.	1894 95 bis 1896 97	—	—	—	Fr. 97
2914.	Schulze, Richard	Pommern	Geod.	1895-96 97	—	—	—	Fr. 97
2915.	Schulze, Wilhelm	Westfalen	Geod.	1894-96	—	—	H. 96	Fr. 96
2916.	von Schulze, Georg	Ostpreussen	Landw.	1858 59	—	—	—	—
2917.	Schulze-Hoeing, Hermann	Westfalen	Landw.	1875. 75 76	—	—	—	—
2918.	Schumacher, August	Rheinprovinz	Landw.	1866 67-68	—	—	—	—
2919.	Schumacher, Franz	Rheinprovinz	Hosp.	1892	—	—	—	—
2920.	Schumacher, Wilhelm	Rheinprovinz	Landw.	1857 58. 58	—	7 8 58.	—	—
2921.	Schuster, Emil	Rheinprovinz	Geod.	1893-94 95	—	—	9 1. 95	Fr. 95
2922.	Schwaab, Josef	Rheinprovinz	Cult.	1879 80. 80	—	—	—	—
2923.	Schwab, Max	Westfalen	Geod.	1894 95-96	—	—	—	Fr. 96
2924.	Schwalbach, Peter	Rheinprovinz	Hosp.	1894	—	—	—	—
2925.	Schwann, Theodor	England	Landw.	1860. 60 61	—	—	—	—
2926.	Schwarz, Heinrich	Rheinprovinz	Hosp.	1848 49	—	—	—	—
2927.	Schwarz, Hermann	Berlin	Geod.	1895 96. 96	—	—	—	H. 96
2928.	Schwarzenberg, Hermann	Hessen-Nassau	Hosp.	1850	—	—	—	—
2929.	Schwarzkopf, Georg	Pommern	Cult.	1881 82. 82	—	—	5 8. 82	—
2930.	Schweckendieck, Wilhelm	Sachsen	Landw.	1876 77. 77	—	—	—	—
2931.	Schweder, Viktor	Brandenburg	Cult.	1876. 76 77	—	—	9. 3. 77	—
2932.	Schwedler, Emil	Berlin	Landw.	1858	—	—	—	—
2933.	Schween, Dietrich	Westfalen	Geod.	1885-86 87	—	—	16 3. 87	Fr. 87
2934.	Schwelger, Karl	Ostpreussen	Landw.	1867 68. 68	—	—	—	—
2935.	Schweitzer, Wilhelm	Rheinprovinz	Landw.	1851 52 bis 1853 54	—	—	—	—
2936.	Schwerak, Ottokar	Österreich	Cult.	1884. 84 85	—	—	17 3. 85	—

Namens-Verzeichniss der Studirenden.

Laufende Nr.	Namen	Heimat	Studium	Studien-Semester	Abgelegte Prüfungen zum Lehrer der Landwirthschaft an Landwirthschaftsschulen	Landwirthschaftliche Abgangsprüfung	Culturtechnische Prüfung	Landmesserprüfung
2937.	Schwerdtfeger, August	Schleswig-Holstein	Landw.	1853-54	—	—	—	—
2938.	Schwerdtfeger, Richard	Schlesien	Hosp.	1860	—	—	—	—
2939.	Schwerdtmann, Julius	Berlin	Landw.	1863 64. 64	—	—	—	—
2940.	Schwollmann, Otto	Westfalen	Landw.	1882 83. 83	—	—	—	—
2941.	Schwobbe, August	Westfalen	Cult.	1886	—	—	—	—
2942.	von Seeckt, Rudolf	Pommern	Landw.	1866. 66 67	—	—	—	—
2943.	Seeger, Alfred	Kgr. Sachsen	Landw.	1856. 56 57	—	—	—	—
2944.	Seeger, Otto	Westfalen	Cult.	1887. 87 88	—	—	19 3. 88	—
2945.	Seel, Adolf	Hessen-Nassau	Cult.	1882. 82 83	—	—	16 3. 83	—
2946.	von Seelstrang, Rudolf	Westpreussen	Hosp.	1853 54	—	—	—	—
2947.	Seewald, Emil	Ostpreussen	Cult.	1878 79. 79	—	—	13 8. 79	—
2948.	Segbers, August	Westfalen	Geod.	1891-92	—	—	—	H. 92
2949.	von Seggern, Diedrich	Grsh. Oldenburg	Landw.	1867 68. 68	—	—	—	—
2950.	Seggewiss, Johann	Westfalen	Landw.	1895-96 97	—	—	—	—
2951.	Graf von Scherr-Thoss, Manfred	Grsh. Mecklenburg-Schwerin	Landw.	1847 48	—	—	—	—
2952.	Seip, Ernst	Grsh. Mecklenburg-Strelitz	Landw.	1852 53	—	—	—	—
2953.	Selbach, Alfred	Rheinprovinz	Geod.	1894-95 96	—	—	Fr. 96	Fr. 96
2954.	Selbach, Richard	Rheinprovinz	Hosp.	1890	—	—	—	—
2955.	Selwig, Gustav	Hzgth. Braunschweig	Landw.	1857 58-59	—	—	—	—
2956.	von Seeden, Hermann	Schleswig-Holstein	Geod.	1896. 96 97	—	—	—	—
2957.	de Serdobin, Paul	Russland	Landw.	1886 87	—	—	—	—
2958.	Serger, Paul	Brandenburg	Landw.	1887 88	—	—	—	—
2959.	Servatius, Peter	Rheinprovinz	Geod.	1896. 96 97	—	—	—	—
2960.	Sethe, Julius	Brandenburg	Landw.	1864 65. 65	—	—	—	—
2961.	Settels, Robert	Rheinprovinz	Hosp.	1861 62	—	—	—	—
2962.	Setwin, Franz	Böhmen	Landw.	1863 64. 64	—	—	—	—
2963.	Seul, Franz	Rheinprovinz	Landw.	1877 78. 78	—	—	—	—
2964.	Seydel, Friedrich	Ostpreussen	Hosp.	1855	—	—	—	—
2965.	Seydel, Karl Wilhelm Oskar	Schlesien	Cult.	1884. 84 85	—	—	17 3. 85	—
2966.	von Seydlitz, Georg	Berlin	Hosp.	1853	—	—	—	—
2967.	von Seydlitz, Gustav	Posen	Landw.	1869	—	—	—	—
2968.	Seydlitz, Arthur	Rheinprovinz	Hosp.	1887 88-90	—	8 3. 90	—	—
2969.	Seydlitz, Ignaz	Niederlande	Landw.	1850 51 bis 1852.53	—	—	—	—
2970.	Sickmann, Gustav	Westfalen	Landw.	1859 60 bis 1860 61	—	—	—	—
2971.	Siebenbürger, Hugo	Pommern	Landw.	1873-74 75	—	10 3. 75	—	—
2972.	Sieber, Franz	Berlin	Landw.	1865 66. 66	—	—	—	—
2973.	Siebert, Ernst	Hessen-Nassau	Geod.	1892-94	—	—	—	Fr. 94
2974.	Siebolds, Onno	Hannover	Landw.	1874 75-77	—	10 3. 77	—	—
2975.	Sieck, Karl	Schleswig-Holstein	Geod.	1894-95 96	—	—	—	Fr. 96
2976.	Siedentopf, Paul	Hannover	Geod.	1893-94 95	—	—	9 1. 95	Fr. 95
2977.	Sieg, Stephan	Russland	Landw.	1862	—	—	—	—
2978.	Siegfried, Erich	Ostpreussen	Landw.	1883 84. 84	—	—	—	—
2979.	Siegfried, Gustav	Ostpreussen	Hosp.	1855	—	—	—	—
2980.	Siegfried, Oskar	Ostpreussen	Landw.	1849 50. 50	—	—	—	—
2981.	Sieh, Heinrich	Schleswig-Holstein	Geod.	1889-90 91	—	—	—	Fr. 91
2982.	Siemens, Karl	Rheinprovinz	Landw.	1886 87 bis 1887 88	—	—	—	—
2983.	Sikorski, Thaddäus	Österreich	Cult.	1878. 78 79	—	—	14 3. 79	—

Laufende Nr.	Namen	Heimat	Studium	Studien-Semester	zum Lehrer der Landwirthschaft an Landwirthschaftsschulen	Landwirthschaftliche Abgangsprüfung	Culturtechnische Prüfung	Landmesser Prüfung
					Abgelegte Prüfungen			
2984.	Simmichen, Eduard	Schlesien	Landw.	1860 61 bis 1861 62	—	15/3. 62	—	—
2985.	Simon, Arthur	Rheinprovinz	Landw.	1888 89	—	—	—	—
2986.	Simon, Ernst	Sachsen	Geod.	1896. 96 97	—	—	—	—
2987.	von Simonowitsch, Spiridon	Russland	Landw.	1869. 70	—	—	—	—
2988.	Simons, Wilhelm	Rheinprovinz	Geod.	1894-96 97	—	—	—	H. 96
2989.	Sinner, Christian	Westpreussen	Landw.	1884 85	—	—	—	—
2990.	Sinning, Ferdinand, Baubeflissener	Rheinprovinz	Hosp.	1874 75 bis 1875 76 und 1877 78	—	—	—	—
2991.	Sinning, Georg	Hessen-Nassau	Geod.	1894-96 97	—	—	—	—
2992.	Sinsteden, Max	Rheinprovinz	Landw.	1874-75	—	—	—	—
2993.	Skaer, Friedrich	Rheinprovinz	Geod.	1895-96 97	—	—	—	Fr. 97
2994.	von Skarzynski, Heinrich	Russland	Landw.	1868 69 bis 1869 70	—	—	—	—
2995.	von Skirmundt, Sigismund	Ostpreussen	Hosp.	1860	—	—	—	—
2996.	von Skorzewski, Boleslaus	Posen	Landw.	1859 60-61	—	8 8. 61	—	—
2997.	von Skorzewski, Mieczislaus	Posen	Landw.	1855. 55 56	—	—	—	—
2998.	von Skorzewski, Paul	Posen	Landw.	1868. 68 69	—	—	—	—
2999.	Skrodzki, Fritz	Hessen-Nassau	Cult.	1884. 84 85	—	—	17 3. 85	—
3000.	von Sobbe, Oskar	Westfalen	Landw.	1896 97	—	—	—	—
3001.	Ritter von Sobolewski, Ludwig	Österreich	Cult.	1891 92. 92	—	—	1 8. 92	—
3002.	Soechting, Ernst	Hannover	Landw.	1863. 63 64	—	—	—	—
3003.	Soehlmann, Adolf	Hannover	Cult.	1878. 78 79	—	—	13 3. 79	—
3004.	Sohns, Otto	Elsass-Lothringen	Geod.	1894 95 bis 1896 97	—	—	Fr. 97	Fr. 97
3005.	Sollnus, Heinrich	Rheinprovinz	Geod.	1896. 96 97	—	—	—	—
3006.	Fürst zu Solms-Braunfels	Hessen-Nassau	Hosp.	1885	—	—	—	—
3007.	Graf zu Solms-Laubach	Grssh. Hessen	Hosp.	1852	—	—	—	—
3008.	Solowjeff, Sergius	Russland	Cult.	1887-88	—	—	9 8. 88	—
3009.	Sondermann, Paul	Ostpreussen	Landw.	1873	—	—	—	—
3010.	Sonnemann, Paul	Hannover	Geod.	1894-95 96	—	—	—	Fr. 96
3011.	Sonnenberg, Adolf	Hessen-Nassau	Geod.	1894-96 97	—	—	1 5. 97	H. 96
3012.	Sontag, Otto	Ostpreussen	Landw.	1857. 57 58	—	—	—	—
3013.	Souheur, Laurenz	Rheinprovinz	Hosp.	1887 88	—	—	—	—
3014.	Spaeth, Ferdinand, Geometer	Rheinprovinz	Hosp.	1877 78 bis 1878 79	—	—	14 3. 79	—
3015.	Spalding, Richard	Pommern	Landw.	1867 68. 68	—	—	—	—
3016.	Sparenberg, Dietrich	Grssh. Oldenburg	Cult.	1883 84	—	—	—	—
3017.	Spendeck, Peter	Rheinprovinz	Landw.	1878 79. 79	—	—	—	—
3018.	Spendeck, Wilhelm	Rheinprovinz	Landw.	1852 53 bis 1853 54	—	—	—	—
3019.	Spielberg, Heinrich Wilhelm	Sachsen	Landw.	1879. 79 80	—	—	—	—
3020.	Spindler, Walter	Rheinprovinz	Geod.	1892-93 94	—	—	—	Fr. 94
3021.	Spintler, Otto Karl Max	Hessen-Nassau	Cult.	1879. 79 80	—	—	14 3. 81	—
3022.	Splettstoesser, Karl	Brandenburg	Geod.	1892-93	—	—	—	H. 93
3023.	von Sprenger, Heinrich	Schlesien	Hosp.	1854	—	—	—	—
3024.	Springhorn, Ernst	Hannover	Landw.	1890	—	—	—	—
3025.	von Stablewski, Casimir	Posen	Landw.	1884 85. 85	—	—	—	—
3026.	von Stablewski, Wladislaus	Posen	Hosp.	1847	—	—	—	—
3027.	Stackfleth, Adolf	Sachsen	Geod.	1892-93 94	—	—	—	Fr. 94
3028.	Staehler, Cornelius	Hessen-Nassau	Geod.	1893 94-95	—	—	—	H. 95
3029.	Staehly, Christian	Hessen-Nassau	Landw.	1886 87. 87	—	—	—	—
3030.	Staël van Holstein van Vloten, Charles	Niederlande	Landw.	1896	—	—	—	—
3031.	Stahlberg, Peter	Rheinprovinz	Geod.	1896. 96 97	—	—	—	—
3032.	Stahlknecht, Eduard	Rheinprovinz	Landw.	1872	—	—	—	—

Namens-Verzeichniss der Studirenden.

Laufende Nr.	Namen	Heimat	Studium	Studien-Semester	Abgelegte Prüfungen			
					zum Lehrer der Landwirthschaft an Landwirthschaftsschulen	Landwirthliche Abgangsprüfung	Culturtechnische Prüfung	Landmesserr. Prüfung
3033.	**Stallmann**, Emil	Grsh. Hessen	Landw.	1881 82. 82	—	—	—	—
3034.	**Stammer**, Wilhelm	Schleswig-Holstein	Geod.	1891-92 93	—	—	—	Fr. 93
3035.	**Stanek**, Johann	Österreich	Cult.	1881 82. 82	—	—	22 8. 82	—
3036.	**Stange**, Karl	Rheinprovinz	Landw.	1856 57	—	—	—	—
3037.	**Stapelberg**, Friedrich	Frstth. Waldeck	Hosp.	1852. 53	—	—	—	—
3038.	**Staroke**, Karl	Brandenburg	Landw.	1889 90-91	—	—	—	—
3039.	**Stassen**, Ambrosius	Rheinprovinz	Landw.	1858 59. 59	—	—	—	—
3040.	**Staub**, Fritz	Rheinprovinz	Landw.	1892-93 94	—	21/3. 94	—	—
3041.	**Stauffer**, Heinrich	Grsh. Hessen	Landw.	1890 91. 91	—	—	—	—
3042.	**Stavenhagen**, Hermann	Hamburg	Landw.	1859 60	—	—	—	—
3043.	**Steeg**, Adolf	Hessen-Nassau	Landw.	1848 49. 49	—	—	—	—
3044.	**Steffenhagen**, Ernst	Posen	Landw.	1860 61. 61	—	—	—	—
3045.	**Steffens**, Josef	Rheinprovinz	Geod.	1896. 96 97	—	—	—	—
3046.	**Steffens**, Walter	Westpreussen	Landw.	1856-57 58	—	—	—	—
3047.	**Stegemann**, Adolf	Brandenburg	Cult.	1881 82. 82	—	—	26/10.82	—
3048.	**Stegemann**, Ewald	Brandenburg	Geod.	1884-85 86	—	—	13/3. 86	Fr. 86
3049.	**Stegmann**, Gustav	Sachsen	Landw.	1862	—	—	—	—
3050.	**Steiber**, Heinrich	Rheinprovinz	Geod.	1894-96	—	—	—	H. 96
3051.	von **Steiger**, Arnold	Schweiz	Landw.	1881 82. 82	—	—	—	—
3052.	**Steiger**, Johann Baptist	Kgr. Bayern	Landw.	1852	—	—	—	—
3053.	**Stell**, Hubert	Rheinprovinz	Landw.	1886-87 88	—	24/4. 88	—	—
3054.	**Stein**, Siegfried	Rheinprovinz	Hosp.	1876	—	—	—	—
3055.	Frhr. von **Steinberg-Brüggen**, Ernst	Hannover	Landw.	1868 69-69	—	—	—	—
3056.	**Steinbichler**, Paul	Hessen-Nassau	Geod.	1896. 96 97	—	—	—	—
3057.	**Steinfurt**, Oskar	Ostpreussen	Landw.	1870	—	—	—	—
3058.	**Steinle**, Karl	Hessen-Nassau	Landw.	1874 75. 75	—	—	—	—
3059.	**Stempel**, Hermann	Kgr. Bayern	Landw.	1866. 66 67	—	—	—	—
3060.	Frhr. von **Stengel**, Ernst	Kgr. Bayern	Hosp.	1887 88 bis 1889 90	—	—	—	—
3061.	**Stengel**, Karl Adolf	Kgr. Sachsen	Landw.	1869	—	—	—	—
3062.	**Stepan**, Aloys	Westpreussen	Cult.	1880 81. 81	—	—	9/8. 81	—
3063.	**Stephan**, Christoph	Westfalen	Geod.	1888-89 90	—	—	21/10. 93	Fr. 90
3064.	**Stephan**, Friedrich	Sachsen	Landw.	1882-84 u. 85	—	22/10. 85	—	—
3065.	**Stephan**, Werner	Rheinprovinz	Cult.	1883 84	—	—	—	—
3066.	**Sterky**, Otto	Schweden	Landw.	1861 62-63	—	—	—	—
3067.	**Sterline**, Jakob	Rheinprovinz	Geod.	1893	—	—	—	—
3068.	**Sternberg**, Jakob	Westfalen	Landw.	1848	—	—	—	—
3069.	**Sternickel**, Viktor	Galizien	Landw.	1872 73	—	—	—	—
3070.	**Sthammer**, Felix	Ostpreussen	Landw.	1885	—	—	—	—
3071.	**Stichter**, Eugen	Rheinprovinz	Geod.	1895 96 bis 1896 97	—	—	—	—
3072.	**Sticker**, Anton	Rheinprovinz	Hosp.	1882	—	—	—	—
3073.	**Stiefelhagen**, Josef Hubert	Rheinprovinz	Geod.	1885-87	—	—	16/3. 87	Fr. 90
3074.	**Stiefelhagen**, Karl	Rheinprovinz	Geod.	1894-96	—	—	—	H. 96
3075.	**Stille**, Karl	Westfalen	Hosp.	1854 55. 55	—	—	—	—
3076.	von **Stjernswärd**, Phil.	Schweden	Landw.	1873 74. 74	—	—	—	—
3077.	Frhr. von **Stockmar**, Karl	Hzgth. Sachsen-Coburg-Gotha	Landw.	1864 65 bis 1865 66	—	—	—	—
3078.	**Stockmeyer**, Ludwig	Frstth. Lippe	Landw.	1858 59 bis 1859 60	—	—	—	—
3079.	**Stoermann**, Wilhelm	Westfalen	Hosp.	1887	—	—	—	—
3080.	**Stoetzel**, Friedrich	Schlesien	Geod.	1887-88 89	—	—	—	Fr. 89
3081.	Graf zu **Stolberg-Wernigerode**, Anton	Schlesien	Hosp.	1886	—	—	—	—
3082.	Graf zu **Stolberg-Wernigerode**, Ferdinand	Schlesien	Landw.	1886-87	—	—	—	—
3083.	**Stoll**, Heinrich	Grsh. Baden	Landw.	1881 82. 82	—	—	—	—

Festschrift.

Laufende Nr.	Namen	Heimat	Studium	Studien-Semester	zum Lehrer der Landwirthschaft an Landwirthschafts-schulen	Landwirthschaftliche Abgangsprüfung	Cultur-technische Prüfung	Landmesser-Prüfung
3084.	Stolle, Georg	Hannover	Geod.	1894-96	—	—	Fr. 97	H. 95
3085.	Stolle, Waldemar	Rheinprovinz	Landw.	1893 94. 94	—	—	—	—
3086.	Stolterfoth, Wilhelm Heinrich	Lübeck	Landw.	1861. 61 62	—	—	—	—
3087.	Stolze, August	Brandenburg	Landw.	1873 74. 74	—	—	—	—
3088.	Stolze, Fritz	Brandenburg	Landw.	1873 74. 74	—	—	—	—
3089.	Stood, Wilhelm	Westfalen	Landw.	1880 81. 81	—	—	—	—
3090.	Stops, Gustav	Hannover	Landw.	1851 52. 52	—	—	—	—
3091.	von Storres, Friedrich	Hzgth. Anhalt	Landw.	1864	—	—	—	—
3092.	von Straleadorff, Richard	Grsh. Mecklenburg-Schwerin	Hosp.	1850	—	—	—	—
3093.	Strasburger, Leon Heinrich	Russland	Landw.	1864-65	—	4/1. 65	—	—
3094.	Strasser, Richard	Brandenburg	Cult.	1881	—	—	—	—
3095.	Stratemann, Wilhelm	Westfalen	Geod.	1896. 96 97	—	—	—	—
3096.	Strauss, Albert	Sachsen	Landw.	1856	—	—	—	—
3097.	Strecker, Friedrich Wilhelm	Brandenburg	Landw.	1878 79-83	4/1. 82	—	11/3. 80	—
3098.	Streffing, Max	Rheinprovinz	Landw.	1892 93	—	—	—	—
3099.	Strehlow, Friedrich	Elsass-Lothringen	Geod.	1896. 96 97	—	—	—	—
3100.	Strelow, Johannes	Pommern	Geod.	1895-96 97	—	—	—	—
3101.	Streng, Gustav	Hzgth. Sachsen-Meiningen	Geod.	1891-92	—	—	—	Fr. 93
3102.	Striepecke, Gustav	Frstth. Waldeck	Landw.	1850 51 bis 1851 52	—	—	—	—
3103.	Strinz, Karl	Rheinprovinz	Geod.	1890-91	—	—	—	Fr. 92
3104.	Strobentz, Georg	Ungarn	Landw.	1877 88	—	—	—	—
3105.	Strohmeyer, Karl	Sachsen	Geod.	1895-96 97	—	—	—	Fr. 97
3106.	Strohn, Wilhelm	Berlin	Landw.	1867-68	—	—	—	—
3107.	von Stromberg, Oswald	Russland	Landw.	1862 63. 63	—	—	—	—
3108.	von Strube, Alexander	Hannover	Landw.	1865 66. 66	—	—	—	—
3109.	Struckmann, Karl	Hannover	Landw.	1852 53 bis 1853 54	—	—	—	—
3110.	Strulf, Karl	Westfalen	Geod.	1894-96	—	—	—	—
3111.	Struve, Gerhard	Sachsen	Landw.	1856 57	—	—	—	—
3112.	Struve, Rudolf	Hzgth. Braunschweig	Landw.	1847 48	—	—	—	—
3113.	Struwe, Emil	Berlin	Geod.	1895 96	—	—	4/8. 96	—
3114.	von Stryck, Leonhard	Livland	Cult.	1895 96. 96	—	—	18/4. 93	Fr. 93
3115.	Stuchtey, Heinrich	Westfalen	Geod.	1891-92 93	—	—	—	Fr. 93
3116.	Stuckmann, Wilhelm	Frstth. Lippe	Geod.	1891-92/93	—	—	—	Fr. 95
3117.	Stuebing, Justus	Hessen-Nassau	Geod.	1893-94 95	—	—	—	—
3118.	Stueve, Theodor	Hannover	Landw.	1852/53	—	—	—	—
3119.	Stumm, Heinrich	Rheinprovinz	Geod.	1895-96 97	—	—	—	Fr. 97
3120.	Stuntz, Adolf	Hessen-Nassau	Geod.	1895 96 bis 1896 97	—	—	—	—
3121.	Stuntz, Josef	Hessen-Nassau	Geod.	1894-96	—	—	1/5. 97	—
3122.	Stutz, Ernst	Westfalen	Hosp.	1891 92	—	—	—	—
3123.	Sudhaus, Gerhard	Rheinprovinz	Geod.	1895-96 97	—	—	—	—
3124.	Sudhoff, Otto	Westfalen	Geod.	1895-96 97	—	—	—	—
3125.	Suerth, Leo	Rheinprovinz	Geod.	1896 97	—	—	—	—
3126.	Suess, Heinrich	Rheinprovinz	Geod.	1891-94	—	—	16/1. 95	Fr. 95
3127.	Suhren, Otto	Schleswig-Holstein	Geod.	1893-94/95	—	—	—	—
3128.	von le Suire, Günther	Kgr. Bayern	Landw.	1872	—	—	—	—
3129.	Surenian, Wahan	Türkei	Landw.	1885-87 88	—	26/10. 87	—	—
3130.	Surup, Albert	Rheinprovinz	Landw.	1887. 87 88	—	—	—	—
3131.	Sury, Paul	Schweiz	Landw.	1881/82. 82	—	—	—	—
3132.	Swart, Otto	Hannover	Landw.	1869 70. 70	—	—	—	—
3133.	Graf Szechenyi-Bela	Ungarn	Hosp.	1855	—	—	—	—

Namens-Verzeichniss der Studirenden. 191

Laufende Nr.	Namen	Heimat	Studium	Studien-Semester	zum Lehrer der Landwirthschaft an Landwirthschaftsschulen	Landwirthschaftliche Abgangsprüfung	Culturtechnische Prüfung	Landmesser-Prüfung
	T.							
3134.	Tag, Hugo	Hessen-Nassau	Geod.	1891-92 93	—	—	—	Fr. 93
3135.	Tangermann, Adolf	Sachsen	Landw.	1854	—	—	—	—
3136.	Tassen, Taune	Hannover	Geod.	1896. 96 97	—	—	—	—
3137.	Tappermann, Franz	Rheinprovinz	Hosp.	1858 59	—	—	—	—
3138.	Tschmer, Paul	Pommern	Geod.	1882 83 bis 1885 86	—	—	16 9. 86	Fr. 86
3139.	Teichmann, Josef	Schlesien	Cult.	1881. 81 82	—	—	25 3. 82	—
3140.	Teichmann, Oskar	Schlesien	Landw.	1865	—	—	—	—
3141.	von Teichmann und Logisch	Posen	Hosp.	1887 88	—	—	—	—
3142.	Tellemann, Eduard	Sachsen	Landw.	1861	—	—	—	—
3143.	Tenge, Harald	Westfalen	Hosp.	1887	—	—	—	—
3144.	Tenge, Karl	Hannover	Landw.	1853	—	—	—	—
3145.	Tenles, Richard	Hannover	Geod.	1894-95 96	—	—	Fr. 96	Fr. 96
3146.	von Tempelde, Gustav	Westfalen	Landw.	1862-63 64	—	—	—	—
3147.	Ternes, August	Österreich	Landw.	1875-76 77	—	18 11. 76	28 4. 77	—
3148.	Terpe, Otto	Westfalen	Geod.	1896. 96 97	—	—	—	—
3149.	Terwey, Heinrich	Westfalen	Geod.	1887-88 89	—	—	—	Fr. 89
3150.	Tesch, Konrad	Pommern	Geod.	1895 96. 96	—	—	—	—
3151.	Tessmann, Ernst	Pommern	Landw.	1875 76	—	—	—	—
3152.	Testuz, John Alfe	Schweiz	Hosp.	1870	—	—	—	—
3153.	Teutsch, Gustav	Siebenbürgen	Landw.	1888 89	—	—	—	—
3154.	Thate, Julius	Rheinprovinz	Landw.	1894 95	—	—	—	—
3155.	von Thavonath, Eugen	Österreich	Landw.	1856 57. 57	—	—	—	—
3156.	Thee, Johann Heinrich	Australien	Landw.	1864 65. 65	—	—	—	—
3157.	Theis, Paul	Rheinprovinz	Geod.	1895-96 97	—	—	—	—
3158.	Theien, Louis	Rheinprovinz	Landw.	1872 73. 73	—	—	—	—
3159.	Themann, Theodor	Rheinprovinz	Landw.	1862 63-64	—	6 8. 64	—	—
3160.	Thewald, Ferdinand	Rheinprovinz	Cult.	1886. 86 87	—	—	16 3. 87	—
3161.	Thiel, Alfred, Techniker	Rheinprovinz	Hosp.	1862	—	—	—	—
3162.	Thiel, Ewald, Major a. D.	Rheinprovinz	Hosp.	1882 83	—	—	—	—
3163.	Thiel, Guido	Rheinprovinz	Hosp.	1855 56. 1863 64. 65. 1865 66	—	—	—	—
3164.	Thiel, Hugo	Rheinprovinz	Landw.	1861-64	—	8 8. 63	—	—
3165.	Thiele, Paul	Brandenburg	Hosp.	1894 95 u. 1895 96	—	—	—	—
3166.	von Thielmann, Karl, Lieutenant	Rheinprovinz	Hosp.	1878 79	—	—	—	—
3167.	Thieme, Karl Friedrich	Brandenburg	Landw.	1851 52. 52	—	4 8. 52	—	—
3168.	Thiemeyer, Karl	Hannover	Geod.	1889 90 bis 1893 94	—	—	—	—
3169.	Thiesmeyer, Gottfried	Fratth. Lippe	Geod.	1894. 94 95	—	—	—	Fr. 95
3170.	Thilmany, Generalsecretär des landw. Vereins für Rheinpreussen	Rheinprovinz	Hosp.	1858 59. 1859 60. 60. 1861 62	—	—	—	—
3171.	Thilmany, Alfred	Rheinprovinz	Hosp.	1895	—	—	—	—
3172.	Thilmany, Waldemar, Techniker	Rheinprovinz	Hosp.	1860 61. 62	—	—	—	—
3173.	Thoelke, Wilhelm	Grssh. Oldenburg	Landw.	1866-68	22 4. 80	—	—	—
3174.	Thoemes, Friedrich Wilhelm Josef	Rheinprovinz	Landw.	1869. 69 70	—	—	—	—
3175.	Thoma, M. L.	England	Hosp.	1865 66	—	—	—	—
3176.	Thomas, Christian	Hessen-Nassau	Cult.	1877 78. 78	—	—	6 8. 78	—
3177.	Thomas, Felix	Rheinprovinz	Landw.	1871 72	—	—	—	—
3178.	Thomas, Ferdinand	Rheinprovinz	Geod.	1893-94 95	—	—	—	Fr. 95
3179.	Thomas, Francis	England	Landw.	1866-67	—	—	—	—

Festschrift.

Laufende Nr.	Namen	Heimat	Studium	Studien-Semester	zum Lehrer der Landwirthschaft an Landwirthschaftsschulen	Landwirthschaftliche Abgangsprüfung	Culturtechnische Prüfung	Landmesser-Prüfung
					Abgelegte Prüfungen			
3180.	Thomas, Walter	Schlesien	Landw.	1880	—	—	—	—
3181.	Thomée, Arnold	Westfalen	Landw.	1884 85	—	—	—	—
3182.	Thomée, Heinrich	Rheinprovinz	Landw.	1871 72. 73. 1873 74	—	—	—	—
3183.	Thomsen, Harro	Kgr. Sachsen	Geod.	1890	—	—	—	—
3184.	Thomsen, Heinrich	Schleswig-Holstein	Landw.	1867 68. 68	—	—	—	—
3185.	Thon, Karl	Hessen-Nassau	Geod.	1891-92 93. 1893 94. 94	—	—	—	H. 94
3186.	von Thuesen, Alexander	Grssh. Mecklenburg-Schwerin	Landw.	1867-68	—	—	—	—
3187.	Thyen, Johann Dietrich	Grssh. Oldenburg	Landw.	1854 55	—	—	—	—
3188.	von Tiele-Winckler, G.	Schlesien	Landw.	1880 81	—	—	—	—
3189.	Tietsch, Egmont	Brandenburg	Landw.	1876 77. 77	—	—	—	—
3190.	Tiemann, Fritz	Westfalen	Landw.	1896	—	—	—	—
3191.	Tietjens, Karl	Schleswig-Holstein	Geod.	1892-93 94	—	—	Fr. 95	Fr. 94
3192.	Tietz, Konrad	Pommern	Geod.	1895 96 bis 1896 97	—	—	—	—
3193.	Tillmann, Franz	Rheinprovinz	Geod.	1896. 96 97	—	—	—	—
3194.	Tillmann, Josef	Rheinprovinz	Landw.	1894 95	—	—	—	—
3195.	Tisch, Rudolf	Schlesien	Hosp.	1853	—	—	—	—
3196.	Tocktermann, August	Hannover	Landw.	1854	—	—	—	—
3197.	Frhr. von Todenwarth, Otto	Hzgth. Sachsen-Meiningen	Cult.	1878 79	—	—	—	—
3198.	Toepke, Louis	Sachsen	Landw.	1865-66 67	—	—	—	—
3199.	Toepler, Josef Leopold August	Rheinprovinz	Hosp.	1860. 61	—	—	—	—
3200.	Tomaszewski, Stephan	Posen	Geod.	1883. 83 84	—	—	—	Fr. 84
3201.	Tombasis, Alexander	Griechenland	Landw.	1867-68	—	—	—	—
3202.	Tramm, Karl	Rheinprovinz	Geod.	1895-96 97	—	—	—	—
3203.	Trapp, Otto	Rheinprovinz	Landw.	1893 u. 95/96	—	—	—	—
3204.	von der Trappen, Heinrich	Rheinprovinz	Landw.	1852. 52/53	—	—	—	—
3205.	Trautmann, Franz	Kgr. Bayern	Landw.	1894	—	28/7. 94	—	—
3206.	van Treeck, Gustav	Ver. Staaten v. N.-America	Landw.	1870-72	—	—	—	—
3207.	Treidel, Josef	Rheinprovinz	Geod.	1895-96 97	—	—	—	Fr. 97
3208.	Treise, Albert	Grssh. Oldenburg	Cult.	1884 85. 85	—	—	8/8. 85	—
3209.	von Treitschke, Heinrich Gotthard	Kgr. Sachsen	Hosp.	1853 54	—	—	—	—
3210.	Trombley, Gouilleaume	Schweiz	Landw.	1865 66. 66	—	—	—	—
3211.	Trescher, Albert	Hzgth. Sachsen-Coburg-Gotha	Geod.	1895-96 97	—	—	—	Fr. 97
3212.	von Treschow, Michael	Norwegen	Landw.	1869 70. 70	—	—	—	—
3213.	Tres, Otto	Berlin	Landw.	1853 54. 54	—	—	—	—
3214.	Trips, Hermann	Rheinprovinz	Cult.	1889. 89 90	—	—	—	—
3215.	Trotsche, Karl Heinrich Theodor	Grssh. Mecklenburg-Schwerin	Landw.	1851 52 bis 1852 53	—	—	—	—
3216.	Frhr. von Tschammer, Heinrich	Schlesien	Landw.	1857. 57/58	—	—	—	—
3217.	von Tscherniašw, Leonidas	Russland	Landw.	1861 62	—	—	—	—
3218.	Tuganow, Saphar-Ali	Russland	Landw.	1875 76 bis 1876 77	—	—	—	—
3219.	Twelckmeyer, Gustav	Hzgth. Braunschweig	Landw.	1875 76	—	—	—	—

Namens-Verzeichniss der Studirenden.

Laufende Nr.	Namen	Heimat	Studium	Studien-Semester	zum Lehrer der Landwirthschaft an Landwirthschaftsschulen	Landwirthschaftliche Abgangsprüfung	Cultur-technische Prüfung	Landmesser-Prüfung
	U.							
3220.	Uerlichs, Ignaz	Rheinprovinz	Landw.	1876/77 bis 1878/79	—	10/3. 79	—	—
3221.	Uherek, Rudolf	Schlesien	Cult.	1878/79. 79	—	—	13/8. 79	—
3222.	Uhlmann, Friedrich	Schlesien	Landw.	1864. 64/65	—	—	—	—
3223.	Uhrlandt, Max	Pommern	Geod.	1894. 94/95	—	—	14/8. 95	Fr. 95
3224.	Uhse, Walter	Ostpreussen	Landw.	1880/81	—	12/3. 81	—	—
3225.	Ulbrig, Holm	Kgr. Sachsen	Landw.	1865. 65/66	—	—	—	—
3226.	von Ujfalvy, Karl	Österreich	Landw.	1865/66. 66	—	—	—	—
3227.	Ulrich, Karl	Westfalen	Geod.	1894-96/97	—	—	—	H. 96
3228.	Ulrich, Richard	Hessen-Nassau	Cult.	1877. 77/78	—	—	11/3. 78	—
3229.	Ulrich, Wilhelm	Hessen-Nassau	Landw.	1863/64 bis 1864/65	—	—	—	—
3230.	Ulrichs, Bernhard	Rheinprovinz	Geod.	1896. 96/97	—	—	—	—
3231.	Umbach, Lothar	Rheinprovinz	Geod.	1895-96/97	—	—	—	—
3232.	Umber, Friedrich	Grssh. Hessen	Hosp.	1872/73	—	—	—	—
3233.	Unbefunde, Friedrich	Hannover	Hosp.	1896/97	—	—	—	—
3234.	Unger, Benedikt	Rheinprovinz	Landw.	1850/51-52	—	—	—	—
3235.	Uphues, Hermann	Westfalen	Geod.	1893/94-95	—	—	15/8. 95	H. 95
3236.	von Uslar, Julius	Hannover	Landw.	1858-59	—	—	—	—
	V.							
3237.	Frhr. von Vaerst, Goswin	Rheinprovinz	Landw.	1861/62	—	—	—	—
3238.	Vagedes, Wilhelm	Westfalen	Cult.	1877/78. 78	—	—	7/8. 78	—
3239.	Valder, Ludwig	Rheinprovinz	Geod.	1894-96/97	—	—	—	—
3240.	Valenthorn, August	Westfalen	Landw.	1874/75	—	—	—	—
3241.	Valentin, Max	Schlesien	Cult.	1884. 84/85	—	—	17/3. 85	—
3242.	Valerius, Matthias	Rheinprovinz	Hosp.	1889	—	—	—	—
3243.	Veers, Theodor	Schleswig-Holstein	Landw.	1867-68	—	—	—	—
3244.	Velten, Karl	Rheinprovinz	Landw.	1864/65 bis 1865/66	—	—	—	—
3245.	Vetter, Karl	Berlin	Landw.	1856	—	—	—	—
3246.	Vetulani, Franz	Galizien	Cult.	1884/85	—	—	—	—
3247.	Vidal, Arthur	Hamburg	Landw.	1867/68. 68	—	—	—	—
3248.	Viehoever, Martin	Rheinprovinz	Landw.	1876/77-78	—	5/8. 78	—	—
3249.	Viering, Christian	Frstth. Waldeck	Geod.	1893-96	—	—	H. 96	Fr. 96
3250.	Graf von Villers, A.	Rheinprovinz	Hosp.	1869/70	—	—	—	—
3251.	Vinnassa, Max	Schweiz	Landw.	1879/80. 80	—	—	—	—
3252.	Vitt, Jakob	Rheinprovinz	Landw.	1890/91 bis 1891/92	—	30/4. 92	30/4. 92	—
3253.	van Vleuten, Ferdinand	Rheinprovinz	Landw.	1861/62. 1862/63. 63	—	13/3. 63	—	—
3254.	van Vloten, Heinrich	Niederlande	Landw.	1853-54	—	—	—	—
3255.	von Vloten, Wilhelm	Schweiz	Landw.	1887/88. 88	—	—	—	—
3256.	Voelckner, Hans	Ostpreussen	Cult.	1880/81. 81	—	—	6/8. 81	—
3257.	Voelker, Alexander	Posen	Cult.	1880/81. 81	—	—	5/8. 81	—
3258.	Voelkerling, Emil	Sachsen	Geod.	1889	—	—	—	—
3259.	Voelzing, Karl Heinrich	Grssh. Hessen	Cult.	1878-79	—	—	13/3. 79	—
3260.	Voemel, Heinrich	Hessen-Nassau	Landw.	1849/50 bis 1850/51	—	—	—	—
3261.	Voemel, Heinrich, Steuerbeamter a. D.	Rheinprovinz	Hosp.	1875	—	—	—	—
3262.	Vogel, Edwin	Pommern	Landw.	1864. 64/65	—	—	—	—
3263.	Vogel, Heinrich	Rheinprovinz	Geod.	1889-91	—	—	—	Fr. 91
3264.	Vogel, Jean	Rheinprovinz	Geod.	1895-96/97	—	—	—	—

Festschrift.

Laufende Nr.	Namen	Heimat	Studium	Studien-Semester	zum Lehrer der Landwirthschaft an Landwirthschaftsschulen	Landwirthschaftliche Abgangsprüfung	Culturtechnische Prüfung	Landmesser-Prüfung
					\multicolumn{4}{c}{Abgelegte Prüfungen}			

Laufende Nr.	Namen	Heimat	Studium	Studien-Semester	zum Lehrer	Landw. Abgang	Culturtechn.	Landmesser
3265.	Vogel, Kurt	Sachsen	Geod.	1894. 94/95	—	—	—	Fr. 95
3266.	Vogel, Robert	Sachsen	Cult.	1881/82. 82	—	—	21./8. 82	—
3267.	Vogeler, Karl	Westfalen	Landw.	1866/67	—	—	—	—
3268.	Vogt, Eduard	Hzgth. Sachsen-Meiningen	Landw.	1887	—	—	—	—
3269.	Vogt, Ewald	Schlesien	Landw.	1885/86 bis 1886/87	—	—	—	—
3270.	Vogt, Peter Moritz	Hzgth. Sachsen-Meiningen	Landw.	1852/53 bis 1854	—	—	—	—
3271.	Voigts, August	Hannover	Landw.	1853/54. 54	—	—	—	—
3272.	von Voigts-Koenig, Eduard Karl	Berlin	Landw.	1852-53	—	—	—	—
3273.	von Voigts-Rhoetz, Premier-Lieutenant	Grssh. Oldenburg	Hosp.	1877. 77/78	—	—	—	—
3274.	Volk, Karl	Hessen-Nassau	Geod.	1895. 95/96	—	—	—	—
3275.	Vollkommen, Franz	Rheinprovinz	Landw.	1856/57 bis 1857/58	—	—	—	—
3276.	Vollmann, Otto	Rheinprovinz	Landw.	1849/50. 50	—	—	—	—
3277.	Vollmer, Eduard	Grssh. Baden	Landw.	1865/66. 66	—	—	—	—
3278.	Vollmer, Wilhelm	Westfalen	Geod.	1893-94/95	—	—	—	Fr. 95
3279.	Volmer, Wilhelm	Frstth. Schaumburg-Lippe	Cult.	1883. 84-85	—	—	9./8. 84	—
3280.	Volprecht, Benno	Ostpreussen	Landw.	1874	—	—	—	—
3281.	Vonschott, Wilhelm	Hessen-Nassau	Cult.	1883. 83/84	—	—	15./3. 84	—
3282.	Voppe, Heinrich	Hannover	Geod.	1893-94/95	—	—	—	Fr. 95
3283.	Vorbrodt, Paul	Rheinprovinz	Hosp.	1888	—	—	—	—
3284.	Vorster, Karl	Rheinprovinz	Landw.	1886/87. 87 1889/90	—	—	—	—
3285.	Vorster, Theodor	Rheinprovinz	Hosp.	1857/58	—	—	—	—
3286.	Voss, Louis	Hessen-Nassau	Geod.	1895-96	—	—	—	—
3287.	Voss, Max	Grssh. Oldenburg	Geod.	1894-95/96	—	—	Fr. 96	Fr. 96
3288.	Voss, Wilhelm	Westfalen	Landw.	1875/76	—	—	—	—
3289.	Graf von Vriets, Max	Österreich	Hosp.	1864/65	—	—	—	—
3290.	Vüllers, Josef	Westfalen	Landw.	1866/67. 67	—	—	—	—

W.

Laufende Nr.	Namen	Heimat	Studium	Studien-Semester	zum Lehrer	Landw. Abgang	Culturtechn.	Landmesser
3291.	Wachendorff, Franz	Rheinprovinz	Hosp.	1884/85	—	—	—	—
3292.	Wachholder, Adalbert	Russland	Landw.	1885-86/87	—	—	—	—
3293.	Wadehn, Karl Hermann	Westpreussen	Cult.	1884. 84/85	—	—	17./3. 85	—
3294.	Waegener, Gustav	Hannover	Landw.	1862. 62/63	—	—	—	—
3295.	Wachner, Ernst	Schlesien	Geod.	1887/88	—	—	—	H. 91
3296.	Waentig-Haugk, Felix	Kgr. Sachsen	Cult.	1882. 82/83	—	—	15./3. 83	—
3297.	Wastjen, Everhard	Bremen	Landw.	1862/63 bis 1863/64	—	—	—	—
3298.	Wagemann, Ernst	Schlesien	Hosp.	1879	—	—	—	—
3299.	Wagenbichler, Josef	Ostpreussen	Landw.	1854/55 bis 1855/56	—	—	—	—
3300.	von Wagner, Arthur	Böhmen	Landw.	1876/77. 77	—	—	—	—
3301.	Wagner, Daniel	Bremen	Landw.	1866/67 bis 1867/68	—	—	—	—
3302.	Wagner, Erich	Sachsen	Geod.	1896. 96/97	—	—	—	—
3303.	Wagner, Eugen	Elsass-Lothringen	Geod.	1894	—	—	—	—
3304.	Wagner, Julius	Sachsen	Landw.	1863/64. 64	—	—	—	—
3305.	Wagner, Karl	Hzgth. Anhalt	Landw.	1857	—	—	—	—
3306.	Wagner, Karl	Hzgth. Sachsen-Coburg-Gotha	Landw.	1894/95 bis 1895/96	—	—	—	—

Namens-Verzeichniss der Studirenden.

Laufende Nr.	Namen	Heimat	Studium	Studien-Semester	zum Lehrer der Landwirthschaft an Landwirthschaftsschulen	Landwirthschaftliche Abgangsprüfung	Culturtechnische Prüfung	Landmesser-Prüfung
					Abgelegte Prüfungen			
3307.	Wagner, Otto	Hzgth. Anhalt	Landw.	1856	—	—	—	—
3308.	Wagner, Paul	Grssh. Hessen	Landw.	1893/94	—	—	—	—
3309.	Wagner, Robert	Pommern	Landw.	1859.60	—	—	—	—
3310.	Wagner, Robert	Schlesien	Landw.	1865. 65/66	—	—	—	—
3311.	Wahle, Robert	Rheinprovinz	Geod.	1895-96/97	—	—	—	—
3312.	Wahlen, Philipp	Rheinprovinz	Landw.	1861/62. 62	—	—	—	—
3313.	Wahlmann, Heinrich	Rheinprovinz	Geod.	1894-95/96	—	—	—	Fr. 96
3314.	Wahner, Ludwig	Schlesien	Geod.	1891. 91/92	—	—	—	—
3315.	Waldhausen, Martin	Rheinprovinz	Landw.	1862/63	—	—	—	—
3316.	Waldner, Heinrich	Schweiz	Landw.	1873-74	—	1./8. 74	—	—
3317.	Waldschmidt, Gerhard	Rheinprovinz	Landw.	1854/55	—	—	—	—
3318.	Waldschmidt, Gustav	Rheinprovinz	Landw.	1890/91	—	—	—	—
3319.	von Wallenberg, Kurt	Schlesien	Hosp.	1873/74. 74	—	—	—	—
3320.	von Wallenberg-Pachali, Gideon	Schlesien	Landw.	1891/92. 92	—	—	—	—
3321.	Wallichs, Wilhelm	Schleswig-Holstein	Geod.	1896. 96/97	—	—	—	—
3322.	Wallisch, Julius August	Ostpreussen	Cult.	1883/84. 84	—	—	9./8. 84	—
3323.	Wallraf, Bernhard	Rheinprovinz	Geod.	1891-93	—	—	—	Fr. 93
3324.	Graf von Wallwitz, Viktor	Berlin	Hosp.	1847/48	—	—	—	—
3325.	Walther, Wilhelm	Hessen-Nassau	Cult.	1877/78. 78	—	—	—	—
3326.	Walther-Wersbeck, August	Sachsen	Landw.	1866. 66/67	—	—	—	—
3327.	Waltier, Johannes	Rheinprovinz	Landw.	1858/59	—	—	—	—
3328.	Wandelt, Karl	Posen	Landw.	1869-70	—	—	—	—
3329.	Wandelt, Richard	Posen	Landw.	1878	—	—	—	—
3330.	von Wangenheim, Friedrich Ernst	Hannover	Landw.	1853. 53/54	—	—	—	—
3331.	Warburg, Georges	Hamburg	Landw.	1894/95	—	—	—	—
3332.	Ward, Robert	England	Landw.	1854-55/56	—	—	—	—
3333.	Warkenthien, Fritz	Rheinprovinz	Geod.	1890-91/92	—	—	—	Fr. 92
3334.	Wario, August	Schlesien	Cult.	1881/82. 82	—	—	14/8. 82	—
3335.	Warneck, G.	Hannover	Landw.	1883. 83/84	—	—	—	—
3336.	Wartmann, Bonaventura	Hessen-Nassau	Cult.	1880	—	—	—	—
3337.	Waschitschek, Gottfried	Posen	Landw.	1862/63-64	—	6/8. 64	—	—
3338.	Waschkewitz, Anton	Rheinprovinz	Landw.	1892/93 bis 1893/94	—	—	—	—
3339.	von Waltenwyl, Hans	Schweiz	Landw.	1870/71	—	—	—	—
3340.	Baron Wattmann, Hugo	Galizien	Landw.	1896	—	—	—	—
3341.	Webb, Arthur	England	Hosp.	1891/92	—	—	—	—
3342.	Weber, Axel	Schleswig-Holstein	Hosp.	1856	—	—	—	—
3343.	Weber, Eduard	Schleswig-Holstein	Landw.	1855-56	—	—	—	—
3344.	Weber, Ernst	Rheinprovinz	Hosp.	1858. 58/59	—	—	—	—
3345.	Weber, Gerhard	Schlesien	Geod.	1893-94/95	—	—	—	Fr. 95
3346.	Weber, Gustav	Rheinprovinz	Hosp.	1848	—	—	—	—
3347.	Weber, Johann	Hamburg	Landw.	1861/62 bis 1862/63	—	—	—	—
3348.	Dr. Weber, Robert, Chemiker	Rheinprovinz	Hosp.	1865/66	—	—	—	—
3349.	von Weber, Theodor	Kgr. Sachsen	Hosp.	1848/49. 49	—	—	—	—
3350.	Wechsung, Alfred	Frstth. Schwarzburg-Sondershausen	Geod.	1895/96 bis 1896/97	—	—	—	—
3351.	Weckbecker, Max	Rheinprovinz	Landw.	1855/56. 56	—	—	—	—
3352.	Weddigen, Bernhard	Rheinprovinz	Landw.	1866/67. 67	—	—	—	—
3353.	Wedding, Wilhelm	Berlin	Landw.	1864. 64/65	—	—	—	—
3354.	Wegener, Leo	Westfalen	Landw.	1856. 56/57	—	—	—	—
3355.	Wegener, Otto	Sachsen	Geod.	1895-96/97	—	—	—	Fr. 97

13*

Laufende Nr.	Namen	Heimat	Studium	Studien-Semester	zum Lehrer der Landwirthschaft an Landwirthschafts-schulen	Landwirthschaftliche Abgangsprüfung	Culturtechnische Prüfung	Landmesser-Prüfung
					Abgelegte Prüfungen			
3356.	Wegner, Rudolf	Elsass-Lothringen	Cult.	1879 80. 80	—	—	4 8. 80	—
3357.	Wehberg, Karl	Westfalen	Geod.	1894-96	—	—	24 7. 96	Fr. 96
3358.	Wehmer, Wilhelm	Hannover	Geod.	1887	—	—	—	—
3359.	Wehmeyer, Adolf	Ostpreussen	Landw.	1888. 88 89	—	—	—	—
3360.	Wehn, Bruno	Schlesien	Geod.	1884-85 86	—	—	—	Fr. 86
3361.	Wehn, Karl	Schlesien	Geod.	1888 89 bis 1889 90	—	—	—	Fr. 91
3362.	Wehr, Wilhelm	Westpreussen	Landw.	1857. 57 58 1858 59. 59	—	—	—	—
3363.	Wehrle, Paul	Westfalen	Cult.	1884. 84 85	—	—	25 4. 85	—
3364.	Welde, Jean	Grssh. Hessen	Cult.	1878 79. 79	—	—	12 8. 79	—
3365.	Weidenfeld, Johann	Rheinprovinz	Landw.	1888 89	—	—	—	—
3366.	Weig, Matthias (Johann)	Kgr. Bayern	Cult.	1877 78. 78 u. 1880	—	—	18 12. 80	—
3367.	Weiker, Johann Baptist	Grssh. Luxemburg	Landw.	1873 74. 74 1875 76. 76	—	28 6. 76	—	—
3368.	Weiland, Otto	Schleswig-Holstein	Landw.	1892. 92 93	—	—	—	—
3369.	Weilandt, Leo	Brandenburg	Cult.	1877 78. 78	—	—	9 8. 78	—
3370.	Weiler, Ernst	Rheinprovinz	Hosp.	1883	—	—	—	—
3371.	Weiler, Lyonel	Hessen-Nassau	Landw.	1891 92	—	—	—	—
3372.	Weimann, Wilhelm	Rheinprovinz	Landw.	1884 85. 85	—	—	—	—
3373.	Weimer, August	Rheinprovinz	Geod.	1889-90 91	—	—	—	Fr. 91
3374.	Weimer, Karl	Rheinprovinz	Geod.	1887-88 89	—	—	—	Fr. 89
3375.	Weinberg, Lambert	Rheinprovinz	Landw.	1896. 96 97	—	—	—	—
3376.	Weinberg, Heinrich	Frstth. Schwarzburg-Rudolstadt	Landw.	1867-68	—	—	—	—
3377.	Weinhagen, Paul	Rheinprovinz	Landw.	1877. 77 78	—	—	—	—
3378.	Weinig, Fritz	Brandenburg	Geod.	1896. 96 97	—	—	—	—
3379.	Weinrich, Otto	Frstth. Schwarzburg-Rudolstadt	Geod.	1894 95 bis 1896 97	—	—	—	—
3380.	Weisbrod, Peter	Grssh. Baden	Landw.	1863 64-65	—	—	—	—
3381.	Weiss, Georg	Schlesien	Landw.	1867 68. 68	—	—	—	—
3382.	Weissebach, Franz	Rheinprovinz	Geod.	1887-89	—	—	—	—
3383.	Weissenborn, Hermann	Pommern	Landw.	1865-66	—	—	—	—
3384.	Weissenfeld, Josef	Rheinprovinz	Cult.	1884. 84 85	—	—	17 3. 85	—
3385.	Weitler, August	Westfalen	Geod.	1894-95 96	—	—	—	Fr. 96
3386.	Weitershaus, Wilhelm	Rheinprovinz	Landw.	1890-91 92	—	30 4. 92	—	—
3387.	Wellmann, Arthur	Schlesien	Landw.	1889-90	—	8 3. 90	—	—
3388.	Wellstein, Bernard	Rheinprovinz	Landw.	1895 96. 96	—	—	—	—
3389.	Welt, Georg	Schlesien	Landw.	1876 77. 77	—	—	—	—
3390.	Welter, Constantin	Grssh. Baden	Landw.	1869 70	—	—	—	—
3391.	Welter, Rudolf	Kgr. Sachsen	Landw.	1887	—	—	—	—
3392.	Wemhöner, Heinrich Paul	Westfalen	Cult.	1877 78. 78	—	—	7 8. 78	—
3393.	Wenborne, Clarence	Rheinprovinz	Landw.	1870 71 bis 1872 73	—	16 11. 72	—	—
3394.	Wendorff, Hugo	Pommern	Hosp.	1888	—	—	—	—
3395.	à Wengen, Wilhelm	Schweiz	Landw.	1894 95. 95	—	—	—	—
3396.	Wenig, Theodor	Sachsen	Cult.	1879. 79 80	—	—	11 3. 80	—
3397.	Wentorp, Karl	Pommern	Landw.	1867-68	—	—	—	—
3398.	Wenzel, Philipp	Rheinprovinz	Hosp.	1878	—	—	—	—
3399.	Wenzlawski, Fritz	Westfalen	Geod.	1895-96 97	—	—	—	Fr. 97
3400.	von Werden, Alfred	Rheinprovinz	Hosp.	1870	—	—	—	—
3401.	Werkmeister, Wilhelm	Schlesien	Landw.	1852. 52 53	—	—	—	—
3402.	Werner, Adolf	Grssh. Hessen	Landw.	1882 83	—	—	—	—
3403.	Werner, Alfred	Sachsen	Geod.	1883-84 85	—	—	17 3. 85	Fr. 86

Namens-Verzeichniss der Studirenden.

Laufende Nr.	Namen	Heimat	Studium	Studien-Semester	zum Lehrer der Landwirthschaft an Landwirthschaftsschulen	Landwirthschaftliche Abgangsprüfung	Culturtechnische Prüfung	Landmesser-Prüfung
3404.	**Werner**, Conrad	Grssh. Hessen	Landw.	1874 75	—	—	—	—
3405.	**Werner**, Friedrich	Hessen-Nassau	Cult.	1877. 77 78	—	—	11 3. 78	—
3406.	**Werner**, Johann	Ostpreussen	Cult.	1879 80. 80	—	—	3 8. 80	—
3407.	**Werth**, Franz Philipp	Rheinprovinz	Landw.	1852-53 54	—	—	—	—
3408.	**aus'm Werth**, Paul	Rheinprovinz	Hosp.	1879 u. 85 86	—	—	—	—
3409.	**Wertheim**, Leopold	Österreich	Landw.	1865. 65 66	—	—	—	—
3410.	**Wery**, Peter	Rheinprovinz	Hosp.	1869 70. 70	—	—	—	—
3411.	**Wessel**, Hermann	Hessen-Nassau	Geod.	1890-92	—	—	—	—
3412.	**Westerhold**, Hermann	Westfalen	Geod.	1891 92 bis 1895 96	—	—	—	Fr. 92
3413.	**Westerkamp**, Hermann	Hannover	Landw.	1864 65 bis 1865 66	—	—	—	—
3414.	**Westphal**, Otto	Westfalen	Geod.	1893-94 95	—	—	14 8. 95	Fr. 95
3415.	Graf **von Westphalen**, Clemens	Westfalen	Landw.	1858. 58 59	—	—	—	—
3416.	**Westphalen**, Adolf	Westfalen	Hosp.	1866. 66 67	—	—	—	—
3417.	**Wettberg**, Eduard	Ostpreussen	Landw.	1863. 63 64	—	—	—	—
3418.	**Wette**, Eduard	Berlin	Landw.	1860 61. 61	—	—	—	—
3419.	**Wewel**, Bernhard	Westfalen	Landw.	1868	—	—	—	—
3420.	**Wewer**, Friedrich Christian	Westfalen	Landw.	1853. 53 54	—	—	—	—
3421.	**von Weydlich**, Nikolai	Russland	Landw.	1895	—	—	—	—
3422.	**Weyermann**, Heinrich	Rheinprovinz	Landw.	1868 69 bis 1869 70	—	—	—	—
3423.	**Weygandt**, Wilhelm	Hessen-Nassau	Geod.	1893-96 97	—	—	—	Fr. 97
3424.	**Weyland**, August	Westfalen	Landw.	1885. 85 86	—	—	—	—
3425.	**Weymar**, Karl	Rheinprovinz	Landw.	1852 53 bis 1853 54	—	—	—	—
3426.	**Weyrauch**, Gustav	Grssh. Oldenburg	Geod.	1891-92 93	—	—	—	Fr. 93
3427.	**von Wezyk**, Wladimir	Russland	Landw.	1861 62. 62	—	—	—	—
3428.	**Wharton**, Philipp	England	Landw.	1877	—	—	—	—
3429.	**von Wichelhaus**, Otto	Schlesien	Landw.	1891 92. 92	—	—	—	—
3430.	**Wichgraf**, Albert	Ostpreussen	Landw.	1863 64. 64	—	—	—	—
3431.	**Wichmann**, August	Hzgth. Anhalt	Landw.	1857	—	—	—	—
3432.	**Wick**, Heinrich	Rheinprovinz	Geod.	1889-90 91	—	—	—	Fr. 91
3433.	**Wiebusch**, Charles	Nord-America	Hosp.	1878 79	—	—	—	—
3434.	Fürst **zu Wied**, Wilhelm	Rheinprovinz	Hosp.	1868. 68 69	—	—	—	—
3435.	**Wiedemann**, Ferdinand	Ostpreussen	Landw.	1858	—	—	—	—
3436.	**Wiegand**, Karl	Hessen-Nassau	Geod.	1895 96 bis 1896 97	—	—	—	—
3437.	**Wiegand**, Ludwig	Hessen-Nassau	Cult.	1876 77. 77	—	—	1 8. 77	—
3438.	**Wieler**, Wilhelm, Techniker	Rheinprovinz	Hosp.	1861 62-64	—	—	—	—
3439.	**Wiese**, Emil	Westfalen	Landw.	1894 95	—	—	—	—
3440.	**Wiese**, Franz	Berlin	Landw.	1858 59-60	—	12 3. 61	—	—
3441.	**Wiesen**, Friedrich Wilhelm	Hessen-Nassau	Landw.	1865 66. 66	—	—	—	—
3442.	**Wiesen**, Matthias	Rheinprovinz	Geod.	1896. 96 97	—	—	—	—
3443.	**Wiessner**, Richard	Kgr. Sachsen	Cult.	1894-95	—	—	12 8. 95	—
3444.	**Wigand**, Wilhelm	Westfalen	Landw.	1850 51	—	—	—	—
3445.	**Wihard**, Hugo	Schlesien	Landw.	1872-73	—	—	—	—
3446.	**Wilcke**, Otto	Sachsen	Geod.	1893-94	—	—	—	11. 94
3447.	**Wilhelm**, Dietrich	Posen	Landw.	1880 81-82	—	—	25 3. 82	—
3448.	**von Wilcke**, Eugen Hermann Hilmar	Rheinprovinz	Landw.	1859 60	—	—	—	—
3449.	**Wilke**, Christian	Sachsen	Landw.	1858 59 bis 1859 60	—	—	—	—
3450.	**Wilke**, Karl	Westpreussen	Hosp.	1890	—	—	—	—
3451.	**Wilkens**, Carl Georg Diedrich	Bremen	Landw.	1878 79. 79	—	—	—	—

Laufende Nr.	Namen	Heimat	Studium	Studien-Semester	zum Lehrer der Landwirthschaft an Landwirthschaftsschulen	Landwirthschaftliche Abgangsprüfung	Culturtechnische Prüfung	Landmesserprüfung
					Abgelegte Prüfungen			
3452.	Wilkens, Otto	Schleswig-Holstein	Geod.	1894–96	—	—	24/7. 96	Fr. 96
3453.	Wilkinson, Edward	England	Landw.	1849/50	—	—	—	—
3454.	Willeke, Eduard	Westfalen	Geod.	1890–91.92	—	—	—	Fr. 92
3455.	Willems, August	Rheinprovinz	Landw.	1848/49 bis 1849/50	—	—	—	—
3456.	Willems, Jan	Rheinprovinz	Geod.	1894–96	—	—	—	Fr. 96
3457.	Willert, Alexander	Schlesien	Landw.	1865	—	—	—	—
3458.	von Willisch, Justus	Russland	Hosp.	1876/77	—	—	—	—
3459.	Wilsdorf, Georg	Kgr. Sachsen	Geod.	1891–92	—	—	26/10. 92	—
3460.	Wilsing, Wilhelm	Rheinprovinz	Landw.	1893/94 bis 1895/96	—	22/10. 95	—	—
3461.	Wimmer, Karl	Hannover	Geod.	1892–93/94	—	—	—	Fr. 94
3462.	Winckler, Friedrich	Kgr. Sachsen	Landw.	1879	—	—	—	—
3463.	Windscheid, Gustav	Rheinprovinz	Landw.	1851/52	—	—	—	—
3464.	Wingrebe, Werner	Sachsen	Landw.	1856/57. 57	—	—	—	—
3465.	Winkelmann, Adolf	Westfalen	Hosp.	1867/68	—	—	—	—
3466.	Winkelmann, Christoph	Westfalen	Landw.	1865/66. 66	—	—	—	—
3467.	Winkhaus, Wilhelm	Westfalen	Hosp.	1853/54	—	—	—	—
3468.	Winkler, Andreas	Niederlande	Hosp.	1887/88	—	—	—	—
3469.	Winkler, Peter	Rheinprovinz	Geod.	1887–88/89	—	—	16/3. 89	Fr. 89
3470.	Winter, Hermann	Kgr. Württemberg	Landw.	1871	—	—	—	—
3471.	Winter, Karl	Westfalen	Cult.	1887/88 bis 1888/89	—	—	16/3. 89	—
3472.	von Winterfeld, Richard	Schleswig-Holstein	Landw.	1853	—	—	—	—
3473.	Wintersbach, Adolf	Westfalen	Landw.	1867/68 bis 1868/69	—	—	—	—
3474.	Winterschladen, Jakob	Rheinprovinz	Landw.	1850–51	—	—	—	—
3475.	von Winterstein, Friedrich	Rheinprovinz	Geod.	1892–95	—	—	—	—
3476.	Wintgen, Ernst	Rheinprovinz	Landw.	1891–92/93	—	24/4. 93	—	—
3477.	Wirtz, Adam	Rheinprovinz	Landw.	1876/77–79	—	2/8. 79	—	—
3478.	Wirtz, Karl	Rheinprovinz	Hosp.	1895/96	—	—	—	—
3479.	Wirz, Karl	Rheinprovinz	Landw.	1873/74–75	—	2/8. 75	—	—
3480.	von Witewski, Rudolf	Schlesien	Landw.	1874/75. 75	—	—	—	—
3481.	Witte, Reinhold	Westpreussen	Landw.	1890	—	—	—	—
3482.	von Wittgenstein, Otto	Rheinprovinz	Landw.	1869/70 u. 1872/73	—	—	—	—
3483.	von Wittgenstein, Wilhelm	Rheinprovinz	Landw.	1867/68. 68	—	—	—	—
3484.	Wittich, Karl	Hessen-Nassau	Landw.	1889–90	—	28/10. 90	—	—
3485.	Wittig, Robert	Ostpreussen	Landw.	1882/83. 83	—	—	—	—
3486.	Wittner, Karl	Hessen-Nassau	Cult.	1885. 85/86	—	—	13/3. 86	—
3487.	Wittschier, Bernhard	Rheinprovinz	Cult.	1877/78. 78	—	—	8/8. 78	—
3488.	Witzel, Louis	Hessen-Nassau	Landw.	1886	—	—	—	—
3489.	Witzell, Richard, Regierungsbaumeister	Hessen-Nassau	Cult.	1881. 81/82	—	—	9/3. 82	—
3490.	Frhr. von Witzleben, Edmund	Brandenburg	Landw.	1864/65–66	—	—	—	—
3491.	Witzky, Ernst	Rheinprovinz	Geod.	1892–93/94	—	—	—	Fr. 94
3492.	Witzky, Ferdinand	Rheinprovinz	Geod.	1889–90/91	—	—	—	Fr. 91
3493.	Woehler, August	Hannover	Landw.	1857/58. 58	—	—	—	—
3494.	Woerishoffer, Ernst Hermann	Pommern	Landw.	1867	—	—	—	—
3495.	Wolbrecht, Friedrich	Rheinprovinz	Landw.	1847/48–49	—	—	—	—
3496.	Woldsen, Johann Friedrich	Niederlande	Landw.	1859. 59/60	—	—	—	—
3497.	Wolf, Johann	Hessen-Nassau	Geod.	1895–96/97	—	—	—	—
3498.	Wolf, Karl	Hessen-Nassau	Landw.	1878/79–81	—	17/12. 80	14/8. 79	—
3499.	Wolfers, Josef	Westfalen	Landw.	1877–79	—	—	—	—

Laufende Nr.	Namen	Heimat	Studium	Studien-Semester	zum Lehrer der Landwirthschaft an Landwirthschaftsschulen	Landwirthschaftliche Abgangsprüfung	Culturtechnische Prüfung	Landmesserprüfung
					Abgelegte Prüfungen			
3500.	von Wolff, Arthur	Westpreussen	Landw.	1862. 62/63	—	—	—	—
3501.	Wolff, Heinrich	Kgr. Sachsen	Landw.	1860 61. 61	—	—	—	—
3502.	Wolff, Johann	Rheinprovinz	Landw.	1867-69	—	6/3. 69	—	—
3503.	Wolf, Karl Otto	Berlin	Landw.	1868/69	—	—	—	—
3504.	Wollenhaupt, Martin	Hessen-Nassau	Geod.	1892-93 94	—	—	—	Fr. 94
3505.	Wolters, Friedrich	Rheinprovinz	Cult.	1889. 89 90	—	—	—	—
3506.	Wolters, Heinrich	Rheinprovinz	Landw.	1861. 62 bis 1862 63	—	—	—	—
3507.	Woege, Franz	Westfalen	Geod.	1893 94-95	—	—	25/10. 95	H. 95
3508.	Wortheff, August	Rheinprovinz	Landw.	1877 78	—	—	—	—
3509.	Wortmann, Heinrich	Westfalen	Landw.	1863 64 bis 1864/65	—	—	—	—
3510.	Wortmann, Otto	Hessen-Nassau	Geod.	1892-93. 94	—	—	—	Fr. 94
3511.	Wrede, Fritz	Rheinprovinz	Hosp.	1888	—	—	—	—
3512.	Woelfing, Sigismund	Rheinprovinz	Cult.	1885 86. 86	—	—	11/8. 86	—
3513.	Woelfing, Emil	Rheinprovinz	Landw.	1866 67-68	—	—	—	—
3514.	Woerkert, Konrad	Westfalen	Geod.	1892-93 94	—	—	—	Fr. 94
3515.	Wuertz, Jacob	Grssh. Hessen	Geod.	1896. 96 97	—	—	—	—
3516.	von Wuerzburg, Edmund	Kgr. Bayern	Hosp.	1863 64	—	—	—	—
3517.	Wuesecke, Johannes	Rheinprovinz	Geod.	1895-96	—	—	—	H. 96
3518.	Wulff, Anton	Westfalen	Landw.	1871	—	—	—	—
3519.	Wulff, Josef	Rheinprovinz	Cult.	1884 85. 85	—	—	8/8. 85	—
3520.	Wunderling, Andreas	Schlesien	Landw.	1873/74	—	—	—	—
3521.	Wuppermann, Eduard	Hessen-Nassau	Landw.	1866 67 bis 1867/68	—	—	—	—
3522.	Wuppermann, Friedrich	Westfalen	Landw.	1864 65	—	—	—	—
3523.	Wuthe, Paul	Schlesien	Landw.	1862 63	—	—	—	—
3524.	von Wuthenau, Fedor	Hzgth. Anhalt	Landw.	1879/80. 80	—	—	—	—
3525.	von Wuthenau, F. H.	Schlesien	Landw.	1880 81	—	—	—	—
3526.	Wutzer, Wilhelm	Rheinprovinz	Hosp.	1857	—	—	—	—
3527.	Wychgram, Nikolaus	Sachsen	Landw.	1883	—	—	—	—
3528.	Wyssken, Bernhard	Schlesien	Cult.	1876 77-78	—	—	12/3. 78	—

Y.

| 3529. | Erbgraf zu Ysenburg-Büdingen | Hessen-Nassau | Landw. | 1870. 70 71 | — | — | — | — |

Z.

3530.	Zahn, Martin	Schlesien	Landw.	1889	—	—	—	—
3531.	von Zahrzewski, Ladislaus	Posen	Hosp.	1860/61	—	—	—	—
3532.	Zalewski, Hans	Pommern	Geod.	1893-95/96	—	—	—	—
3533.	Zanders, Hermann	Rheinprovinz	Landw.	1856 57	—	—	—	—
3534.	Zangemeister, Otto	Hzgth. Sachsen-Coburg-Gotha	Landw.	1857-58/59	—	24/3. 59	—	—
3535.	Zartmann, Otto	Rheinprovinz	Hosp.	1896 97	—	—	—	—
3536.	von Zastrow	Schleswig-Holstein	Landw.	1867 68	—	—	—	—
3537.	von Zastrow, Otto	Pommern	Landw.	1873. 73 74	—	—	—	—
3538.	von Zaykewitsch, Anastasius	Russland	Landw.	1872 73- 73	—	—	—	—
3539.	Frhr. von Zedlitz-Leipe, Karl	Schlesien	Landw.	1893/94	—	—	—	—
3540.	Zeidler, Wilhelm	Kgr. Sachsen	Landw.	1863 64	—	—	—	—
3541.	Zeller, Josef	Grssh. Baden	Cult.	1880 81. 81	—	—	8 8. 81	—
3542.	Zender, Karl Jakob	Rheinprovinz	Cult.	1884. 84 85	—	—	17/3. 85	—

Laufende Nr.	Namen	Heimat	Studium	Studien-Semester	zum Lehrer der Landwirthschaft an Landwirthschaftsschulen	Landwirthschaftliche Abgangsprüfung	Culturtechnische Prüfung	Landmesser Prüfg.
3543.	Zens, Jakob	Rheinprovinz	Geod.	1893-95	—	—	—	Fr. 95
3544.	Zentiss, Johannes	Rheinprovinz	Landw.	1857 58-59	—	—	—	—
3545.	von Zepelin, Friedrich	Grssh. Mecklenburg-Schwerin	Landw.	1855. 55/56	—	—	—	—
3546.	von Zeromski, Karl	Pommern	Landw.	1865 66. 66	—	—	—	—
3547.	Zeug, Paul	Grssh. Mecklenburg-Schwerin	Geod.	1896. 96 97	—	—	—	—
3548.	Graf von Zichy, Wilhelm	Österreich	Landw.	1873	—	—	—	—
3549.	Ziege, Karl Bernhard Clemens	Hessen-Nassau	Cult.	1882. 82 83	—	—	16/3. 83	—
3550.	Ziegenbalg, Max	Westfalen	Geod.	1894-96 97	—	—	Fr. 97	Fr. 97
3551.	Ziegler, Ernst	Rheinprovinz	Cult.	1883 84 bis 1884 85	—	—	17/3. 85	—
3552.	Ziegler, Julius	Grssh. Hessen	Landw.	1891 92. 92	—	—	—	—
3553.	Ziegler gen. Stege, Constantin, Communal-Forstcandidat	Rheinprovinz	Hosp.	1885 86	—	—	—	—
3554.	Ziehlke, Moritz	Russland	Landw.	1878	—	—	—	—
3555.	Ziehm, Albert	Sachsen	Geod.	1894-96	—	—	—	Fr. ?
3556.	Ziemssen, Christoph	Pommern	Landw.	1881/82. 82	—	—	—	—
3557.	Zicken, Friedrich	Rheinprovinz	Landw.	1895 96	—	—	—	—
3558.	Zilg, Emil	Rheinprovinz	Geod.	1894 95 bis 1896/97	—	—	—	Fr. ?
3559.	Zilius, Robert	Ostpreussen	Geod.	1888. 91 u. 1891 92	—	—	—	Fr. ?
3560.	Zillikens, Johannes	Rheinprovinz	Landw.	1857 58. 58	—	—	—	—
3561.	Zillikens, Wilhelm	Rheinprovinz	Landw.	1867 68. 68	—	—	—	—
3562.	Zimmer, Hans	Grssh. Baden	Landw.	1896 97	—	—	—	—
3563.	Zimmer, Ludwig	Rheinprovinz	Geod.	1892-93 94	—	—	—	H. ?
3564.	Zimmer, Max	Grssh. Baden	Landw.	1896 97	—	—	—	—
3565.	Zimmer, Otto	Schlesien	Landw.	1864 65 bis 1865 66	—	—	—	—
3566.	Zimmer, Walter	Frstth. Reuss j. L.	Landw.	1892 93. 93	—	—	—	—
3567.	Zimmermann, Bernhard	Sachsen	Landw.	1854 55. 55	—	—	—	—
3568.	Zimmermann, Eduard, Oberst	Rheinprovinz	Hosp.	1895	—	—	—	—
3569.	Zimmermann, Hugo	Rheinprovinz	Landw.	1877 78	—	—	—	—
3570.	Zimmermann, Johann Anton	Rheinprovinz	Landw.	1863. 63 64	—	—	—	—
3571.	Zimmermann, Max	Sachsen	Landw.	1854 55. 55	—	—	—	—
3572.	Zimmermann, Oswald	Sachsen	Geod.	1892-94	—	—	—	H. ?
3573.	Zimmermann, Otto	Rheinprovinz	Landw.	1876	—	—	—	—
3574.	Zirkel, Bernhard	Rheinprovinz	Geod.	1894-95 96	—	—	—	Fr. 99
3575.	Zirkel, Ferdinand	Rheinprovinz	Hosp.	1858 59	—	—	—	—
3576.	Zirkel, Franz Josef	Rheinprovinz	Hosp.	1857-58	—	—	—	—
3577.	Zirkel, Gustav	Schlesien	Cult.	1881. 81 82	—	—	23/3. 82	—
3578.	von Zitzewitz, Leo	Brandenburg	Landw.	1870	—	—	—	—
3579.	von Zitzewitz, Paul	Pommern	Landw.	1869. 69/70	—	—	—	—
3580.	von Zitzewitz, Wilhelm	Pommern	Landw.	1866	—	—	—	—
3581.	Zoellner, August	Grssh. Oldenburg	Cult.	1878 79. 79	—	—	13/8. 79	—
3582.	Zoellner, Hermann	Rheinprovinz	Geod.	1892-93 94	—	—	—	Fr. 94
3583.	Zogbaum, Emil	Rheinprovinz	Geod.	1895-96 97	—	—	—	Fr. 97
3584.	von Zoltowski, Constantin	Posen	Landw.	1872	—	—	—	—
3585.	von Zoltowski, Eduard	Posen	Landw.	1868. 68 69	—	—	—	—
3586.	von Zoltowski, Josef	Posen	Hosp.	1868	—	—	—	—
3587.	von Zschock, Ernst	Ostpreussen	Geod.	1884-85. 86	—	—	—	H. 86
3588.	Zuchristan, Anton	Österreich	Landw.	1862 63 bis 1863 64	—	—	—	—

Namens-Verzeichniss der Studirenden.

Laufende Nr.	Namen	Heimat	Studium	Studien-Semester	Abgelegte Prüfungen			
					zum Lehrer der Landwirthschaft an Landwirthschaftsschulen	Landwirthschaftliche Abgangsprüfung	Culturtechnische Prüfung	Landmesserprüfung
3589.	Zoellich, Leopold	Schlesien	Cult.	1878. 78 79	—	—	13 3. 79	—
3590.	Zoenderff, Wilhelm	Rheinprovinz	Landw.	1850 51-52	—	—	—	—
3591.	Zumfelde, Hugo	Westfalen	Geod.	1895-96 97	—	—	—	Fr. 97
3592.	Zumpe, Bruno	Kgr. Sachsen	Geod.	1896. 96 97	—	—	—	—
3593.	Zumpe, Ernst	Kgr. Sachsen	Cult.	1893-95	—	—	25 10. 95	—
3594.	Zumpfort, Ludwig	Westfalen	Geod.	1894-96 97	—	—	Fr. 97	Fr. 97
3595.	Zurhelle, Theodor	Rheinprovinz	Landw.	1895 96. 96	—	—	—	—
3596.	Zweck, Alexander	Rheinprovinz	Cult.	1888. 88 89	—	—	16 3. 89	—
3597.	Zwinger, August	Schlesien	Landw.	1852 53. 53	—	—	—	—
3598.	van der Zypen, Emil	Rheinprovinz	Landw.	1868 69 bis 1873 74	—	—	—	—

Anlage 6.

Übersicht
der Einnahmen und Ausgaben der landwirthschaftlichen Akademie zu Poppelsdorf und der dazu gehörigen besonderen Verwaltungen.

Rechnungs-Abschnitt oder Gegenstand der Rechnung	Eigene Einnahme Mark	Ausgabe Mark	Bemerkungen	Rechnungs-Abschnitt oder Gegenstand der Rechnung	Eigene Einnahme Mark	Ausgabe Mark	Bemerkungen
A. Akademie.							
1. April bis Ende December 1847	2328	7563		1871	9314	58485	
Baukosten zur ersten Einrichtung 1847/49	—	16685		1872	10378	83541	
				1873	9684	77197	
1848	5750	20305		1874	8809	68926	
1849	6490	26177		1875	7882	82504*	* einschl. 4957.86 M. für Anlage der Wasserleitung
1850	5216	22322		Neubau eines Stallgebäudes u.s.w. auf d. Wirthschaftshofe	—	49577	
1851	6565	24811					
1852	9820	24238		1876	10377	107409*	* einschl. 13835.10 M. f. Einfriedigung der Gärten u. Ausstattung von Laboratorien u.s.w.
1853	11424	25367		1. Januar bis Ende März 1877	1142	23914	
1854	8584	26531					
1855	8155	23063		Neubau eines Gebäudes zu thierphysiologischen u.s.w. Versuchen	—	33296	
1856	10799	27871					
Anbau eines chemischen Labor. nebst Auditor. (1856/58)	—	11353		1877/78	13149	89078	
1857	15771	38592		1878/79	13164	86156	
1858	13977	37439		1879/80	14015	92152	
1859	12013	31414		1880/81	17223	115987	
1860	14319	33764		1881/82	17399	110688	
1861	16671	82071*	* einschl. 48000 Mark als 1. u. 2. Kaufgeldrate für das Gut Annaberg	1882/83	24089*	108556	* einschl. 6664.80 M. Brandentschädigung für eine abgebrannte Scheune
1862	15497	60155*	* einschl. 18000 Mark als 3. Rate wie vor	1883/84	18897	136152*	* einschl. Wiederaufbau der abgebrannten Scheune
1863	17044	53463*	* einschl. 18000 Mark als 4. Rate wie vor	1884/85	19967	117789	
1864	17811	64817*	* einschl. 3250 Mark als 5. Rate wie vor	1885/86	18243	117572	
1865	15464	46626		1886/87	17717	121424	
1866	13691	44111		1887/88	17657	122121	
1867	14719	46566		1888/89	16987	120219	
1868*	14453	64999†	* einschl. Versuchsstation. † einschl. 6750 Mark Restkaufgeld für Annaberg	1889/90	19721	121791	
				1890/91	23620	125325	
Bau einer Scheune, eines Wohn- und eines Stallgebäudes zu Versuchszwecken	—	16310		1891/92	22702	216944*	* einschl. 90000 Mark f. angekaufte Grundstücke
				1892/93	29435	129152	
Bau und Einrichtung eines chemischen Laboratoriums	—	81491		1893/94	35654	130908*	* einschl. 2155.79 M. f. Reinigungsterrainverwerthe.
1869	11308	59698		1894/95	66598	157682*	* einschl. 600 Mark f. Ausstattung d. Versuchsfeldräume
Einrichtung des Versuchsstationsgebäudes u.s.w.	—	5678		1895/96	70244	200429*	* einschl. 19933 Mark f. angekaufte Grundstücke
1870	7145	53367		1896/97	71205	233944*	* einschl. 43401 Mark f. angekaufte Grundstücke
B. Akademische Gutswirthschaft.							
1. Juli 1847 bis Ende Juni 1848	5527	7800		1854/55	8386	9178	
1. Juli 1848/49	4076	9698		1855/56	10346	12013	
1849/50	6505	6615		1856/57	11259	12629	Vom 1. Januar 1857 ab ist das Versuchsfeld auf den Akademie-Etat übergegangen
1850/51	5738	5939		1857/58	11127	13353	
1851/52*	6960	6987	* einschl. Versuchsfeld	1858/59	7678	10313	
1852/53	6128	7363		1859/60	10497	10560	
1853/54	8921	11443		1860/61	10636	11829	
				1861/62	10646	10657	

Übersicht der Einnahmen und Ausgaben.

Rechnungs-Abschnitt oder Gegenstand der Rechnung	Eigene Einnahme Mark	Ausgabe Mark	Bemerkungen	Rechnungs-Abschnitt oder Gegenstand der Rechnung	Eigene Einnahme Mark	Ausgabe Mark	Bemerkungen
1862/63	9474	16111		1879/80	14544	14165	
1863/64	13116	15709		1880/81	15859	16210	
1864/65	8821	9828		1881/82	15997	15914	
1865/66	11040	11304		1882/83	14558	14665	
1866/67	13412	13532		1883/84	18623	18482	
1867/68	15241	12661		1884/85	15335	15333	
1868/69	12437	12214		1885/86	17592	17740	
1869/70	14392	14402*	*einschl. 3900 Mark Abzahlung extraordinärer Zuschüsse	1886/87	15570	15508	
1870/71	11188	10097		1887/88	18765	18603	
1871/72	13339	17377		1888/89	17796	17985	
1872/73	11913	11893*	*einschl. 704 Mark wie vor	1889/90	17040	16874	
1873/74	13986	14105		1890/91	26593	30060	
1874/75	12210	12151		1891/92	25352	26996	
1875/76	17308	17249		1892/93	24982	24478	
1. Juli 1876 bis Ende März 1877	11156	11278		1893/94	27718	27702	
1. April 1877 bis Ende März 1878	16346	16316		1894/95	25305	24419	
1878/79	16104	16131		1895/96	30786	31907	
				1896/97	28076	29483	

Rechnungs-Abschnitt	Eigene Einnahme Mark	Ausgabe Mark	Rechnungs-Abschnitt	Eigene Einnahme Mark	Ausgabe Mark	Rechnungs-Abschnitt	Eigene Einnahme Mark	Ausgabe Mark
Gut Annaberg.			**Ackerbauschule Annaberg.**			**Landes-Baumschule Annaberg.**		
22. Februar bis 30. Juni 1860	1375	10645	15. März bis Ende December 1861	—	1983	1. Juni bis Ende December 1860	—	1376
1. Juli 1860/61	6590	22519	1862	—	2942	1861	—	2841
1861/62	6209	41525	1863	—	3786	1862	—	3560
1862/63	8199	32065	1864	—	3552	1863	—	3494
1863/64	14448	28893	1865	—	4247	1864	—	4137
1864/65	15530	45909	1866	—	3803	1865	476	3895
1865/66	15688	39604	1867	—	3970	1866	2432	6176
1866/67	30694	59322	1868	—	3760	1867	1390	5690
1867/68	32328	46502	1869	—	3575	1868	1938	5671
1868/69	31105	32114	1870	—	3738	1869	2600	4922
1869/70	35145	37099	1871	—	3800	1870	1395	3018
1870/71	28960	32103	1872	—	4164	1871	1024	3517
1871/72	34835	43315	1873	—	4148	1872	1444	3309
1872/73	31182	51034	1874	—	4409	1873	712	4076
1873/74	39233	68757	1. Januar bis Ende März 1875	602²	727	1874	2007	3530
1. Juli 1874 bis Ende März 1875	76287¹	58490				1. Januar bis Ende März 1875	208	451

¹ Einschl. 30566 Mark Erlös aus der Versteigerung der Naturalien und Inventarstücke.
² Erlös aus verkauften Inventarstücken.